经以除七
建德商关
贺教育部
重大攻向项目
心王生教

李瑞林
硕士有八

教育部哲学社会科学研究重大课题攻关项目

"十四五"时期国家重点出版物出版专项规划项目

重大突发事件社会舆情
演化规律及应对策略研究

EVOLUTION LAW OF PUBLIC OPINION
AND COPING STRATEGY OF MAJOR EMERGENCY

傅昌波

等著

中国财经出版传媒集团

经济科学出版社
Economic Science Press

图书在版编目（CIP）数据

重大突发事件社会舆情演化规律及应对策略研究/
傅昌波等著 . -- 北京：经济科学出版社，2022.10
　（教育部哲学社会科学研究重大课题攻关项目 "十
四五" 时期国家重点出版物出版专项规划项目）
ISBN 978 - 7 - 5218 - 3776 - 6

Ⅰ.①重…　Ⅱ.①傅…　Ⅲ.①突发事件 - 舆论 - 风险
管理 - 研究 - 中国　Ⅳ.①G219.2

中国版本图书馆 CIP 数据核字（2022）第 110018 号

责任编辑：孙丽丽　戴婷婷
责任校对：隗立娜
责任印制：范　艳

重大突发事件社会舆情演化规律及应对策略研究
傅昌波　等著
经济科学出版社出版、发行　新华书店经销
社址：北京市海淀区阜成路甲 28 号　邮编：100142
总编部电话：010 - 88191217　发行部电话：010 - 88191522
网址：www.esp.com.cn
电子邮箱：esp@ esp.com.cn
天猫网店：经济科学出版社旗舰店
网址：http://jjkxcbs.tmall.com
北京季蜂印刷有限公司印装
787×1092　16 开　29 印张　560000 字
2023 年 3 月第 1 版　2023 年 3 月第 1 次印刷
ISBN 978 - 7 - 5218 - 3776 - 6　定价：116.00 元
（图书出现印装问题，本社负责调换。电话：010 - 88191510）
（版权所有　侵权必究　打击盗版　举报热线：010 - 88191661
QQ：2242791300　营销中心电话：010 - 88191537
电子邮箱：dbts@ esp.com.cn）

课题组主要成员

首席专家 傅昌波
主要成员 童 兵 唐远清 赵秋雁 董关鹏
尹栾玉 刘 冰 党生翠

总　序

哲学社会科学是人们认识世界、改造世界的重要工具，是推动历史发展和社会进步的重要力量，其发展水平反映了一个民族的思维能力、精神品格、文明素质，体现了一个国家的综合国力和国际竞争力。一个国家的发展水平，既取决于自然科学发展水平，也取决于哲学社会科学发展水平。

党和国家高度重视哲学社会科学。党的十八大提出要建设哲学社会科学创新体系，推进马克思主义中国化、时代化、大众化，坚持不懈用中国特色社会主义理论体系武装全党、教育人民。2016 年 5 月 17 日，习近平总书记亲自主持召开哲学社会科学工作座谈会并发表重要讲话。讲话从坚持和发展中国特色社会主义事业全局的高度，深刻阐释了哲学社会科学的战略地位，全面分析了哲学社会科学面临的新形势，明确了加快构建中国特色哲学社会科学的新目标，对哲学社会科学工作者提出了新期待，体现了我们党对哲学社会科学发展规律的认识达到了一个新高度，是一篇新形势下繁荣发展我国哲学社会科学事业的纲领性文献，为哲学社会科学事业提供了强大精神动力，指明了前进方向。

高校是我国哲学社会科学事业的主力军。贯彻落实习近平总书记哲学社会科学座谈会重要讲话精神，加快构建中国特色哲学社会科学，高校应发挥重要作用：要坚持和巩固马克思主义的指导地位，用中国化的马克思主义指导哲学社会科学；要实施以育人育才为中心的哲学社会科学整体发展战略，构筑学生、学术、学科一体的综合发展体系；要以人为本，从人抓起，积极实施人才工程，构建种类齐全、梯队衔接的高校哲学社会科学人才体系；要深化科研管理体制改革，发挥高校人才、智力和学科优势，提升学术原创能力，激发创新创造活力，建设中国特色新型高校智库；要加强组织领导、做好统筹规划、营造良好学术生态，形成统筹推进高校哲学社会科学发展新格局。

哲学社会科学研究重大课题攻关项目计划是教育部贯彻落实党中央决策部署的一项重大举措，是实施"高校哲学社会科学繁荣计划"的重要内容。重大攻关项目采取招投标的组织方式，按照"公平竞争，择优立项，严格管理，铸造精品"的要求进行，每年评审立项约40个项目。项目研究实行首席专家负责制，鼓励跨学科、跨学校、跨地区的联合研究，协同创新。重大攻关项目以解决国家现代化建设过程中重大理论和实际问题为主攻方向，以提升为党和政府咨询决策服务能力和推动哲学社会科学发展为战略目标，集合优秀研究团队和顶尖人才联合攻关。自2003年以来，项目开展取得了丰硕成果，形成了特色品牌。一大批标志性成果纷纷涌现，一大批科研名家脱颖而出，高校哲学社会科学整体实力和社会影响力快速提升。国务院副总理刘延东同志做出重要批示，指出重大攻关项目有效调动各方面的积极性，产生了一批重要成果，影响广泛，成效显著；要总结经验，再接再厉，紧密服务国家需求，更好地优化资源，突出重点，多出精品，多出人才，为经济社会发展做出新的贡献。

作为教育部社科研究项目中的拳头产品，我们始终秉持以管理创新服务学术创新的理念，坚持科学管理、民主管理、依法管理，切实增强服务意识，不断创新管理模式，健全管理制度，加强对重大攻关项目的选题遴选、评审立项、组织开题、中期检查到最终成果鉴定的全过程管理，逐渐探索并形成一套成熟有效、符合学术研究规律的管理办法，努力将重大攻关项目打造成学术精品工程。我们将项目最终成果汇编成"教育部哲学社会科学研究重大课题攻关项目成果文库"统一组织出版。经济科学出版社倾全社之力，精心组织编辑力量，努力铸造出版精品。国学大师季羡林先生为本文库题词："经时济世　继往开来——贺教育部重大攻关项目成果出版"；欧阳中石先生题写了"教育部哲学社会科学研究重大课题攻关项目"的书名，充分体现了他们对繁荣发展高校哲学社会科学的深切勉励和由衷期望。

伟大的时代呼唤伟大的理论，伟大的理论推动伟大的实践。高校哲学社会科学将不忘初心，继续前进。深入贯彻落实习近平总书记系列重要讲话精神，坚持道路自信、理论自信、制度自信、文化自信，立足中国、借鉴国外、挖掘历史、把握当代、关怀人类、面向未来，立时代之潮头、发思想之先声，为加快构建中国特色哲学社会科学，实现中华民族伟大复兴的中国梦做出新的更大贡献！

教育部社会科学司

前言

主动防范和妥善处置可能造成严重危害的重大突发事件，是保障国家安全的重要内容，也是保持社会整合的必然要求，更是营造良好发展环境的关键环节；而深刻认识重大突发事件社会舆情的风险本质和演化规律，制定实施符合融媒体传播新环境和多元主体协同治理新要求的因应策略，则是妥善处置重大突发事件不可或缺的关键工作。

一、研究背景

近年国内外发生的重大突发事件，无论是2015年美国巴尔的摩"4·27"警民冲突暴动事件、2018年的法国巴黎"黄背心"运动，还是我国2011年"7·23"甬温线特别重大铁路交通事故[①]、2015年天津港"8·12"瑞海公司危险品仓库特别重大火灾爆炸事故[②]、2020年新冠肺炎疫情，都以惨痛的教训说明了妥善应对重大突发事件社会舆情的重要性。还有一些诸如2009年成都公交车燃烧案[③]、2016年魏则

[①] 国务院"7·23"甬温线特别重大铁路交通事故调查组：《"7·23"甬温线特别重大铁路交通事故调查报告》，中国政府网，http：//www.gov.cn/gzdt/2011 - 12/29/content_2032986.htm。

[②] 《天津港"8·12"瑞海公司危险品仓库特别重大火灾爆炸事故调查报告》，中国政府网，http：//www.gov.cn/foot/2016 - 02/05/content_5039788.htm。

[③] 新华社：《成都公交车燃烧案查明是一起特大故意放火刑事案》，中国政府网，http：//www.gov.cn/jrzg/2009 - 07/02/content_1355817.htm。

西事件①、2016 年雷洋事件②等，与常规重大突发事件相比，虽然多为个体遭遇事件或极端事件，但因触及平台机构或社会系统的运行机制，其相关舆情造成的负面影响远超事件本身，舆情处置应对不当引发的后果相当严重。

自 2003 年发生"非典"公共卫生事件以来，我国对如何应对重大突发事件社会舆情，无论在学术研究还是在实务探索方面都取得了较大进展。一方面，新闻传播学、公共管理学、法学以及信息工程学、情报学等纷纷将舆情监测、舆情预警和舆情引导等列为重点研究领域，取得了一批高质量研究成果。另一方面，我国通过颁行《突发事件应对法》③《政府信息公开条例》《国家突发公共事件总体应急预案》《治安管理处罚法》《公安机关处置群体性事件规定》等法律法规，应急传播体系和制度建设也取得了较大进步。多数政府部门及公共机构已制定应急新闻传播预案。重大突发事件发生后，及时主动组织新闻发布已成为多数公共权力机构的常规操作。上述理论研究、实践探索以及制度安排，都为我国应对 2008 年汶川大地震、2014 年云南鲁甸地震、2020 年新冠肺炎疫情等重大突发事件的社会舆情起到了重要作用。

中国互联网络信息中心（CNNIC）2021 年 2 月在北京发布的第 47 次《中国互联网络发展状况统计报告》显示，截至 2020 年 12 月，我国网民规模达 9.89 亿，互联网普及率达 70.4%，我国手机网民规模达 9.86 亿，网民使用手机上网的比例达 99.7%，其中即时通信用户规模已达 9.81 亿，手机即时通信用户规模达 9.78 亿，占手机网民的 99.3%。在以移动互联网、物联网、大数据、云计算、人工智能及地址定位技术为主要支撑的融媒体时代，社会舆情呈现以下新的特征：

第一，传播快、影响大、覆盖广、社会动员能力强的"两微一端一抖"（微信、微博、新闻客户端、抖音）成为社会舆情的主要载体。特别是微信等众多社交应用的普及，使得原来陌生人的"弱联系"转

---

① 杜玮：《魏则西：搜索引擎作恶的牺牲者》，中国新闻网，载于《中国新闻周刊》2020 年总第 933 期，https://www.chinanews.com.cn/sh/2020/01-21/9065835.shtml。

② 《一条时间链回顾"雷洋事件"》，央视新闻网，2016 年 6 月 1 日，http://m.news.cctv.com/2016/06/01/ARTIDwNhexEx3NLtN9q9qCoO160601.shtml。

③ 为节省篇幅，本书法律法规名称均做了适当简化。

变为朋友圈的"强联系"。

第二，社会舆情信息传播更加凸显零时滞、强互动、病毒式传播、所有人向所有人传播等特征，社会舆情源起、酝酿、演化的基本场域、信息来源、交互方式发生深刻变化。

第三，社会舆情信息量级激增，形式载体更多，传播速度更快，演变方向更不确定，表现形式更为多样。

第四，年龄偏高、教育程度偏低、闲暇时间较多的用户在微信等社交媒体上十分活跃，深刻影响社会舆情的政治倾向和演化方向。

第五，几乎所有人可以同步得到同样的信息，世界更加"扁平"，传统的等级管理体系进一步"塌陷"，专业界限更加模糊，权威声音更难被认真倾听。

与此同时，我国发展进入新阶段，改革进入攻坚期和深水区，我们面临对外维护国家主权、安全、发展利益，对内维护政治安全和社会稳定的双重压力，各种可以预见和难以预见的风险因素明显增多，非传统领域安全问题日益凸显。经过40多年的改革开放和高速发展，中国取得了世界发展史上的奇迹，同时也面临着经济总量领先下的人均落后、先富起来之后的共富、资源环境约束下的转变压力、创新能力与发展需求脱节、社会阶层固化与社会流动性差等严峻挑战。

按照世界银行公开的数据，中国是世界上最大的发展中国家，虽然经济总量已位居世界第二，而且我国在2020年底如期完成了新时代脱贫攻坚目标任务，现行标准下农村贫困人口全部脱贫，贫困县全部摘帽，消除了绝对贫困和区域性整体贫困，取得了令全世界刮目相看的重大胜利；据2021年2月28日国家统计局发布的《2020年国民经济和社会发展统计公报》，2020年中国GDP规模达101.6万亿元，首次突破百万亿大关，占全球17%以上，相当于美国的约70%；但中国与世界发达国家的差距仍然较大，以美元计价，我国2020年人均GDP为10 450美元，而美国则超过6万美元，英国为4万美元，日本为4.3万美元，加拿大、澳大利亚在5万美元左右。中国的创新能力、劳动生产率、社会福利水平等与发达国家相比仍有不小差距，环境污染、食品药品安全问题、城乡及区域发展不平衡等问题突出。

综合考虑融媒体时代的新特征和我国改革发展新常态的要求，当前迫切需要全面准确了解融媒体环境下各类重大突发事件社会舆情的分布状况和演变趋势，有针对性地提出重大突发事件应急传播干预和社会舆情整体治理策略。

二、实践需求

融媒体环境与改革攻坚期叠加，增大了发生重大突发事件的风险，也增加了应对重大突发事件社会舆情的难度。从实践看，有的重大突发事件发生后，虽经采用强力措施，相关社会舆情从表面看已经平稳，实际在微信朋友圈、网络社群里仍暗流汹涌，可能导致社会冲突的舆情能量并未消散。我国对融媒体环境下重大突发事件社会舆情的分析研判和应对处置能力仍待升级。

一是对融媒体时代以"两微一端一抖"为主要载体和以网络社群为主要平台的移动舆论场特征了解不透，许多引导应对措施还停留在旧互联网时代。许多公共权力机构对融媒体环境下不同类别的重大突发事件社会舆情的分布状况了解不深、把握不准，对其演化走向分析不透、预测不准，对重大突发事件社会舆情的风险本质理解不够、认识不到位，更未能深入分析各类主体推动社会舆情演化的动因和各主体间相互作用影响社会舆情的机理。因此，相关引导应对措施针对性不强、社会效果不佳。

二是对综合干预重大突发事件社会舆情的正当性、合理性阐释不够，一些应对措施与全面依法治国精神不吻合，也不符合总体国家安全观的新要求。多数舆情引导应对部门既未能跳离公民权利与政治权利公约的束缚，从总体国家安全观、网络空间主权及国家功能和规范公民权利的层面说清应急干预舆情的正当性，也没能从完善中国特色社会主义角度讨论应急舆情干预的合理性，更没有从全面依法治国的高度系统检视应对突发事件社会舆情的法规框架。在完善与 2015 年 7 月 1 日公布施行的《国家安全法》相衔接的配套法规和执行程序等方面还有大量工作要做。

三是应对重大突发事件社会舆情的价值预设、总体目标和效果指向不明确，舆情应对存在随意性强、回应热点问题不及时等亟待解决的问题。实际工作中，不少重大突发事件社会舆情的应对主体不能从有利于塑造社会主义核心价值观、保障公共利益最大化的立场出发，习惯于运用简单手段来应付重大突发事件的社会舆情，应急传播方式方法还比较落后。

四是多数应对策略立足"政府包办"的单一视角，未能遵照共建共治共享的精神，用多元主体、协商共治的思路开展应对工作。治理社会舆情风险的治本之策应当是发挥政府、媒体企业、自媒体以及草根网民各自的优势，强化各自的专业技能和媒体素养，整体提升应对水平。在融媒体时代，一些龙头互联网企业、核心媒体企业或行业组织机构拥有强大的技术力量和海量的数据积累，对于应对重大突发事件社会舆情具有不可替代的重要作用。目前针对社会舆情的协调共治理念尚未普及，多元共治的相关工作机制亟待加强。

五是未建立科学的、可测量的评价指标体系和相关评价制度，未系统开展重大突发事件社会舆情应对能力和应对效果的评价工作。科学清晰的评价指标体系及与之相对应的评价办法，是整体提升应急传播能力水平的风向标和指挥棒。现有对突发事件社会舆情评价主要集中在网络舆情预警、网络舆情热度评价、网络舆情安全评估以及针对意见领袖的评价等方面，未能从能力建设和效果评价两个维度构建对舆情应对主体进行整体评价的指标体系，也还未建立对应对能力和应对效果进行规范化评价的相关制度。

三、研究意义

本课题将综合运用新闻与传播学、舆论学、社会学、法学、公共管理学、心理学、信息工程学等交叉学科的研究成果，从社会风险本质上剖析融媒体时代重大突发事件社会舆情的规律特点，并从社会风险多元治理视角提出应对社会舆情的基本原则、创新举措及治本之策，从理论和实务层面为我国社会舆情应对体系建设和制度创新提供支持，为提升我国重大突发事件应急传播能力和水平、推动建成和谐有序的小康社会作出贡献。

5

（一）学术价值

本课题至少具有以下三方面的学术价值：

一是剖析融媒体时代重大突发事件社会舆情作为新型系统性风险的本质，论述移动舆论场中重大突发事件社会舆情的演化规律，掌握社会舆情的传播及变化特点。

二是通过对社会舆情的各类主体的利益动机分析，理清影响重大突发事件社会舆情演化的主要动因，创建移动舆论场的影响因子分析工具。

三是从权利和权力的关系，政府、媒体及公众的利益关系角度系统阐述应对社会舆情的正当性和合法性，从全面依法治国的高度系统梳理应对社会舆情的法律制度安排缺失。这些理论方面的探索，能够为建立正确的社会舆情应对价值取向、制定适用的社会舆情应对策略提供基础支持。

（二）应用价值

本课题的应用价值主要体现在以下四个方面：

一是通过对社会舆情作为系统性风险的剖析，强调加强预防预警舆情事件的重要性，并提出要探索建立社会舆情风险评估制度。

二是基于对新互联网时代的社会舆情分布、走向及舆情发展演化动因的准确了解，提出建立符合移动互联网传播格局、适应跨媒体传播趋势的新型适用应对原则和应对措施。

三是从共建共治共享的角度，探索建立新的协商治理机制，发挥党政机关、互联网企业、媒体机构、社会公众共同应对社会舆情风险的新模式，提出协商共治框架下各类主体再造应急传播决策和实施体系的建设思路。

四是从应对能力和应对效果两个维度构建完整的社会舆情应对评价体系和考评制度，推动建立相关评价制度及第三方评价机构。

摘　要

　　本书是教育部哲学社会科学研究重大课题攻关项目《重大突发事件社会舆情演化规律及应对策略研究》（项目编号：15JZD027）的主要成果。本课题研究综合运用新闻与传播学、舆论学、社会学、法学、公共管理学、心理学、信息工程学等学科的研究成果，从社会风险本质剖析融媒体时代我国重大突发事件社会舆情的规律特点，从社会风险多元治理视角提出应对社会舆情的基本原则、创新举措及治本之策，从理论和实务层面为我国社会舆情应对体系建设和制度创新提供支持，为提升我国重大突发事件应急传播能力和水平、推动建成和谐有序的小康社会作出贡献，具有重要的学术价值和应用价值。

　　学术价值主要包括：一是剖析融媒体时代重大突发事件社会舆情作为新型系统性风险的本质，论述移动舆论场中重大突发事件社会舆情的演化规律，掌握社会舆情的传播及变化特点；二是通过对社会舆情的各类主体的利益动机分析，理清影响重大突发事件社会舆情演化的主要动因，创建了移动舆论场的影响因子分析工具；三是从权利和权力的关系，政府、媒体及公众的利益关系角度系统阐述应对社会舆情的正当性和合法性，从全面依法治国的高度系统梳理应对社会舆情的法律制度安排缺失。这些理论方面的探索，可以为建立正确的社会舆情应对价值取向、制定适用的社会舆情应对策略提供基础支持。

　　应用价值主要体现在：一是通过对社会舆情作为系统性风险的剖析，强调加强预防预警舆情事件的重要性，并提出要探索建立社会舆情风险评估相关机制；二是基于对新互联网时代的社会舆情分布、走向及舆情发展演化动因的准确了解，提出建立符合移动互联网传播格局、适应跨媒体传播趋势的新型适用应对原则和应对措施；三是从共建共治共享的角度，探索建立新的协商治理机制，发挥党政机关、互联网企业、媒体机构、社会公众共同应对社会舆情风险的新模式，提出协商共治框架下各类主体再造应急传播决策和实施体系的建设思路；四是从应对能力和应对效果两个维度构建完整的社会舆情应对评价体系和考评制度，推动建立相关评价制度及第三方评价机构。

本课题研究的主要对象是重大突发事件的舆情演化规律，主要目的是提出舆情风险的应对策略。这两个核心任务决定了本课题研究具有典型的跨学科性质。舆情演化规律研究偏重于运用新闻传播学、心理学、系统科学等学科研究方法，而舆情应对策略更偏重于法学、哲学、公共管理学和社会学等学科领域。因此，相关学科研究方法有机融合和科学应用，是本课题研究的重大方法创新。具体采用了文献研究法、实证分析法、个案研究法、人工智能语义分析法、质性分析法等方法。

本书前言及前三章是对本课题研究的整体介绍。前言主要论述研究背景及重要价值；第一章厘清了课题研究的核心概念，对容易产生歧义的相关概念做准确描述；第二章对本课题主要既有成果进行了概述，并指出现有研究的主要不足及基本研究的重点创新方向；第三章主要阐述课题的研究设计，借鉴的主要理论及运用的研究方法，阐明各章节之间的逻辑关系。

第四章至第十章紧扣重大突发事件社会舆情演化规律及应对策略主题开展研究。第四章"舆情系统风险"，从技术背景和社会背景两个层面对重大突发事件社会舆情的特征、规律及其危害进行重新认识和定位；第五章"舆情影响机理"，着重从"意愿—能力"双重视角，探究重大突发事件社会舆情利益相关者的影响机理；第六章"舆情演化规律"，重点论述舆情形成的主要模式、不同场域的舆情分布规律及舆情演化规律；第七章"舆情治理规制"，对重大突发事件社会舆情应对的正当性、合理性、合法性进行阐述，同时对照全面依法治国的要求及融媒体环境的现实需要，探究现有相关法规框架的缺漏；第八章"舆情治理策略"，从国家治理现代化视域下进行论述，提出重大突发事件舆情应对模式需要向治理模式转变，并论述了舆情治理的总体目标、基本原则、创新策略；第九章"协同治理机制"，论述了新时代舆情治理的理论框架，构建了多元主体参与社会舆情协同治理的机制；第十章"舆情治理效能"，从重大突发事件社会舆情的政府应对能力和应对效果两个维度出发，构建了融媒体环境下重大突发事件社会舆情应对的效能评价指标体系。

Abstract

This book, which is the result of the key research in philosophy and social science by the Ministry of Education, is entitled on *Evolution Law of Public Opinion and Coping Strategy of Major Emergency* (Project No. 15JZD027). This project is based on research in journalism and communication studies, public opinion, sociology, law, public management, psychology, information engineering and more. It analyzes the law and characteristics of public opinion in the context of major emergencies in the era of convergence media by starting with the nature of social risks; proposes basic principles, innovative measures and root solutions to public opinion from the perspective of the multi-governance of social risks; provides support to the construction and institutional innovation of public opinion response systems from the perspective of theory and practice; and makes contributions to improving the ability and competency of emergency response communication in major emergencies in China, and to the promotion of building a harmonious and orderly well-off society. It has significant value for academia as well as applications in society.

The research has the following academic values. First, it analyzes the nature of public opinion of major emergencies in the era of convergence media as a new type of systematic risk, discusses the evolution law of public opinion in major emergencies in the field of mobile public opinion, and grasps the characteristics of the spread and change of public opinion; second, it clarifies the causes of public opinion evolution in major emergencies by analyzing the interest and motivation of various subjects in public opinion, thus establishing the analytical instrument of influence factors in the field of mobile public opinions; third, it systematically elaborates the legitimacy of dealing with public opinion from the perspective of the relationship between rights and powers, and the interest relationship among government, media and the public, and systematically sorts out the lack of legal system arrangement for dealing with public opinion from the perspective of comprehensive rule of law. These theoretical explorations can provide basic support for establishing the correct public opinion response value orientation and the formulation of applicable public opinion response strategies.

The research has the following application values. First, it emphasizes the importance of strengthening the prevention and early warning of public opinion events by analyzing public opinion as a systematic risk, and proposes establishing the mechanism of public opinion risk assessment. Second, based on the accurate perception of the distribution, trend and evolution of public opinion in the new Internet era, it proposes establishing the new applicable principles and measures of dealing with public opinion that accord with pattern of mobile Internet communication and suit the trend of cross-media communication. Third, it attempts to, from the perspective of co-building, co-governance and sharing, establish a new consultative governance mechanism, giving full play to the new mode of Party and government organs, Internet companies, media institutions and the public to jointly deal with public opinion risks, and proposes the idea of rebuilding the emergency communication decision-making and implementation body under the framework of consultative and co-governance. Fourth, it builds a complete public opinion response evaluation system and appraisal system from the two dimensions of response ability and response effect, and promotes the establishment of relevant evaluation system and third-party evaluation institutions.

This research primarily studies the evolution law of public opinion in major emergencies. Its main purpose is to propose the strategy of coping with public opinion risk. This core task determines the research is of typical interdisciplinary nature. The research on the evolution law of public opinion focuses on the use of journalism and communication, psychology, system science and other disciplines' research methods, while the public opinion response strategies focus on law, philosophy, public management, sociology and other disciplines. Therefore, the research has the important method innovation in combining the discipline research methods and scientific applications. To be specific, it employs the literature research, empirical analysis, case study, artificial intelligence semantic analysis, qualitative analysis and so on.

The preface and Chapters 1 to 3 of this book are the overall introduction of this research. The preface mainly discusses the research background and important significance. Chapter 1 clarifies the core concepts of the study and gives an accurate description of the related concepts that are prone to ambiguity. Chapter 2 summarizes the existing research results, and points out the shortcomings of the existing research and the key innovation direction of the research. Chapter 3 mainly elaborates the research design, the main theories and research methods used, and clarifies the logical relationship between each chapter.

Chapters 4 to 10 focus on the evolution law and response strategies of public opinion in major emergencies. Chapter 4 "Systemic Risks of Public Opinion" re-perceives and positions the characteristics, laws and hazards of public opinion in major emergencies from the two aspects of technical background and social background. Chapter 5 "Influence Mechanism of Public Opinion" mainly studies the influence mechanism of stakeholders on public opinion in major emergencies from the dual perspectives of "willingness" and "ability". Chapter 6 "Evolution Pattern of the Public Opinion" mainly discusses the main mode of public opinion formation, the distribution pattern and the evolution pattern of public opinion. Chapter 7 "Regulations of Public Opinion Governance" focuses on the legitimacy and rationality of public opinion response in major emergencies, and explores the shortcomings of the existing relevant regulatory framework in comparison with the requirements of comprehensively governing the country according to law and the practical needs of the convergence media environment. Chapter 8 "Strategies of Public Opinion Governance" proposes from the perspective of national governance modernization that it is necessary to transform from the response mode of public opinion in major emergencies to governance mode, and reviews the overall objectives, basic principles and main strategies of public opinion governance. Chapter 9 "Collaborative Governance of the Public Opinion" establishes the theoretical framework of public opinion governance in the new age, and the mechanism of multi-subject participation in the collaborative governance of public opinion is constructed. Chapter 10 "Efficacy of Public Opinion Governance" constructs the efficiency evaluation index system of public opinion response in major emergencies under the context of convergence media from two dimensions of government response ability and response effect of public opinion in major emergencies.

目　录

Contents

Contents

3

第一章

核心概念界定

第一节　重大突发事件

一、突发事件的定义

突发事件又称紧急事件或危机事件，准确地说，这三个术语是有区别的。突发事件强调事件的突发性和偶然性，紧急事件强调事件的紧迫性和严重性，危机事件则强调事件的威胁性和影响程度。本课题从广义上理解和界定突发事件，所以视它们为同一涵义上的概念。

许多学者和知名机构都对突发事件进行了界定，具有代表性的定义主要有：欧洲人权法院认为，公共紧急状态（public emergency）是指"一种特别的、迫在眉睫的危机或危险局势，影响全体公民，并对整个社会的正常生活构成威胁"[①]；根据美国的法律，"凡危及国家安全，危害公共安全和社会秩序，威胁国家、公民生命和财产安全，并有可能造成严重后果，需要立即予以处置的事件，

---

① 莫纪宏、徐高：《紧急状态法学》，中国人民公安大学出版社 1992 年版，第 85 页。

称为紧急事件"①。这几个解释都是从广义角度来定义紧急状态的。根据 2007 年 11 月 1 日起施行的《突发事件应对法》，"突发事件是指突然发生，造成或者可能造成严重社会危害，需要采取应急处置措施予以应对的自然灾害、事故灾难、公共卫生事件和社会安全事件。"②

综合上述突发事件概念的各种表述，可以发现突发事件包含突然爆发、难以预料、必然原因所致、产生严重后果、需要紧急处理等要素。基于此，本课题中对突发事件的理解以《突发事件应对法》中对突发事件的定义界定为准。由于突发事件发生的不确定性、规模不同、地点不同、危害性不同、事前准备不同而会产生不同的影响和后果，所以必须及时应对，最大限度地减少其可能造成的危害、损失和破坏。③

二、突发事件的分类

不同类型的突发事件造成的危急情形和社会危害不同，所以需要采取的应急措施也不同。例如，自然灾害应急应以国家救助性和保护性措施为中心，辅之以限制性措施；社会冲突应急则要求以国家限制性措施为中心。由此可见，有必要对突发事件进行科学分类，分类制度是科学处置突发事件的基础。

根据不同的划分标准，突发事件可以划分为不同的类别。美国根据危害程度的大小标准，将突发事件划分为紧急事件、重大灾难、灾害、自然灾害、危害等。美国这种分类存在的不足是，分类结果之间有一定的交叉重叠，难以体现突发事件的实质，不利于对突发事件进行预防与控制。

我国《突发事件应对法》则将突发事件划分为四类。

第一类是自然灾害，即指那些因自然原因而导致的突发事件，如水旱灾害、台风、冰雹、雪、高温、沙尘暴等气象灾害，地震、山体崩塌、滑坡、泥石流等地质灾害，森林火灾和重大生物灾害等。

第二类是事故灾难，即指因人为原因所造成的紧急事件，包括那些由于人类活动或者人类发展所导致的计划之外的事件或事故，如民航、铁路、公路、水运等重大交通运输事故，工矿企业、建筑工程、公共场所及机关、企事业单位发生

---

① 刘长敏：《危机应对的全球视角——各国危机应对机制与实践比较研究》，中国政法大学出版社 2004 年版，第 40 页。

② 《突发事件应对法》，中国法制出版社 2007 年版，第 3 页。

③ "非常规突发事件应急管理研究"指导专家组：《面向重大需求夯实理论基础推动集成创新——国家自然科学基金重大研究计划项目"非常规突发事件应急管理研究"综述》，载于《中国应急管理》2013 年第 12 期。

的各类重大安全事故，造成重大影响和损失的供水、供电、供油、供气等城市生命线事故以及通讯、信息网络、特种设备等安全事故，核辐射事故，重大环境污染和生态破坏事故等。

第三类是公共卫生事件，即指由病菌病毒引起的大面积的疾病流行等事件，包括突然发生造成或可能造成社会公共健康严重损害的重大传染病疫情、群体性不明原因疾病、重大食物和职业中毒，重大动物疫情，以及其他严重影响公众健康的事件，如我国 2003 年的"非典"疫情和 2020 年初暴发的新冠肺炎疫情。

第四类是社会安全事件，即指由人们主观意愿产生，会危及社会安全的突发事件，如重大刑事案件、涉外突发事件、恐怖袭击事件、暴乱、游行引起的社会动荡、战争、能源和材料短缺导致的紧急事件、金融危机、经济危机等。我国对突发事件的分类优点是，管理者可以根据不同的发生机理提出相应的预防和控制措施。

三、重大突发事件界定

将突发事件划分为不同的类别和级别，从而采取相应的应急方法和措施，是世界各国处置突发事件的共同经验。有学者将影响突发事件分级的主要要素归纳为八个，客观要素和主观要素各四个，前者包括影响范围、危害和损失程度、扩散要素和时间要素；后者包括认知程度、社会影响程度、公众心理承受度和资源保障度。[①] 第二步是根据突发事件特定的背景选取分级变量和处理数据，通过判别分析建立分级判别函数，第三步是将新例观测值代入多个判别函数中，哪一个判别函数值最大就判为哪一级别。

纵观突发事件分级的历史发现，传统的分级方法是一种问责式的事后评级，即在突发事件之后对人员伤亡、财产损失、经济损失等做出统计，然后根据损失的大小来对其定级。这种事后分级方法对应急管理的指导意义不大，因为突发事件分级的根本目的不仅仅是为了追究哪些人该承担责任，更为重要的是应急管理必须针对突发事件发出的信息及时判断事件的级别，从而将不同级别的突发事件与不同级别的应急管理部门对应起来，快速明确该类别、该级别的事件应当由谁来管理，应当启动哪个预案，等等。所以，应该根据突发事件的类型来确定分级的相关要素和影响参数，设定相应的要素模块，进而判断事件的大小或等级。

薛澜、钟开斌指出，突发事件分级可以从事件的危害程度和政府的控制能力

---

① 杨静、陈建明、赵红：《应急管理中的突发事件分类分级研究》，载于《管理评论》2005 年第 4 期。

来考虑。① 从突发事件危害程度的角度来看，突发事件级别的划分首先就是要确定，是根据突发事件的客观属性如产生原因、影响范围、损失后果等还是根据应急管理的主观属性如突发公共事件的影响程度、政府应对能力的强弱等来划分突发事件的级别。目前，我国主要基于突发事件的客观属性来划分其级别，如根据死伤人数来划分矿难的级别。从政府控制能力的角度来看，政府的应急管理能力直接影响着突发事件级别的划分。例如，有些突发事件造成的损失和影响很大，但政府能够迅速、简单地予以处置，所以这类事件的级别一般都不高，如特大交通事故。而有些突发事件起初的危害和影响不大，但潜在危害很大，波及迅速，难以控制，所以这类事件的级别就列得较高。

根据上述分析可以作出一个基本判断，这就是要科学分析和评估各级政府的应急管理能力，并遵照"能力本位"和"重心下移"两个原则，使应急管理组织体系的建设重心由中央、省向市、县下移。所谓能力本位原则，是指事件分级标准要以应对能力为主，兼顾事件的客观属性。这种分级准则可能造成相同事件在不同地方分级不同，但这符合实际情况。所谓重心下移原则，是指县、市政府应该处于突发事件处置第一线，直接负责当地的公共安全和社会稳定问题。因此，大部分突发事件主要依靠本级政府的力量来解决，超出地方政府应对能力的才能由上一级政府介入。

按照能力本位的分类标准，突发事件可以分为特别严重级、严重级、较严重级和一般严重级四级，依次用红色、橙色、黄色和蓝色进行预警和分级管理。根据重心下移的分级管理原则，突发事件的级别不同要求由不同级别的地方政府甚至是中央政府牵头负责，特别严重、严重、较严重和一般严重四个级别的突发事件分别由发生地的省级、市级和县级政府统一领导和协调应急处置工作。根据我国有关法律法规的规定，一般严重级的突发事件是指其影响局限在社区和基层范围之内，可被县级政府所控制；较严重级的突发事件是指后果严重，影响范围大，发生在一个县以内或是波及两个县以上，超出县级政府应对能力，需要动用市级有关部门力量方可控制；严重级突发事件是指其规模大，后果特别严重，发生在一个市以内或是波及两个市以上，需要动用省级有关部门力量方可控制；特别严重级的突发事件是指规模极大，后果极其严重，影响超出本省范围，需要动用全省的力量甚至请求中央政府增援和协助方可控制。应急处置工作一般由发生地省级政府统一领导和协调，必要时即指超出地方政府处理能力范围或者影响全国的由国务院统一领导和协调应急处置工作。

根据《国家突发事件总体应急预案》，各类突发公共事件按照其性质、严重

---

① 薛澜、钟开斌：《国家应急管理体制建设：挑战与重构》，载于《改革》2005年第3期。

程度、可控性和影响范围等因素，一般分为四级：Ⅰ级（特别重大）、Ⅱ级（重大）、Ⅲ级（较大）和Ⅳ级（一般）。本研究所关注的事件范畴，属于Ⅰ级（特别重大）、Ⅱ级（重大）突发事件。此外，国务院 2011 年公布的《国家特别重大、重大突发公共事件分级标准（试行）》中，根据重大突发事件的性质、社会危害程度、影响范围等因素，将其分为特别重大（Ⅰ级）、重大（Ⅱ级）和一般重大（Ⅲ级）三级。

突发事件通常具有高度不确定性和复杂性，进行分级制度设计时必须赋予地方政府相应的应急处理权限，同时在确认主体、级别指标构成、级别认定、发布主体等方面都要根据实际情况及时做出调整和更新。

本课题组认为，重大突发事件是指前兆不充分、破坏性严重、影响面广泛、具有明显复杂性特征和潜在次生衍生危害、采用常规管理方式难以有效应对的特别重大及重大突发事件。

第二节　社会舆情

2008 年中国开始出现专业的网络舆情监测机构，"舆情""网络舆情"也成为流行的专门词汇。究竟什么是"舆情"，目前仍没有被公认的权威定义。这和舆情是一种丰富和复杂的人类精神现象有关。

一、"舆情"概念溯源

舆情是一个充分体现中国历史文化传统的词语。"舆"字在春秋末期出现，原指车，后与"人"连用，意为"众人"。"舆人"之后又出现了"舆人之诵""舆人之议"等词语，表示一般百姓的意见、言论。据查，《旧唐书》177 卷和《唐大诏令集》58 卷中同时记载有唐昭宗在乾宁四年（897 年）的一封诏书："朕采于群议，询彼舆情，有冀小康，遂登大用……"① 到目前为止，这是我们能查找到的"舆情"二字的最早出处。

此后，"舆情"一词的使用频率逐渐增加。清代，"舆情"二字的使用频率最高，尤其是在康、雍、乾三朝。以清世宗雍正帝为例，在他的《世宗宪皇帝圣训》《世宗宪皇帝殊批谕旨》《世宗宪皇帝上谕内阁》中，"舆情"二字的出现次

---

① 刘昫：《旧唐书》，中华书局 1975 年版。

数多达 90 余次，说明这位勤政的皇帝对民意的重视。《四库全书》中"舆情"共出现 1 100 多次。在《四库全书》中，仅"史"部中就集中了大量使用"舆情"的例子，例如，"居六七日，敬瑭上章云：'明宗社稷，陛下纂承，未契舆情，宜推令辟……'"此外，"经""子""集"各部也有很多例子，例如："舆字，如舆论、舆情、舆人等皆作众字"。

古文献中，"舆情"多与一些动词或形容词搭配，通过这些搭配，我们可以了解其大致含义。首先，舆情应为公众的情绪之意，即"情"应被理解为情绪的意思。该含义在舆情欢戴、舆情怡悦、舆情慰悦、舆情震骇、舆情愤激、舆情愤懑、抚顺舆情等用法中明显体现；舆情还含有公众的意愿和意见等含义，比如未契（契为相合、相投之意）舆情、未惬（惬为满足、畅快、恰当之意）舆情、俯徇（徇为顺从之意）舆情、俯察舆情、察舆情之向背、体访舆情、博采舆情、舆情尽达等用法。《辞源》中舆情被解释为"民众的意愿"。《新华字典》中舆情被解释为"群众的态度和意见"。据此可见，"舆情"的基本含义应为公众的情绪、意愿、意见、态度，这是对舆情最基本的认识。

二、本课题"舆情"界定

相比"舆论"（public opinion）在中外学术界获得的基本共识，"舆情"是个具有中国特色的概念，在西方学术界可能带来困惑和认识上的歧义。因此，正确认识社会舆情，应首先弄清楚舆情、舆论、民意之间的概念区别。舆论是多数人的共同意见；而舆情是指公众的情绪，并不需要成为多数人认同的共同意见，舆情可以向舆论转化；而民意，在我国语境中，指代的则是代表最广大公众意愿的正确舆情。三者之间的联系和差异如下表 1-1 所示。

表 1-1　　　　　　　　舆情、舆论和民意三者之间的比较

比较	舆情	舆论	民意
发声主体	公众	公众和国家管理者	公众
阐发客体	公共事务的社会政治态度	包括政治态度在内的公共事务	包括政治态度在内的公共事务
内容构成	多种情绪、意愿、态度和意见交错的总和	共同意见	共同并且正确的意见
是否公开	公开或非公开	公开	公开或非公开

比较	舆情	舆论	民意
是否正确	受非理性等因素的影响，有对错之分	可以被人为制造，甚至误导群众	正确公正的，代表历史发展必然趋势
获知方式	通过各种媒体、民意测验或舆情调查获知	主要通过各种媒体获知	主要通过媒体、民意测验或调查的量化数据结果获知
侧重点	强调公众的社会心理结构及行为倾向、行为后果	强调舆论与媒体之间的关系	强调公众内心所持有的一种坚定立场和信念

资料来源：邢梦婷、王曰芬：《国内外社会舆情研究的回顾与展望》，载于《情报理论与实践》2015 年第 11 期。

有学者认为，舆情也有时被称为社会舆情，舆情的主要构成要素，包括作为舆情主体的公众，作为舆情客体的国家管理者、中介性的社会事件和舆情空间等，[①] 它具有鲜明的群体性和社会性。从概念上来讲，广义的"舆情"是指个人以及公众基于自身利益和核心诉求对公共事务所持有的多重看法、态度和情感交错。[②] 狭义的"舆情"是指公众的一种社会政治态度，这种态度是受到一定中介性的社会事项或者突发事件影响产生的。[③] 从情感色彩上来看，广义的舆情是一个中性词，只是反映了公众的情绪、意见和态度，没有好坏之分；而狭义的舆情，尽管只是强调了公众的一种社会政治态度，但是这种政治态度与国家政策、政府执政水平和公共事务息息相关，当社会政策、政府执政水平符合群众期待时，舆情信息就会较为积极、理性，但是当社会矛盾不断激化，政府政策和执政水平不能满足群众期待时，舆情通常表现为公众不满情绪的爆发、认知的扭曲以及行为倾向的非健康和非理性，[④] 在不少时候还会表现为与国家管理者之间的态度对立甚至对抗，并伴随着一定量的不实言论和谣言。因此也有学者将这种狭义的舆情概念理解为"舆情风险"。

从本课题的研究内容和研究目标来看，更倾向于采用舆情的狭义概念。本课题关注的是社会公众对社会公共事务、社会问题或新闻事件所产生的多种认知、情绪、意愿、态度和意见交错的总和，有可能对处置事件和应对舆情造成不利影响的，因此需要我们进行专门监测、研判和应对。

舆情具有政治性、复杂性、突发性、紧迫性、群体性等特征。随着融媒体传

① 陈月生：《群体性事件与舆情》，社会科学院出版社 2005 年版，第 34 页。
② 刘毅：《略论网络舆情的概念、特点、表达与传播》，载于《理论界》2007 年第 1 期。
③ 王来华：《舆情的主客体关系与突发性群体事件》，载于《社科纵横》2003 年第 4 期。
④ ［美］沃尔特·李普著，阎克文、江红译：《公众舆论》，上海世纪出版集团 2006 年版，第 253 页。

播环境的发展变化，研究者们认为网络舆情更具有"自由性和可控性、互动性和及时性、丰富性和多元性、隐匿性与外显性、情绪化与非理性、个性化与群体极化性"[1] 的特点，网络舆情成为网民评点社会事件、表达价值诉求的重要方式，也成为政府汇集人民意愿、掌握社会动态的重要渠道。在重大突发事件中，社会舆情更是呈现出"触点更多、发酵更快、碎片化程度更高"[2] 的特性。

三、社会舆情

认可"舆论""舆情"是严谨的学术范畴，这在学术界已成为共识，但对"社会舆情"是否也是一个严谨的学术范畴，尚有争议。有些学者在使用"社会舆论"或"社会舆情"的说法，也有学者对"社会舆情"进行了如下定义：社会舆情是一定时期、一定范围的群众对社会现实的主观反映，是群体性的思想、心理、情绪、意见和要求的综合表现，是社会发展状况的温度计和晴雨表。[3] 但该定义并没有明确"社会舆情"与"舆情"的区别，甚至也可以看作是对"舆情"的界定。

按照一般界定范畴的逻辑性要求，提出"社会舆论""社会舆情"的提法，是不是就暗含了还有"非社会的舆论""非社会的舆情"存在？深究这个问题不难发现，一些学者所使用的"社会舆论""社会舆情"提法，其实与"舆论""舆情"几乎完全一致，并没有内涵和外延上的区别；同时，鉴于所有的舆论、舆情，都产生于其主体——公众，所以如果非要将"舆论""舆情"称为"社会舆论""社会舆情"，似乎也并无多大的问题；但据此可以看出，没有必要专门再对"社会舆论""社会舆情"进行基于学术范畴意义上的界定。鉴于 2015 年教育部哲学社会科学研究重大课题攻关项目招标时发布的本课题名称《重大突发事件社会舆情演化规律及应对策略》中使用了"社会舆情"的概念，本书会延续使用"社会舆情"这一提法，但我们是在认为"社会舆情"与"舆情"是同一个概念的学术认知情况下使用的。

四、重大突发事件社会舆情

重大突发事件舆情，是指与重大突发事件相关的舆情，其客体是重大突发事

---

① 刘毅：《略论网络舆情的概念、特点、表达与传播》，载于《理论界》2007 年第 1 期。
② 唐涛：《网络舆情治理研究》，上海社会科学院出版社 2014 年版，第 48 页。
③ 王建龙：《把握社会舆情》，载于《瞭望新闻周刊》2002 年第 20 期。

件引发的舆情信息。具体而言，本课题所讨论的重大突发事件社会舆情，是指在具有严重破坏力、巨大影响力的重大突发事件发生后，社会公众就该事件的相关认知、情绪、意愿、态度和意见交错而形成的集合体信息。我们认为，重大突发事件与舆情具有如下关系：一方面，舆情的长期累积是重大突发事件的前奏。即群众在长期的对于某些社会问题、政府执政能力和水平以及社会政策的不满中积累的极端、非理性情绪，受到一定中介社会事项的刺激，在没有及时控制的情况下，演变成一场包含观点或行动冲突的重大突发事件。另一方面，重大突发事件冲突的产生，使得原本的舆情信息在更大范围内演化和传播，舆情进入爆发阶段并引发次一级的舆情风险，产生大量的不实言论，危害社会稳定，反过来激化重大突发事件冲突。这两者之间是密切联系，相辅相成的。

因此，探讨重大突发事件舆情应对，一方面，要着眼于舆情演变的整个阶段，结合舆情演变的规律，在舆情风险萌芽阶段采取有效措施，及时发现并解决舆情危机，尽可能控制负面舆情传播，降低重大突发事件发生的可能性；另一方面，在重大突发事件发生时或者发生后，最大可能控制负面舆情在网络中的扩散和蔓延，尽快引导舆论走向，防止其反过来激化事件矛盾，加重事件冲突。

重大突发事件发生后，经过媒体的大众传播途径或公众之间的人际传播途径后，引起公众的关注与讨论，公众的态度、情绪、思想认识、观点等会在交流传播中通过模仿、暗示、顺从等逐渐趋于一致，形成舆情，乃至产生舆论热点，这就是重大突发事件社会舆情。在融媒体环境下，舆情是网民在自身的教育背景、职业背景和社会背景所形成的个人观点外，通过网络平台的互动进行情绪、意见和态度的交换，重新构建自身的信念、意愿和价值观，最终声量较大的舆情占据主要话语权，形成了对某种社会现象或问题的具有较大影响力和倾向性的主要舆情。重大突发事件社会舆情的形成，是公众（包括网民）、媒体、政府和社会环境等因素相互作用和影响的结果。

因此，在重大突发事件发生之时，一方面要针对事件本身进行危机管理，另一方面也要对事件引发的舆情进行正面引导，安抚公众，破除谣言，树立政府部门的公信力，不让"有心之人"有机可乘，维持社会的有序和平稳发展。

第三节　舆情演化规律

舆情的产生、变化和结束有其自身的规律性。舆情作为政治性很强的群体心理活动，总体上随着刺激它产生的各类社会事项的变化和结束的情况而变动，有着自身复杂多变的规则和轨迹，对舆情演化规律的研究构成舆情研究的核心内容之一。现有的研究表明，突发事件网络舆情有效引导与管理的基本前提和关键就是对其演化规律的分析、把握。[1] 注重突发事件网络舆情的分析与引导，把握其生成演化规律，是当前党和政府的一项重要政治工作。

对于舆情的生命周期，很多学者从生命周期理论的发展历史及其背景判断，认为舆情也同样具有我们尚未发现的规律可以遵循。顾明毅认为舆情可以分为五个阶段，早期传播阶段、社会性知情阶段、社会性表达阶段、社会行动阶段、媒体纪念阶段；谢科范认为舆情主要分为潜伏期、萌动期、加速期、成熟期、衰退期五个阶段；王克群则认为舆情与现实产生互动时，会演变成一个以形成、高涨、波动和最终淡化的发展过程；曹劲松经过研究认为舆情的发展具有"散播—聚集—热议—流行"四个阶段以及"爆发、升华、延续"三个关口。易臣何、何振认为，突发事件网络舆情的生成演化规律是对网络舆情生成、演化过程的一种简单化和形式化描述，客观表达了其生成演化阶段的内在模式与机理。一般来说，突发事件网络舆情的生成演化主要经历"触发—集聚—热议—升华"四个关口，每一个关口，其舆情演化都呈现着相应的发展态势和规律——突变规律、聚集规律、共振规律、极化规律。[2]

随着媒介融合的深入推进和传统媒体的顺势转型，某个舆情事件的演化，已不是狭义的互联网所能独自承载的，潜在的社会网络正在发挥巨大的动员能量。随着线上话语空间的建构和线下行动的全面贯通，虚拟与现实交织难辨，网络舆情的演化逐步呈现出更加复杂的新特征。基于此，对舆情演化规律的探索亟待打破传统壁垒，有针对性地开拓新研究思路。

第四节　舆情应对与舆情治理

2019 年 10 月，党的十九届四中全会审议通过的《中共中央关于坚持和完善中国特色社会主义制度　推进国家治理体系和治理能力现代化若干重大问题的决定》[3]，明确了国家治理的战略目标。重大突发事件的舆情应对属于国家治理的

---

[1] 曾润喜、徐晓琳：《网络舆情的传播规律与网民行为：一个实证研究》，载于《中国行政管理》2010 年第 11 期。

[2] 易臣何、何振：《突发事件网络舆情的生成演化规律研究》，载于《湘潭大学学报（哲学社会科学版）》2014 年第 2 期。

[3] 新华社：《中共中央关于坚持和完善中国特色社会主义制度　推进国家治理体系和治理能力现代化若干重大问题的决定》，中国政府网，http：//www.gov.cn/zhengce/2019 – 11/05/content_5449023.htm。

重要内容，提升政府舆情应对能力是国家治理能力的体现。在新形势下，适应融媒体传播环境，革新传统的舆情应对理念，实现舆情应对能力现代化，是国家治理现代化深入推进过程中的重要任务。因此，对于重大突发事件舆情应对实践操作而言，我们要立足于中国现实国情土壤和现代传播格局的深刻变化，把握重大突发事件舆情发生演变规律，从理念上对舆情应对的内涵重新认知，思路上做出重大转换，构建起新型舆情应对体系，让重大突发事件舆情应对成为提升国家治理体系和治理能力现代化的重要组成部分。

一、舆情应对

"舆情应对"是指针对社会公共事务或新闻事件等引发的舆情，基于舆情监测，研判舆情发展态势，通过及时公开发布权威信息等方式，回应舆情关切，消解舆情中的负面信息，最大限度地压缩小道消息、虚假信息，变被动为主动，先入为主，确保更准、更快、更好地引导舆情的处理方式。

值得强调的是，本课题所说的舆情应对，并不是采取简单化的封、堵等方式管控舆情信息，而是在维护舆情信息自由传播的基础上，为了阻止或者缓解事件冲突，化解社会治理矛盾，对有利于防止负面影响出现、促进事件有效解决的舆情进行合理引导，营造和谐、理性舆论氛围，助力正面言论和积极情绪的传播，对于不实言论、非理性言论和谣言，一方面通过澄清真相等方式进行引导，另一方面通过制度规范和惩罚手段进行管理。

本课题对舆情应对的探讨，将从以下三个方面展开：一是关于舆情应对原则的研究，主要包括两个层面，即在国家治理体系与治理能力现代化视域下重大突发事件舆情应对的总体目标性原则和着眼于舆情实践层面的操作原则。二是关于重大突发舆情事件的政府应对策略的研究探讨。三是对政府应对重大突发事件舆情提出整体对策建议。

二、舆情治理

在上述对"舆论应对"范畴的较为充分的论述后，本课题也尝试提出一个新的学术范畴——"舆情治理"。之前已有学者提出了该提法，但尚未进行学术上的界定。我们认为很有必要对此进行一番专门研讨。

首先要回答：是否存在"舆情治理"的命题？在舆情问题上，有时明显，有时隐晦，但实际上一直存在着两种对立的观点——一种认为舆情的非理性成分容易被极端情绪支配，被别有用心的人利用，出现诸如恶意炒作、操纵舆论、网络暴力、意识形态渗透等问题，因此舆情应该受到严格管制；另一种则认为，舆情是公众对社会公共事务、社会问题或新闻事件等所产生的认知、情绪、意愿、态度和意见等方面的反应，舆情的产生是思想自由、表达自由、言论自由的正常结果，不能遭受限制、打压和封堵，如果人为干涉、强加限制，反而会造成舆情扩散、负面情绪集聚等风险，因此舆情不应该受到管制。但这两种表面上对立的观点，实际上却有共同之处，都将舆情共同体一分为二，预设了"管理""被管"这样的管理主体和客体的存在。① 这两种观点显然都还停留在"管理"的思维逻辑上，其实质都否认了舆情治理命题的存在。

从治理逻辑理念来思考舆情问题，不难发现，舆情也是国家治理的客体之一，近年来越来越多的学者逐渐认识到，舆情治理是国家治理的重要内容，提出"舆情治理"的概念，有合理性和必要性。祝华新早在 2014 年就提出，"舆情监测也是国家治理能力现代化的重要推手"。② 其实，不仅是舆情监测，其实整个舆情治理各环节都是推进国家治理的重要内容，舆情治理有助于拓宽公众与政府、社会与国家的对话沟通渠道，减少误读，弥合分歧，在良性互动中凝聚社会共识。③ 习近平总书记也曾明确指出，"信息是国家治理的重要依据""要以信息化推进国家治理体系和治理能力现代化""用信息化手段感知社会态势、畅通沟通渠道、辅助科学决策"。④

2019 年 10 月，党的十九届四中全会审议通过的《中共中央关于坚持和完善中国特色社会主义制度推进国家治理体系和治理能力现代化若干重大问题的决定》，作出了我国国家治理体系和治理能力现代化的战略部署，明确了国家治理的战略目标。本书认为，舆情治理是在舆情应对的基础上，基于国家治理体系和治理能力现代化的现实需求，从治理逻辑理念层面思考舆情这一现实问题的必由之路。在治理的逻辑结构中，政府、企业、媒体、公众及非政府组织等群体，都是舆情治理的主体，各尽其责，协同治理。本书基本认可对舆情治理的如下定义：政府、社会力量、民间组织、用户等根据各自的作用制定和实施旨在规范舆情发展和使用的共同原则、准则、规则、决策程序和方案。⑤

① 殷辂：《网络舆情治理的基本理论问题辨析》，载于《电子政务》2017 年第 7 期。
② 祝华新：《舆情监测促进国家治理能力现代化》，载于《中国记者》2014 年第 7 期。
③ 唐远清、吴雷：《舆情治理：制度逻辑与行动策略》，载于《学术界》2021 年第 1 期。
④ 习近平：《在网络安全和信息化工作座谈会上的讲话》，载于《人民日报》2016 年 4 月 26 日。
⑤ 罗霄峰、罗万伯、胡月、李蕊、廖勇、吴彦伟：《网络舆情治理研究》，载于《通信技术》2010 年第 4 期。

第二章

既有研究评述

　　课题组全面梳理了突发事件舆情研究领域中的重要文献，从对舆情的基本认识、舆情应对的必要性及法律规制、舆情演化规律、舆情应对的原则策略、舆情相关评价指标体系研究等五个方面进行了综述，从总体上把握现有的知识积累，最后总结了现有研究的不足，从而确定本课题可能实现的理论和实践创新空间。

　　过去10年来，重大突发事件社会舆情应对的现实需求激发了学术界的研究热潮，吸引了新闻传播学、情报学、信息学、社会学、公共管理、数学和计算机科学等多个学科科研人员的广泛关注，积累了数以万计的学术论文和专著。中国知网数据显示，以"舆情"为搜索词的文章达33 318篇，近10年（2010～2020年）"舆情"研究相关文献呈大幅增长趋势，至2017年达到峰值后有所下降（见图2－1）。由于2020年新冠肺炎暴发向国家应急体系建设提出了一系列挑战，因此，有关舆情的研究仍然会持续成为学术界的重要研究议题。

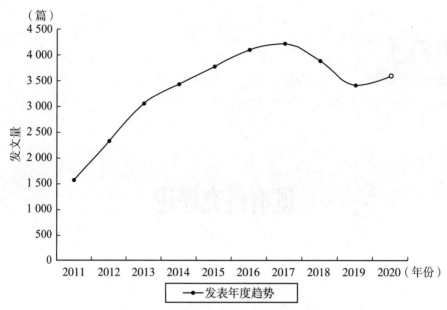

图 2 - 1　中国知网关于"舆情"的文献数量与预测趋势（2010～2020 年）

第一节　关于重大突发事件社会舆情的本质特征

一、重大突发事件社会舆情研究的发展脉络

我国学术界从 20 世纪 90 年代逐步开始关注社会舆情研究。

1992 年，吉小安、龙克虎发表了题为《当前社会收入分配不公的舆情分析》的论文。[①] 1995 年，高建会展开了百名师生社会舆情调查和研究[②]，舆情调查开始兴起。但这一阶段的舆情研究主要是意见调查，尚未与突发事件的应对处置结合。

重大突发事件社会舆情的学术研究始于 2003 年。2003 年，"非典"暴发促使中国舆情分析研究真正起步。薛澜、张强、钟开斌在《危机管理：转型期中国面临的挑战》一书中专题研究了重大突发事件中的媒体作用，较为系统地阐述了

---

① 吉小安、龙克虎：《当前社会收入分配不公的舆情分析》，载于《社会学研究》1992 年第 1 期。
② 高建会：《百名师生社会舆情调查》，载于《青年研究》1995 年第 2 期。

重大突发事件中媒体的运行逻辑和社会功能。[①] 王来华的《舆情研究概论》[②] 是较早的一部对重大突发事件中的社会舆情进行系统研究的学术专著。2004 年，张克生主编的《国家决策：机制与舆情》从机制与舆情的角度研究了国家决策，凸显了舆情在议程设置中的重要作用。[③] 陈月生（2005）较早地将舆情研究与群体性事件结合起来，研究了重大突发群体性事件中的舆情演变规律和应对策略。[④]

2005 年以后，随着互联网的日趋普及，微博等社交媒体的兴起，社会舆情更多通过网络呈现，网络舆情研究兴起，来自新闻与传播学、舆论学、情报学、社会学、心理学、计算机科学等多个学科领域产出了大量研究成果，论文数量迅速增长，相关学术专著也不断涌现，如中共中央宣传部舆情信息局从指导舆情工作实践的角度，于 2006 年在学习出版社编著出版了《舆情信息工作概论》《舆情信息汇集分析机制研究》两本著作，刘毅较为全面论述网络舆情的专著《网络舆情研究概论》于 2007 年出版。[⑤]

2011 年之后，网络成为公众获取信息和表达民意的重要渠道，成为政治思潮的交织地和社会问题的集散地，成为政府治国理政、了解社情民意的新平台。特别是随着博客、论坛、微博的兴起和发展，网民表达言论诉求的渠道变得更加便利和广泛。如大学生可通过校园 BBS 表达言论和诉求，广大网民可以通过博客、论坛、微博，表达对社会、经济、政治、文化等多领域的看法，并且可以引发网民的跟帖、转发和评论。鉴于此，一些专家学者开始对高校网络舆情、微博网络舆情和意见领袖、群体性事件网络舆情、司法审判与网络舆情、舆情建模等相关技术、网络舆情对政府管理的影响及其应对机制进行研究。随着互联网和无线终端设备的蓬勃发展，舆情的产生、发展、扩散出现了许多新特点，以往的舆情应对方式已经无法满足新传媒时代宣传、公关和危机处理的需要，舆情研究迈向了更深领域。

近年来，舆情研究已步入稳定发展期。舆情研究已成为我国学术界、理论界的热点领域，且"热度"还在继续升温，呈现出步入"显学"之列的发展趋势，但回应实践中的突出问题的任务仍然十分紧迫。

---

① 张强、薛澜、钟开斌：《危机管理：转型期中国面临的挑战》，清华大学出版社 2003 年版。
② 王来华：《舆情研究概论》，天津社会科学院出版社 2003 年版。
③ 张克生主编：《国家决策：机制与舆情》，天津社会科学院出版社 2004 版。
④ 陈月生：《群体性事件与舆情》，社会科学院出版社 2005 年版。
⑤ 刘毅：《网络舆情研究概论》，天津人民出版社 2007 年版。

二、关于重大突发事件社会舆情的本质

互联网的快速发展与应用及其所具有的开放、便捷、虚拟、匿名以及互动等特性使其成为突发事件传播、扩散、蔓延和变异的重要载体，某些突发事件一经网上发布后，由于多种因素的共同作用迅速引起大量网民的高度关注与激烈讨论，网民纷纷通过回帖、跟帖、转发和评论等方式表达对突发事件的态度、看法以及对他人观点的赞同与批判，使得事件迅速传播蔓延。这种由于受突发事件刺激产生的通过互联网传播的人们对于该事件的所有认知、态度、情感和行为倾向的集合称为突发事件网络舆情[1]。突发事件引发网络舆情，网络舆情的形成又反作用于突发事件本身，推动事件的发展演化。

不少学者对网络舆情的概念进行了论述，认为网络舆情是在互联网上传播的公众对某一"焦点""热点"问题所表现的有一定影响力、带有倾向性的意见或言论的情况[2]；网络舆情就是指在网络空间内，围绕舆情因变事项的发生、发展和变化，网民对执政者及其政治取向所持有的态度[3]；是通过互联网表达和传播的，公众对自己关心或与自身利益紧密相关的各种公共事务所持有的多种情绪、态度和意见交错的总和。[4]

突发事件网络舆情是公众现实情感态度的反映和投射，是广大公众长期累积的认识围绕中介性事件的一次集中表达，如果应对处置不当，就会激起更大的舆情热潮甚至演变成线下群体性突发事件。深入研究突发事件网络舆情对于提高政府的应急管理能力具有非常重要的意义。[5]

在风险治理理论的框架下，研究者关注社会中的组织将风险放大或缩小的过程，开发出了"风险的社会放大框架"（Social Risk Amplification Framework，SRAF）（见图 2-2），其中媒体就是一个重要的"风险放大站"。SRAF 框架是风险治理理论与传播理论结合的一个重要成果，在西方国家得到了广泛的应用，不

---

① 曾润喜、徐晓林：《网络舆情突发事件预警系统、指标与机制》，载于《情报杂志》2009 年第 11 期。

② 周如俊、王天琪：《网络舆情：现代思想政治教育的新领域》，载于《思想·理论·教育》2005 年第 11 期。

③ 纪红、马小洁：《论网络舆情的搜集、分析和引导》，载于《华中科技大学学报（社会科学版）》2007 年第 6 期。

④ 刘毅：《略论网络舆情的概念、特点、表达与传播》，载于《理论界》2007 年第 1 期。

⑤ 郑昌兴、苏新宁、刘喜文：《突发事件网络舆情分析模型构建——基于利益相关者视阈》，载于《情报杂志》2015 年第 4 期。

仅用来解释转基因食品、气候变化①、环境污染等风险问题中的公众态度的形成，而且用来描述疯牛病、自然灾害②等重大突发事件中社会舆论的形成、演变及对公众风险感知的反作用。有学者研究了韩国一条高速铁路隧道修建过程中网络舆情的变化趋势，分析了各利益相关者的行动方式，再现了社会风险通过社交媒体被放大的演变过程③；也有少数实证研究提出了社会风险缩小的成功案例。④⑤

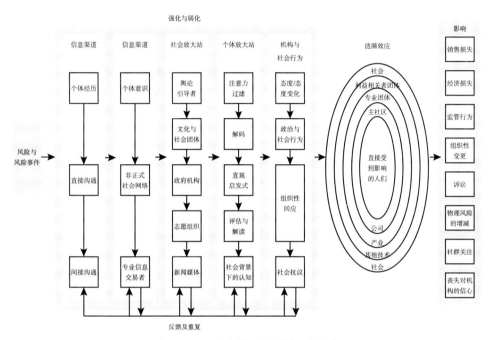

图 2-2 风险社会放大概念框架

资料来源：Kasperson，R. E.. The Social Amplification of Risk：A Conceptual Framework. *Risk Analysis*，1988（2）：177-187.

总体上看，现有研究从传播学的角度将舆情界定为公众意见和态度，但尚未

---

① Lorenzoni，I.，N. F. Pidgeon，R. E. O'Connor. Dangerous Climate Change：The Role for Risk Research. *Risk Analysis*，2005，25（6）：1387-1398.

② Wachinger，G.，O. Renn，C. Begg，C. Kuhlicke. The Risk Perception Paradox—Implications for Governance，Communication of Natural Hazards. *Risk Analysis*，2013，33（6）：1049-1065.

③ Chung，I. J. Social Amplification of Risk in the Internet Environment. *Risk Analysis*，2011，31（12）：1883-1896.

④ Lewis，R. E.，M. G. Tyshenko. The Impact of Social Amplification，Attenuation of Risk，the Public Reaction to Mad Cow Disease in Canada. *Risk Analysis*，2009，29（5）：714-728.

⑤ Burgess，A. Media，Risk，Absence of Blame for "Acts of God"：Attenuation of the European Volcanic Ash Cloud of 2010. *Risk Analysis*，2012，32（10）：1693-1702.

揭示出舆情的深刻本质,逐步有学者意识到社会舆情中蕴藏着巨大的社会风险①。社会舆情不是简单的信息或言论传播,而是利益诉求甚至是政治主张的表达,是各种社会力量对利益分配、社会公平、治理方式等深层次的社会问题的正面交锋。可见,社会舆情的形成和演变是错综复杂的社会和政治动力耦合发展的结果,研究社会舆情演化规律必须突破信息传播学的单一视角,着眼于总体的社会变迁和深层次的社会问题。

第二节 关于应对社会舆情的正当性及法律规制

一、关于应对社会舆情的必要性和正当性

政府部门在重大突发事件发生后,依法对舆论传播和新闻报道进行规制,是否具有正当性?法律能够赋予管理主体的权限有多大?对于公民个人信息传播行为的法律规制,事关言论自由这一基本人权。对该问题开展立法工作,前提是取得广大人民群众的认同、理解,否则不但立法本身会遭遇许多不必要的舆论阻力,法律的执行也会变得更为困难。海内外学者都就应对社会舆情的必要性和正当性进行了论述。

美国知名舆论管理学者雅各布 1992 年时就预判称,20 世纪自由主义民主政体不再依赖于直接的行政统治,而代之以巨大的操纵舆论的能力,制造出广泛的意见一致以及对政府行为的热情支持。② 美国学者安德森指出,一种统一的舆论能够促成某种特定的政策。③ 库乌教授在一篇演讲报告中强调:"正像我们已经看到的那样,舆论管理是外交和公共事务官以及公共关系从业者的首要任务。"④

张克生从国家决策系统角度提出,民众既是舆情主体,又是国家决策的第一

---

① 张丽红:《网络信息传播蕴藏的舆情危机风险及其规避》,载于《南方论丛》2014 年第 2 期。

② Lawrence R Jacobs. The Recoil Effect: Public Opinion and Policymaking in the U. S. and Britain. *Comparative Politics*, 1992, 24 (2): 199 – 217.

③ Christopher J. Anderson, Consent and Consensus: the Contours of Public Opinion toward the Euro, Paper presented at the Year of the Euro, December 2002.

④ Meganv. Vandeker Ckhove, Domestic public diplomacy, public relations strategy and foreign policy during the Persian gulf warimplications for democracy, A thesis presented to the graduate school of the university of Florida in partial fulfillment of the requirements for the degree of master of arts in mass communication, 2004.

主体以及国家决策的最终执行主体，"深入了解民情，充分反映民意，广泛集中民智，切实珍惜民力"的舆情机制是国家决策的根本机制。[①] 刘毅梳理了中国古代舆情收集制度，认为在提倡"以人为本"的今天，对我国古代舆情制度进行梳理对于我国舆情基础理论研究无疑是一个重要的补充，揭示了网络舆情引导和管理必要性。[②] 邱潇可等认为，作为一种新兴的公民政治参与的方式，网络舆论在我国民主政治建设中发挥着重要的、不可替代的作用。[③] 祝华新提出，加强舆情监测，推进国家治理能力现代化。[④] 马荔探讨了新媒体网络舆情与国家治理现代化的关系，使用博弈论模型验证了二者关系。[⑤] 陈端剖析了国家治理现代化的总体目标与网络舆情治理之间的内在关联，从多个维度梳理了国家治理现代化总体目标对舆情治理提出的新要求。[⑥] 尹俊从如何利用治理现代化的思维，探讨了如何提高网络执政能力，从源头上有效地降低负面网络舆情的发生，及时地防范和控制负面社会网络舆情的发展，并正确地引导网络舆情和网民自我教育。[⑦]

二、关于新闻舆论监督的本质属性和约束界限

重大突发事件的舆情形成和演化离不开新闻传播活动，而谈到新闻传播，首先要讨论的就是有关新闻舆论监督的权利。傅昌波认为，新闻舆论监督是指包括新闻工作者在内的公众通过公开报道事实、发表意见等新闻传播活动形成或影响社会舆论而体现的，对政治、经济和文化生活中涉及国家和社会公共利益的事务的监察和督促。新闻舆论监督是公众希望国家、社会及其自身能够更美好而产生的社会行为，其客体应当是关乎国家和社会公共利益的思想、政策及行为。具体地说，新闻舆论监督的客体应当包括社会思想和理论、社会问题、国家权力机关的政策和行为、公共事业机构的政策及行为、公众人物的言行。新闻舆论监督的本质属性是诸种公民基本权利的重要实现形式，其核心是公众的表达自由（包括言论自由、出版自由、新闻自由等）和参政权（包括知情权、监督权、参政权、

① 张克生：《舆情机制是国家决策的根本机制》，载于《理论与现代化》2004年第4期。
② 刘毅：《刍论中国古代舆情收集制度》，载于《天津大学学报（社会科学版）》2007年第5期。
③ 邱潇可、邹志勇：《论民主政治环境中网络舆论的法律规制》，载于《山东社会科学》2012年第9期。
④ 祝华新：《舆情监测促进国家治理能力现代化》，载于《中国记者》2014年第7期。
⑤ 马荔：《新媒体视域下网络舆情与国家治理现代化关系及治理路径——基于博弈论的视角》，载于《江淮论坛》2015年第3期。
⑥ 陈端：《国家治理现代化视域下的网络舆情治理研究刍议》，载于《今传媒》2015年第5期。
⑦ 尹俊：《政府治理现代化视角下社会网络舆情应对的策略研究》，载于《中共银川市委党校学报》2017年第1期。

议政权等）两个范畴中的公民基本权利通过新闻舆论监督得以实现。如果没有约束，新闻舆论监督也可能对国家和社会的公共利益造成损害。新闻舆论监督"游戏规则"的本质是，在保护舆论监督权与保护公民人格权、维护司法独立以及保障公共利益等现代社会均认同的重要价值之间找到最佳平衡点。①

三、关于对信息传播进行法律规制的正当性

对信息传播进行法律规制是世界各国通行的做法，没有不受约束的权利和自由。随着互联网等新兴媒体的发展，对于互联网的信息传播能否进行法律规制、如何进行法律规制，也是学界研究的重点，互联网不是法外之地也已形成共识。

法治国家的任何权利均有界限，一旦超出权利的法定界限，即为滥用权利的违法行为。大陆法系国家法学理论领域通行的权利不得滥用原则即已包含此种规范。《中华人民共和国宪法》第五十一条规定："中华人民共和国公民在行使自由和权利的时候，不得损害国家的、社会的、集体的利益和其他公民的合法的自由和权利。"《民法通则》规定："公民、法人的合法的民事权益受法律保护，任何组织和个人不得侵犯。""民事活动必须遵守法律，法律没有规定的，应当遵守国家政策。""民事活动应当尊重社会公德，不得损害社会公共利益，破坏国家经济计划，扰乱社会经济秩序。"这是中国立法规制突发事件舆情治理的正当性依据之一：在发生突发事件的情况下，任何信息传播行为如果超出合理的言论自由的界限，违反了法律的强制性规定，损害了公共利益或他人的合法权益，国家就可以法律手段进行干涉，制裁违法行为，社会组织、传媒法人及相关公民亦可以此为依据进行自律，以便维护公共利益与个人的合法权益。这样的规范或理论不是中国独有的法律现象，而是世界上多数国家所共有，包括欧美发达国家，其法律也绝对不会允许肆无忌惮、损害他人或公共权益的传播行为。

行政法的"比例原则"对突发事件舆情治理的法律规制起到指导作用。比例原则是指对公民权利形成限制的行政手段必须与维护公共利益的行政目的成比例，行使行政权对公民造成的不便应限制在维护公共利益所必需的范围内。依照比例原则，立法规定的对信息传播的管理程度应与突发事件的严重程度及信息传播行为带来或可能带来的危害的严重程度成比例。也就是说，如果舆论传播行为的危害达到或很可能达到一定的严重程度，国家机关方可介入；如果其危害已经达到或很可能达到极其严重的程度，法律应明确赋予政府机构相应的管理权限，以维护公众利益或避免他人的正当权益受到危害。

---

① 傅昌波：《新闻舆论监督论——概念、依据和规范》，人民日报出版社 2004 年版，第 108 页。

20 世纪互联网兴起之时，有关网络空间的"无法律、无管制、无国界"的"三无空间"的观点喧嚣一时。美国一些学者就曾主张互联网是一个独立空间，不应由各国法律管辖，而应由互联网自律机构自治。建立该观点所依赖的理由其实并不充分：一方面，互联网的存在确实对各国法律的域外管辖力形成一定挑战，但该挑战并不影响各国法律在各国境内的管辖效力，且各国政府也正在着手解决该问题；另一方面，不论网络自律机构是否有能力制定公正的网络自律规范并加以执行，都不构成令各国政府放弃法律对网上行为管辖力的充分理由。

时至今日，随着人们对互联网信息存在的弊端以及政府和自律组织管理能力有限性的认识越来越清晰，"网络空间自治"观念已日趋没落。各国人民越来越趋向于认同：包括互联网在内的各种媒介均处于法律管辖范围内，对于互联网信息传播管理，应充分发挥政府和自律组织的作用，在保障信息传播权利的同时，尽最大可能抑制互联网上违反道德或法律的信息传播带来的弊端。

四、关于我国舆情治理法律规制的现状

我国现有的舆情治理法律法规虽然对公民、媒体和政府的权利和义务有所规定，但是分散在宪法和部门法中，不能充分满足重大突发事件社会舆情应对需要。

《宪法》第三十五条规定："中华人民共和国公民有言论、出版、集会、结社、游行、示威的自由。"第四十条规定："中华人民共和国公民的通信自由和通信秘密受法律的保护。除因国家安全或者追查刑事犯罪的需要，由公安机关或者检察机关依照法律规定的程序对通信进行检查外，任何组织或者个人不得以任何理由侵犯公民的通信自由和通信秘密。"第四十七条规定："中华人民共和国公民有进行科学研究、文学艺术创作和其他文化活动的自由。国家对于从事教育、科学、技术、文学、艺术和其他文化事业的公民的有益于人民的创造性工作，给以鼓励和帮助。"第四十一条第一款规定："中华人民共和国公民对于任何国家机关和国家工作人员，有提出批评和建议的权利；对于任何国家机关和国家工作人员的违法失职行为，有向有关国家机关提出申诉、控告或者检举的权利，但是不得捏造或者歪曲事实进行诬告陷害。"

由上述 4 项宪法条款可知，中国公民享有以言论和出版自由为主体的信息传播权利，但依前述宪法第五十一条及民法通则第五、六、七条的规定，该权利应受法律强制性规定、公共利益及他人合法权益的限制。刑法、证券法等部门法将这些限制具体化，不允许公民在突发事件环境下以泄露国家秘密、煽动推翻国家政权或社会主义制度、煽动分裂国家、煽动民族仇恨、造谣惑众扰乱军心、煽动

军人逃离部队、煽动群众暴力抗拒法律法规实施等方式危害国家安全与公共安全，或以编造、传播虚假信息等方式扰乱市场秩序。

公民的信息传播权利在突发事件环境下所受限制往往更多。同样一种违法的信息传播行为，在突发事件环境下造成的损害后果一般比在普通环境下的损害后果严重，从而导致在普通环境下无须承担法律责任的信息传播行为在突发事件环境下必须承担法律责任，或者在突发事件环境下承担比在普通环境下更重的法律责任。

由于国情不同，中国与西方国家的媒体在突发事件舆论传播中承担的责任和义务有较大差异。中国媒体承担着比西方式国家媒体更多的公益事业职责。其职责可表现为被动的、消极的不作为义务——即不得侵害国家利益、公共利益及其他主体的合法权益，亦可表现为主动的、积极的作为义务——即舆论引导、教育公众等更广泛的功能。

突发事件进入严重阶段，即进入紧急状态阶段后，依各国法治之通例，公民个体的权利会受到限制，政府拥有更大的处置公权力。当然，依照许多国家的共识，紧急状态下公权力对私权利的限制是有底线的，《公民权利和政治权利国际公约》第4条第1款规定："在社会紧急状态威胁到国家的生命并经正式宣布时，本公约缔约国得采取措施克减其在本公约下所承担的义务，但克减的程度以紧急情势所严格需要者为限，此等措施并不得与它根据国际法所负有的其他义务相矛盾，且不得包含纯粹基于种族、肤色、性别、语言、宗教或社会出身的理由的歧视。"该公约第19条规定的关于持有主张和自由发表意见的权利不处于其第4条第2款规定的不得因紧急状态而被限制或剥夺的私权利范围内，这意味着公约立法精神是允许各国在紧急状态期间限制甚至剥夺公民言论自由的。

突发事件中，政府肩负着信息监测和信息公开的义务，对此，《突发事件应对法》《政府信息公开条例》均有明确规定。依《政府信息公开条例》第三十七条之规定，政府管辖的教育、医疗卫生、计划生育、供水、供电、供气、供热、环保、公共交通等与人民群众利益密切相关的公共企事业单位也负有公开其"在提供社会公共服务过程中制作、获取的信息"的义务。

五、关于我国舆情治理法律规制存在的问题

通过对相关研究成果的分析发现，学界认为当前我国突发事件舆情治理法律规制存在的问题主要表现系统性不够、规范性不足、立法层级偏低等。

《突发事件应对法》中涉及信息传播管理类的法律条款数量少、系统性不强。除该法之外，如前所述，《戒严法》《政府信息公开条例》《传染病防治法》《证

券法》《保守国家秘密法》《气象法》《道路交通安全法》及《刑法》等许多法律法规中的一些条款亦可适用于突发事件传播管理，但如果将所有这些法律法规中的相关条款均视为中国突发事件传播管理法律规范的组成部分，那么其缺乏系统性的问题就更加明显。

中国现行法中可以适用于突发事件传播管理的法律规范不少，但针对突发事件传播管理而专门制定的法律规范不多。2012年12月28日通过的《全国人民代表大会常务委员会关于加强网络信息保护的决定》是历史性的进步。但从意识到问题的重要性到真正完善网络环境下突发事件传播管理立法，还有许多工作有待完成。2016年11月7日，《网络安全法》于中华人民共和国第十二届全国人民代表大会常务委员会第二十四次会议通过，自2017年6月1日起施行。网络安全法将为互联网管理提供较为系统的法律依据。

总体来看，现有的有关舆情应对的法理研究存在需要提高和完善之处有：一是法理性研究仍然需要进一步深化。现有研究成果中，直接涉及政府应对社会舆情的法理性探讨的相对较少，更多的是从如何提升政府应对社会舆情能力的角度来进行研究，即更多关注的是实然性层面，而对政府与社会关系如何定位、国家权力与公民权利的界限等应然性问题缺乏深入讨论；二是与当前社会现实结合不够紧密。社会舆情是动态发展的，尤其会受到不同发展时代、不同社会背景的影响。因此，在探讨应对重大突发事件社会舆情的法理和制度时，应当与当前全面推进依法治国、构建社会主义和谐社会等时代背景紧密结合；三是应对重大突发事件社会舆情的法治化水平亟待提高。从制度供给看，当前立法体系主要从"应急（突发事件）"和"网络安全（网络舆情）"两个维度规制，未将应对重大突发事件社会舆情法律规制有机统一，尚未与2015年7月1日起实施的《国家安全法》相衔接，与"建设中国特色社会主义法治体系，建设社会主义法治国家"的时代要求还有差距。

第三节 关于重大突发事件社会舆情的演化规律

社会舆情的产生、变化和结束有其自身的规律性。舆情作为政治性很强的群体心理活动，总体上随着刺激它产生的各类社会事项的变化和结束的情况而变动，有着自身复杂多变的规则和轨迹，对舆情演化规律的研究构成舆情研究的核心内容之一。

一、不同视角下的舆情演化规律研究

舆情演化研究的主要内容集中在三个方面：基于话题演化的研究、基于网络信息传播的研究及基于粒子交互模型的研究。话题演化是指某一个话题在传播中的变化过程，主要包括旧话题消亡、新话题产生、一个话题向另一个话题转移等。网络信息传播方面，研究者认为网络信息传播是舆情演化的基础，相关的研究包括信息在网站间以及网站内部的传播行为。粒子交互模型方面，研究者主要借用物理学中的粒子交互作用对舆情演化中的主体（人）以及主体间的关系进行建模。

研究者视角可大致划分为总体型视角和动态型视角。总体型研究视角认为舆论形成要具备社会矛盾现象、活跃的公众、互动的社会沟通和一定的言论自由等条件，舆论形成过程包括舆论萌生、生成和统一等阶段，舆论形成过程存在观念知晓、说服、决策、确定等步骤。动态型视角的研究认为社会舆论扩散呈波动模式，以起伏状态向四周推进，使一定范围的公众先后卷入舆论波。舆论通常呈现从"舆论人""舆论圈""舆论场"直至最广泛的"公众舆论""民族舆论""国际舆论"的渐次扩散成长过程。

二、重大突发事件的社会舆情演化研究

突发事件的舆情研究主要集中在群体性突发事件、突发公共安全事件、自然灾害等方面。研究成果主要有以下方面：一是重大突发事件社会舆情生命周期研究，有的学者根据网民情绪变化的维度将突发事件网络舆情发展过程划分为形成、高涨、波动和淡化四个阶段。有的学者以生命周期理论为基础，将网络舆情发展过程划分为孕育、扩散、变换和衰减四个阶段。有的学者根据生命周期理论和政府管理理论将网络舆情生命周期划分为：孕育、爆发、蔓延、转折和休眠期五个阶段。有的学者根据生命周期及舆情演进规律将突发事件网络舆情划分为潜伏、萌动、加速、成熟和衰退五个阶段。还有学者把网络舆情和社会化网络信息传播模式相结合将网络议题升级划分为早期传播、社会知情、社会表达、社会行动和媒体纪念五个阶段。有的学者提出了以内源动力与外源动力为主体的网络舆情态势演化的动力机制，将网络舆情态势演化的作用力分为：来自事件本身的破坏力、来自网络的推动力以及来自政府的调控力。

面对与日俱增的海量网络舆情信息，越来越多的学者将模拟仿真、数据挖掘、文本挖掘等技术引入突发事件网络舆情演化研究中来。

基于经验模态分解（EMD）的网络舆情演化分析与建模方法。该方法通过

对突发事件网络舆情发展过程进行 EMD 分解，形成演化过程的趋势成分、周期成分、突发成分和随机成分，通过对各成分进行分析与建模，实现对网络舆情的演化分析。

基于网络拓扑的小世界效应建模的方法。其提出网民观点的倾向度转换规则，在网络舆情网民关系小世界网络矩阵表示的基础上，构建基于小世界效应的网络舆情演化模型，将个体心理因素和外界媒体影响引入危机信息管理之中。

三、关于网络舆情的演化规律研究

2005 年以后，随着互联网的普及应用，社会舆情逐步借助互联网得以表达，而网络舆情的传播又表现出特有的演变规律，研究者对网络舆情的演变进行了大量的研究。

易承志将突发事件网络舆情划分为形成、扩散、爆发和终结四个阶段，认为启动机制、驱动机制、变动机制和阻动机制分别在四个阶段发挥着主导作用。[①]谢科范等将突发事件网络舆情细分为潜伏期、萌动期、加速期、成熟期、衰退期五个阶段，并据此提出了网络舆情突发事件应对集群决策的原理与方法。[②] 兰月新、曾润喜将突发事件网络舆情划分为潜伏期、扩散期和消退期三个阶段，并依据突发事件网络舆情的网络信息量建立数学模型来研究演化规律及不同阶段的预警问题；网络舆情的传播时效有一定规律，从事件发生到网络传播多在当天出现在网络上，舆情酝酿和潜伏期为 1～2 天，在短期内爆发，舆情持续时间在 2 周以内。[③] 陈立富通过不同的突发事件跟踪研究了网络舆情潜伏期、扩散期、高潮期、波动期和消退期等不同阶段的特征。[④]

姜珊珊等对非常规突发事件网络舆情中的意见领袖群体构成及其随事件发展的变化情况进行了研究，指出了网络舆情意见领袖的重要作用。[⑤] 张玉亮分析了突发事件网络舆情主体的心理状况对网络舆情的影响并据此提出了相应的导控策略。[⑥]

---

① 易承志：《群体性突发事件网络舆情的演变机制分析》，载于《情报杂志》2011 年第 12 期。

② 谢科范、赵湜、陈刚、蔡文静：《网络舆情突发事件的生命周期原理及集群决策研究》，载于《武汉理工大学学报（社会科学版）》2010 年第 4 期。

③ 兰月新、曾润喜：《突发事件网络舆情传播规律与预警阶段研究》，载于《情报杂志》2013 年第 5 期。

④ 陈立富：《医疗突发事件网络新闻的舆情传播特征分析》，载于《解放军医院管理杂志》2015 年第 1 期。

⑤ 姜珊珊、李欲晓、徐敬宏：《非常规突发事件网络舆情中的意见领袖分析》，载于《情报理论与实践》2010 年第 12 期。

⑥ 张玉亮：《突发事件网络舆情的生成原因与导控策略——基于网络舆情主体心理的分析视阈》，载于《情报杂志》2012 年第 4 期。

彭知辉论述了网络与群体性事件的关系，并给出了网络环境下群体性事件处置与预防的对策。[①] 来火尧、刘功申通过对网络舆情的主题相关性分析，进行了文本倾向性研究。[②] Chang通过分析Twitter的使用动机与政治参与之间的相互关系发现意见领袖比非领袖有着更强烈的搜索信息、动员他人和公开发言的动机，且意见领袖能够有效促进他人参与政治进程。[③]

四、关于网络舆情的传播路径

有学者认为舆情形成与变动的分析方法和规律可用于解释和分析网络舆情的形成与变动，而由于互联网的特质，网络舆情形成与变动过程中有新特点和规律。

（一）关键节点论

以网络舆情演变具体过程而言，有学者注意到网络舆情传播过程中会形成若干关键节点和阈值，并且舆论领袖对网络舆情演变会发挥突出作用。赵金楼、成俊会通过社会网络分析发现重大突发事件微博舆情传播网络具有复杂多关系、较高连通性的网络特征，其网络密度受到节点间关系强度的显著影响，强关系能够增强网络密度，弱关系则是连接小团体之间的关键传播路径。[④]

（二）网络路径论

网络舆情一般遵循"事件发生—网民爆料—传统媒体跟进—网络热炒—形成舆论压力—政府部门介入—网民偃旗息鼓"的过程。

（三）受众论

在社会化特征的新媒体和泛网络化行为的受众作用下，网络舆情会沿着早期传播、社会性知情、社会性表达、社会行动、媒体纪念等阶段发展。

（四）脱离监管论

在某些情况或议题上，网络舆情还会呈现不规则多峰型变化趋势，议题在发

---

① 彭知辉：《论群体性事件与网络舆情》，载于《上海公安高等专科学校学报》2008年第1期。

② 来火尧、刘功申：《基于主题相关性分析的文本倾向性研究》，载于《信息安全与通信保密》2009年第3期。

③ Chang, S. P. Does Twitter motivate involvement in politics? Tweeting, opinion leadership, political engagement. *Computers in Human Behavior*, 2013, 29（4）: 1641–1648.

④ 赵金楼、成俊会：《基于SNA的突发事件微博舆情传播网络结构分析——以"4.20四川雅安地震"为例》，载于《管理评论》2015年第1期。

展中有内在趋同性，试图逃脱监管的趋向。

五、关于网络舆情演化的动力和机理

研究者十分注重借鉴其他学科的研究方法深入解释网络舆情演化的作用机理。刘华欣（2013）利用传播学原理对群体性突发事件网络舆情演变阶段、特点和规律进行了解读。[①] 叶金珠、佘廉（2012）认为网络突发事件的最大风险在于其蔓延与变异性，运用社会学理论揭示了网络突发事件蔓延的过程实质是网络群体行为扩散的过程并建立了网络群体行为扩散模型。[②] 张一文等基于系统动力学分析了非常规突发事件网络舆情主体之间的相互作用关系，为探究非常规突发事件网络舆情演化规律，控制其扩散、引导其传播提供了有力的依据。[③] 赵剑华、万克文基于传统的 SIR 传染病模型，综合考虑用户的心理特征行为因素，搭建了新型的社交网络舆情传播动力学模型。[④] 于同洋等基于 Deffuant 模型建立了网络舆情扩散的结构逆转模型，从一定程度上解释网络舆情扩散的结构逆转现象。[⑤] 靳松、庄亚明[⑥]和庄亚明、余海林[⑦]分别结合 H7N9 事件和抢蜡烛事件进行了实证研究，根据实证结果给出了网络舆情应急管理的意见建议。

对网络舆情演化的动力和机理可以概括为：第一，网络加速论。认为网上产生和传播的舆情借助互联网实现了向舆论更快、更多、更容易和更复杂的方向转变，进而扩大了它的影响力。第二，公共事务论。其以公共事务为参照，认为公共事务从出现到结束大抵会持续一段时间，网民舆情表达与所关注的公共事务相对应，也要经历发生、发展、高潮、消退、消失或残留期。第三，耗散论。其认为网络舆情运作机制具有开放、非平衡态、非线性和存在涨落和突变等典型耗散结构特征。第四，"先情后理"论。认为议题基本处于分散状态、情绪色彩浓厚、部分议题随时间持续表现"先情后理"的变化、大多议题的讨论不能随时间延续

[①] 刘华欣：《群体性突发事件网络舆情演变机制的传播学解读》，载于《新闻知识》2013 年第 3 期。

[②] 叶金珠、佘廉：《网络突发事件蔓延机理研究》，载于《情报杂志》2012 年第 3 期。

[③] 张一文、齐佳音、马君、方滨兴：《网络舆情与非常规突发事件作用机制——基于系统动力学建模分析》，载于《情报杂志》2010 年第 9 期。

[④] 赵剑华、万克文：《基于信息传播模型—SIR 传染病模型的社交网络舆情传播动力学模型研究》，载于《情报科学》2017 年第 12 期。

[⑤] 于同洋、肖人彬、侯俊东：《网络舆情结构逆转建模与仿真：基于改进 Deffuant 模型》，载于《复杂系统与复杂性科学》2019 年第 3 期。

[⑥] 靳松、庄亚明：《基于 H7N9 的突发事件信息传播网络簇结构特性研究》，载于《情报杂志》2013 年第 12 期。

[⑦] 庄亚明、余海林：《群体性突发事件信息传播网络特性研究——以抢蜡烛事件为例》，载于《情报杂志》2013 年第 7 期。

而深入，通过网络议题呈现的网络言论表现出分散、简单和不够深入等特质。第五，多元因素论。认为网络舆情的生成需要社会矛盾、具体事件、个体情绪等舆情因变事项作为"引子"或"导火索"，还需意见领袖参与和传统媒体作用。多元因素的作用会使网络舆情发生扭曲、变异、扩散等。在群体压力、群体极化、集体无意识、群体互动等作用下，网民个体的舆情表达会发生变化甚至扭曲。而且在"群体极化"等作用下，舆情会发生分化并形成差异和对峙的"核心小团体"，而网络的交互功能会促使舆情随意发散并迅速蔓延。

郑昌兴等从利益相关者理论的视阈对突发事件网络舆情的相关主体划分为确定型利益相关者、预期型利益相关者和潜在型利益相关者，分析了各类主体在舆情传播中的作用（见表2－1），认为网络舆情中的利益相关者具有复合性，如意见领袖或者媒体同时也是突发事件信息发布者。利益相关者还具有动态性，如普通网民可能成为意见领袖等。[①]

表2－1　　　　　　突发事件网络舆情利益相关者分析模型

利益相关者		影响力	相关度	介入度
确定型利益相关者	政府部门	高	高	递增
	意见领袖	高	中、高	高
	事件发布者	高	高	高
预期型利益相关者	网络媒体	高	递增	递增
	传统媒体	高	递增	递增
潜在型利益相关者	普通网民	低	中	高

资料来源：郑昌兴、苏新宁、刘喜文：《突发事件网络舆情分析模型构建——基于利益相关者视阈》，载于《情报杂志》2015年第4期。

六、关于网络舆情热点的监测

对微博中的热点探测成为信息管理学、传播学研究的一个重要领域。[②] 微博中大部分信息是零散、高噪声、随机和碎片化的，研究者为了实现在微博数据的基础上发现热点，融合了共词网络和复杂网络的思想，利用共词网络图中的子群

---

① 郑昌兴、苏新宁、刘喜文：《突发事件网络舆情分析模型构建——基于利益相关者视阈》，载于《情报杂志》2015年第4期。

② Yang, C. C., T. Dorbin Ng. Analyzing, Visualizing Web Opinion Development, Social Interactions With Density - Based Clustering. *IEEE Transactions on Systems*, *Man*, *Cybernetics*, *Part A*：*Systems*, *Humans* 41, 2011 (6)：1144 - 1155.

分析有效探测舆论热点。①

近年来，有学者开始考虑情感元素在网络热点发现中的重要作用。② 通过分析相邻时间段情感分布语言模型间的差异，实现对热点事件的发现③，提出一种带有情感倾向加权的话题检测方法④。基于情感计算，通过对情感词的状态监测发现事件突发期，并基于谱聚类的方法对突发期内的微博进行聚类发现突发事件。来自计算机科学的学者将情绪分析推进到预警操作的程度，根据情绪强度分为四个层次，分别为红色、橙色、黄色和绿色，并面向移动互联网服务提出了快速响应微博舆情危机的模型（QERM），经过测试证明该模型具有良好的时间优势。⑤ 有学者基于密度的在线聚类方法对微博中的文本流进行挖掘，以获得新事件在真实世界的时间和空间特征，并进一步探讨了微博作为信息源的可信度。⑥

可见，在识别舆情热点的研究中，比监测舆情数量更为重要的，是舆情所表达的情感和意见倾向性。对网络意见中的语义及情感的分析有利于更加敏锐地发现网络舆情中的热点话题，有利于更加精准地测量公众态度的倾向性和强度。

七、对舆情演化规律研究的评述

现有的关于突发公共事件舆情的理论研究，多从传播学、社会学、危机管理学的各自理论角度出发，还比较欠缺综合运用各学科理论的综合分析研究。

在量化研究上，计算机专业背景的研究人员提出了许多用于描述舆情演化过程的模型，但是不同模型对于不同类型突发事件网络舆情的适应性不同，模型中各类参数的选择和设定也有很大的主观性和随意性，另外，仿真模型只能通过对过去所发生的热点事件的模拟来验证，其结论只能对一些舆论现象进行描述和解释，对于复杂的突发公共事件网络舆情演化过程，模型的描述能力还面临诸多的质疑，将其用于指导实践还有待考证。

突发事件的类型不同，影响舆情发展演变的因素也会有所变化。涉事主体身

① 唐晓波、宋承伟：《基于复杂网络的微博舆情分析》，载于《情报学报》2012年第11期。
② 杨亮、林原、林鸿飞：《基于情感分布的微博热点事件发现》，载于《中文信息学报》2012年第1期。
③ 方然、苗夺谦、张志飞：《一种基于情感的中文微博话题检测方法》，载于《智能系统学报》2013年第3期。
④ 张鲁民、贾焰、周斌：《基于情感计算的微博突发事件检测方法研究》，载于《信息网络安全》2012年第1期。
⑤ Xin, M. Wu, H. Niu, Zhihua. A Quick Emergency Response Model for Microblog Public Opinion Crisis Based on Text Sentiment Intensity. *Journal of Software*, 2012（6）.
⑥ Lee, C.－H. Mining spatio-temporal information on microblogging streams using a density-based online clustering method. *Expert Systems with Applications*, 2012, 39（10）：9623－9641.

份的差异，同样也会给舆情发展演变带来影响。当前，突发事件舆情的研究主要以社会安全事件为主，而忽视了突发事件中事故灾害类、突发公共卫生类的舆情。对于突发事件网络舆情演化规律的研究，以综合概况为主，而缺乏有针对性的研究。研究基本以对突发公共事件网络舆情的静态描述为主，对动态性和演变性的考察较少。由于突发事件舆情的相关主题、影响因素众多，而且变量之间的影响关系复杂多变，为此，对不同类型的突发公共事件网络舆情进行分门别类的研究，将有助于厘清影响舆情演化的不同因素和关键因素，推进突发公共事件网络舆情研究的发展。

第四节　关于重大突发事件社会舆情应对的原则和策略

一、关于社会舆情应对的原则

关于社会舆情应对原则的理论研究包括两个层面：一是从总体应对和处置重大突发事件的角度提出的舆情原则；二是着眼于舆情治理的角度提出的操作原则。

在处置突发事件的基本原则方面，许多研究者将信息公开作为应对突发事件的重要行动。王世彤等研究了地方政府及组织制定应急预案首要遵循的原则，其中包括信息主导与公开原则、制度化原则、分类分级原则、核心价值有限原则等作为指导预案制定的基本原则。[①] 王晓君提出了政府应对公共危机的 8 点原则，即预防为主的原则、合法性原则、紧急处置的原则、比例原则、特殊程序原则、信息公开原则、以人为本的原则以及权利救济原则。[②] 在信息公开原则中特别强调除涉及国家机密、个人隐私与商业秘密等依法需要保密的信息外，重大突发事件的信息以及整个应急处置过程的信息都要根据其危害程度、影响范围向公众发布，最大限度地保障公民的知情权，并争取公众对政府紧急措施的理解与配合。王彩平（2012）提出政府在突发事件应对工作中的 6 点原则：以人为本，减少危害；居安思危，预防为主；统一领导，分级负责；依法规范，加强管理；快速反

---

① 王世彤、毛华斌、窦艳芬：《地方政府及组织突发事件应急预案制定原则分析》，载于《社会科学家》2006 年第 3 期。

② 王晓君：《政府公共危机管理的对策与原则》，载于《山西高等学校社会科学学报》2006 年第 12 期。

应，协同应对；依靠科技，提高素质。[1]

在舆情治理的具体操作原则上，研究者从不同的角度提出了建议，在信息及时、公开、一致、合法等方面具有共识。叶皓提出了舆论引导的 5 项原则：公益原则、主动原则、时间原则、定向原则和一致原则。[2] 王宏艳、厉斌斌从企业管理角度提出网络舆情应对四原则，一是未雨绸缪、积极主动；二是快速反应、协同应对；三是信息公开、沟通顺畅；四是科学规范、加强管理。[3] 夏如（2011）提出了涉检网络舆情危机应对中应遵循及时客观、公正中立、整体协作、自我纠错和合理合法的原则。[4] 吴云才提出，地方政府在社会安全事件中引导网络舆情的时候需要遵循及时性、针对性和主动性的原则。[5] 贾坤、胡诗妍提出突发事件网络舆情管控基本原则，一是第一时间原则，把握舆情话语权；二是公开透明原则，满足公众知情权；三是科学适度原则，合理行使管理权。[6]

已有的研究主要侧重突发事件社会舆情基本原则的整体把握，分类标准多且杂，缺乏权威，关于某一原则的研究成果也不多。

二、关于社会舆情的应对策略

近年来关于重大突发舆情事件的政府应对策略的研究探讨，国内学者主要集中在以下几个方向：首先，以重大突发事件演化阶段为线索研究了不同阶段的舆情应对策略。具体思路是在重大突发舆情事件的产生、爆发、平缓的时间节点，政府根据情况需要进行信息采集、舆情分析研判、实体处置、后续追踪等策略。贾坤、胡诗妍认为在舆情产生和传播、政府监测发现，引导处置的各个阶段中，政府应对重大突发事件社会舆情应坚持"五位一体"管控格局。产生阶段：媒体"把关人"门槛意识；传播阶段：行业"圈内人"自律自管；监测阶段：决策"机器人"识别研判；引导阶段：决策"智囊团"多措并举；处置阶段：涉事"当家人"协同配合。[7] 黄茜、王书勤以重大突发舆情事件的萌芽、爆发、善后等发展阶段为线索，根据每个阶段面临的问题提出政府应对的策略。潜伏萌芽期：加强预防和监控；爆发期：加强信息公开化，强化应急机制；平缓期：建立

---

① 参见王彩平：《危机应对：政府如何发布新闻》，国家行政学院出版社 2012 年版。

② 叶皓：《突发事件的舆论引导》，江苏人民出版社 2009 年版。

③ 王宏艳、厉斌斌：《网络舆情应对四原则》，载于《企业管理》2011 年第 5 期。

④ 夏如：《论涉检网络舆情危机应对的基本原则》，载于《法制与社会》2011 年第 19 期。

⑤ 吴云才：《社会突发事件网络舆情的引导原则和应对策略》，载于《行政事业资产与财务》2012 年第 14 期。

⑥⑦ 贾坤、胡诗妍：《突发事件网络舆情管控原则及"五位一体"对策研究》，载于《领导科学》2014 年第 20 期。

善后恢复机制。① 张悦选取了舆情发展中的次生舆情应对为研究对象，尤其关注了突发灾难事件中针对次生舆情问题的应对策略：让社会化媒体成为信息传播和情感宣泄的通道；理性对待社会化媒体在灾难事件后的动员力量；关注并引导变数较大的议题。② 以舆情演进的时间或舆情应对工作阶段为线索研究政府应对策略是该领域较为传统的研究范式，对于早期政府应对重大突发舆情事件的指导意义显著，但随着大数据、移动互联网等新事物、概念的兴起，这类研究难以适应日趋复杂的舆情现实。

其次，以重大突发舆情事件的各个要素为分析对象，即舆情事件的参与主体网友、社交媒体、政府部门等为切入点，分析政府应对过程中行之有效的策略方法。张玉亮从突发事件网络舆情主体抑或网民的角度，深入研究突发事件网络舆情产生的基本原因，解析其内在机理，提出政府突发事件网络舆情引导应对策略：一是建立健全突发事件快速响应与安全恢复机制；二是进一步健全利益调节和社会心理平衡恢复机制通过有效的政策；三是创新突发事件网络舆情主体成长与管理机制。③ 叶奕从提升政府能力的角度，提出的应对策略包括：一是完善组织架构，健全联动机制；二是健全预警机制，加强舆情研判；三是健全处置机制，有效应对舆情；四是健全引导机制，占据舆论高点；五是健全管理体制，夯实管理基础。④ 刘卫珍从意识转变、实践应用、制度建设层面提出政府应对重大突发舆情事件的策略。⑤ 这类研究针对舆情事件中各主体要素的重点分析及深入探讨取得一定的研究成果，但在重大突发舆情事件中"蝴蝶效应"明显，单一要素的分析研究虽有现实意义但难免陷入片面的陷阱。

再次，基于某种策略研究方法或者学术理论，通过套用具体相关理论范式或科学的、行为主义的分析方法，探讨政府在重大突发舆情事件中的应对策略。如兰月新等以 SWOT 策略分析方法为切入点，认为对政府部门来说影响事态的因素大致可分为四类：有利于应对和控制事态的优势（S）；自身存在的可能导致事件恶化的劣势（W）；有利于事态好转的机会（O）；可能导致情况恶化的威胁（T）。这种研究方法分析了政府应对突发事件网络舆情时所面临的内部因素和外

---

① 黄茜、王书勤：《新传媒环境下社会突发事件的舆情传播分析及引导对策讨论》，载于《新闻研究导刊》2014 年第 13 期。

② 张悦：《突发灾难事件舆情在社会化媒体上的呈现与管理》，载于《西南民族大学学报（人文社会科学版）》2014 年第 5 期。

③ 张玉亮：《基于发生周期的突发事件网络舆情风险评价指标体系》，载于《情报科学》2012 年第 7 期。

④ 叶奕：《政府危机突发事件网络舆情应对的问题及对策》，载于《湖南警察学院学报》2014 年第 5 期。

⑤ 刘卫珍：《新媒体时代加强政府对网络舆情引导的策略探究》，载于《学理论》2015 年第 12 期。

部环境，得出了政府应对突发事件网络舆情的 SO、ST、WO 和 WT 策略，其中 SO 策略即加强优势，争取机会；WO 策略即改善劣势，争取机会；ST 策略即加强优势，减低威胁；WT 策略即改善劣势，减低威胁，同时将政府应对突发事件网络舆情策略分为长期策略和近期策略。[①] 运用类似研究范式的，还有周飞、郭韧以博弈论为理论基础，分析认为网络舆情是多主体参与作用的结果，网络舆情参与主体根据自身利益和其他舆情参与主体策略选择的影响，选择不同的策略并不断地进行调整，推动着网络舆情的演化。政府应对网络舆情时，从舆情主体的角度考虑，刻画各参与主体的相互作用，充分认识到网络舆情各博弈方的利益构成，从全面的动态博弈角度分析网络舆情主体的博弈策略选择，为政府科学地进行策略选择提供依据。[②] 类似研究范式，充分运用较为成熟的其他学科的基础理论或相对科学客观的行为主义研究方法，对于解决某一类特定或典型性重大舆情事件效果显著，也为政府舆情应对工作提供技术解决参考和方法论支持，但舆情事件瞬息万变又难有范本，这种研究方法仍有其局限性。

三、关于重大突发事件社会舆情的处置对策

在制度和策略、措施方面，汪建昌提出，应当结合危机设计、理性设计、渐进设计和社会设计四种公共行政领域行动的模式，形成突发事件网络舆情治理的政府决策机制。[③] 罗亮等都提出，针对网络群体性事件发生机理和演化规律，政府应从建立舆情预警系统、主动设置公众议程、争夺网络话语权、搭建网络对话平台四个方面来正确应对网络群体性事件。[④] 孙玮、张小林提出，在突发事件网络舆情导控中，应当利用舆论焦点时机，加强有关基础科学知识普及，同时重视灾害事件中心理抚慰和援助引导。[⑤] 王娟提出，必须首先建立一套完善的日常监测系统，根据舆情性质、影响程度、涉及范围等因素将捕捉到的各种舆情信息划归为网络民意、负面典情、重大舆情三种不同的预警等级，然后分别建立快速回应机制、调控引导机制、联动应急机制，有效开展全方位差异化的应对处置。[⑥]

---

① 兰月新、董希琳、郭其云、李振华：《基于 SWOT 分析的突发事件网络舆情政府策略研究》，载于《现代情报》2012 年第 3 期。

② 周飞、郭韧：《基于多方博弈的政府回应网络舆情策略研究》，载于《情报杂志》2015 年第 5 期。

③ 汪建昌：《网络群体性事件：舆论生成与政府决策》，载于《中州学刊》2009 年第 6 期。

④ 罗亮、黄毅峰：《网络群体性事件：转型时期社会危机的新形态》，载于《求实》2011 年第 1 期。

⑤ 孙玮、张小林：《突发自然灾害事件中网络舆论的表达与引导——以东日本地震海啸事件为例》，载于《学术探索》2011 年第 6 期。

⑥ 王娟：《网络舆情的分级响应与处置》，载于《人民论坛》2012 年第 10 期。

裴永刚提出要理顺网络环境下突发事件的法律规制。①

在技术和方法方面，罗繁明论述了地方社会舆情监测和决策支持管理系统的构建，提出了包括指标管理、信息管理、数据管理、专家分析、警情演示和预控对策等六个方面组成的社会舆情监测和决策系统。② 李玉海等针对突发事件网络舆情的特点，结合网络舆论危机应急管理的原理，对突发事件网络舆情应急管理决策支持系统的构建提出了建议③，对网络舆论风险评估体系进行了探讨。④ 王慧军等研究了舆情热度的最优监控问题，通过求解最优化问题，得出了不同情形下的舆情热度随时间变化的特征以及政府的最优投入。⑤ 张一文等利用系统动力学建模的方法分析了非常规突发事件网络舆情中主客体之间的相互影响关系。⑥ 曹树金等提出了基于 HowNet 和网络情感词的极性词典的人工构建方法，在此基础上设计了针对表达情感的网络新词的自动识别方法。⑦

第五节　关于重大突发事件社会舆情的评价指标

近年来，国内学者对突发事件社会舆情评价研究主要集中在社会舆情的预警评估体系、网络舆情的热度评价体系、网络舆情的监测、安全引导的指标体系以及意见领袖的评价研究，重点关注舆情应对效果评估的较少。已有研究者从预警、安全、全生命周期及舆论领袖等维度进行了较为充分的研究。

一、关于社会舆情的预警指标体系

在社会舆情预警指标体系构建研究方面，国内网络舆情监测及预警指标体系

---

① 裴永刚：《网络环境下突发事件的法律规制思考》，载于《编辑之友》2012 年第 2 期。

② 罗繁明：《地方社会舆情监测和决策支持管理系统构建研究》，载于《情报资料工作》2008 年第 4 期。

③ 李玉海、徐畅、马思思：《网络舆论危机应急管理决策支持系统研究》，载于《情报科学》2010 年第 7 期。

④ 李玉海、李友巍：《网络舆论风险评估体系探讨》，载于《情报科学》2010 年第 6 期。

⑤ 王慧军、石岩、胡明礼、胡振鹏：《舆情热度的最优监控问题研究》，载于《情报杂志》2012 年第 1 期。

⑥ 张一文、齐佳音、马君、方滨兴：《网络舆情与非常规突发事件作用机制——基于系统动力学建模分析》，载于《情报杂志》2010 年第 9 期。

⑦ 曹树金、张学莲、陈忆金：《网络舆情意见挖掘中极性词典构建和极性识别方法研究》，载于《图书情报知识》2012 年第 1 期。

的研究发展过程中，每位学者研究的角度、观察的角度以及内容的侧重点都有所不同。有研究者指出，早期的研究存在着"部分指标缺乏深度，未能细化，甚至难以评估"等问题。[①] 如忽略了网络舆情中"意见领袖""舆情热度""舆情扩散度"等有待深化、细化的指标，存在"受众的心理评估"等难以量化的指标等。[②] 有研究者提出"关于区域重大突发事件的预警监测指标体系"，该体系认为应从重大突发事件本身的监测、影响对象脆弱性的监测和防范体系的监测三个方面入手进行全方位监测。[③] 李耘涛、刘妍等从网络警兆指标体系的灰色特性出发，提出了网络舆情灰色预警评价的具体程序。[④] 周耀明、张慧成等提出了一种基于云模型的网络舆情预警方法。[⑤] 刘毅指出网络舆情预警应重点关注警源与警兆因素，并使用包括舆情广度、热度、态度倾向与行为倾向在内的各类因素构建了三角模糊预警指标体系。[⑥]

二、关于网络舆情安全评估

在网络舆情安全评估指标体系方面，有研究者综述指出，网络舆情监测的指标应从时间维度、显著维度、数量维度、集中维度、意见维度等方面来设计。[⑦] 有研究者综述了安全评估指标的相关研究，指出网络舆情既包括社会层面定性描述的舆情概念，又涵盖技术层面定性描述的网络概念。[⑧] 在深入分析网络舆情演变规律的基础上，研究者将两者有机契合，得到网络舆情安全评估指初选指标，经过专家对初选指标的问卷反馈，确定传播扩散、公众关注、内容敏感、态度倾向4个一级指标，在传播扩散下设流量变化和网络地理区域分布两个二级指标；将不同通道的发帖量、点击量、跟帖量、转载量及相应变化率，总结性地概括为论坛通道舆情信息活性、新闻通道舆情信息活性、微博/博客/社交类网站通道舆

---

① 呼雨、陈新杰、兰月新、邓新元：《网络舆情监测及预警指标体系研究综述》，载于《情报探索》2012 年第 11 期。

② 王青、成颖、巢乃鹏：《网络舆情监测及预警指标体系研究综述》，载于《情报科学》2011 年第 7 期。

③ 王超：《区域重大突发事件的预警监测指标体系研究》，载于《武汉理工大学学报（社会科学版）》2007 年第 2 期。

④ 李耘涛、刘妍、刘毅：《网络舆情灰色预警评价研究》，载于《情报杂志》2011 年第 4 期。

⑤ 周耀明、张慧成、王波：《网络舆情演化模式分析》，载于《信息工程大学学报》2012 年第 3 期。

⑥ 刘毅：《基于三角模糊数的网络舆情预警指标体系构建》，载于《统计与决策》2012 年第 2 期。

⑦ 张玉亮：《基于 UML 方法的突发事件网络舆情信息流风险评价指标体系构建研究》，载于《图书与情报》2016 年第 3 期。

⑧ 曾润喜、杜换霞、王君泽：《网络舆情指标体系、方法与模型比较研究》，载于《情报杂志》2014 年第 4 期。

情信息活性、其他通道舆情信息活性，作为公众关注的 4 个二级指标。① 兰月新依据网民反应、突发事件信息特性、突发事件事态扩散等维度设计了"突发事件网络舆情安全评估指标体系"。②

三、关于网络舆情风险评估

网络舆情在不同阶段有不同表现，张玉亮将突发事件网络舆情风险发生周期划分为生成期、扩散期、衰退平复期三个阶段，基于不同阶段建立相应的指标体系予以阶段性评价，能够实现对突发事件网络舆情的动态监测，及时化解舆情风险。基于突发事件网络舆情发生周期分析，将舆情生成风险指标、舆情扩散风险指标、舆情衰退平复风险指标作为风险评价的一级指标，同时在舆情生成阶段关注突发事件发生数、突发事件解决的公众满意程度、上访人数数量、当地网民数量、当地网站数量等基础性信息；在舆情扩散风险阶段统计刊登议题数量、网民关注程度、舆情持续时间等扩散型信息；在舆情衰退平复阶段，主要关注政府监测平台完善程度、舆情监测人员数量、舆情响应速度和回应效度；同时运用格栅获取法实现定性指标定量化。③ 此指标体系实现了对网络舆情不同时期发展情况的动态监测，同时关注到政府在平复舆情中的作用，但还应关注突发事件类型对网民刺激程度等细节。④

四、关于意见领袖评价

在意见领袖的评价研究方面，有研究者提出了意见领袖的属性矩阵，有人采用层次分析法和专家打分法从意见领袖的影响力、活跃度、思想力三个方面建立评价意见领袖的指标体系模型。⑤ 有研究者基于媒介影响力形成的接触、接受、保持和提升四个环节，通过运用层次分析法，在专家群体决策的基础上赋予了各评价指标的权重，构建了以广度因子、深度因子、强度因子和效度因子为主要维

---

① 戴媛、郝晓伟、郭岩、余智华：《我国网络舆情安全评估指标体系的构建研究》，载于《信息网络安全》2010 年第 4 期。

② 兰月新：《突发事件网络舆情安全评估指标体系构建》，载于《情报杂志》2011 年第 7 期。

③ 张玉亮：《基于发生周期的突发事件网络舆情风险评价指标体系》，载于《情报科学》2012 年第 7 期。

④ 曾润喜、杜换霞、王君泽：《网络舆情指标体系、方法与模型比较研究》，载于《情报杂志》2014 年第 4 期。

⑤ 方兴东、叶秀敏：《微博意见领袖的评价研究》，载于《新闻界》2014 年第 5 期。

度的微博意见领袖影响力评价指标体系。[①] 已有的研究主要侧重对网络舆情的发展态势、预警和安全进行评价，对舆情演变的主体虽有关注，但主要集中在媒体和意见领袖方面。

第六节　既有研究主要不足及本课题的创新空间

通过梳理研究现状、回顾研究成果可以看出，以网络舆情为主的社会舆情的分布和演化规律、对重大突发事件社会舆情的应对原则与策略等，已引起研究者的高度关注，但仍存在较大的局限性。特别是针对融媒体时代的社会舆情传播规律的研究明显不足，针对移动互联网环境下应对突发舆情的对策仍待改进。

一、对融媒体时代社会舆情演化规律的研究相对滞后

随着信息技术日新月异的发展，我国社会舆情的传播迅速步入"融媒体时代"。近年来，以微信为代表的手机端即时通信工具异军突起，2020 年手机即时通讯用户人数占手机使用人数比例达 99.3%，这意味着移动端即时通讯几乎成为手机网民的标配。社交媒体建构了多元而广泛的舆论表达空间，通过言论、图片、视频等多种形式表达个体意见、主张和情绪，将信息生产、发布、传播、交互速度都提升到新的阶段。同时，社交媒体借助舆情传播显示出强大的社会组织动员能力。物联网、云计算和大数据技术的发展应用极大地改变了数据生产和传播方式。在新的技术条件下，媒体转型必然朝数据驱动内容传播的方向发展，未来的信息推送会更加表现出定制化、精准化和个性化的特征[②]。

2020 年以来，媒体融合发展进入全面发力、深化改革、构建体系的新阶段，推进媒体深度融合处于战略机遇期和关键窗口期。数字经济成为构建新发展格局的重要推动力，数字治理持续推动社会治理变革。随着新媒体不断发展，一些问题不容忽视：媒体融合发展的创新性商业模式仍需探索，有关算法的中介作用仍需关注与讨论，互联网治理仍需强化，网络社会治理共同体建设仍待加强。

---

① 杨长春、王天允、叶施仁：《微博意见领袖影响力评价指标体系研究——基于媒介影响力视角》，载于《情报杂志》2014 年第 8 期。

② 马奔、毛庆铎：《大数据在应急管理中的应用》，载于《中国行政管理》2015 年第 3 期。

2015 年 3 月，李克强总理在政府工作报告中提出了"互联网＋"行动计划，在互联网思维的指导下，积极推动移动互联网络、大数据、云计算、物联网等与现代制造业紧密结合，预示着一种新型主流经济模式的到来，将深刻改变公众的生活方式和社会互动方式。"互联网＋媒体"中的创新驱动将创造出全新的舆论传播环境。

融媒体时代社会舆情的形成和演化的基本场域、信息来源、交互方式正在发生深刻变化，因此技术变迁对舆情治理的理念和方法提出了全新的挑战。多数现有文献对融媒体时代的舆情演化规律的研究严重滞后，仍然停留在以 BBS、微博为主导的时代中，在"去中心化"的融媒体时代，许多政府新闻传播的机制和流程仍然停留在自上而下、以一对多的单向模式中，导致对重大突发事件社会舆情的应对措施见效甚微，甚至引发新的更大范围的舆情风险。对移动互联网时代的舆情应对策略的研究迫在眉睫。

本课题借助人民网舆情监测室、正义网、法制网等网络平台的大数据，在移动互联网快速发展的背景下比较不同舆论平台中的人口构成、意见倾向及行为特征，分析不同媒介的传播特征，系统刻画融媒体时代中社会舆情的场域分布和演化规律，将对舆情演化的认识推进到与移动互联网同步发展的阶段。

二、对舆情主体行为影响舆情演化的研究比较匮乏

多数现有的研究就信息论信息、就传播论传播，对舆情演化规律的研究停留在对阶段性特征的描述上，包括各个阶段的信息数量、意见倾向等，直接以信息为对象的研究使得对舆情的认识停留在表面层次，缺乏归因的研究。尽管一些研究关注了意见领袖、普通网民等舆情主体的行为特征，但是由于缺乏统一的理论框架，难以对重大突发事件中社会舆情的形成规律进行系统阐述。在这样的研究基础上，相应的应对策略也仅仅停留在对信息的管理上，对传播的阻断、关闭等干预行为仅仅成为"治标之计"，尽管在短期内遏制了舆情风险的全面爆发，舆情作为民意表达渠道的作用尚未显现，积累的社会矛盾和问题可能在未来以更加尖锐的形式暴露出来。可见现有的研究思路并非"治本之策"，难以从根本上化解民情民意中所体现的社会矛盾。

当前大数据时代使得传统的舆情分析方式发生了剧变，已有的舆情分析技术和监控系统很难适应这一情景的变化。因此，在行为主义理论的指导下，运用大数据等技术方法对网络舆情进行定量分析预测研究成为近年来舆情研究的新趋势，但是这种技术视角的分析仍然需要有基础理论来统领。

本课题运用利益相关者理论，将社会舆情中的不同利益主体纳入统一框架进

行分析，注重不同利益主体之间的转化和互动机制，并针对以微信为主要传播载体的移动互联网时代的网络社群展开专门研究，从舆情主体行为动机的深层次揭示舆情演化的客观规律。

三、对舆情应对的正当性和合法性研究未成体系

现有文献中对重大突发事件中舆情应对的正当性和合法性的研究比较零散。虽然有一定数量的文献梳理了我国舆情应对中的法律法规的缺失，但是很少有学者从政治和法理的高度回答舆情应对的正当性和合法性，这就导致了以下三个方面的困境：第一，在"限制言论自由""妨碍人权"等来自国际范围的质疑噪音中难以理直气壮地维护和行使舆情治理的权力；第二，在进行舆情应对和引导的过程中难以凝聚共识，形成具有导向性的公共价值；第三，在制定具体的法律法规中缺乏高屋建瓴的理论指导。

本研究力争为舆情应对提供更多的法理支持，将从以下三个方面取得突破：首先，从总体国家安全观的高度论述舆情应对的正当性和合法性。舆情风险从不同的层次造成社会危害，轻则影响重大突发事件的应急处置，重则演化为社会危机或动荡骚乱，与全球化风险社会结合起来可能对国家安全构成威胁。其次，在舆情应对中明确提出"网络空间主权"的概念并全面阐释其内涵。在信息化时代，信息空间是与国土边界同等重要的主权问题，在边界相对明确的国土空间上有理所当然的领土权、领空权和领海权等，在网络边界相对模糊的信息空间中应逐步明确"领网权"。第三，强调中国特色社会主义体制下的舆情应对的正当性和合法性。重大突发事件的舆情应对中应当坚持道路自信、理论自信、制度自信和文化自信，我国的根本经济制度、政治制度以及以此为基础的具体的制度安排，如社会体制、文化体制等都具有鲜明的中国特色，应当采用适合中国国情的办法应对处置重大突发事件中的社会舆情。

四、对舆情应对能力及效果的整体评价研究明显不足

重大突发事件的舆情应对是一项系统工程，包括舆情治理理念、机构设置、队伍建设、硬件投入、制度安排等方方面面。现有的研究根据舆情传播的规律提出了一系列较为科学的应对原则和策略，但是这些原则和策略在实践操作中常常"碰壁"，比如信息及时公开原则是舆情应对中取得共识的一条基本原则，但是在诸如"庆安事件"等类似事件中，信息公开仍需要经过层层审批，致使信息公开迟滞，导致社会舆情持续发酵。必须系统研究政府舆情应对的能力建设问题，从

舆情治理的制度安排、流程优化、人员培养等各个角度分析舆情应对的问题和不足，并提出行之有效的改进方案。

与能力提升密切联系的一个研究内容是政府舆情应对能力的评价体系构建。现有文献对政府舆情应对能力的评价体系还十分鲜见。本课题拟在对突发事件舆情演变规律和应对策略及效果的研究基础上，构建符合国情的社会舆情应对能力及应对效果评价体系，推动舆情应对能力和水平的全面提升。

第三章

课题规划设计

第一节 相关理论及研究方法

一、研究借鉴的相关理论

本课题研究突破"就传播谈传播,就应对谈应对"的限制性框架,运用公共管理学、新闻传播学、法学及社会学等学科的研究方法,从风险社会理论和多元共治理论视角,借鉴社会燃烧理论、涟漪效应理论、场域分布理论、利益相关者理论及网络空间主权理论、议程设置理论等研究成果(见图3-1),对当前我国社会舆情风险认知缺陷及应对效能不足、社会舆情风险治理法律规制不完善等进行实证分析和理论基础研究。初步构建反映现阶段发展特征的重大突发事件社会舆情风险分布地图、趋势图及利益相关者影响机理模型,提出应对移动互联网时代重大突发事件社会舆情的新原则和新策略,探索构建符合中国国情的社会舆情协同治理体系及工作机制,推动建立重大公共事项社会舆情风险评估制度,推动建立符合新互联网传播环境要求和公共利益最大化目标的舆情应对效能评价体系,为妥善处置应对各类重大突发事件做出积极贡献。

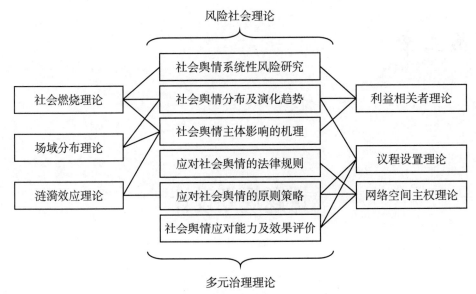

图 3 − 1　课题研究借鉴的相关理论示意

二、主要研究方法

本课题研究的主要对象是重大突发事件的舆情演化规律，主要目的是提出舆情风险的应对策略。这两个核心任务决定了本课题研究具有典型的跨学科性质。舆情演化规律研究偏重于运用新闻传播学、心理学、系统科学等学科研究方法，而舆情应对策略更偏重于法学、哲学、公共管理学和社会学等学科领域。因此，相关学科研究方法有机融合和科学应用，是本课题研究的重大方法创新。主要研究方法和研究手段见图 3 − 2。

（一）文献研究方法

全面搜集和整理各种与重大突发事件和社会舆情相关的文献资料，包括中央领导同志论述、中央有关部门文件、中外政治家及著名学者的著述、中外媒体报道的案例等，旨在全面掌握本研究领域内的重要信息、研究成果及主要观点，同时对重大突发事件、社会舆情、演化规律、应对策略等关键词进行清晰的界定，为课题研究打下坚实的文献基础。

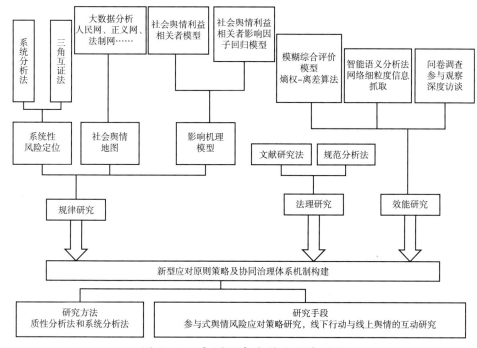

图 3-2 主要研究方法和研究手段

（二）实证分析方法

以人民网、法制网、正义网的重大突发事件数据库为基础，通过对自然灾害、事故灾难、公共卫生事件、公共社会事件等不同类型突发事件社会舆情的大数据分析，总结影响舆情场域与演化的因子；同时借用"地学图谱"等方法，拟合场域分布与演化规律的模型，建立重大突发事件社会舆情的识别图谱。同时运用相关分析、多元分析等定量方法对收集的数据进行综合分析，并结合文献回顾和访谈结果，对调查问卷进行必要的修正，力求实现各评价指标在效度（validity）和信度（reliability）上的统一。

（三）个案研究方法

"重大突发事件"舆情演化遵循一定的客观规律，但同时也具有鲜明的个案特征。不同类型的重大突发事件，甚至是相同类型的不同事件之间，也会呈现出完全不同的舆情演化趋势和特征。个案研究（case study）的特征是集中性、全面性和深入性，需要深入研究对象的社会背景中，以参与式观察和无结构访谈方式搜集资料，并通过这些资料来解释社会现象。

（四）人工智能语义分析方法

社会舆情分析会涉及情感色彩等问题，本研究对此类内容根据统一编码表转化为定量数据，进行量化分析，对内容材料进行客观、系统和科学的描述，并争取进行可视化呈现。突发公共事件舆情应对与效果评估，涉及海量信息，特别是不同媒体平台、不同终端的信息非常庞杂，必须借助计算机来进行研究。本课题进行了大量人工智能语义分析，包括句法分析、语块分析、极化情绪词分析以及褒贬词分析等。

（五）质性分析方法

认知的研究起源于个体的研究，在构建舆情风险协同治理框架中，必须同样重视公众个体对于重大事件舆情应对的个性化认知。这种认知源于被研究对象个体经验和意义建构的"解释性理解"和领会。对协同治理框架的研究必须突破定量研究的方法，而采用质性的研究方法，必须用参与式方法，针对不同类型主体进行问卷调查和非结构式深度访谈，使用归纳法分析资料和形成理论，与研究对象形成互动从而获得解释性理解。

第二节　课题总体研究框架

基于先前论述，本研究着眼于以移动互联网、云计算、大数据、物联网、地址定位技术为主要支撑的融媒体时代的舆论生态，依托人民网、法制网、正义网等合作研究机构的大数据分析和前期研究积累，从社会风险治理及公共危机协同治理的视角，采用地学图谱、语义分析、大数据分析等研究方法，紧扣"重大突发事件社会舆情的本质和规律认知"及"重大突发事件社会舆情应对的新策略"两个核心议题展开分析与讨论。

本研究主要包括四大板块内容：

一是规律研究：融媒体环境下重大突发事件社会舆情的系统性风险，分布及演化趋势/图谱，舆情主体/利益相关者对重大突发事件社会舆情的影响机理研究。

二是法理研究：重大突发事件社会舆情应对的正当性及法律规制研究。

三是效能研究：重大突发事件社会舆情应对的效能评价指标体系研究。

四是策略研究：重大突发事件社会舆情应对策略及协同治理体系机制构建。

总体研究框架及逻辑关系如图 3 – 3 所示：

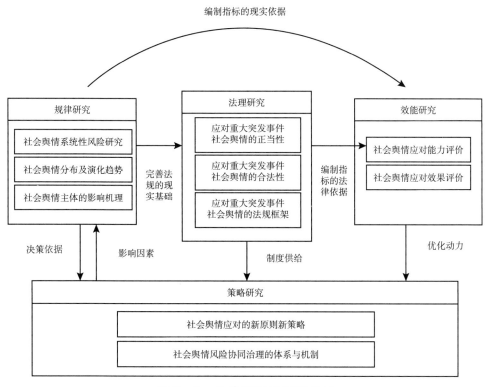

图 3 – 3　总体框架及逻辑关系

一、重大突发事件社会舆情的规律研究

本部分主要包括融媒体环境下重大突发事件社会舆情的系统性风险研究、分布及演化趋势研究、舆情利益相关者对重大突发事件社会舆情的影响机理研究。社会舆情的产生、变化和结束随着刺激它产生的重大突发事件变化和结束的情况而变动，对舆情演化规律的研究构成舆情研究的核心内容之一。

现有的关于突发公共事件舆情的理论研究，多从传播学理论、社会学理论、危机传播管理理论的各自理论角度出发，缺乏运用各学科相关理论进行综合分析的研究。在量化研究上，模型的描述能力还面临诸多的质疑，将其用于指导实践还有待考证。突发事件的类型不同，影响舆情发展演变的因素也会有所变化。突发事件舆情的研究主要以社会安全事件为主，而忽视了突发事件中事故灾害类、突发公共卫生类的舆情。加之不同类别突发事件的演化规律在宏观—微观、动态—静态等不同维度表现各异，尤其是在重大突发事件中，影响因素众多、变量

45

之间相关、因果关系复杂，因此有必要针对不同类型突发事件的规律进行分门别类讨论，进行更具针对性的研究。

二、重大突发事件社会舆情应对的法理研究

本部分主要包括重大突发事件社会舆情应对的正当性及法律规制研究。鉴于已有研究多秉持实用主义导向，缺乏应然层面的讨论，尤其是涉及国家—社会、政府—公众关系边界的深入讨论比较匮乏，需要我们立足全面依法治国、构建社会主义和谐社会的新时代背景，从舆情应对法制化、社会治理机制建设等维度与国家已有的制度安排相契合，着重从法理上对应对社会舆情的正当性、合理性、合法性进行系统阐述，同时对我国应对社会舆情的现有法律、法规及政策进行梳理，对照全面依法治国的要求及融媒体环境的现实需要，探究现有相关法规框架存在的缺漏，有针对性地提出完善融媒体环境下舆情应对法律法规的对策建议。

三、重大突发事件社会舆情应对的效能研究

本部分主要聚焦于重大突发事件社会舆情应对的效能评价指标体系研究。"效能"主要指处置事务的效率和开展工作的能力。我们认为，"重大突发事件社会舆情应对效能"，包括两方面的内涵：一是舆情应对达成预期结果或影响的程度，重点聚焦于事件是否得到了圆满解决，公众对事件处置的满意度如何；二是政府等组织机构舆情应对工作体系的建设情况，以及开展舆情风险预警等舆情工作的能力。

本研究聚焦重大突发事件社会舆情应对的效能评价环节，通过对重大突发事件社会舆情应对效果进行科学评价，形成系统的评价指标体系，探索建立"重大突发事件社会舆情应对效能评价指标体系"，一方面能补充完善现有社会舆情的研究，另一方面为实践中更好配置资源，推动重大突发事件的应对效果提供客观参考。

本研究的目标在于，探讨如何优化社会舆情处置效果，针对全媒体环境下重大突发事件社会舆情的应对效果建立科学有效的评价指标体系，讨论建立科学有效的舆情处置效果指标体系所彰显的深层理念和价值所在，理论上弥补此项研究的空白，实践中希冀产学研结合，广泛应用于政府部门的舆情治理实践，对融媒体传播环境下社会舆情处置能力和效果进行科学评价，为政府舆情治理提供科学有效的方法和参照标准，在系统内正确评价各部门舆情处置的能力，树立良性竞争评比的激励惩戒机制，促进党政机关形成正确的社会治理舆情回应理念，促进

热点舆情所反映的社会问题得到有效解决，提高公共权力机关及各级公务员发布政务信息、回应社会关切、引导社会舆论的能力，帮助提高公共决策质量，推动社会治理创新，促进多元共治局面的形成。

本研究着力构建包含三级指标的"重大突发事件社会舆情应对效能评价指标体系"，力争该评价指标体系具有"系统完整""内外结合""评价全面"的特点。第一，该评价体系对舆情应对工作的评价是"系统完整"的，针对重大突发事件"舆情酝酿—舆情爆发—舆情发展—舆情平息"的四个阶段，对舆情应对工作的"风险预防""回应效果""持续处置""后续处理"进行评估。第二，该评价体系具有"内外结合"的特点，不但考察舆情应对主体的内部资源配置和制度建设情况，而且对舆情应对主体面对公众的舆情应对效果进行评估。第三，该评价体系力图综合"专业人士"和"社会公众"对舆情应对工作的评估，实现"评价全面"的要求。在进行实际评价的过程中，一方面要成立由学界专家、媒体工作者、民间意见领袖组成的专家组，对舆情应对主体开展舆情风险预防能力评估、舆情应对工作体系评估、舆情应急处置效果评估、舆情后续处置效果评估；另一方面，需通过问卷调查的方式，对公众的满意度进行整体评估。最终，通过科学加权，综合计算舆情应对工作的整体评价情况。

四、重大突发事件社会舆情应对的策略研究

本部分主要包括重大突发事件社会舆情应对策略及协同治理体系机制构建。关于社会舆情应对的理论研究包括两个层面：一是从总体应对和处置重大突发事件的角度提出总体原则；二是从舆情治理的角度提出操作策略。

近年来关于重大突发舆情事件政府应对策略的研究主要集中在：以重大突发事件演化阶段为线索研究了不同阶段的舆情应对策略。具体思路是在重大突发舆情事件的产生、爆发、平缓的时间节点，政府根据情况需要进行信息采集、舆情分析研判、实体处置、后续追踪等策略。以舆情演进的时间或舆情应对工作阶段为线索研究政府应对策略是该领域较为传统的研究范式，对于早期政府应对重大突发舆情事件的指导意义显著，但随着大数据、移动互联网等新事物、概念的兴起，这类研究难以适应日趋复杂的舆情现实。

在原先研究的基础上，我们将在国家治理现代化视域下重新审视重大突发事件社会舆情的舆情应对，并提出舆情治理的概念，并分别论述重大突发事件社会舆情治理的总体目标、基本原则、主要策略。

第三节　课题主要成果规划

基于上述课题研究总体框架及思路，本课题以 2019 年 10 月党的十九届四中全会审议通过的《中共中央关于坚持和完善中国特色社会主义制度　推进国家治理体系和治理能力现代化若干重大问题的决定》为指导，紧扣重大突发事件社会舆情演化规律及应对策略主题，分舆情系统风险、舆情影响机理、舆情演化规律、舆情治理规制、舆情治理策略、协同治理机制、舆情治理效能开展研究。

一、融媒体环境下重大突发事件社会舆情的系统性风险

本部分综合传播学、社会学、管理学的研究视角，从技术背景和社会背景两个层面对重大突发事件社会舆情的特征、规律及其危害进行重新认识和定位，界定课题的主要研究范畴，为其他子课题的研究提供理论基础和概念框架。研究方法包括理论演绎、文献综述法、案例研究和归纳法以及专家访谈等。

重点研究了以下三方面内容：

（一）融媒体环境与重大突发事件社会舆情的系统性风险

融媒体时代，"两微一端"已成为信息传播的重要载体，重大突发事件社会舆情的燃点更低，传播时滞更短，危害烈度更甚。但既往舆情研究多以微博、BBS 为主要研究对象，严重滞后于融媒体时代舆情治理的现实需求。本部分研究在论述融媒体的内涵和发展、融媒体的特征后，对融媒体环境下重大突发事件的舆情风险进行了分析，如舆情风险"触点"增多、舆情风险全平台扩散、舆情演化错综复杂，最后提出了融媒体环境下应对舆情风险的机遇。

（二）重大突发事件社会舆情的系统性风险定位及风险特征研究

如何科学、全面认识融媒体时代重大突发事件社会舆情是本子课题需要回答的问题。本研究从风险社会理论出发，突破以往重大突发事件社会舆情主要源于"网民非理性""媒体利益冲动炒作"的传统认知，从"系统性风险"角度对社会舆情进行重新定位。从本质上界定了重大突发事件社会舆情作为新型社会风险

的特征，有利于打破重大突发事件社会舆情此起彼伏、循环出现的社会怪象，有助于舆情应对从"治标之计"转向"治本之策"。

借用社会燃烧理论，本研究分析认为，转型中的社会问题构成舆情风险的可燃物，融媒体舆论环境提供了助燃剂，而突发事件则成为导火索，从而将重大突发事件社会舆情识别为一种新型的系统性社会风险，而不是简单的意见态度。本部分研究以 2016 年山东非法疫苗案为例，分析了融媒体环境下社会舆情系统性风险的社会放大机制，信息差距与危机沟通的优先次序，融媒体环境下风险沟通的公众信任基础。

（三）防范重大突发事件社会舆情系统性风险的对策建议

在对重大突发事件社会舆情系统性风险进行深入分析后，本部分研究提出了防范重大突发事件社会舆情系统性风险的对策建议，包括正确的公共治理理念引导、大数据分析做决策基础、充分及时便捷的信息供给、放松容忍议论边界供宣泄、依法封堵删除危害信息、及时的第三方评估等。

二、利益相关者对重大突发事件社会舆情的影响机理

研究重大突发事件社会舆情的运行规律，除了关注技术主义视野下由"数据"构成的舆情走势图，更要重视社会互动理论下作为舆情主体的"人"的力量。利益相关者是重大突发事件社会舆情的内部驱动者和外部推动者，对社会舆情的走向具有决定性影响和关键作用。因此本部分着重在利益相关者理论视域下研究舆情影响机理，从"意愿—能力"双重视角，分析重大突发事件社会舆情利益相关者的风险认知差异，探究重大突发事件社会舆情利益相关者的影响机理。研究方法包括大数据分析、扎根理论、多案例研究法及专家访谈法。

重点研究了以下三部分内容：

（一）重大突发事件社会舆情利益相关者图谱及其行动逻辑

结合对多个舆情案例的分析，研究舆情主体、舆情对象及舆情参与者，构建政府（中央政府、地方政府）、媒体（传统媒体、新媒体、自媒体、境外媒体）、意见人士、普通网民、网络水军、境外势力构成的重大突发事件社会舆情多元利益相关者图谱。论述利益相关者的决策逻辑与行动策略，包括政府的行动逻辑与策略、媒介在突发事件中的权力、意见领袖在突发事件社会舆情演变中的影响、网民的行动资本与行动策略、商业水军的利益链、境外媒体的行动逻辑与策略。

最后还论述了利益相关者具有的非主体性、动态性、扩展性、复杂性、相对性等特征。

（二）利益相关者在重大突发事件社会舆情演变中的信息博弈

博弈是网络舆论场的特殊生态。重大突发事件社会舆情博弈可分为正和博弈、零和博弈与负和博弈。本部分研究结合对多起案例的分析，分别论述了重大突发事件社会舆情演变的"溪流模式""蒸腾模式""雪崩模式"。

（三）重大突发事件社会舆情回应制度优化的对策建议

本部分回顾分析了突发事件应急管理与政务社交媒体的共生关系，提出发挥社交媒体网站优势，建立社交媒体危机传播联盟，主张建立利益相关者视角的重大突发事件舆情传播审计制度，对利益相关者传播审计的战略任务、必要性、环节、传播审计指标等进行了论述。

三、重大突发事件社会舆情应对的正当性及法律规制

本部分着重从法理上对重大突发事件社会舆情应对的正当性、合理性、合法性进行系统阐述，同时对我国社会舆情应对的现有法律法规及政策进行梳理，对照全面依法治国的要求及融媒体环境的现实需要，探究现有相关法规框架存在的缺漏，有针对性地提出完善重大突发事件社会舆情应对法律法规的对策建议。

重点研究了以下四部分内容：

（一）重大突发事件社会舆情治理的正当性和必要性分析

从维护国家安全、国家主权等方面的国家利益，维护社会秩序和依宪治国，保障公民权益不容损害等三方面视角，探究社会舆情治理，尤其是重大突发事件社会舆情治理的正当性和必要性。

（二）重大突发事件社会舆情治理的法理及合法性分析

从法理学角度，分析舆情治理的法律内涵，剖析舆情治理的法理基础，最后对舆情治理进行合法性分析，为治理重大突发事件社会舆情提供法理依据。

（三）厘清重大突发事件社会舆情治理现行法律体系的问题

运用逻辑分析法和比较分析法定位我国现行法律体系的缺陷，重点分析重大突发事件社会舆情治理中现行法律体系的不足之处，主要包括法律法规衔接不够甚至交叉、对网络舆情规制立法空白点、法律体系内容不健全、"多头管理"导致的法律授权不清晰、涉及网络舆情规制的法律冲突、法律位阶低导致司法可操作性差等问题。

（四）对构建重大突发事件社会舆情治理法治体系的对策建议

在对我国舆情治理相关的法律规制进行全面的回顾梳理后，从国际视野出发，全面总结国内外重大突发事件应急传播管理的立法情况，结合全面依法治国、全面建成小康社会的战略部署，就构建重大突发事件社会舆情治理法治体系提出对策建议，包括树立新互联网思维、以法治网、构建合理的法律体系、多元共治完善法律体系构建、强化舆情治理中的网络安全与网络主权的中心地位、加强协商民主、搭建舆情治理的实施路径等。

四、重大突发事件社会舆情协同治理体系及机制优化

重大突发事件社会舆情治理应当按照多元主体、协同共治的思路，充分发挥政府、非政府组织、企业和公民各自的资源、知识、技术等优势，实现应对公共危机"整体大于部分之和"的治理功效，为重大突发事件社会舆情应对提供理想模式。

重点研究了以下四部分内容：

（一）舆情风险与协同治理的理论框架构建

所谓协同，即"相互协调、共同作用"。"治理"是各种公共的或私人的个人和机构管理其共同事务的诸多方式的总和。治理过程的基础不是控制，而是协调；治理既涉及公共部门，也涉及私人部门；治理不是一种正式的制度，而是持续的互动。舆情风险协同治理是指在网络技术与信息技术的支持下，由政府、非政府组织、企业、公民个人等社会多元要素参与合作，共同针对潜在的和当前的舆情风险，在风险发展的不同阶段采取一系列协同行动，有效预防、处理和消弭舆情风险，维护社会安全和公共利益。

（二）重大突发事件社会舆情协同治理的主体关系建构

在论述了重大突发事件社会舆情协同治理的四大类主体——政府、媒体、意见领袖、公众后，对舆情治理主体"协同"关系建构提出了建议，包括舆情风险决策与行动协同模型构建、协同治理主体"三棱锥"式的关系结构、"三棱锥"结构中各主体的功能与定位。

（三）重大突发事件社会舆情协同治理的机制构建与完善

基于对两个典型案例的对比分析，提出构建与完善重大突发事件社会舆情协同治理机制的措施和路径，包括构建重大突发事件社会舆情协同治理的动态运行机制、构建重大突发事件社会舆情风险治理的协同联动机制、构建重大突发事件社会舆情协同治理的资源共建共享机制。

（四）重大突发事件社会舆情协同治理的优化策略

对优化重大突发事件社会舆情协同治理，提出了具有针对性和可行性的建议，包括：鼓励多元主体参与舆情治理，强化协同意识，舆情风险协同治理主体的能力提升和责任培育，促进重大突发事件社会舆情协同治理的法律和制度建设。

五、重大突发事件社会舆情应对的效能评价指标体系

本部分研究依托人民网、法制网、正义网等平台数据和案例，从重大突发事件社会舆情的政府应对能力和应对效果两个方面出发，构建重大突发事件社会舆情应对的效能评价指标体系。

重点研究了以下三部分内容：

（一）回顾梳理舆情应对评价指标体系的实践与经验

总结分析典型舆情应对评价指标体系，如指标维度、指标权重确定，论述了评价体系建构的指标维度及权重确定常用方法，分析了现有指标体系的问题。

（二）重大突发事件社会舆情应对效能评价指标体系研究

分析重大突发事件社会舆情应对能效评价体系建构及其研究的必要性，论述

了系统论视域下的评价体系研究，对舆情应对效能评价指标体系的整体框架及内在逻辑进行了剖析，并阐释了舆情应对效能评价指标体系的各级指标，分析了评价指标体系的科学性与可操作性。

（三） 重大突发事件社会舆情应对效能评价制度的建构

探讨了加强重大突发事件社会舆情应对效果的路径，论述了舆情应对评价的制度建构，包括舆情应对效能评价体系的落实与完善、评价体系考核制度的设立、建立数据库专家库以形成经验交流与评价的反馈机制等方面。

第四节　课题成果主要创新点

一、深刻阐释重大突发事件社会舆情的系统性风险

借鉴社会风险治理理论、社会燃烧理论等成果，对融媒体传播环境下重大突发事件社会舆情进行重新定位，深入论述了重大突发事件社会舆情的系统性风险，从本质上界定了这类舆情作为社会危机"助燃剂"的特殊性质，有助于舆情应对从"治标之计"转向"治本之策"。

二、形象揭示重大突发事件社会舆情演化的特征和规律

借用"地学图谱"和大数据分析等方法，通过对重大突发事件主体、舆情发展参与方、舆情传播平台的地理信息、事件信息的交叉研究，并运用语义分析、云计算支持的数据呈现，揭示融媒体环境下重大突发事件社会舆情的媒体分布、场域分布、时空分布特征及不同阶段舆情的演化规律。

三、系统论述重大突发事件社会舆情应对的正当性合法性

从维护国家整体利益和回应公民权利诉求的视角，从法理上系统阐述重大突发事件社会舆情应对和舆情治理的正当性、合法性、必要性，为重大突发事件社会舆情治理提供法理依据，并系统梳理舆情治理的法律规制现状，对照全面依法

治国的要求及融媒体传播环境的现实需要，探究现有相关法规框架存在的缺漏，有针对性地提出完善重大突发事件社会舆情应对法律法规的对策建议。

四、从国家治理现代化视域提出重大突发事件社会舆情应对策略

紧密结合党的十九届四中全会审议通过的《中共中央关于坚持和完善中国特色社会主义制度　推进国家治理体系和治理能力现代化若干重大问题的决定》，在国家治理现代化视域下，兼顾公共利益和舆情应对主体利益角度，提出重大突发事件社会舆情应对的目标、基本原则、新策略，并相应提出党政部门在重大突发事件社会舆情应对中加强能力建设的政策建议。

五、探索建立重大突发事件社会舆情应对效能评价指标体系

按照公共利益至上的绩效导向，聚焦重大突发事件社会舆情的应对效果和治理能力，广泛借鉴相关研究成果形成系统的评价思路，探索建立了"重大突发事件社会舆情应对效能评价指标体系"，构建了符合社会发展方向、契合时代发展要求、应合融媒体时代传播格局的舆情应对工作评价标准，提出建立舆情治理评价制度的建议。

六、提出完善重大突发事件社会舆情协同治理制度的整体建议

系统论述社会舆情多元协同治理的研究综述、理论架构、主体关系建构、案例对比分析、机制构建与完善、创新优化策略等几大层面问题，总结出了具有可行性的社会舆情多元协同治理的框架、模式、体系。按照多元主体、协调共治的思路，提出社会舆情协同治理体系及机制优化的制度建议，提升党政机关及各类重大突发事件责任主体推动社会舆情协同治理的能力。

第四章

舆情系统风险

第一节 社会舆情系统性风险概述

一、社会舆情系统性风险

"系统性风险"是金融系统中对风险的分析话语，特指由全局性的共同因素引起的风险，系统内部的组成部分普遍受到风险因素的影响。风险的溢出和传染是系统性风险发生时最为典型的特征，另一个重要特征就是风险和收益的不对称性。与个别风险的管理相比，对系统性风险的管理更艰难、更复杂，需要监管理念、监管方式的一些根本改变。

由于当今社会已经进入了风险社会，很多事物都具有相互关联性，金融领域系统性风险的概念也可以引入舆情领域，从而区别于传统的相对单一的视角来看待和分析现代社会日益复杂的舆情治理问题，更好地从整体上系统地把握现代社会舆情风险的本质、特征。由于社会转型期的结构性矛盾日益凸显，不同社会群体的利益博弈成为常态，为网络舆情的大规模爆发提供了社会土壤[1]。

---

[1] 曾润喜、陈创：《基于非传统安全视角的网络舆情演化机理与智慧治理方略》，载于《现代情报》2018 年第 11 期。

舆情风险在互联网迅速发展的背景下日益受到关注，互联网构成的虚拟社会成为舆情风险传播的主要场域。当前融媒体环境下，新兴媒体的社会化特征也与传统媒体有很大区别，信息以用户为中心呈网络状扩散，并且因用户间具有或强或弱的关系连接，影响力较普通大众传播影响更为深刻，网络舆情经过虚拟社会和现实社会中的利益博弈、多元互动容易衍生出复杂多样的舆情风险，体现出网络舆情的系统性、复杂性与关联性特征。此外，舆情风险的成因远远超越了虚拟社会，而是来自真实社会系统的风险在虚拟社会中的映射。虚拟社会只不过为舆情风险的传播提供了更为快捷和广泛的手段。

从实践层面来看，为了应对舆情领域的系统性风险，建立了以大数据为基础的较为灵敏的风险预警机制。这是一个有效途径，能及时提示风险，增强事前预警。但是风险的化解远远超出了互联网空间，需要系统性的解决措施，而系统性解决方案的形成需要一个完整的流程。总体来看，舆情风险系统性解决方案的生成过程如下：

系统性风险→系统性危害→系统性原因→系统性解决方案

首先要对系统性风险有充分的认识，然后在此基础上分析其可能产生的系统性危害，既要看到风险本身所在领域内的危害，又要考虑到可能对其他社会系统造成的影响和危害，从而进一步分析其产生和发展的系统性原因，充分考虑外部因素和内部因素及其二者的相互作用，掌握现代社会舆情风险演化的机理，从而有针对性地提出系统性、整体性的解决方案，避免舆情风险的不当蔓延。

二、社会舆情系统性风险的形成路径

社会舆情系统性风险与传统的传播学上的舆情风险相比更具复杂性、整体性和系统性，其形成路径也更加复杂多元，时间、空间、影响范围、人群以及不同的社会子系统都会受到波及，不同社会领域和系统之间相互交杂影响，使得舆情风险的产生和发展也体现出明显的"系统性"特征。

社会燃烧理论认为，社会的无序、失稳及动乱需要具备三个基本条件，即燃烧材料、助燃剂和点火温度。"人与自然"关系的不协调和"人与人"关系的不和谐，是引起社会无序的基本动因，构成了社会不稳定的燃烧物质。此外，一些媒体的误导、过分的夸大、无中生有的挑动、谣言的传播、小道消息的流行、敌对势力的恶意攻击、非理性的推断、片面利益的刻意追逐、社会心理的随意放大等，则相当于社会动乱中的燃烧"助燃剂"；由此引发的一定规模和影响的突发性事件可以被视作社会动乱中的导火线或称"点火温度"。其中，社会舆情在社会燃烧中有可能发挥"助燃剂"的作用，引发或加剧原有的不稳定、不和谐状态。从这个理论视角来看，社会舆情系统性风险的形成，一方面由社会问题和社会矛盾引起；另一方面，通过舆情系统内部的发酵，可能会导致突发性群体事件，造成社会的不稳定。

而从利益相关者理论的视角来看，社会舆情系统性风险的形成与各类利益相关者的参与和互动紧密相关，社会舆情的产生发展甚至是群体性事件的产生本质上都是由于利益相关者的参与和推动，不同主体之间在舆情的传播当中发挥了不同的作用，一般情况下，确定型利益相关者、预期型利益相关者和潜在型利益相关者构成了社会舆情系统性风险的参与主体，直接影响风险的演化和发展。

多元共治理论则认为系统性风险的形成路径是牵一发而动全身。一方面，舆情系统性风险的产生多元化，既有现实层面真实事件的刺激，又有网络层面的发酵和传播，既有时间上的线性过程，又有空间上多元要素的互动，既有单一事件的产生发展，又有一系列关联事件的衍生。另一方面，在治理上，有必要转变网络舆情治理理念，强化对社会风险和舆情风险的预见性治理。系统性地考察社会舆情系统性风险的产生路径，从而能够整体全局地应对系统性风险。

三、社会舆情系统性风险的危害

（一）恐慌及失序

社会舆情系统性风险带来的最明显的危害就是造成社会的恐慌和失序。特别是在当今社会，网络日益成为主流媒体，网络虚拟空间成为不同话语主体意见表达和情绪发泄的公共场域，跨越行政边界、功能边界和时间边界，信息和情绪高度复合，错综复杂。网络信息的爆炸性、聚集性，为大规模的虚拟社会动员、负面情绪发泄开通了渠道，舆情呈现谣言化、弥散化，使社会舆论形成强大的冲击波，从而成为社会不稳定的因素。公众在网络空间聚集，海量意见表达汇聚成信息洪流，在无序的虚拟网络空间引爆矛盾焦点，形成舆论互动，造成民众质疑、恐慌和愤怒等负面情绪扩散，进而容易引发群体性事件，扰乱正常的社会秩序。

（二）社会失信

社会舆情系统性风险带来的第二种危害就是造成社会失信。比如社会舆情中典型的负面舆情谣言就会对诚信造成危害，由于受信息来源的限制，网络舆论与真相之间存在着一定的距离。报道和传播的事件本身不够确切，使得谣言四起，而网络就成了这些谣言的"助推器"和"放大器"，误导舆论走向，从而使得公众难以了解事情的真相。谣言在网上传播已经成为一大社会景观，这种负面舆情的长期蔓延还会产生社会失信，对社会环境和社会文化造成不良影响，也不利于诚实守信等社会主义核心价值观的构建。

（三）治理失败及公信力损伤

党的十九届四中全会通过的《中共中央关于坚持和完善中国特色社会主义制度 推进国家治理体系和治理能力现代化若干重大问题的决定》，强调了中国特色社会主义建设中推进国家治理体系和治理能力现代化的极端重要性。从这个角度看，社会舆情系统性风险的危害值得高度重视，因为社会舆情系统性风险会导致治理失败，造成公信力的损伤。

在传统的危机治理模式下，政府是当仁不让的治理主体，社会公众在危机治理中被边缘化。但是在融媒体时代，伴随网络的兴起和普及，公众参与治理、监督政府和意见表达有了新的渠道和阵地，对其治理也需要新的方法，如果对于社会舆情的系统性风险缺乏足够的认识和准备，不能转变治理思路，很可能会造成治理的失败，舆情扩散对治理结构以及程序的合法性也将造成一定的破坏，使得公众对政府产生怀疑和不信任，影响政府与社会的关系。

四、社会舆情系统性风险的内因

（一）信息供给迟缓

传统的危机管理过程中，由少数掌握网络技术和媒体技术的个体精英向受众发布危机信息，引导舆论走向[1]，信息的供给由精英掌控，在应对社会舆情风险的时候相对容易把控信息供给的时效。此外，在舆情事件中，政府部门在实情和舆情处置中有流程的要求，一些信息不能通报或不能迅速通报，因此信息的供给相对滞后。但是，随着互联网的发展以及移动终端客户的锐增，每个公众都可以通过网络了解、发布甚至制造危机信息。另外，移动终端的普及表现出更强的便捷性，加快了突发事件舆情发酵时间，使得事件到达舆情高潮的时间大为缩短，信息的传递速度大大加快，危机爆发的可能性大幅提升，在时空上也突破了限制，这就会对传统的舆情应对产生很大的挑战。特别是在信息供给的时效性方面，传统相对迟缓的信息供给方式已经不能适应网络信息时代的社会舆情系统性

---

[1] 徐元善、金华：《话语失序与网络舆情治理危机研究困境与路径》，载于《公共管理与政策评论》2015 年第 12 期。

风险的应对，信息供给迟缓也是社会舆情系统性风险产生的一个原因。

（二）信息供给不足

舆情系统性风险的一个重要原因就是政府和社会之间沟通不足，从而产生信息供给不足。网络颠覆了精英阶层掌控话语权的传统模式，突破了传统的文化限制和时空限制，公众直接绕过网络把关人对信息的过滤和取舍，能够直接了解和接触最新的动态和信息，意见领袖、自媒体等在某些舆情事件中拥有比政府更为丰富的信息，发挥舆论先导的作用。网络信息的丰富突显出政府信息供给的不足，从而使得公众容易被网络中的意见领袖和自媒体引导，引起网络暴力和畸形表达，使得事件更加复杂和扑朔迷离，甚至会影响其他社会子系统的运转。而造成这一系统性风险的原因之一就是信息供给的不足，特别是有权威有公信力的信息供给的不足。

（三）供给错误信息

网络空间的虚拟性、匿名性及法不责众的环境下，谣言和虚假信息极易泛滥，甚至引发网络暴力事件。在危机治理过程中，公共部门的言行失当、信息的错误提供，很可能引爆社会积怨，这种负面情绪会通过网络迅速扩大化，而以讹传讹、造谣生事更是在网络空间中泛滥。其本质原因还是由于供给错误信息，不但使得真实信息被掩盖，还容易对政府的公信力以及社会诚信的构建造成不利影响，最终影响到整个社会秩序的稳定。

五、社会舆情系统性风险的外因

（一）首因效应

首因效应（primacy effect），又称首次效应、优先效应、第一印象效应，是由美国心理学家洛钦斯（A. S. Lochins）首先提出的。首因，是指首次认知客体而在脑中留下的"第一印象"。首因效应，是指个体在社会认知过程中，通过"第一印象"最先输入的信息对客体以后的认知产生的影响作用。虽然这些第一印象并非总是正确的，但却是最鲜明、最牢固的，并且决定着以后双方交往的进程[1]。

---

① 郝芳：《先入为主与近水楼台——首因效应与近因效应》，载于《百科知识》2018年第6期。

在舆情系统性风险中，首因效应是其中比较重要的一个外在原因，对舆情的首次回应是舆情治理的基础，能够抢占信息首发从而引导舆论。很多舆情风险的出现主要是由于失去首发或者首次回应没能很好地引导舆论，使得舆情朝着消极负面的方向发展。

（二）媒体放大

在网络舆情事件中，媒体是非常重要的一个参与主体，为了达到自身的目的，通常会组织发起热点话题或在已有网络舆情事件中借势炒作。媒体的参与可以在一定程度上提高舆情事件的关注度，汇聚各方观点，推动社会共识的达成。但是也有一部分媒体热衷于在有一定冲突性的舆情事件中，有选择地突出和放大部分事实，将具体个案导向城乡差距、阶层固化、官民冲突、道德沦丧等体制机制和社会风气议题，利用网络围观形成的海量注意力资源达到谋利目的，经常扮演着"带偏"舆情焦点的角色，不利于舆情参与各方良性互动，是舆情系统性风险形成的重要外部因素之一。

（三）从众心理

从众心理是一种比较普遍的社会心理和行为现象。从心理学的角度来看，从众是指作为个人因受群体压力的影响而在知觉、判断、信仰及行为上表现出与群体大多数成员相一致的一种社会现象。正如勒庞在《乌合之众》中所说："人一到群体中，智商就严重降低，为了获得认同，个体愿意抛弃是非，用智商去换取那份让人备感安全的归属感。"[①] 在当前社会上的一些舆情事件中，很多受众由于缺乏一定的信息辨别和判断能力，很容易人云亦云，难以独立思考，在从众心理的影响下无意中被一些错误甚至是极端的观点和情绪影响，构成了舆情系统性风险的另一外在因素。

第二节　融媒体环境与社会舆情的系统性风险

媒体是社会舆情形成和传播的重要渠道。在不同的媒体环境中，社会舆情的系统性风险表现出不同特征。当前，融媒体的快速发展是舆论环境变化的主要趋势。新兴媒体和传统媒体的融合发展造就了全媒体时代。正如习近平总书记所指

---

① 参见古斯塔夫·勒庞：《个体与群体的人性之辩》，载于《善天下》2019 年第 10 期。

出："全媒体不断发展，出现了全程媒体、全息媒体、全员媒体、全效媒体，信息无处不在、无所不及、无人不用，导致舆论生态、媒体格局、传播方式发生深刻变化，新闻舆论工作面临新的挑战"①。这就需要对融媒体环境的特征以及潜在的社会舆情系统性风险展开系统的理论分析。

一、融媒体的内涵和发展

"融媒体"意指不同类型媒体之间在内容生产、技术平台和基础资源等方面实现共通共享，最终实现共同发展。"融媒体"的出现是新兴媒体和传统媒体从竞争走向合作的结果。在新兴媒体发展的初期，以网络技术为基础的新兴媒体保持了一定的独立性，借助信息技术的不断更新而衍生出各种不同的媒体形式，包括早期的门户网站、BBS论坛、博客，以及后来微博、微信和新闻客户端等，但是新兴媒体与传统媒体保持着较为独立的发展空间，并在一定程度上形成竞争性格局。近几年来，随着网络技术的逐步普及，新兴媒体逐步发展壮大，传统媒体的竞争优势逐渐衰落。同时，新兴媒体由于缺乏严格的信息审查制度而引起"守门人缺失"问题，造成了假新闻泛滥和媒体信任危机。新兴媒体和传统媒体的互补性日益凸显，在市场需求和自身缺陷的推动下，媒体间除了融合别无选择。

早期的"媒体融合"（media integration）是一个较为狭窄的专业概念，主要体现在新闻生产的作业模式上，主要是报纸、电视、电台和互联网站的采编作业有效结果，实现信息和资源共享，产出适应不同平台的信息产品。然而，业务融合只是新兴媒体和传统媒体走向融合的开始。随着两种媒体的界限被打破，新兴媒体和传统媒体出现了"你中有我，我中有你"的局面，几乎难以辨识出原有的新兴媒体抑或传统媒体的身份，正式宣告了"融媒体时代"的到来。

传统媒体和新兴媒体的融合从简单叠加到深度交融，经历了跨媒体、全媒体和融媒体三个发展阶段。2014年8月18日，中央全面深化改革领导小组第四次会议审议通过了《关于推动传统媒体和新兴媒体融合发展的指导意见》，开启了媒体融合发展新的进程。

如果说"跨媒体"和"全媒体"是各种媒体类型简单相加而形成的"混合物"，那么"融媒体"是产生化学反应后生成的"化合物"。"融媒体"是"跨

---

① 习近平：《加快推动媒体融合发展，构建全媒体传播格局》，载于《求是》2019年第6期。

媒体"和"全媒体"发展的高级阶段，带来了"媒介门类融会贯通"的理念更新①。相互融合的媒体不再是圈地式地扩张传播版图，而是形成有机整体，在传播领域形成更加强大的竞争力。

二、融媒体的特征

（一）媒介融通

随着媒体融合的发展，媒介之间的界线被打破。一方面，传统媒体也开始借助网络传播，表现出社交媒体的特征。如报纸出现网络版、电子版，电视出现网络交互功能，广播、电视、报纸、杂志等传统媒体纷纷利用互联网技术扩大传播渠道。比如人民日报已经由过去的一份报纸，转变为全媒体形态的"人民媒体方阵"，成为拥有报纸、杂志、网站、电视、广播、电子屏、手机报、微博、微信、客户端等 10 多种载体、数百个终端的媒体集群。另一方面，基于移动互联网的社交媒体开始推送大量传统媒体中的新闻信息。较大的新闻传播机构都具有多种传播媒介，多管齐下地实现传播。媒介融通实现了"报、网、端、微、屏"各种传播渠道的整合。

技术创新是媒体融合发展的核心驱动力，但也是传统媒体转型中的难点和痛点。媒介融通离不开现代信息技术的发展，移动网络、大数据和云计算成为融媒体发展的"基础设施"。为了适应媒体融合的发展需求，先进的技术设施必不可少。2016 年 8 月，人民日报与腾讯公司发布了"中国媒体融合云"，为所有合作媒体提供各类新型内容生产、大数据运营、人工智能等应用，一站式解决融合发展技术难题，从选题策划、采编生产、分发传播、盈利分成全流程突破融合瓶颈②。类似的基础设施建设集纳了各种技术工具，消除了媒体融合的技术瓶颈，推动了媒介的融通。

（二）内容融合

优质的内容生产始终是媒体发展的生命力。在多种媒介共生的传播环境下，内容生产要实现"一次采集、多种生成、多元传播"，将一次采集的内容加工为

① 李玮：《跨媒体·全媒体·融媒体——媒体融合相关概念变迁与实践演进》，载于《新闻与写作》2017 年第 6 期。

② 《我国首个媒体融合云平台正式上线 "中国媒体融合云" 让技术"隐身"》，人民网，http://media.people.com.cn/n1/2016/0822/c120837-28655186.html，2016-08-22。

不同表达方式的产品。在内容融合方面，人民日报探索出的"中央厨房"运行机制正在向全国的融媒体中心推广。"中央厨房"成为新闻媒体采编发体系的大脑和神经中枢，搭建起一个支撑优质内容生产的公共平台。在新兴媒体领域，传统媒体提供的优质内容同样成为转发和传播的重要材料。

自媒体中生产的大量优质内容，以往是通过微博、微信公众号等媒介实现传播，在媒体融合发展的环境中，这些优质内容也有了新的传播途径。比如，一些智库机构、科普公众号加强了与其他媒体的合作，自媒体的内容也通过其他的媒介获得传播。

（三）资源融汇

传统媒体和新兴媒体具有不同的资源优势。一般而言，传统媒体在内容生产、专业人才和政策资源方面占有优势，而新兴媒体的优势则是受众资源。比如在 2017 年时，微信公众号仅推出 5 周年时总量就超过了 2 000 万个，百度每天收到的搜索请求，超过 60 亿次[1]。资源融汇将为媒体融合发展创造新的竞争优势。

"中国媒体融合云"是资源融汇的一个重要尝试，旨在为媒体融合提供便利的基础设施，降低媒体融合发展的门槛。尽管"中国媒体融合云"只是一个技术载体，但是借助这一技术载体，传统媒体和新兴媒体的优势资源都实现了整合和共享，产品融合、终端融合、渠道融合和人员融合实现了跨越式发展。人民日报原副总编辑卢新宁将信息化时代的"云"形象地比喻成工业化时代的"电"，"融合云"类似于计算机和互联网领域的国家电网。强大的云端网络实现了各类媒体中多种资源的高效整合和利用，显现出"汇聚联合、握指成拳"的融合优势。

三、融媒体环境下的舆情风险

（一）舆情风险"触点"增多

在融媒体环境下，新闻媒介与公共突发事件的"触点"增多。传统媒体环境中，公共突发事件可能作为一条新闻线索而逐步受到关注，但是在"人人皆媒体"的环境中，公共突发事件在现场就能获得实时传播，传播的形式包括文字、图片、声音、视频等多种形式，无处不在的社交媒体常常成为突发事件的第一传

---

[1] 卢新宁：《"内容＋"将成为媒体融合关键词——在 2017 媒体融合发展论坛发言》，https：//www.hubpd.com/c/2017 - 08 - 20/632847. shtml。

播媒介。而媒体之间的高度融合又为新闻事件的传播速度和广度提供了便利，比如微博、微信等平台首发的突发事件信息可能突破媒介边界实现跨媒体传播。媒体的融合使得不同的传播介质高度整合为一个系统，任何一个子系统的信息传播都会快速向其他子系统扩散。

触发舆情风险的另一个原因可能是融媒体环境中的信息质量参差不齐。社交媒体是融媒体的重要组成部分，社交媒体中仍然有大量的非组织化的个体传播者。尽管个体传播者中大部分具有较强的公共意识和道德规范，在信息发布和分享过程中具有一定的是非辨别能力，但是不能否认，还有部分个体传播者由于逐利、猎奇或发泄不满等原因发布错误信息或传播谣言。尽管近年来我国打击谣言传播的力度不断加大，但是谣言仍然容易造成不良社会影响，可能成为社会舆情的诱因。

融媒体环境下，公众发表意见的手段日益丰富。媒体的融合发展改变了原有的单向传播的模式，构建了网络社区、话题讨论、评论等多种双向互动模式，公众意见可以通过这些渠道获得充分表达。由于公众话语空间中，不同的观点发生碰撞和争论，可能进一步放大"马太效应"，形成针锋相对的意见阵营，在热点问题的讨论中所激发的社会心理和公众情绪也成为舆情风险放大的重要原因。

（二）舆情风险全平台扩散

融媒体环境下，公共突发事件社会舆情风险的时空特征都发生了质的变化。舆情风险传播的速度加快，出现"裂变式"的传播效应。随着时间粒度的细化，计算的复杂性会迅速增大。舆情发展的节奏加快，传统的舆情发展周期缩短，阶段分期不明显，从孕育期到爆发期的时间变短，应对舆情危机的"窗口期"极大压缩。

社会舆情影响的空间范围更加广泛。融媒体具有无处不在的特点，针对不同的用户群体都有相应的传播媒介。互联网还将不同地区紧密联系起来，本地突发事件极有可能通过广泛的网络传播引发异地风险，地区风险转化为全国风险，局部风险转化为整体风险。

（三）舆情演化错综复杂

融媒体环境下社会舆情的传播路径更加复杂。这是由于多种媒介的高度融合为负面信息的扩散提供了多样化的传播渠道。不同媒介之间的相互传播和影响也变得更加频繁，比如微博、微信之间的相互影响日益加深，微博平台中的社会舆情极易通过微信网络获得更加广泛的传播。舆情应对不仅要考虑单一媒介中的演化机制，还需要放置在融媒体环境中，将融媒体的各个子系统的互动关系考察清楚，把握子系统之间的相互影响规律。

社会舆情的交互作用增强。交互性是社交网络的基本特征，随着媒体的融合发展，许多传统媒体都借助网络社区发展出交互功能，比如报纸的电子版也附有留言板，读者可以通过网络发表评论。这些评论具有公开性，是新闻产品的延伸，既有读者和媒体之间的互动，也有读者和读者之间的互动，极易形成意见的聚合和对立，不同意见阵营的争论可能引发更大的社会舆情风险。舆情事件中的社会争论还容易发掘和衍生新的话题，从而产生二次危机。

个体心理因素推波助澜。社交网络中的公众意见表达不可避免地具有情感色彩，而突发事件引发的情绪常常表现为愤怒、担忧、失望、悲伤等负面情绪。个体表达出来的情感等心理反应，通过网络传播形成全平台的情绪感染，对理性认知和行动产生不利影响。融媒体环境中酝酿的各种情绪与已有的某些社会心理发生共振，通过信息极化和信息关联等机制将产生更为严重的风险放大效应。

总体而言，融媒体环境下公共突发事件的舆情演化表现出更强的不确定性，对舆情应对策略提出严峻挑战。正如谢新洲等所分析的，舆论主体的匿名性与参与渠道的广泛性、传播空间的无界性与意见汇聚的即时性、议题生成的自发性与舆论发展的不确定性、价值观念的多元性与价值取向的批判性、意见表达的失范性与群体行为的极化性，造成了新媒体舆论管理的复杂性。[①]

四、融媒体环境下应对舆情风险的机遇

（一）融媒体推动舆论阵地全覆盖

我国高度重视媒体融合的发展，主流媒体已形成全媒体传播优势。2014年8月18日，中央全面深化改革领导小组第四次会议审议通过了《关于推动传统媒体和新兴媒体融合发展的指导意见》。中央全面深化改革领导小组组长习近平强调，"推动传统媒体和新兴媒体融合发展，要遵循新闻传播规律和新兴媒体发展规律，强化互联网思维，坚持传统媒体和新兴媒体优势互补、一体发展，坚持先进技术为支撑、内容建设为根本，推动传统媒体和新兴媒体在内容、渠道、平台、经营、管理等方面的深度融合，着力打造一批形态多样、手段先进、具有竞争力的新型主流媒体，建成几家拥有强大实力和传播力、公信力、影响力的新型

---

① 谢新洲等：《互联网等新媒体对社会舆论影响与利用研究》，经济科学出版社2013年版，第99页。

媒体集团，形成立体多样、融合发展的现代传播体系"①。我国主流媒体的融合发展以一日千里的速度向前推进。2015 年开始，人民日报在多个平台着力打造"人民日报"全媒体品牌。2015 年开始试行、2017 年正式运行的中央厨房（全媒体平台）工作机制，是人民日报媒体融合的重要举措之一，2017 年，人民日报 330 万份报纸、294 个新媒体发稿终端，已经覆盖用户 6.3 亿人次②。2018 年，人民日报"报网端微"累积用户达到 7.05 亿③。与此同时，地方融媒体中心也在加快建设。2018 年 8 月，北京市 16 区区级融媒体中心相继宣告成立④，整合广播、电视、报社、网站、移动客户端、微博、微信第三方账号等平台资源，吸收"中央厨房"运行经验，实现一次采集、多种生成、多元传播。2018 年 11 月14 日，中央全面深化改革委员会第五次会议通过《关于加强县级融媒体中心建设的意见》，当年先行启动 600 个县级融媒体中心建设，在 2020 年底基本实现全覆盖，县级融媒体中心建设推动了融媒体战略向基层的贯彻落实。

国家推动的媒体融合发展战略构建了舆论宣传的全面阵地。首先，以官方媒体为主导的融媒体提供真实信息和优质内容，坚持正确的政治方向，牢牢掌握了舆论场的主动权和主导权，网络空间更加清朗，从源头上减少了舆情风险的发生，维护国家政治安全、文化安全、意识形态安全。其次，融媒体中心的大数据和互动平台具有社会治理功能。政府部门可以通过融媒体数据展开舆情监测，实现舆情研判。最后，主流媒体应对突发事件社会舆情的工具更加丰富，能够根据不同事件特征、针对不同沟通对象灵活采用多种沟通方式，及时有效地化解舆情风险。

（二）融媒体的社会治理功能增强

融媒体具有社会治理的功能，主要表现为公众意见表达、政策议程设置和舆情危机应对等方面。首先，融媒体具有双向沟通的特征。融媒体吸纳了社交网络等新媒体中的社区互动功能，改变了以往的主流媒体单向沟通的传统方式。广大公众通过网友评论、话题讨论、网络社区等方式能有效畅通地表达个体意见，极大地释放了社会不同意见堆积可能产生的舆论压力。同时，部分公众意见表达能

---

① 中共中央党史和文献研究院编：《习近平关于网络强国论述摘编》，中央文献出版社 2021 年版，第 59 页。

② 卢新宁：《"内容＋"将成为媒体融合关键词——在 2017 年媒体融合发展论坛发言》，人民网：http：//media. people. com. cn/n1/2017/0819/c120837－29480996. html，2017－08－19。

③ 许陈静、郑心仪：《今天你是这样的人民日报》，人民网，http：//media. people. com. cn/n1/2018/0615/c14677－30061790. html，2018－06－15。

④ 北京日报：《密集挂牌北京全市 16 区级融媒体中心均已建立》，新华网，http：//www. xinhua-net. com/zgjx/2018－08/03/c_137365573. htm，2018－08－03。

通过融媒体平台传导到公共决策者手中，并获得正式的体制吸纳，从根本上满足了公众需求。

其次，融媒体的政策议程设置功能更加明显。社会舆情具有公共政策议程设置功能。引发社会舆情的焦点事件往往是某类公共问题的典型事件，与不可预知事件和公共突发事件相联系的社会舆情对相关的公共政策具有极大的冲击力，不仅将此类公共问题推向决策者的视野，而且通过大量的讨论和争论为问题解决提供意见。融媒体对公共焦点事件的传播引发公众和政策制定者对特定公共问题的更广泛关注，同类问题的相关政策变迁进入"窗口期"，科学有效的政策变迁将从根本上解决舆情的社会根源。

再次，融媒体在应对舆情危机方面更加的灵活及时。近年来，以微博、微信为主体的社交网络平台成为引爆社会舆情的主要场域。我国的融媒体中心建设实际上融合了多种媒体渠道，官方媒体在社交网络平台中逐步占据主导地位，在公共突发事件中能及时发声，回应社会关切，发布权威事实，有助于遏制谣言传播和负面社会情绪的传染。

因此，媒体融合是一种发展趋势。如果错误信息或谣言在融媒体中传播，就会造成严重的社会舆情风险，如果官方媒体充分利用媒体融合的优势，在融媒体环境下掌握主动权，就能在舆情应对和相关问题的社会治理中占得先机。

五、中国网民结构和行为特征简述

融媒体环境是舆情风险产生的一个技术平台，而网民是社会舆情产生和扩展的主体。对融媒体环境中社会舆情的研究，必须对网民结构和行为特征有深入了解。CNNIC 发布的历次《中国互联网络发展状况统计报告》描述了近年来网民结构和行为的变化，本部分对此进行简要介绍。

据中国互联网络信息中心（CNNIC）2022 年 2 月发布的第 49 次《中国互联网络发展状况统计报告》显示，我国网民总体规模持续增长，截至 2021 年 12 月，我国网民规模为 10.32 亿，较 2020 年 12 月新增网民 4 296 万，互联网普及率达 73.0%，较 2020 年 12 月提升 2.6 个百分点（见图 4 - 1）。

截至 2021 年 12 月，我国手机网民规模为 10.29 亿，较 2020 年 12 月新增手机网民 4 298 万，网民中使用手机上网的比例高达 99.7%（见图 4 - 2），手机仍是上网的最主要设备；但上网终端设备使用更加多元，网民中使用台式电脑、笔记本电脑、电视和平板电脑上网的比例分别为 35.0%、33.0%、28.1% 和 27.4%。随着互联网的发展以及移动终端的日益普及，人们越来越多地通过互联网和移动终端随时随地获取信息、表达意见以及进行各种形式的舆情参与。①

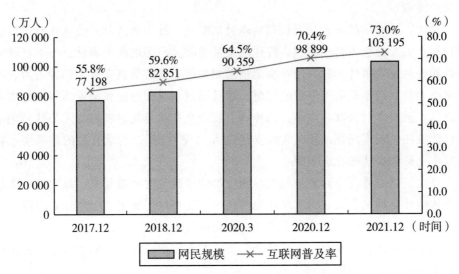

图 4 - 1　网民规模和互联网普及率

资料来源：CNNIC 中国互联网络发展状况统计调查。

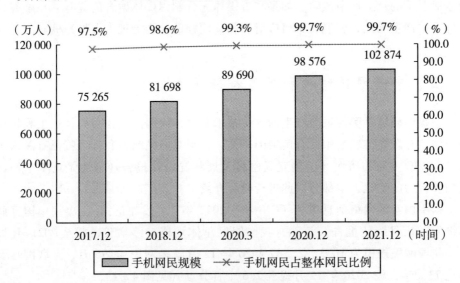

图 4 - 2　手机网民规模及其占网民比例

资料来源：CNNIC 中国互联网络发展状况统计调查。

智研咨询 2020 年 2 月发布的《2020 - 2026 年中国微信公众号行业市场经

---

① 第 49 次《中国互联网络发展状况统计报告》，中国互联网络信息中心官网，2022 - 02 - 25，http：//www. cnnic. net. cn/hlwfzyj/hlwxzbg/hlwtjbg/202202/P020220721404263787858. pdf.

营风险及投资战略规划分析报告》显示：从 2011 年开始的微信月活跃用户数，到 2019 年底微信月活跃用户已经突破了 11 亿，是中国用户量最大的 App（见图 4 - 3）。说明即时通信已经在中国得到了普及，微信已经成为人们生活必不可少的一部分，人们已经进入移动互联的阶段，人们可以通过即时通信增强互动和交换信息，使得信息在短时间内病毒式的传播，大大增加了舆情的传播速度和传播范围。

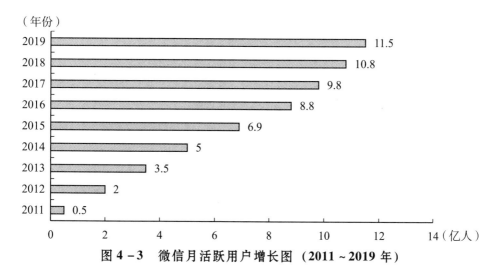

（年份）

图 4 - 3　微信月活跃用户增长图（2011 ~ 2019 年）

而通过新旧互联网舆情特征的对比分析中可以发现，首先在舆情媒介上，新互联网时代不论是在平台还是在终端上都变得更加丰富多样，更为便捷与便携，为网络舆情的传播提供了基础；在舆情主体上，网民数量大幅增加，手机网民成为主流，实现了从弱关系向强关系传播的转变；在舆情客体上，新互联网时代触点更多、发酵更快，燃点更容易引爆；而从信息上来看，由于技术的发展，图片、音频、视频等传播形式的比例更高，并呈现出碎片化和微趋势；从舆情的传播模式来看，移动互联网阶段的场域更加多样化，呈现出圈群化传播的特点，能够实现实时实地的传播，打破了时空限制（见表 4 - 1）。

表 4 - 1　　　　　　　　新旧互联网舆情特征对比分析

项目	比较	固定互联网舆情	移动互联网舆情
舆情媒介（舆情网络）	平台	室内接入；宽带（光纤到户宽带可达 100M）	泛在化（主体、时间、空间泛在）；宽带化趋势（4G 网络宽带可达 100M）
	终端	PC 机（个人计算机）；固定	智能手机，平板电脑，移动便携，多功能融合

续表

项目	比较	固定互联网舆情	移动互联网舆情
舆情主体	规模	48.9%的网民使用台式电脑上网，比例继续下降	截至2019年底，手机网民比例99.1%，比例继续上升。手机微博用户达3.1亿，微信用户超过11.5亿
	关系	大多是匿名的弱关系传播	实现了基于熟人的强关系传播
舆情客体	燃点	容易引发舆论热潮	触点更多、发酵更快
舆情信息	内容	文字、图片、音频、视频	图片、音频、视频比例更高
	质量	杂乱、冗余、虚假信息多	碎片化程度增加、微趋势明显
舆情传播模式	场域	BBS、博客、微博，开放式传播	微博、微信、移动新闻客户端等，圈群化传播
	时空感	非实时、非现场传播	实时、基于地理位置传播

第三节　社会舆情系统性风险的社会放大机制

2016年3月山东非法疫苗案，为融媒体环境下重大突发事件社会舆情的演化提供了一个典型样本。非法疫苗旧闻新炒从而引发"疫苗恐慌"，是一个典型的风险社会放大案例。本节在风险的社会放大框架（SARF）下，利用社交网络的大数据再现了疫苗事件从持续发酵到舆情爆发的全过程，重点分析了风险放大的心理机制和社会机制。研究中识别出的心理机制包括情感启发式（affect heuristic）、锚定效应（anchoring effects）和选择性关注放大了个体风险感知，社会机制则是通过自媒体信息加工、情绪传染和社会争议等过程放大了社会整体对问题疫苗风险的感知。疫苗事件中的心理机制和社会机制的交互作用为舆情演化提供了强大驱动力。本部分的分析表明，自媒体环境中公众和社会的风险感知极易出现偏差，且较难形成自我纠偏机制。规范自媒体信息加工行为、监测和引导公众情绪是危机中风险沟通的关键，而现实中快速有效地处置风险事件是阻断风险持续扩大的根本途径。

一、舆情风险的社会放大

风险是现代治理和民主进程中不可回避的主题[①]。风险治理的困境越来越表现为风险的"客观现实性"和"主观建构性"之间的张力。在社交媒体和传播手段高度发达的现代社会中,"风险建构"与"风险事实"之间发生严重偏离的现象层出不穷。2016 年 3 月山东非法疫苗案虽然只是旧闻新炒,但是引爆了公众的"疫苗恐慌"和激烈的社会讨论,演化为一场全社会高度关注的舆情危机和风险治理危机。疫苗事件中风险的社会放大速度之快、范围之广令人始料未及。此类事件对突发的舆情应对及风险沟通构成严峻挑战,但迄今为止,研究者和决策者对风险如何被放大的理解还十分有限,而风险看似被莫名其妙地放大的背后,实际上存在着系统性因素,通过大量案例对这些系统因素进行观察和梳理是认识风险传播和放大规律的基础工作。

本部分以山东非法疫苗案为例,重点分析风险放大的内在机制。疫苗事件是风险社会放大的典型案例。风险放大(或弱化)是指风险或风险事件的信息从一个信息源经由中间传递者到最终接收者的过程中,风险信号被强化(或弱化)的过程[②]。这个过程常常包括两个环节:信息扩散和社会响应,这两个环节是相互交织的,信息扩散是社会响应的前提,而社会响应不仅是信息扩散的后果,反过来又借由新的感知和行为产生新的信息加以传播。信息机制着重分析信息传播的方式和渠道,信息学和传播学已对此展开了丰富的研究。而响应机制则研究个体和社会对风险信息的解读和反应,该领域的研究还十分薄弱。特别重要的是,在以普通公众为主的自媒体环境中,信息扩散已经不同于传统的传播研究,必须重视社会心理在传播中的作用。本节重点关注响应机制,以风险的社会放大框架为基础,基于社交媒体数据的扎根分析,从个体和整体的角度研究疫苗风险放大的心理机制和社会机制。

风险的社会放大框架(Social Amplification of Risk Framework,SARF)为解释技术上并不严重的风险缘何引发高度社会关注提供了一个综合的理论工具。该框架在"技术评估"基础上引入了"风险的社会体验"维度之后,有助于提供更加符合社会实际的风险决策[③]。风险传播的现实反映出社会公众对风险及风险事

---

① Kasperson,R. Four questions for risk communication. *Journal of Risk Research*,2014,17(10),1233 – 1239.

② Slovic,P. Perceived Risk,Trust,Democracy. *Risk Analysis*,1993(6):675 – 682.

③ Kasperson,R. E.,J. X. Kasperson. The social amplification,attenuation of risk. Annals of the American Academy of Political,*Social Science*,1996(545):95 – 105.

件的感知远远超出了技术评估的维度，是心理的、社会的、制度的以及文化的过程相互作用的结果①。

从理论上看，自1988年诞生以来的将近30年中，风险的社会放大框架的优势和生命力获得广泛认同，尤其是对不同学科的整合能力备受肯定。但是该框架中间层次的理论分析仍显得较为薄弱，放大过程中的各种因果关系尚不明朗②。近年来，研究者对放大的具体机制和过程显示出高涨的热情。国内学者在运用风险的社会放大框架对国内的风险事件进行解析过程中，从组织传播、心理机制、话语过程、利益相关者结构等不同角度展开了研究。然而，为风险治理提供有潜力的政策建议仍需构筑更加坚实的中层理论，这也是本项研究在理论贡献上的努力方向。

二、突发事件的系统性风险演化

2016年3月18日7：42，澎湃新闻以《数亿元疫苗未冷藏流入18省份　专家：这是杀人》为题首先报道了山东问题疫苗事件。报道称，2010年以来，庞氏母女非法经营25种儿童、成人用二类疫苗，未经严格冷链存储运输销往全国18个省市，涉案金额达5.7亿元。随后，该事件经多家媒体转载报道，引发舆论持续关注。新华网舆情监测平台③当日15时数据显示，山东疫苗案的关注量达到178 103，稳居当日新闻报道关注榜首。在随后的半个月中，疫苗案成为社交媒体关注的焦点，截至2016年4月18日，新浪微博的专题"#未冷藏疫苗流入18省#"总计阅读量2.1亿人次，参与讨论的数量达到14.7万人次。疫苗事件的社会放大造成了广泛的"涟漪效应"（ripple effect）④，主要表现为公众的"疫苗恐慌"、对药品监管部门的责难以及涉案企业对金融市场影响等。

本节分析的基础资料来源于课题组对2016年3月18日0：00～4月1日24：00的新浪微博数据的采集，以每分钟为时间间隔抓取了粉丝数和传播数较高的原始记录，通过人工识别，删除了不相关原始记录之后，共获得有效的微博数据7 958条，构成本节研究的基础数据库。网络抓取的字段包括微博和微信的标题、内容、创建时间、用户昵称、粉丝数、认证类型、所在地区等信息。从图

①　Renn, O. Three decades of risk research: accomplishments, new challenges. *Journal of Risk Research*, 1998 (1): 49 – 71.

②　伍麟、王磊：《风险缘何被放大 国外"风险的社会放大"理论与实证研究新进展》，载于《学术交流》2013年第1期。

③　http://www.xinhuadata.com/product.html。

④　涟漪效应是指风险事件社会后果波及更广泛的社会领域，可能对与之相关的技术、机构和社会产生次级或三级影响，包括技术或产品的污名化、公信力丧失以及诉讼等。

4 – 4 可以看出，疫苗舆情危机的高潮集中在 3 月 21 ～ 25 日之间，22 日达到峰值，持续时间约为两周，与大部分舆情危机的生命周期相似。与其他舆情分析机构对全样本趋势的分析进行对比，可以发现本研究中的样本分布与全样本分布规律相似，样本选取可以视为随机抽样过程。

本节采用质性研究分析软件 Nvivo 10 对基础数据库中的样本记录进行了内容分析编码，编码的字段包括情绪、态度、关注内容、信息加工方式等，重点反映个体在解读和传播信息中表现出的风险感知和行为。由于针对网络舆情中个体心理和社会心理的研究还缺乏统一的范式，事实上由于风险的性质、后果、利益相关群体不同，所以在不同的事件中公众的心理和态度可能存在很大差异，难以用先验的理论框架建构编码体系。因此，本节的编码过程是在扎根理论指导下的开放编码，并逐渐向轴心编码聚集的过程，最终用于刻画风险放大的心理机制和社会机制。具体的编码参考点会在相应的分析部分中给出。

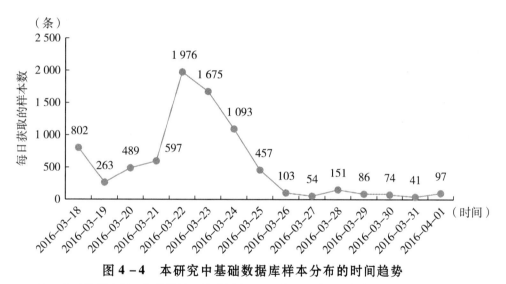

图 4 – 4　本研究中基础数据库样本分布的时间趋势

注：基础数据来源于新浪微博，总计抓取 7 958 条，图中纵坐标标注的数值为每日获取的样本数。

为保证编码的信度，本研究采用了背靠背式的双重编码，编码过程分为预编码、独立编码和信度检验等环节。在预编码环节，所有参与编码的人员共同工作，随机抽取原始数据库中的记录进行预编码，并经过讨论形成了初步的编码体系，对节点设置、参考点分析和编码程序达成共识。在其后的两个多月中，作者本人和三名研究助理分成两组以编码体系为参考展开背靠背编码，并定期进行讨论交流，特别是对需要新增的节点进行讨论。在信度检验环节中，对信度较低的节点进行了深入分析，识别出现差异的原始参考点，并在共同工作的模式下进行了修正。最终的编码体系包括三级节点共 170 个，对 21 087 个参考点进行了编码。总体来看，两组的编码信度在 0.625 ~ 0.882 之间，信度最高的是"关注内容"和"信息传递方式"等类目下的节点，而信度较低的是"情感"等类目下的节点[1]。这是由于关注内容、信息传递方式等节点的参考点比较客观明确，而对"情感"的分析则仁智各异。

三、突发事件风险放大的心理机制

个体是风险放大过程中的关键节点。在融媒体环境下，个体的放大作用更加凸显：个体既是风险信息的接受者，又是风险信息的传播者。风险信号在"接受—传播"之间并不是等值输入和输出的过程，而是通过大量的对风险信号的心理加工而造成了信号的放大或缩小，这些加工的方式包括通常所说的"解读""直觉""联想""想象"等丰富的心理活动。本节通过对疫苗事件中微博言论的编码分析，识别了三种造成风险放大的心理机制：情感启发式、锚定效应和选择性关注。

（一）情感启发式

个体进行风险判断时常常依据不同的信息和环境启动不同的决策系统，主要包括：基于直觉的启发式系统（heuristic system）和基于理性的分析系统（analytic system）。前者不占用或占用很少的心理资源，加工速度较快，遵从情感和直觉；后者占用较多的心理资源，加工速度较慢，尊重逻辑和规则[2]。卡尼曼将这两种系统称作"快系统"和"慢系统"。[3]

情感分析是根据说话者在传递信息时所表达的或隐含的情绪状态来判断或评估说话者的态度和意见[4]。本节关于情感启发式的研究是以微博数据为基础的。在所抓取的 7 958 条微博数据中，带有情感词和表情符号的记录共 1 977 条，约占样本总数的 1/4，其余的记录为转发新闻链接或他人评论，没有表达个人情感

---

[1] 具体的信度指标将在以下相应的实证部分给出。

[2] 孙彦、李纾、殷晓莉：《决策与推理的双系统——启发式系统和分析系统》，载于《心理科学进展》2007 年第 5 期。

[3] Kahneman, D. Thinking, Fast and Slow, Farrar, Straus and Giroux. New York. Farrar, Straus and Giroux, 2011.

[4] 周胜臣、瞿文婷、石英子、施询之、孙韵辰：《中文微博情感分析研究综述》，载于《计算机应用与软件》2013 年第 3 期。

和态度的记录则没有进入"情感"类目编码，共产生3 059个参考点[1]。分析结果显示，个体对疫苗的风险感知表现出强烈的情感启发式，其中占主导地位的情感表现为愤怒、恐惧和抱怨等负面情绪，虽然也出现了一定数量的理性、赞扬等正面情绪，但是比例十分有限。

表4-2是基于样本数据的情绪编码，从中可以看出，网络舆论中的主导情绪是"愤怒/谴责"和"恐慌"，各占27.0%和21.9%，接近所有情绪编码的1/2。排在第三位的是"批评/问责"情绪，这种情绪依然带有"愤怒"的成分，与第一项编码"愤怒/谴责"区分的标准是针对对象的不同，我们将没有明确指向的一般性愤怒和/或明确指向非法疫苗贩卖者的愤怒编码为"愤怒/谴责"，而将明确指向监管机构、政府相关部门的批评编入"批评/问责"节点。"担心/焦虑"比"恐慌"的强度较低，且与自身或家人接种过疫苗而引发的担心为主。以这前四项为主的负面情绪形成了疫苗事件网络传播中社会情绪的主导，占比达到77.0%。而处于中立层次的"理性"情绪，主张客观分析问题、不可盲目拒绝疫苗的节点只有5.5%，对政府积极应对行为、明星呼吁行为的"赞扬/肯定/支持"情绪仅占2.5%。

表4-2　　　　　　山东非法疫苗案微博样本的情绪编码表

情绪特征	参考点举例	节点数	占情绪编码的比例（%）	编码信度Cronbach α值
愤怒/谴责	愤怒或怒骂的表情符；愤怒、气愤、怒转；可恨；（疫苗贩卖者）谋财害命、丧心病狂、丧尽天良、泯灭人性、该杀、禽兽不如；怒斥黑心疫苗……	827	27.0	0.749
恐慌	太恐怖了；太可怕了；太危险了；要命的事；细思恐极；无比惊恐；一身冷汗；毛骨悚然；不敢细看……	669	21.9	0.721
批评/问责	严厉问责；监管部门该当何罪；失职；不负责任；难辞其咎；为何层层失守；同流合污；监管形同虚设；官员下马……	461	15.1	0.807

---

[1]　参考点多于带有情感的记录数，这是由于许多微博记录中表达了多重情感，比如，震惊的同时也十分愤怒。编码完全依据记录中表达感情的文字和表情符进行逐个编码。

续表

情绪特征	参考点举例	节点数	占情绪编码的比例（%）	编码信度Cronbach α 值
担心/焦虑	担心、焦虑、好纠结、防不胜防、宝宝是否接种了问题疫苗、谁还敢带孩子去打疫苗……	399	13.0	0.647
震惊	吃惊的表情符；震惊；匪夷所思；闻所未闻，见所未见；触目惊心等	279	9.1	0.674
理性	要进行理性分析；客观地分析问题；需要冷静和理智的思考；不可盲目拒绝疫苗；细节未经证实不可信；别惊慌……	168	5.5	0.731
无奈	无语；无力愤怒；无能为力；说什么都没用；无可奈何；有什么办法；都麻木了……	102	3.4	0.635
赞扬/肯定/支持	赞扬、鼓掌的表情符；对本地核查结果没有发现问题疫苗的信息表示赞扬、对政府的积极应对行为表示赞扬、对某些明星关注疫苗事件表示赞扬等	78	2.5	0.782
悲观	看不到未来；没治了；别指望什么满意的答复；彻底失望……	76	2.5	0.625
总计		3 059	100	

（二）锚定效应

在不确定情境下，人们常常通过初始值来对目标值进行估计。初始值或者起始点，可能是从问题形成之时得到的提示，也可能是在稍微计算之后得到的结果，使得后续的判断和决策总是围绕着这个"沉锚"（可以将"沉锚"通俗地理解为"第一印象"）的位置进行不充分的调整，从而产生了估计偏差。特沃斯基和卡尼曼将这种现象称为"锚定效应"[①]，并将其视为启发式策略之一。将"沉锚"可以通俗地解释为形成判断和决策的"第一印象"。

在疫苗事件中，个体接触到的外界信息是形成"沉锚"的一个重要来源。锚定关系可以通过风险感知与微博信息引用的交叉关系观察到。表4-3对上一节中编码产生的前四类主要情绪类型展开了进一步分析，列出了各类情绪与提及的

---

① Tversky, A. and Kahneman, D. Judgment under Uncertainty: Heuristics and Biases. *Science*, 1974, 185 (4157): 1124 - 1131.

相关信息之间的交叉表。从中可以看出，"未冷藏疫苗流出"和"疫苗之殇"是疫苗事件中两个重要的锚定标志。如在表达"批评/问责"情绪的节点中，有超过四成的节点都是提及或者关联了"未冷藏疫苗流出"的事件信息，而在"担心/焦虑"的情绪节点中，有超过三成的节点提及"疫苗之殇"。这两条信息在疫苗事件的传播中具有十分明显的放大效应，非法疫苗流出的初始报道中引人瞩目地使用了"这是在杀人"的表述，这虽然与个别媒体的信息加工行为有关，但在客观上形成了高风险锚定，因此与此信息相关的各种负面情绪和高风险感知都处于较高水平。而疫苗之殇则通过真实的个案和图片展现了不安全疫苗的悲惨后果，更为风险感知抛下了一个高水平风险的锚位。除此之外，与情感相关度较高的事件信息还包括疫苗流向的具体地区、参与疫苗贩卖的上下线人员以及涉案的9家药企等，但提及数的分布较为分散，因此一并统计在"其他/未引用"类别中。

表 4 - 3 个体情绪与对应信息的关联表

情绪编码	节点总数	提及信息①					
		未冷藏疫苗流出	占比（%）	疫苗之殇	占比（%）	其他/未引用	占比（%）
愤怒/谴责	827	307	37.1	226	27.3	294	35.6
恐慌	669	242	36.1	165	24.7	262	39.2
批评/问责	461	189	41.0	81	17.5	191	41.5
担心/焦虑	399	113	28.3	125	31.4	161	40.3

"非法疫苗流入18省份""这是在杀人"和"疫苗之殇"等信息表述方式都具有较高的负面效应，从危害发生的概率和后果两方面显示出高风险水平，这在大量的信息受众中产生了高风险"锚定"，使得之后的判断都只能在这个沉锚的附近进行小幅度、不充分的调整，实际上为整个事件的高风险感知定下了基调，这是风险的社会放大难以调控的心理因素之一。

（三）选择性关注

舆情危机的演化常常与政府应急响应迟滞有关。客观地说，在2016年山东非法疫苗案中，政府疫苗事件的应对行动在众多突发事件的处置案例中是比

---

① 提及信息是指在微博中以文字、链接、截图等形式转发了事件相关的信息，同时附之个人评论和情感。

较迅速、高效的。从图4-5可以看出，从中央到地方都迅速地采取了应对行动，响应的层级也很高，由最高检挂牌督办此案，李克强总理作出重要批示。

从处理的结果来看，李克强总理4月13日主持召开国务院常务会议，听取山东济南非法经营疫苗系列案件调查处理情况汇报，决定先行对一批责任人实施问责，357人被撤职降级①。这距离3月18日山东疫苗案被披露仅有27天，这说明政府处置山东疫苗案的工作节奏和力度都是十分高效的。这表明我国在近十多年中逐步建立起来的横向部门协同机制、纵向上下联动机制以及快速决策机制②提高了突发事件的处置能力和效率。

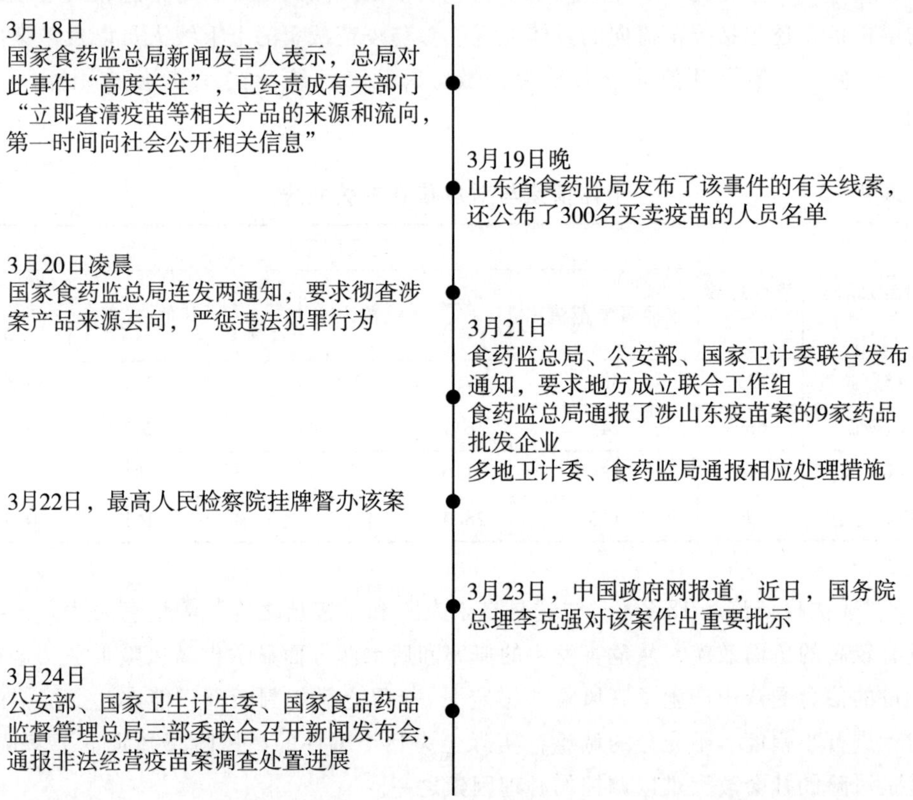

3月18日
国家食药监总局新闻发言人表示，总局对此事件"高度关注"，已经责成有关部门"立即查清疫苗等相关产品的来源和流向，第一时间向社会公开相关信息"

3月19日晚
山东省食药监局发布了该事件的有关线索，还公布了300名买卖疫苗的人员名单

3月20日凌晨
国家食药监总局连发两通知，要求彻查涉案产品来源去向，严惩违法犯罪行为

3月21日
食药监总局、公安部、国家卫计委联合发布通知，要求地方成立联合工作组
食药监总局通报了涉山东疫苗案的9家药品批发企业
多地卫计委、食药监局通报相应处理措施

3月22日，最高人民检察院挂牌督办该案

3月23日，中国政府网报道，近日，国务院总理李克强对该案作出重要批示

3月24日
公安部、国家卫生计生委、国家食品药品监督管理总局三部委联合召开新闻发布会，通报非法经营疫苗案调查处置进展

图4-5　山东非法疫苗案中的政府应对行动（2016年3月18~24日）

资料来源：课题组根据相关资料整理。

然而，政府的这一系列积极的行动并未能成功阻止疫苗舆情危机的持续发

---

① 《李克强主持召开国务院常务会议》，中国政府网，http：//www.gov.cn/guowuyuan/2016-04/13/content_5063747.htm。

② 薛澜、刘冰：《应急管理体系新挑战及其顶层设计》，载于《国家行政学院学报》2013年第1期。

酵。事件的果断处置并未能转化为舆情应对的实效，必须承认，政府应对和群众需求仍然是有差距的，尽管政府采取了积极的行动，但是仍然未能满足群众对问题疫苗的流向、接种人群等信息的迫切需求，结果舆论转向了对"监管失守"的责难①。

本节的编码结果表明，关于疫苗案件本身的各种消息受到高度关注，而政府部门应对处置的正面信息被弱化，主要表现为对政府处置行动的信息关注度较低且注意力持续的时间较短。如提及"数亿元疫苗未冷藏流入18省份"的微博数为 1 267 条，持续时间为 13 天，几乎覆盖了整个样本观测期，持续期的样本总数为 7 784 条，关注度为 16.3%，而 3 月 22 日 22：30 人民网发布"李克强总理对非法经营疫苗系列案件作出重要批示"后，数据集中提及或转发该消息的微博仅为 227 条，在持续期内的关注度为 6.1%，多为政府和主流媒体的官微转发和宣传，有少量个人用户对该信息表达了"赞扬/肯定/支持"的态度，但是公众注意力仍然集中在非法疫苗的流向和可能的危害上。类似的官方应对行动如最高检督办、三部委联合发文等消息关注度更低。3 月 24 日 17：00 由三部委联合召开疫苗事件的新闻发布会引发了较高的社会关注。可见，公众受到前述锚定效应和情感启发式的心理机制影响，对新信息采取了选择性关注，这种以个体主观偏向为主的信息筛选使得个体风险感知更加倾向于风险放大。

四、突发事件风险放大的社会机制

（一）自媒体信息加工

媒体不仅是风险信息传播的载体，而且通过对风险问题的"框定"（framing）对舆情的走向产生重要影响。无论有意还是无意，对新闻事件的过滤效应、删除或增加信息、顺序更改、变换场景以及表达不同观点和立场的所谓"多声道效应"都时有发生②。这种信息加工过程在自媒体时代更加鲜明。

信息极化是指传播者为提高传播效应有可能片面强调整体信息中某些极端的信息，这种信息极化的报道和传播方式成为社交媒体中夺人眼球的一种惯用手段。疫苗事件的起因是某媒体以"这是杀人"的标题披露了山东问题疫苗非法流

---

① 王晃：《"问题疫苗"引燃舆论场　医药行业陷重大危机》，http：//yuqing. people. com. cn/n1/2016/0323/c394871 - 28221010. html，2016 - 03 - 23。

② Renn O.，Burns W.，Kasperson J.，Kasperson R.，Slovic P. The Social Amplification of Risk：Theoretical Foundations and Empirical Applications. *Journal of Social Issues*，1992，48（4）：137 - 160.

入市场的新闻，从而引起轩然大波。对新闻的仔细研读发现，"这是杀人"的确出自某位疫苗医学专家的言论，但是这种判断是存在于特定语境中的。这位专家在接受采访的过程实际上持有的观点与大部分的医学专家一致，认为首要风险是"无效免疫"，但是如果遇到某些特定病种，如狂犬病等，如果发生"无效免疫"则可能加大死亡率，从这个意义上说"这是在杀人""或影响人命"。然而在快餐文化和注意力短缺的阅读背景下，人们根本无暇对新闻报道全文进行详细阅读，接触到骇人听闻的标题可能直接产生了夸大的风险感知和锚定效应，这种锚定点在后续的阅读中也很难充分调整到与客观风险相适应的位置。在后续的传播中，有些自媒体直接将"问题疫苗"表述为"杀人疫苗"，在本节所抽取的原始样本中，"杀人疫苗"这种标签贯穿了疫苗舆情危机的始终。

信息关联是指信息传播者从当下的新闻事件出发，将其与不同时空背景下相关信息联系起来，从而强化当下新闻事件的传播。在疫苗事件中，典型的信息关联表现为《疫苗之殇》的大量转发。这是记者在 2013 年采写的深度报道，被网易新闻等媒体和众多自媒体公号挖出，引发大量转发。有调查显示，13.2% 的网友看过《疫苗之殇》全文，25.6% 的网友看过一部分被摘录的内容，还有18.6% 的人虽然没有看过文章，但是听别人说过，这部分人群占全部受访者群体超过六成①。

除上述《疫苗之殇》报道之外，信息关联的其他内容还包括山西疫苗事件②、三聚氰胺事件③、环境污染、毒胶囊事件④、食品安全事件等。表 4 – 4 显示了微博样本中提及的关联事件，可以看出，"山西疫苗事件"和"河源男童注射疫苗后死亡"⑤ 等与疫苗相关的事件被多次提及，这首先是由于此类事件在性质和危害上与山东疫苗事件具有相似性，其次是由于这些事件具有一定的社会影响或者是新近发生的相关事件。从该表还可以看出，信息关联的范围还扩展到所有与食品药品安全相关的典型事件，特别是与婴幼儿健康相关的"三聚氰胺事件"和"阜阳问题奶粉"⑥ 都有较高的提及率，这是由于奶粉安全与疫苗安全对

---

① 全媒派：《腾讯传媒大数据："疫苗恐慌"舆情奔袭》，http：//news. qq. com/original/dujiabianyi/yimiaoyuqing. html，2016 – 03 – 26。

② 参见人民网"后三聚氰胺时代"的山西疫苗事件，http：//pic. people. cn/GB/159992/184898/184900/index. html。

③ 《"三鹿奶粉事件"始末》，央视网，http：//news. cctv. com/society/20090115/107648. shtml。

④ 《铬超标胶囊事件曝光 1 周年：2 万涉案者被惩处》，央视网，http：//news. cntv. cn/2013/04/15/ARTI1365986917497618. shtml。

⑤ 《广东河源男童注射疫苗后死亡 省卫计委回应》，中国新闻网，https：//www. chinanews. com. cn/sh/2016/03 – 21/7805653. shtml。

⑥ 《安徽阜阳"毒奶粉"事件》，人民网，http：//www. people. com. cn/GB/shehui/8217/33048/index. html。

儿童群体造成严重的风险，从而产生了与当下事件的关联性。

值得注意的是，其他与疫苗事件并不直接相关的事件也被提及，如环境风险问题（雾霾等）、生产安全问题、理财风险等，这些事件在广义的风险治理上与疫苗事件具有类似的特征，一方面与个人的生命财产安全密切相关，另一方面反映了风险管理机构在监管中的疏漏。信息关联说明持久的"社会记忆"会由于某个特定事件的触发而被联想起来，其他与当下事件并不直接相关的风险的共同呈现进一步放大了社会整体的风险感知。

表 4 – 4 　　　　　　　　山东非法疫苗案信息关联统计分析

事件类型	事件名称	频数	在所有信息关联样本中所占百分比
疫苗相关事件	山西疫苗事件	237	40.24
	河源男童注射疫苗后死亡	76	12.90
	泰康疫苗风波[a]	12	2.04
	安徽出现假疫苗致死的个案[b]	6	1.02
食品药品安全事件	三聚氰胺事件	96	16.30
	阜阳问题奶粉	49	8.32
	镉大米事件	8	1.36
	毒胶囊事件	12	2.04
	转基因蔬菜水果	14	2.37
	养殖业中激素滥用	4	0.67
环境风险问题	雾霾	39	6.62
	水污染	11	1.87
	PX 事件	13	2.21
其他事件	天津大爆炸	3	0.51
	e 租宝事件	7	1.19
	其他与公共安全相关的事件	2	0.34
总计		589	100

注：a.《乙肝疫苗风波透视：业内认为事件属偶合症》，中国新闻网，https：//www.chinanews.com.cn/sh/2013/12 – 24/5656529.shtml。

b.《安徽一村卫生室非法为村民接种狂犬疫苗致 1 人死亡》，中国新闻网，https：//www.chinanews.com.cn/fz/2014/10 – 06/6651424.shtml。

（二）情绪传染

"作为情感的风险"的理论视角是与传统的"作为分析的风险"（risk as analysis）的视角相对应而提出的（Loewenstein et al.，2001）。本节在情绪类型（参见表4-8）的基础上按时间轴显示的情绪传染过程。图4-6描绘了所有情绪节点在时间上的分布。结合疫苗事件重要信息发布的时间节点可以初步判断情绪传染的动态过程。"愤怒/谴责"情绪从3月19日到24日之间在较长时间段中保持高位，波动不太明显，是主要的社会情绪。而"恐慌"情绪的波动较大，3月18日报道了非法疫苗流出事件之后，引发第一轮"恐慌"情绪潮，在19日达到顶峰，第二轮"恐慌"潮出现在23~24日，这是由于《疫苗之殇》的广泛传播而引发的情绪传染。"批评/问责"的情绪高峰出现在21日，其后随着政府一系列强有力的事件处置措施（参见图4-6）而呈现明显下降。"担心/焦虑"情绪的峰值出现在3月20日，这与所公布的300个涉案人员线索有关，公众根据疫苗流入的地区结合自身的接种情况产生了较为严重的"担心/焦虑"情绪。

（媒体报道量）

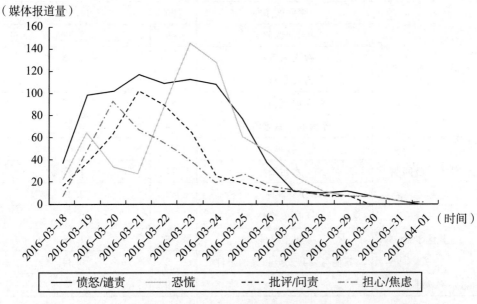

图4-6　疫苗事件中情绪的时间分布

这里论述的"情绪传染"是作为一种社会机制而进一步放大风险的。个体在解读特定信息时形成的情绪，经由社交网络在个体之间、个体与群体、群体与群体之间互动传播，会在特定的社会群体中形成具有共性的社会情绪①。

（三）社会争论

风险信息在不同的个体、群体、利益相关者中常常激起多重主观想象和解读。各种观点借助社交平台的激烈交锋让公众无所适从，容易提高公众对事实真相的不确定感，并降低对官方信息的可信度②，因此社会争论必然导致分化。

在疫苗事件不断发酵的过程中，不同群体关于非法疫苗是否有风险、会产生怎样的风险以及接种疫苗和不接种疫苗的风险权衡等基本问题的判断，产生了相互竞争甚至截然对立的答案，在融媒体环境下引发了高度曝光的社会争论。这种社会争论激烈度和戏剧化为新媒体传播提供看点，推动风险进一步放大。

在疫苗事件的第一阶段，社会争论围绕"问题疫苗是否有毒"而展开。疫苗事件的引爆点以"这是在杀人""或致人死亡"等敏感词为题报道了疫苗案。为安抚恐慌情绪，权威免疫专家发声，指出问题疫苗并不是有毒疫苗，最大的可能是无效接种。尽管专家从专业的角度出发，提出这样的观点应该具有一定的把握和依据，但是这种观点在社交媒体中遭到围攻。质疑者一是认为未经调查，非法疫苗有何副作用不可妄下定论；二是哪怕事实是"打了白打"、不会致命这样的情形，对于寻求健康安全的公众来说也是万万不可接受的，因而引发了新一轮的扩散和争议。

在疫苗事件的第二阶段，社会争论主要围绕"疫苗之殇"展开。在大部分公众被《疫苗之殇》的图片新闻所震惊，以心痛、同情、恐惧、愤怒等情感为主导的启发式判断成为普遍的心理机制。此时，有个别微信公众号从理性角度出发，发布文章驳斥"疫苗之殇"及其与山东问题疫苗之间的人为关联，从而引发了第二轮更加猛烈的社会争论。从本节所抓取的数据库观察，《疫苗之殇》的病毒式转发始于 3 月 22 日 9 时左右，早期的标题是"一针疫苗带来的心灵阵痛"，之后更换为具有社会动员意涵的标题"你沉默你就是帮凶"。而微信公众号"爱科学"，在 3 月 22 日 10：32 发布了方玄昌的文章《"疫苗之殇"是胡说八道》，认为《疫苗之殇》的报道不实、漏洞百出，引导人们理性看待接种疫苗的负面影响。微信公众号"槽边往事"则在 22 日 12：38 发布了"和菜头"原创文章《每一个文盲都喜欢用"殇"字》，明确指出《疫苗之殇》的报道与山东问题疫苗情况不同，应理性认识问题疫苗的风险。这两篇文章是在一片恐慌情绪下的一种另类声音，立刻引起了高度关注。同时，由于社会争论中出现了人格具体化的

---

① 孙立明：《对网络情绪及情绪极化问题的思考》，载于《中央社会主义学院学报》2016 年第 1 期。

② Mazur, A. *The Dynamics of Technical Controversy*. Washington DC：Communication Press，1981.

对象，争论似乎更加热烈。这种争论具有"戏剧化"等传播要素，扩大了风险信息的传播。

本节虽然是基于山东非法疫苗案的单案例研究，但是疫苗事件是近年来网络舆情爆发的一个缩影，不严谨的自媒体信息以及网络中广泛的情绪传染对风险感知产生的直接影响具有典型意义，特别是当社会话题涉及公共卫生、食品安全、环境问题、儿童问题时，较容易引发规模性情绪化表达。

第四节　信息差距与危机沟通的优先次序

信息缺乏是社会风险放大的主要原因之一。本节在上一节的基础上继续分析公共突发事件中信息差距，试图对改进危机沟通提供理论基础。本节仍以山东非法疫苗案为例，采用内容分析的方法分析该事件的 7958 条微博数据，从信息需求和供给的两个方面分析了信息差距。信息差距既表现为数量不足，又表现为时间滞后、结构错位和信任度不高等问题，且在事件发展的不同阶段具有不同表现。危机沟通的优先次序应依据信息差距而确定。在案例分析的基础上，本节构建了融媒体环境下的危机沟通模型，该模型主张利用大数据分析危机事件中信息差距，从而对危机沟通的原则、内容、主体和渠道的优先性和组合性做出总体安排。

一、信息缺乏与社会舆情风险

危机事件发生后，公众对事件的原因、后果、问责及个人防护等方面产生巨大的、紧迫的信息需求，公众基于对危机信息的解读形成不同的心理机制和社会机制从而放大了社会风险。因此，危机沟通的关键在于满足公众的信息期待，及时、有效地填补信息缺口，从而遏制次生危机的发生和蔓延。

在移动互联网环境下，公共部门提供实时、准确的信息是危机沟通的核心内容。一方面，移动互联网增加了信息传播的速度和广度，舆情管控难度加大，这是新媒体等传播工具带来的负面影响；然而，从另一方面看，自媒体时代下信息诉求的表达更加显性化，借助大数据分析工具能快速发现信息差距，为危机沟通的优先次序提供直接的向导。遗憾的是，新媒体为危机沟通创造的这种有利条件尚未得到充分重视，亟待通过较多的实践案例来推动新媒体条件下危机沟通模式的重构和创新。

84

本节研究的问题是：如何利用社交媒体的海量数据辨识公众信息需求，从而快速确定危机沟通的优先次序，提高危机沟通的针对性和有效性。在此基础上分析了危机沟通的优先次序，并对一般性的信息差距甄别方法和机制展开讨论。

二、融媒体环境下的危机沟通信息机制

危机沟通是应对公共突发事件的重要环节，其实质是信息在不同个体或群体之间的流动，沟通效果的好坏取决于信息是否有助于澄清事实、化解负面情绪、抑制过激行为，并最终建立危机事件中各类主体之间的信任和合作关系。大量研究表明，信息的及时性、真实性、完整性和针对性是有效沟通的必备条件。遗憾的是，这些沟通要件在实践中常常缺失，危机沟通出现信息公布不及时、披露不完整等情况，引发次生舆情危机，"7·23"甬温线特别重大铁路交通事故等都是信息差距导致危机深化的典型例子。

从危机发展的规律来看，信息供给和信息需求之间的差距存在极大张力。一方面，事件信息的收集、核查常常需要耗费较长的时间，另一方面，公众对事件的原因、影响、责任和自我保护等方面的信息需求十分迫切。这种差距在传统媒体环境下并不突出，主要是由于在自上而下的单向沟通中，信息需求并未得到充分表达。然而，在融媒体环境下，公众借助社交网络表达的信息需求成为影响危机沟通成败的一个重要变量。Web 2.0 时代产生的社交媒体为个体用户创建内容提供了便利，建立了一个人际联结和信息共享的在线社区。社交媒体的主要特征表现为：用户创建内容、结成社会网络、集体行动以及跨平台数据分享。信息需求在社交平台上通过聚合效应被进一步放大，对有效应对和处置突发事件形成挑战。

信息技术的变迁推动政府治理模式的变迁，逐级管理、对上负责的信息沟通机制难以适应扁平化特征的社交网络[1]，政府要在 Web 2.0 的潮流下有效管理和引导舆情，必须实现政府管理理念、手段和组织制度的重构，从"e 政府"（e-government）过渡到"we 政府"（we-government），强调沟通的互动性和回应性，主张借助社交网络的平台改善和创新"政府—公众"关系。

可见，社交媒体的出现成为开放政府、透明政府的催化剂。为适应新媒体变革，我国政府部门快速构建了政务社交媒体应用体系，政务微博、微信账号获得迅猛发展。据 CNNIC 第 49 次调查报告显示，我国数字政府建设发展加速，服务能力不断增强。2021 年，随着以国家政务服务平台为总枢纽的全国一体化政务

---

[1] 薛澜、刘冰：《应急管理体系新挑战及其顶层设计》，载于《国家行政学院学报》2013 年第 1 期。

服务平台建设成效逐步显现，我国网上政务服务发展已由以信息服务为主的单向服务阶段，开始迈向以跨区域、跨部门、跨层级一体化政务服务为特征的整体服务阶段。全国一体化政务服务平台正在成为创新行政管理、优化营商环境的重要手段，成为服务人民群众的重要渠道。①

理论界对政务微博的实践展开了深度研究，研究成果沿三条主线展开：信息特征、网络结构和行为模式。一是社交媒体中呈现的信息特征，主要包括关键词分析和情感识别，此类研究为舆情预警提供了较为可靠的依据；二是信息传递所依赖的网络结构，包括识别意见领袖、信息传播路径及关键节点、社会关系网络等方面，此类研究为舆情危机的干预和阻断提供了路线图；三是社交媒体中的主体行为，如网民的"片面化呈现"、专家和大众行为等。

总体上看，舆情研究文献数以万计，成果丰硕，但对信息需求的识别，特别是信息与危机沟通策略的关联性的分析相对稀少。现有的舆情分析大多研究个体情绪，但是社交媒体中所袒露的个人心声和信息需求为危机沟通的优先次序提供了重要线索，是舆情管理战略由"堵"到"疏"转变的重要环节。然而，舆情应对实战中猝不及防的情况时有发生。多次舆情危机的经验教训表明，突发事件舆情应对的理念必须从"阻断管控"为主转向"积极回应"为主。2016年，中共中央办公厅、国务院办公厅先后印发了《关于全面推进政务公开工作的意见》《〈关于全面推进政务公开工作的意见〉实施细则》及《关于在政务公开工作中进一步做好政务舆情回应的通知》相关规定，确立了"回应"作为舆情应对主要方向。"回应"就意味着对话和沟通，这需要从理论上阐明舆情回应的依据、策略和方法。本节以"信息差距"为切入点，通过案例分析危机沟通的优先次序，发现了实践中的不足，并对改进危机沟通提出了操作性建议。

三、公共突发事件中的信息差距及危机沟通：以山东非法疫苗案为例

本节以2016年山东非法疫苗案为例进行论述。该事件发生后，社交媒体成为信息需求和信息供给的重要场域，为观察和研究危机沟通的互动行为提供了丰富的研究资料。本研究以新浪微博为对象，以每分钟为时间间隔抓取2016年3月18日0：00～4月1日24：00的微博数据8 320条，通过人工识别，删除了不

---

① 《第49次〈中国互联网络发展状况统计报告〉》显示：我国网民规模达10.32亿》，科技日报，2022年2月26日。

相关原始记录之后①，共获得有效的微博数据 7 958 条。网络抓取每一条原始记录均包含微博和微信的标题、内容②、创建时间、用户昵称、粉丝数、认证类型、所在地区、微博来源、微博地址等 15 个字段。本研究中的样本分布与全样本分布规律相似。样本抓取考虑了粉丝数和传播数的权重，进入样本的记录往往具有较高的传播力和影响力。从时间分布上看（见图 4 - 5），疫苗舆情危机经历了两次波峰，第一次波峰出现在 3 月 18 日，即非法疫苗新闻爆出的第一天，第二次波峰出现在 3 月 22 日，即《疫苗之殇》一文在社交媒体的传播引起的新一轮关注和讨论。在第二次波峰中，疫苗事件在社交媒体中的关注度达到了第一次波峰的 2.5 倍，这意味着早期的危机沟通可能存在不足，经过短时酝酿之后，疫苗恐慌持续蔓延。

本节采用 Nvivo 10 对 7 958 条样本记录进行了内容分析编码，编码的字段包括信息诉求、情绪、态度、关注内容等，重点反映个体在解读和传播信息中表现出的风险感知和行为。由于不同的突发事件中，公众的信息需求存在差异，因此难以发展出先验的编码体系。本研究基于扎根理论通过开放编码和轴心编码逐步构建了编码体系，分成两组展开背靠背独立编码，总体看两组的编码信度在 0.625 ~ 0.882 之间。

本节试图解决的关键问题是：危机沟通中的信息供给和信息需求之间是否存在差距，这种差距的具体表现是什么，以及如何通过社交媒体数据及时识别这种信息差距从而改善危机沟通的效果。本节将以疫苗事件为例，首先分析危机沟通中的参与主体，不同主体分别扮演信息提供者和信息需求者的角色，进而从信息需求的类型、时间线演变和主体特征分析了信息需求面的特征，对比基础数据库中的信息供给情况识别信息差距。

（一）疫苗事件中危机沟通的主体分析

在新媒体环境中，危机沟通的一个重要特征是沟通主体的多元化（Veil, Buehner, Palenchar, 2011）。在本节抽取的微博样本中，共涉及 3 441 个账号，其中，媒体认证账号占 28%，政府认证账号占 13%，个人账号分为名人认证和普通用户，名人账号 33%，普通用户 12%，其他还包括企业、团体、学校和网站等主体。但是从发微博数量来看，媒体账号几乎占去半壁江山（45%），是危机沟通的中流砥柱。一般而言，政府和媒体在沟通中作为信息的供给方，而个体

---

① 如有些不相关记录是以嵌入热点话题为手段的广告帖或圈粉帖，并未表达观点或传递有效信息，因此予以删除。

② 仅包含文字内容，不包含附图。但是在每一条记录中都包含微博地址链接，因此可以根据研究需要查看原始记录中可能包含的图片等其他信息，从而提高编码的准确性。

是信息的需求方，这种划分在疫苗事件中基本一致。但是也存在供需主体边界模糊的情况，这是因为一方面机构账号有个体化特征，有时也提出信息需求，另一方面个体账号有"自媒体"特征，用户自创内容中也有信息供给的性质，比如一些科普人士、专业医师通过个人账号发布疫苗知识等，担负起信息供给的部分任务。

（二）疫苗事件中的信息需求分析

原始资料的编码过程中，研究者根据微博内容识别出具有明确信息诉求的记录共 927 条，占总记录的 11.6%，在"信息需求"编码节点下共产生 2116 个参考点[①]。网民通过社交媒体提出的信息需求具有两面性，如果充分识别并认真回应，可能对舆情事件提供转机，如果视而不见则可能在网络中形成群体效应，加剧舆情危机的演变。由于社交媒体是一个实时互动的平台，公众往往通过@（抄送）地方政府和相关部门的方式提出信息诉求，从技术上看，发布的瞬间即可将信息诉求传递到相关部门。如在所抓取微博记录中，最早的一条明确提出信息诉求的记录发生在疫苗事件披露的当日 9：05，距离事件始发约 80 分钟。该条记录将山东疫苗与 2014 年安徽出现在假疫苗致死案件关联起来，@ "安徽发布"和"安徽公安在线"介入调查。该用户为安徽合肥《新安晚报》（蓝 V，媒体认证），粉丝数 214.8 万。该用户在 8：56 分转发了澎湃新闻关于未冷藏疫苗的报道之后，于 10 分钟后发布了信息关联和信息诉求。

从类型来看（见表 4-5），网民提出最多的信息需求与自身或家人可能经历的疫苗风险直接相关，如疫苗流向、接种问题疫苗的危害等，其次是对事件真相的期待，如案件调查进展、疫苗监管制度漏洞等。其中公众对"疫苗流向"的信息需求最大、最紧迫，在所编码的参考点汇总占 36.9%，往后依次是"事件真相""疫苗监管漏洞"等。值得注意的是，公众提出的信息需求十分具体甚至个人化，比如对查证"疫苗流向"的需求中，不仅提出疫苗流向了哪些具体的省份，还希望知道"哪些医院进货了""疫苗都给哪些孩子打了""发生在什么时间段"。客观来看，这些信息需求从个人担忧的角度合情合理，但是站在政府回应的角度，在现有的技术手段下，短时间做出如此细致的回应又几乎是不可能的。因此，危机沟通中的另一个要素——"共情"（empathy）的作用凸显出来，即使无法弥补这种信息差距，仍需要表达理解和关切来消除公众的焦虑和愤怒。

---

① "参考点"多于提出信息需求的微博数量，这是由于一条微博常常提出好几个不同方面的信息需求，因此被编入"信息需求"类目下不同的子节点。

表 4 - 5　　　　　　　　　山东非法疫苗案信息需求分析

需求类型	参考点举例	参考点数目	占比（%）
疫苗流向	哪 18 省？疫苗都给哪些孩子打了？哪些医院进货了？什么时间段？	817	36.9
事件真相	消息是否属实？具体情况怎样？内幕？	776	35.1
疫苗监管漏洞	疫苗机构是怎么买疫苗的？疫苗案发一年多为什么没有及时查处？为什么个人可以贩卖疫苗？以后还会不会有类似事情？	347	15.6
问题疫苗的危害	会死吗？会患病吗？打了问题疫苗的出没出事？	116	5.1
补救措施	怎么才能知道孩子是否打了问题疫苗？是否需要补打？	101	4.6
疫苗的安全性	究竟要不要给孩子打疫苗？老百姓如何辨别？	51	2.3
其他	还有什么其他问题药品流入市场？	8	0.4
总数		2 216	100

从时间线分析，公众的信息需求在不同的阶段有所差异。在事件爆发初期，公众呼声最高的是"公布疫苗流向"和"查处真相"，当疫苗危机由于《疫苗之殇》的重发到 3 月 22 日达到高潮时，公众对问题疫苗健康风险的担心也达到了顶峰，甚至引发了对正常接种疫苗的质疑。这说明，在危机演化的不同阶段需要根据公众提出的信息需求做出及时回应。

大部分信息需求由名人用户、普通用户提出，代表个人化的观点，也有少部分信息需求由媒体、团体或政府的其他部门提出。如引爆疫苗事件的新闻报道"未冷藏疫苗流入 18 省份"中就援引有关专家的言论实际上提出了追责、寻人、补救等信息需求。可见，在社交媒体中，信息的供给方和需求方界线模糊，沟通主体可能同时扮演两种角色：传统上被当作信息供给方的主流媒体很可能对政府提出了信息需求，并在社交媒体中发挥了意见领袖的作用。

（三）疫苗事件中的信息供给分析

在疫苗事件中，信息供给的内容大致分为五类：疫苗事件的处置进展、关联事件、科普知识、新闻评论和接种信息等。各种类型的信息供给主体、发布渠道和传播效果有所不同。见下表 4 - 6。

表4-6　　　　　　　　　山东非法疫苗案信息供给分析

信息类别	供给主体	主要内容	传播度（%）
处置进展	政府发布、媒体采访、政府和媒体的互动	国家层面处置疫苗事件的动态信息，新闻发布，地方核查进展，地方疫苗监管调查	69.1
关联事件	名人微博、个体用户	《疫苗之殇》新闻调查，山西疫苗事件等	9.2
科普知识	主流媒体专家访谈、科普人士和专业医师等	疫苗的分类和作用，疫苗冷链储运的标准，失效疫苗的健康风险	8.9
新闻评论	主流媒体、名人微博	事件评论，疫苗监管制度反思，国外疫苗监管经验介绍	8.1
接种信息	地方卫生部门、个体用户	本地正规接种机构，补种信息	4.7

资料来源：基于新浪微博样本数据库统计。

1. 疫苗事件的处置进展

疫苗事件的处置进展贯穿整个疫苗事件始终，是信息供给的主要内容，在所有编码的信息供给中占75.9%。事件进展方面的信息主要通过政府发布、媒体采访和新闻发布会等形式提供。

首先，政府有关部门通过社交平台直接发布信息。3月18日疫苗事件爆发当天，"数亿元疫苗未冷藏流入18省份"的报道充斥了微博空间，持续发酵7小时左右，新华网舆情监测系统数据显示，截至当天15：00参与数达到178 103[1]，稳居当日热点舆情首位。当日，国家食品药品监管总局新闻发言人表示，已责成山东省食品药品监督管理局会同公安和卫生计生部门，立即查清疫苗等相关产品的来源和流向，将第一时间向社会公开相关信息。这是国家相关部门最早的权威发布。

在研究者所掌握的资料中，一些地方相关部门的回应更加迅速。上海疾控于18日当日17：30在其微信公众号上发布"问题疫苗未流入上海，市民可以安心接种疫苗"，并配发多幅图片呈现了上海市疫苗冷藏存储的规范性。尽管该文在"上海疾控"公众号上仅获得44 612次阅读量[2]，但是通过"@人民日报""@央视新闻"等知名媒体跨平台转发，仅在新浪微博上就获得了663万的曝光量[3]。

---

① 今日热点舆情（3月18日）《山东疫苗案，疾控监管两大漏洞亟待修补》，http：//news. xinhuanet. com/yuqing/2016-03/18/c_128811999. htm，2017-01-06。

② 资料来源："上海疾控"微信公众号，截至2016年4月20日。

③ 曝光量是指未去重的转发者粉丝数之和，可以理解为这条微博在多少个微博用户的页面上显示。这是描述传播量的一个近似值，主要误差在于没有去除重复计算的粉丝数，没有考虑微博用户是否真实阅读该条微博内容。资料来源：知微舆情分析。

"@北京市疾病控制中心" 3月19日9：43在官方微博转发了北京市卫生计生委《关于北京市疫苗采购流通管理的说明》，还发布《全市联网的预防接种门诊目录》《热点问题解答》等内容，阅读量达80万次[1]。从国家和地方政府的应对来看，相比过去一些突发事件中的回应迟滞来说，疫苗事件的官方回应明显提速，在危机中赢得了公信力。

其次，媒体采访政府官员获得事件进展信息。一些地方政府或部门，由于对事件研判、信息核查速度等方面的原因，未能借助社交媒体主动发布信息。但一些相关部门的官员接受了地方媒体的调查，通过地方媒体的微博账号在社交网络平台上传播了权威信息，收到一定效果，不过相对于上海、北京等地通过社交媒体直接发声来说，回应速度明显滞后。

再次，政府和媒体通过新闻发布会实现联动效应。国家层面重大的处置行动基本通过主流媒体发布，央视新闻、《人民日报》、澎湃新闻、财新网都对疫苗事件进行了全程跟踪报道。3月24日，国家食品药品监督管理总局和公安部、国家卫生计生委联合召开新闻发布会，通报非法经营疫苗案调查处置进展，并回应了公众关切的6大焦点问题，国内各大媒体都进行了报道。"中国网"对发布会进行了在线直播。

2. 关联事件

疫苗危机中，关联事件的信息供给对危机的再次发酵起到了推波助澜的作用，主要是一些个体用户挖掘出以前报道的疫苗危害事件，与此次疫苗危机进行了不恰当的关联，特别是《疫苗之殇》的新闻调查在某微信公众号上被推送，迅速扩散到各社交平台，致使3月22日疫苗事件的关注度再创新高。另一些被广泛提及的关联事件是山西疫苗事件等，还有一些食品安全事件也被牵连出来。由于关联事件基本上凸显了与疫苗监管相关的负面信息，因此，关联事件的信息供给不仅没有填补信息差距，反而加剧了舆情危机。

3. 科普知识

在疫苗事件中，科普知识的供给约占8.9%，主要针对疫苗对预防疾病的作用、未冷藏疫苗的健康风险等。信息供给的主体既有政府部门，如食药监局、卫生部门对疫苗分类的解释，又有个体账号，如"@丁香医生""@疫苗与科学"等微博号都制作了疫苗知识的科普专题，在社交媒体中对非理性的认知产生了良好的引导和稳定作用。特别引人注目的是世卫组织针对疫苗事件发声。世卫组织提出"不正确储存或过期的疫苗几乎不会引起毒性反应，因此在本事件中，疫苗安全风险非常低"，引起了广泛的传播。同时主流媒体发挥强大的信息整合功能，

---

[1] 课题组根据相关数据整理。

快速回应科普信息需求，在危机沟通中发挥了重要作用。比如，"@人民日报"在3月22日经历了疫苗舆情的第二次高峰之后，在次日7：29发布了"关于疫苗，回应你最关心的那些问题"，通过9张制图回应了公众关切的问题，这批疫苗到底是什么问题？有何危害？具体流向？如果接种过该怎么办？还能放心地给孩子打疫苗吗？该条微博一级转发量（指从原始微博转发的数量，不含次级转发数）为12 048次，评论数为3 438条，获得了公众的肯定和支持。

4. 新闻评论

新闻评论基本由主流媒体提供，涉及事件评论、疫苗监管制度的反思和国外疫苗监管经验及救济制度的介绍。新闻评论发挥针砭时弊的作用，在社交媒体中产生强烈反响。3月21日，财新传媒张进撰文《山东疫苗案的本质是人心的溃散》[1]，引起网民共鸣，在一定程度上释放了网民的负面情绪。3月22日16：47，正值疫苗事件的第二次高峰，凤凰网通过图片发表"山东非法疫苗，可怕的是六道防线同时失守"，由于观点鲜明，采用了适应社交媒体传播的图片形式，获得较高关注。4月1日，尽管疫苗事件的舆情趋向平和，《人民日报》发表署名文章《真相不沉默，疫苗才不失信》，并在微博"@人民日报"推送，中肯地评价了疫苗的作用和现有监管体系的漏洞，指出"国务院已成立山东疫苗案部门联合调查组，相信真相终将水落石出。只有拿出具有公信力的调查结论，依法严惩非法经营者，让每一支疫苗都处于严格监管之下，国产疫苗才能真正赢得公众的信任。"该条消息的发布在本节分析的数据库中处于尾声，但是仍然可以观察到，该条消息引起高度关注和快速转发，在接下来的5个小时中，在该时段中所有抽取的样本中转发率达到17.2%，网民评价以正面为主，如"为日报君点赞""这才是正确的思路"等。这篇评论从发表主体上看是由官方媒体主动提供的评论信息，但是从评论内容来看，又是从普通公众的角度提出的信息需求和管理诉求，如对调查结论的期待，对监管方式的完善等。

5. 接种信息

正规接种机构的信息具有很强的地方性，大部分由地方有关部门整理发布，如北京、上海、长沙、嘉兴等多地卫生或疾控机构通过官微发布了接种机构的详细信息，为市民提供了参考。值得注意的是，还有一些个体用户，通过查阅当地的卫生部门网站，收集到接种机构信息之后，通过个人账号发布出来。尽管从总体上看，个体账号提供的这些信息影响力还不大，但是在许多拥有同龄儿童的家长群中传播，传播对象很有针对性，准熟人网络表现出的信任程度也较高。这充

---

① 张进：《山东疫苗案的本质是人心的溃散》，财新网，https：//opinion.caixin.com/2016－03－21/100922672.html。

分说明社交媒体本身有自净化、自服务、自供给的功能，这种正面价值在今后的危机沟通中还需要加以鼓励。

（四）疫苗事件中的信息差距

以上部分通过数据分析分别研究了信息需求侧和供给侧的情况，两者的对照可以十分清楚地观察到危机沟通中的信息差距。这种差距不仅表现为数量不足，还表现为时间滞后、结构错位和信任度不高等问题，具体见表 4－7。

表 4－7　　　　　　　山东非法疫苗案的信息差距分析

阶段	信息需求	信息供给	差距识别
爆发期	疫苗流向；自己（或家人）是否接种了问题疫苗	责令山东省食药监局查办；公布上下游人员线索；部分地方政府公布排查信息	疫苗流向信息稍有滞后；未对可能接种疫苗的人员进行排查或补种方案，而是强调失效疫苗基本无害；地方政府的回应参差不齐
发酵期	问题疫苗有何危害；监管缘何失守	部分新闻调查揭示案件细节	对问题疫苗的健康风险沟通缺乏信任度；监管漏洞反思不足
高潮期	到底该不该打疫苗；案件进展如何	官方新闻发布会回应六大焦点问题；专业自媒体的科普信息	官方新闻发布会较为滞后，关键信息仍有缺失
平稳期	政府如何杜绝监管漏洞	主流媒体的新闻评论	强化监管的具体措施

总体而言，山东非法疫苗案中的危机沟通有得有失，在信息供给上，沟通主体能找准问题，精准发力。一些地方政府回应及时、效果良好，为危机沟通积累了宝贵经验。但是疫苗事件中的信息差距也比较明显：第一，权威信息发布较为滞后。尽管国家食品药品监督管理总局、公安部和卫计委联合召开的新闻发布会准确识别了焦点问题，但是在事件爆发的第七天才召开①，网络舆情已成泛滥之势。这可能和部门间的协调机制有关。一些地方政府的核查进展缓慢。由于缺乏官方的权威信息，公众的担心进一步加剧。第二，信息供给的精确度欠缺。一方

---

① 3 月 24 日下午，国家食品药品监督管理总局、公安部和卫计委联合召开新闻发布会，回应了疫苗事件中的六大焦点问题：问题疫苗流向哪里？案件侦办有何进展？脱离冷链的疫苗风险有多大？案件为何发生？我国疫苗管理有何漏洞？如何加强二类疫苗的监管？参见《三部委就问题疫苗召开记者会：抓获涉案人员 130 名》，CCTV－4 中文国际频道 2016 年 6 月 30 日 22：56，http：//tv. cctv. com/2016/06/30/AR-TIOTFhwrJFrPLCDQHq7Mhf160630. shtml。

面官方无法提供准确的信息跟踪问题疫苗的最终流向，另一方面非法疫苗进入市场的漏洞也未能清晰揭示。实际上在危机沟通中展现真相，并展开制度反思是有利于社会凝聚的。第三，信息供给缺乏情感关切。尽管沟通主体强调未冷藏疫苗导致失效风险的出发点是缓和危机，但正如前面的分析所指出，有些信息在现有的技术手段下可能根本无法提供，这时仍然需要充满社会理解和同情的危机沟通。

四、融媒体环境下基于信息差距分析的危机沟通模型

上述疫苗事件的案例分析，说明公共突发事件中的信息差距对危机沟通的优先次序提出了明确要求。信息供给和信息需求的缺口，有可能进一步放大社会风险，一旦信息差距得以填补，舆情危机趋于平息。这意味着，大数据在提供舆情预警、传播路径分析之外还可以对危机沟通方案的总体设计提供有效信息。为此，本节从危机沟通的基本要素出发，构建了融媒体环境下基于信息差距分析的危机沟通模型（见图 4 - 7）。

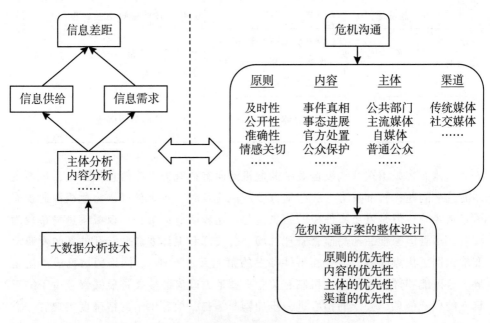

图 4 - 7　基于信息差距分析的危机沟通模型

危机沟通总是面临时间压力和信息短缺之间的矛盾，因此危机沟通的第一要务是在有限的资源和时间约束下确定危机沟通的优先次序，包括需要优先沟通的内容、主体和渠道等。确定优先次序的依据是危机事件中表现出来的信息差距。

因此危机沟通方案的基础是对信息差距的分析。信息差距需要从信息供给和信息需求两方面展开。在信息的供给侧和需求侧分别展开主体分析和内容分析。

在山东非法疫苗案中，早期的沟通内容与公众需求仍有差距，如公众迫切需求的疫苗流向问题只得到了模糊的省份信息，造成涉案省份的公众十分恐慌。由于我国的疫苗管理在制度设计上有一套严密的监管体系，通过疫苗的生产批次、流通记录等应该可以获取问题疫苗的流向信息。现实中流向信息的缺乏极易引起公众对疫苗监管体系的质疑。值得注意的是，信息差距在事件发展的不同阶段会有所不同。这就更加需要借助大数据分析技术对社交媒体中的基础数据展开挖掘分析，通过供求对照识别不同阶段的信息差距。

在信息差距的基础之上，危机沟通方案的设计应该包括原则、内容、主体和渠道等要素。在原则上，危机沟通应注重及时性、公开性、准确性和情感关切等。这是危机沟通的一般性原则，但是在具体的危机情境下，原则的优先性则有不同的排序。如在疫苗事件中，早期对信息的及时性有很高要求，到了高潮阶段，公众普遍产生了愤怒、恐慌情绪，[①] 此时的情感关切和社会同情应该成为沟通的主导原则。

危机沟通的内容一般包括危机情况、事件真相、事态进展、官方处置和公众保护等方面。在不同的情境下，沟通内容的优先性很不相同。如人为事故中，危机沟通的重点应为事件真相和官方处置；而难以抵御的巨灾中，沟通重点可能偏重于同情和支援；在一些特定的突发事件中，可能需要优先提供公众自我保护的必要信息，如新型传染病等。

危机沟通的主体可以是公共部门，也可以是主流媒体、自媒体，甚至一些民间意见领袖，并非所有的信息沟通都需要政府部门来发布。在疫苗事件中，"上海疾控"的危机沟通是一个非常成功的例子。作为承担疾病控制公共服务的事业单位，"上海疾控"主动展开危机沟通，在疫苗管理的专业领域中提供了大量可信的安全性证据，极大缓解了恐慌情绪，获得了广泛的社会信任。这意味着沟通主体所拥有的信息、专业背景以及信任水平等决定了特定危机中主体的优先性。

沟通渠道决定了危机沟通的覆盖面和精准性。在传统媒体中，电视、纸媒、广播是主要的沟通渠道。新媒体的发展为实时沟通、互动沟通提供了平台，沟通的形式可以包括文字、图片、小视频、新闻链接等。但是不同社交平台的用户群体及其使用习惯均有差异。如"上海疾控"不仅在官方公众号上连续发布 3 篇本地疫苗管理的流程和措施，其后又安排疾控专家通过腾讯聊天室、电视专访等形

---

① 刘冰：《疫苗事件中风险放大的心理机制和社会机制及其交互作用》，载于《北京师范大学学报（社会科学版）》2016 年第 6 期。

式展开沟通，综合利用了各种沟通渠道覆盖不同类型的沟通对象，有效地缩小了信息差距。

最后，新媒体环境对危机沟通既带来挑战，也带来机遇。危机沟通的优先次序依据危机事件中的信息差距而确定。在融媒体环境下，信息差距的分析主要依靠大数据技术获得。相对于语义分析、路径分析等大数据处理技术而言，对社交媒体的海量信息进行深度的内容分析还较为落后，而对信息差距的精准分析需要大数据技术按照危机沟通的原则、内容、主体、渠道等要素分门别类地提取信息，最终形成危机沟通的综合方案。

第五节　融媒体环境下风险沟通的公众信任基础

风险具有高度不确定性和利益多样性特征，因此公众信任在风险沟通中具有特别重要的意义。本节基于过去 30 年来国内外的风险研究文献，梳理了影响公众信任的关键因素，主要包括风险管理机构的"能力"和"意愿"两大类型。研究的最新趋势表现为基于大样本数据的实证分析增多，多风险类型的跨文化比较增多，并在此基础上进一步识别了未来研究的创新空间。

一、风险治理中的信任问题

在现代风险理论中，信任问题与风险沟通（risk communication）的研究相伴而生。现代意义上的风险沟通研究始于 20 世纪 80 年代中期，产生的背景是技术专家与广大公众对风险问题认知的巨大差异。风险沟通正是为了消除这种差异而在专家和公众之间搭建的一座桥梁。早期的风险沟通几乎是"风险教育""传递信息"的同义词，关注如何通过广泛有效的渠道和通俗易懂的方式将风险知识传递给公众。但是，研究者很快就发现，专家和公众难以取得共识的真正原因是信任的缺失（见图 4-8）。这在很大程度上是由风险问题的特殊性造成的，潜在的风险给公众的健康、生命、财产带来的危害具有不确定性，因此，公众在表达信任之前往往持保持谨慎的态度。从此，信任问题进入风险沟通的研究视野。

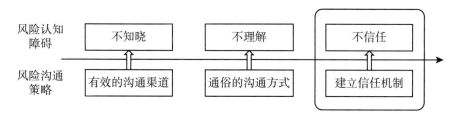

图 4 - 8　信任问题在风险研究中的提出

在此后将近 30 年的研究中，研究者从心理学、社会学、政治学、文化视角等不同领域研究了三个层次的信任：对风险信息本身的信任（trust in information）、对风险信息来源的信任（trust in information source）、最终上升为对风险管制机构的信任（trust in regulation）。研究的主要问题包括：风险沟通中的信任如何建立和巩固；信任是否影响人们对风险的认知程度；信任是否会影响人们对风险的接受程度；以及影响信任的各种要素是通过何种机理发生作用的等。本节在多学科研究成果的基础上，集中关注公众对风险管制机构的信任，辨别影响公众信任形成的关键因素，为风险管制机构建立和提升公众信任度的努力指明方向。

二、风险治理中的信任概念

信任是一个在生活中十分常用的概念，但引入到风险研究中经过了大量的讨论和规范。社会学家区分了个体层次和总体层次的信任。个体层次的信任是一种主观预期，预期到对方不会故意对自己造成伤害。人们通过观察对方的能力和诚信做出是否信任对方的决定。在人们熟悉或者互动频繁的过程中，人们比较容易发现有关能力和诚信的表现，但在相对陌生的关系中，信任通过身份、职业、权威等标志也可能发生，如对医生、教师、警察的信任等。从总体层次看，信任则是协调社会差异和劳动分工的一种媒介。在公共治理中，信任和专业化组织的绩效之间存在相互推动的关系，信任有利于提升专业化组织的绩效，而绩效提高反过来进一步强化信任。除了个体对信息的来源产生信任以外，对社会管理机构的信心和社会各子系统之间的沟通的信任构成决定了社会中总体信任气候的条件。可见，个体和总体层次的信任是从两个不同的维度对信任展开的研究，一个是心理的角度，研究个体的信任感是如何产生的，另一个是社会的角度，研究社会中整体的信任的气氛是如何形成的，或者针对某些具体问题对相关组织的社会总体信任状况。

总体的社会信任在风险治理中具有尤为重要的作用。在功能划分的现代社会中，没有对社会沟通和管理的一般性信任，社会就无法正常运转。通过简化的机制，信任，以及后续的信心（基于对特定的社会部门赋予信任之后产生的积极的经历），可能是一个对社会任务的高效的、节省的绩效是一个有力的代理人。在某些时期，人们倾向于对机构产生大量的信任，除非多次失望之后，他们并不会消除这种信任。在另一些时期中，人们对信任的投资十分谨慎，更加关注各种平等性，常常需要更加组织化的控制或者是更多地参与。

在风险治理中，信任的作用至关重要。这是由于风险本身具有不确定性特征，对风险发生的可能性和后果缺乏充分、确凿的科学证据。信任是不确定性情形下的一种简化机制，将对多种备选方案进行选择的权利授信于他人或其他组织，从而弥补知识和信息的不完备性造成的选择困难，简化对不确定情形的判断。

三、风险治理中信任研究的回顾梳理

（一）20 世纪 80 年代风险治理的信任研究

在 20 世纪 80 年代中后期，信任问题逐渐成为风险沟通研究的核心问题之一。这一阶段的研究有以下几个特点：

第一，研究者根据案例观察和研究直觉罗列了促进信任和破坏信任的各种因素，但尚未构建起信任问题的分析框架。信任被界定为一个人对社会关系中的他人或机构按照他们胜任的、可预期的、关注的方式行为所抱有的预期。[①] Peters 等在总结之前社会信任相关理论的基础上，将社会信任提炼为知识与专业（knowledge and expertise）、开放与诚实（openness and honesty）、关注与关心（concern and care）三个维度。[②]

第二，对信任问题认识大多停留在提出假说的阶段，基于数据调查的实证分析尚未展开。1986 年 Kasperson 提出风险信息的可信度与对风险管理机构的信任密切相关。1987 年 Rayner 和 Cantor 提出了"公平性假说"，认为在风险治理中保证公平是提升信任的重要因素。

第三，研究集中在对高风险的放射性废料选址等问题上，一些研究者从政治制度的角度提出了建立信任的各种方案。如扩大公众参与程度、通过推行民主政

---

① Kasperson, R. E., D. Golding, S. Tuler. Social distrust as a factor in siting hazardous facilities and communicating risks. *Journal of Social Issues*, 1992 (4).

② Peters, R. G., V. T. Covello, D. B. McCallum. The determinants of trust and credibility in environmental risk commu-nication: An empirical study. *Risk Analysis*, 1997 (1).

治提升公众在高风险问题中对政府的信任程度等。

（二）20 世纪 90 年代风险治理的信任研究

进入 20 世纪 90 年代，风险治理的研究迅猛增长，有关信任的研究也更加丰富。这一阶段的进展表现为：

第一，提取了决定信任的关键维度。研究者从不同的角度提出了构筑信任的决定条件。表 4 - 8 列举了这一阶段中的代表性文献及主要观点，但是研究者所提出的各种决定因素由于缺乏合适的理论基础，也引发了一些质疑。比如，有人认为 Renn 和 Levine 1991 年所提出的"客观性"和"公正性"两个因素可能就不是完全独立的，而存在着相互影响的关系。

表 4 - 8　　20 世纪 90 年代风险沟通文献中关于信任的决定因素研究

代表性文献	信任的决定因素
Renn，Levine（1991）	可观察的能力（perceived competence）；客观性（objectivity）；公正性（fairness）；一致性（consistency）；忠诚（faith）
Kasperson，Golding，Tuler（1992）	承诺（commitment）；能力（competence）；关心程度（caring）；可预见性（predictability）
Covello（1992，1993）	关心和同情（caring and empathy）；投入和承诺（dedication and commitment）；能力和专业（competence and expertise）；诚实度和开放性（honesty and openness）
Frewer et al.（1996）	能力（competence）；关心程度（caring）
Peters，Covello，McCallum（1997）	知识和专业能力（knowledge and expertise）；开放性和诚实度（openness and honesty）；关注和关怀程度（concern and care）

第二，提供了丰富的实证研究。Flynn 等 1992 年针对在美国内华达州尤卡山设立放射物废料储存基地这一特定的风险事件调查了当地居民，在多元统计分析的基础上认为，对政府缺乏信任是公众反对项目实施的主要原因，而这种不信任主要是对政府控制风险的能力缺乏信心引起的。

第三，"风险社会"理论的提出极大地推动了信任问题的研究。20 世纪 90

年代初，社会学的一个重要发展是在贝克①、吉登斯②等的推动下，建立了风险社会理论，为应对不确定性高和不可控性强的未来，信任变成了至关重要的策略。这些成果扩展到风险治理的研究中，将风险治理中的信任问题放置到更广阔的社会背景中进行考察，获得了更深的理解和认识。

（三）21 世纪以来风险治理的信任研究

21 世纪以来，风险治理中的信任研究表现出新的特点：

第一，基于大样本数据的实证研究逐渐增多，研究方法更为严谨。有的文献采用的数据样本量大，多元统计分析、回归分析的数据处理技术十分常见。

第二，研究为公众信任的决定因素贡献了全新的元素。如先前的态度（prior attitude）、新信息（new information）、知识的局限（limits of knowledge）等，以及随后逐渐受到学者关注的对风险认识上的局限性、关系信任和计算信任等。

第三，开始出现多种类风险问题及跨国跨文化的比较分析。如对信任来源、信任维度、信任评价的复合绩效标准等的研究，对瑞典、西班牙、英国和法国公众对核能风险认知程度的对比研究，对墨西哥、巴西、智利、美国和西班牙五国公众对风险和收益认知状况的研究等。

将上述三个阶段风险治理的信任研究进行对比分析，不难发现不同阶段的研究特点，这对后续研究会带来有益的启迪。见表 4-9。

四、风险沟通中信任的动态规律

信任从来都不是一个凝固不变的状态，积极的行动有可能推动信任的建立，反则反之。对信任的形成机制和变化规律的研究从动态的视角进一步分析了信任的各种决定要素的作用。

从动态的角度看，信任的一个基本特征是"脆弱性（fragile）"，具体表现为"易毁难立"——信任的建立非一日之功，但很可能因为某一负面事件的影响而毁于一旦。Slovic 将这种现象概括为"信任的不对称原理（the asymmetry principle）"，并分析了造成这一现象的内在机理，包括以下四个方面：消极的事件（摧毁信任）较之积极的事件（建立信任）作用更为巨大；当事件引起人们的注意后，消极事件较之积极事件带有更大的权重；人类心理还有一种特性，总认为

① Beck, U. Risk society: Towards a new modernity. London, Sage, 1992.
② 参见夏和国：《吉登斯风险社会理论研究》，首都师范大学博士学位论文，2015 年。

表 4 - 9　风险治理中信任研究的阶段性成果

发展阶段	第一阶段	第二阶段	第三阶段
历史时期	20 世纪 80 年代	20 世纪 90 年代	21 世纪以来
代表性文献	Kasperson (1986); Midden (1988); Matejako (1988); Pinsdorf (1987); Kasperson (1986); Rayner & Cantor (1987); Bord (1988); Jasanoff (1986); Campbell (1988); Fiorino (1989)	Renn & Levine (1991); Flynn et al. (1992); Kasperson, et al. (1992); Covello (1992, 1993); Frewer et al. (1996); Peters, Covello, McCallum (1997)	Sjoberg (2001); French et al. (2002); Viklund (2003); Poortinga & Pidgeon (2003); White et al. (2003); Earle (2010); Johnson, White (2010); Bronfman, Vázquez (2011)
主要特点	1. 罗列了影响信任的可能因素; 2. 研究方法以个案观察和研究直觉为主; 3. 停留在假说阶段，缺乏经验研究; 4. 集中研究了危险设施选址中的信任问题	1. 提取了决定信任的关键维度; 2. 实证研究以案例分析为主; 3. "风险社会" 理论的提出极大地推动了信任问题的研究	1. 基于大样本数据的实证研究增多; 2. 提出了一些新的对信任产生影响的因素; 3. 开始出现多种风险类型的比较研究; 4. 开始跨国、跨文化比较研究

坏消息的源头比好消息的源头更加可靠；不信任一旦出现，就会不断被强化。[①]
这一规律在后续的许多实证研究中得到了印证。

总体来看，关于信任的动态变化的研究起步稍晚，研究成果还十分有限，尚未对信任的影响因素及其动态性做出更为精准的研究，特别是缺乏信任问题在风险治理全过程中动态演化规律的跟踪研究。

五、国内关于风险沟通中信任问题的研究

信任在社会学、政治学中的研究由来已久，但聚焦在风险治理领域的信任问题是近年来才开始的，这与我国近年来食品安全、生产事故等风险事件呈现上升态势有必然的联系。沈鸿等基于长江中下游的社会调查发现公众科技信任水平普遍高于管理信任，信任产生动机以认可减灾措施有用性为前提，科技减灾和管理减灾由于具有不同的减灾原理及作用时段，导致了公众的不同信任动机及其效应。[②] 一些研究针对具体的风险领域研究了信任形成的要素和机制，如蒋凌琳、李宇阳研究了食品安全领域的信任问题，认为个人特征、对利用主体的信任、对食品信息的认知和对食品安全问题的认知是影响信任的关键因素。[③] 任燕、安玉发调研发现，监管部门的低效和无序加剧了消费者对食品安全的不信任程度，法律法规的有效实施可以显著提高消费者信心。[④] 卢菲菲对重大食品安全事件后的消费者信任问题进行了研究。[⑤] 卜玉梅指出对政府越信任，对风险的可控性感知越高，对风险后果严重性的感知越弱。[⑥] 刘艳秋、周星基于信任发展的五大认知过程，发现公众安全意识、认证机构的公正性、企业能力、政府监管以及信息交流对质量安全信任存在影响。[⑦]

六、融媒体环境下公众信任的研究议程

纵观风险治理近 30 年的研究，信任问题逐渐成为风险治理领域的核心问题

---

① Slovic, P. Perceived Risk, Trust, Democracy. *Risk Analysis*, 1993, 13 (6): 675–682.

② 沈鸿、孙雪萍、苏筠：《科技信任、管理信任及其对公众水灾风险认知的影响——基于长江中下游的社会调查》，载于《灾害学》2012 年第 11 期。

③ 蒋凌琳、李宇阳：《消费者对食品安全信任问题的研究综述》，载于《中国卫生政策研究》2011 年第 12 期。

④ 任燕、安玉发：《消费者食品安全信心及其影响因素研究——来自北京市农产品批发市场的调查分析》，载于《消费经济》2009 年第 4 期。

⑤ 卢菲菲：《重大食品安全事件后的消费者信任问题研究》，华中农业大学硕士学位论文，2010 年。

⑥ 卜玉梅：《风险的社会放大框架与经验研究及启示》，载于《学习与实践》2009 年第 2 期。

⑦ 刘艳秋、周星：《QS 认证与消费者食品安全信任关系的实证研究》，载于《消费经济》2008 年第 6 期。

之一。当前对这一问题的研究不足和可能的发展趋势表现在以下几个方面：

第一，对公众信任影响因素的研究凸显理论缺位。当前的许多研究虽然零散地发现了一些影响信任的因素，但是由于缺乏科学的分类和恰当的理论模型，这些因素往往相互包含或者互为因果。解释变量独立性的缺失导致了回归分析结果的稳健性遭到破坏。这说明在信任问题的研究中，构建合适的理论模型是迫切且值得长期探索的艰巨任务。综合现有的研究可以考虑"能力（competence）"和"态度（attitude）"两类关键变量，在对影响信任的各种因素进行科学梳理和归类的基础上，提取互相独立的影响因素，降低理论模型中的内生性误差。

第二，根据风险类型对信任问题展开研究的道路具有前景。由于不同类型的风险在不确定性、危害后果等方面具有很大差异，因此构建一个放之四海而皆准的信任模型具有一定的难度，这样选择有代表性的风险类型加以研究对理解信任问题十分有帮助。以抽烟的风险和核设施的风险为例，很明显人们在核设施的问题上投入信任会更加谨慎，而对政府是否能在公共场所成功实现控烟的信任则是无关痛痒的。

第三，对信任及其影响因素的动态规律的研究几乎空白。信任状态并非静止不变，而是随着风险问题的发展演变而发生变化，各种影响因素的重要性排序也随之发生变化。信任及其影响因素发生变化的基本逻辑如图 4-9 所示。现有的文献对信任影响因素的研究大多在静态的状态下展开，在动态视角下的研究在 Slovic 1993 年提出"信任不对称原理"[1] 之后几乎毫无进展。这种理论上的欠缺导致了构建信任的努力缺乏一个灵活变化的指导原则。

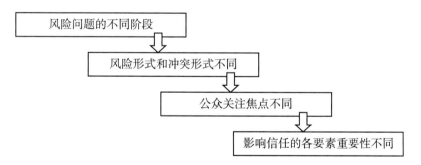

图 4-9　不同阶段的风险治理中公众信任发生变化的基本逻辑

第四，跨国、跨文化的国际比较成为新的发展趋势。信任不仅因风险类型不同而表现出不同的规律，还因文化背景、社会制度的不同而情况迥异。比如，Slovic 就指出法国和美国在信任和风险认知上的差异，法国人认为核能具有高风

---

[1]　Slovic, P. Perceived Risk, Trust, Democracy. *Risk Analysis*, 1993, 13（6）: 675-682.

险，但在该问题上对政府表现出高度的信任，和法国人相比，美国人并不认为核风险有那么可怕，但是抵抗核能的运动此起彼伏。[①] 中国现有的风险治理体制、公众参与方式、媒体传播特点、信任的文化背景等与西方国家存在很大不同。未来研究可通过选自中国本土近期发生的案例分析、引发高度公众关注的风险问题，将为跨国比较的趋势增添独具特色的中国案例。

第六节 防范社会舆情系统性风险的若干建议

一、正确的公共治理理念引导

公共治理是由开放的公共管理与广泛的公众参与二者整合而成的公域之治模式，具有治理主体多元化、治理依据多样化、治理方式多样化等典型特征，强调多元、民主、合作的治理理念。在互联网时代，防范社会舆情风险越来越不能仅仅依靠政府的力量，而要重视网络社会各种组织之间的平等对话的系统合作关系，整合政府部门、社会组织、私人组织及公众等主体的力量，形成合力，来实现社会舆情的风险管理。此外，由于社会舆情系统性风险具有系统性、复杂性、关联性等特点，舆情事件往往呈现出多事件、多领域、多问题等相互关联的状态，不但受现实社会环境中结构性问题的影响，还受到虚拟社会中网络连接的加持，这就特别需要转变传统的舆情应对和管理理念，推动舆情治理模式由危机管理向智慧治理转变。正视网络舆情传播和扩散背后的社会机理，以正确的公共治理理念为引导，加强社会治理能力，改善社会治理质量，实现国家治理的良政善治。[②]

二、大数据分析做决策基础

在互联网传播生态格局中，网络舆情的信息量呈几何级数增长，面对海量的舆情信息，传统人工手段监测分析的模式遭遇严峻挑战；此外，网络舆情的爆发

---

① Slovic, P. Perceived Risk, Trust, Democracy. *Risk Analysis*, 1993, 13（6）: 675 – 682.
② 曾润喜、陈创：《基于非传统安全视角的网络舆情演化机理与智慧治理方略》，载于《现代情报》2018 年第 11 期。

周期缩短、传播速度加快，留给舆情管理部门监控、处理、预警的时间大大减少，给政府的治理造成了较大的压力。随着大数据技术的不断成熟，基于大数据的监测、采集、处理和分析能够使政府有关部门快速应对社会舆情事件，因此，加快大数据技术在社会舆情治理的应用迫在眉睫。

将大数据应用于社会舆情预防和管控系统，可以将大量资讯互动平台的社会化数据纳入舆情大数据智能分析系统，为进一步的网络舆情研判提供数据上的支持，为部门提供分析依据，有利于提早做出舆情预防、全面把握舆情动态、及时做出舆情导控，从而为政府相关部门应对社会舆情的决策提供科学的数据基础。如百度指数能一定程度上反映公众关注的点，利用百度指数下的社会舆情分析来支持政府的对应决策也是防范社会舆情风险的一个未来发展方向。

三、充分及时便捷的信息供给

社会舆情事件的爆发，一部分原因在于政府与社会之间的信息沟通不足。重大突发事件爆发后，在第一时间及时公开相关信息，能够在一定程度上避免谣言的传播，是有效引导重大突发事件社会舆情发展和走向的一个重要手段。一定程度上而言，政府的信息发布质量影响着重大突发事件社会舆情的应对成败（王宇，2017）。因此，要完善政府官方、社会与公众三者之间的对话机制，改变传统意义上官方独白的话语体系，应尽可能减少官方、社会与公众三者之间的信息不对称，让事件真实信息在第一时间被公众了解，加强政府、媒体与公众之间的信任关系。

四、放松容忍议论边界供宣泄

新媒体新闻的不断发展，促使人们渐渐参与到新闻评论中来，媒体新闻评论充满了个性化，使社会舆情发生了很大的转变，而随着近些年微博、微信等新兴社交媒介的出现，新闻传播速度变得更快，能够引起受众的广泛关注，快速形成社会舆情。公众参与到社会事件的评论中，一方面表现了公众的社会参与意识在不断增强，另一方面，这也是公众对于社会事件的情绪的一种宣泄方式，因此，在合法的话语框架之下，政府应当适度放松容忍社会事件议论边界，以增加社会稳定。

五、依法封堵删除危害信息

随着互联网和信息技术的不断发展和进步，从论坛到微博再到微信，在新闻事件的发生和发展过程中，人们的积极性被有效调动起来，参与舆情的渠道也不断拓展，极大地改变了舆情的表达。但是与此同时，由于新媒体具有匿名性、把关松散、规范性弱的特点，新闻在新媒体的发布过程中也产生了很多过激的言论和表达，新闻造假、标题党等不良现象时有发生，不仅严重影响了新媒体的权威性发展，同时也限制了舆情的正常表达，造成了社会的恐慌。此外，在信息泛滥的互联网时代，人们对于信息的筛选与判断能力也极为有限，这些均增加了社会舆情的风险。因此，政府应加强社会舆情监测管理，依法及时封堵虚假信息；各大新闻媒体平台也应该注重新闻表达的权威性和真实性，对受众负责；此外，公众也应适当加强分辨信息判断能力，从而维护社会舆情的表达效果，将社会舆情风险控制到最小范围。

六、及时的第三方评估

建立重大突发事件舆情治理的第三方评估系统，不仅能有效提高政府部门应对社会舆情事件的效率，形成应对重大突发事件社会舆情的长效机制，同时还能增加政府关于社会舆情的决策透明度。第三方评估系统应该包含政府的舆情风险预防能力评估、舆情应对工作体系评估及重大突发事件舆情应对效果评估。舆情风险预防能力评估应包括舆情监测、预警机制和舆情研判三个方面，根据舆情信息研判得出的执行措施能够有效化解舆情，减少和减弱重大突发事件社会舆情的数量和规模；舆情应对工作体系评估应包括工作小组的建立，联动机制的责任，系统设备的配备，工作流程的制定，应急预案的执行和完善机制，第三方力量的支持和媒体关系的维护；而重大突发事件社会舆情应对效果评估则主要针对社会舆情事件应对结果，如利益相关方之间的利益协调结果及公众对处理结果的反应等。

第五章

舆情影响机理

第一节　重大突发事件社会舆情利益相关者理论研究综述

一、理论来源

利益者相关理论的思想源头可以追溯至伯利和米恩斯以及多德等。伯利和米恩斯在其合著《现代公司与私有财产》一书里曾指出：它（企业）涉及经济利益广泛多样性的相互联系——包括提供资本的"所有者"的利益、进行"创造"的工人的利益、给企业产品以价值的消费者的利益，而最重要的则是掌握权力的控制者的利益，[①] 公司董事会必须成为真正的受托人，他们不但要代表股东的利益，而且也要代表其他利益主体如员工、消费者，特别是社会整体的利益。[②] 因此"利益相关者"是指"那些没有其支持，组织便不复存在的各种集

---

① ［美］阿道夫·A. 伯利、［美］加德纳·C. 米恩斯：《现代公司与私有财产》，甘华鸣、罗锐韧、蔡如海译，商务印书馆 2005 年版，第 310 页。

② E. Merrick Dodd. For Whom Are Corporate Managers Trustees. *Harvard Law Review*，1932（7）：1145 – 1163.

体"。① 从瑞安曼和安索夫的开创性研究开始，弗里曼、布莱尔、多纳德逊、米切尔、克拉克森等学者的研究使利益相关者理论形成了比较完善的理论框架。② 利益相关者理论的形成源自企业管理中对传统"股东中心论"的驳斥，传统理论认为股东是企业的所有者，应当为企业剩余索取权与剩余控制权的享有者。而弗里曼（Freeman）在 1984 年出版的《战略管理：利益相关者管理的分析方法》（*Strategic Management：A Stakeholder Approach*）一书中提出的"利益相关者理论"则认为企业应当是关联的利益相关者的集合，包括股东在内的相关者都对企业的生存和发展注入了一定的专用性投资，企业的管理者需要管理与协调各个利益相关者。

二、已有研究

（一）利益相关者与重大突发事件

尽管利益相关者概念起源于企业管理，但随着该理论逐渐成熟，研究方位也得到不断拓展，其一是企业效益内涵的扩展，从经济绩效到社会效益，其二应用主体也由企业延伸到政府、社会组织、社区、政治和社会环境等众多方面。比如将利益相关者理论应用于民生问题的研究，具体包括食品安全、城中村改造、重大突发事件等，其中，将该理论运用于重大突发事件是新出现的一个研究视角。美国学者 George 将利益相关者作为分析工具，将其运用于风险管理中的风险评估，以帮助改善政策的制定。③ 国内学者借鉴他的研究思路，将利益相关者运用于重大突发事件的治理。重大突发事件尤其是群体性突发事件反映的是社会成员与社会、国家不断变动的利益关系和互动影响，④ 也是舆情的一种表现形式。以往的舆情理论将舆情视为公民与政府、社会与国家之间的关系的晴雨表，尤其关注两组矛盾关系中的对立与冲突。但是从社会背景来看，社会转型阶段的中国，政治、经济、生态、社会都是导致重大突发事件多发的风险因素，伴随着社交媒体的持续升温，互联网又成为公众对社会重大事件表达认识、态度、观点、情绪等等的公共空间，网络舆情的高发让研究者们意识到重大突发事件已

① 刘俊海：《公司的社会责任》，法律出版社 1999 年版，第 53 页。
② 殷琦：《利益相关者理论对传媒治理结构创新的启示》，载于《当代传播》2008 年第 6 期。
③ George W. Dent Jr. *Stakeholder Governance：A Bad idea Getting Worse.* 58 Case W. Res. L. Rev，2008：1107.
④ 林淞：《群体性突发事件的 CAS 分析——基于利益相关者理论的视角》，载于《湖北经济学院学报》2011 年第 3 期。

经不仅仅是上述两组矛盾的对立，而是线上线下两个系统多主体共同作用的结果。

（二）重大突发事件社会舆情利益相关者的定义

弗里曼给出了一个广义的利益相关者定义，他认为，利益相关者是那些能够影响组织目标实现，或者受到组织实现其目标过程影响的所有个人和群体。[①] 基于弗里曼对利益相关者的定义，结合突发事件本身的特点，研究者们给出了自己的理解，主要分为广义的和狭义两种类型。例如 Ackermann 和 Eden 认为利益相关者指的是一部分人或者小团体，他们具备对组织未来战略作出反应、进行谈判和改变的能力。[②] 该定义隐喻只有那些对组织未来具有直接影响力的人或者团体才是利益相关者，没有影响力的人们不能成为利益相关者。从这个角度来看，该定义与米切尔（Mitchell）等企业组织管理的文献对利益相关者定义比较相似，属于狭义定义，主要是基于资源和时间限制、管理人员处理外部约束的忍耐限度等约束条件。狭义视角的定义具有工具性，在公共政策制定效率方面有一定实践意义。广义上的定义代表性有以下三个：Nutt 和 Robert 认为，利益相关者是所有可能影响或可能受到组织策略影响的各方；[③] Bryson 和 Crosby 指出利益相关者是受一件事的原因或者结果影响的任何人、集团或者组织；[④] Johnson 和 Scholes 提出那些依赖组织实现其目标，组织也依赖于他们的人或团体就是利益相关者。[⑤] 广义上的定义包含更多人、团体和组织，因此更具广泛性。沙勇忠等将公共危机的利益相关者界定为诱发公共危机、对公共危机做出反应以及受公共危机影响的组织或个人。[⑥] W. 蒂莫西·库姆斯探讨了全媒体时代对外部因素、内部因素（内部利益相关者：企业员工与忠诚客户）以及由利益相关者制造的危机这三个关键领域所发起的挑战，从而对危机传播的改变。[⑦] 有学者认为群体性突发事件的利益相关者是指群体性突发事件的发生及其治理过程中，受到突发事件的影

---

① 参见［美］弗里曼：《战略管理：利益相关者方法》，王彦华、梁豪译，上海译文出版社 2006 年版。

② Ftan Ackermann, Colin Eden. Strategic Management of Stakeholders: Theory and Practice. *Long Range Planning*, 2011（3）：179 – 196.

③ Paul C. Nutt, Robert W. Backoff. Transforming Public Organizations with Strategic Management and Strategic Leadership, 1993（2）：299 – 347.

④ BarbaraC Crobsy, John M Bryson. A Leadership Framework for Cross-sector Collaboration. *Public Management Review*, 2005（7）：177 – 201.

⑤ Gerry Johnson, Kevan Scholes, Richard Whittington. *Exploring Corporate Strategy*. Financial Times Prentice Hall, 2008.

⑥ 沙勇忠、刘红芹：《公共危机的利益相关者分析模型》，载于《科学经济社会》2009 年第 1 期。

⑦ W. 蒂莫西·库姆斯：《变化中的企业危机传播图景：全媒体时代的生活》，孟冬雪译，载于《全球传媒学刊》2015 年第 3 期。

响，并采取相关应对措施的团体、组织以及个人。① 综上可以发现，重大突发事件社会舆情利益相关者是指其行动与舆情发展有必然关联的个人或群体，包括主动的关联和被动的关联。

（三）重大突发事件社会舆情利益相关者模型构建

1. 重大突发事件社会舆情利益相关者分类与识别

多维细分法是学界较为认可的关于利益相关者的分类方法。弗里曼从所有权、经济依赖性和社会利益三个角度把利益相关者分成：第一，拥有所有权的利益相关者（经理人员、董事和所有其他持有企业股票者）；第二，经济上有依赖关系的利益相关者（经理人员、员工、消费者、供应商、债权人、竞争者、地方社区、管理机构）、社会利益上有关系的利益相关者（政府管理者、特殊群体和媒体），② 这一分类方法被认为具有较强的实用性。

上述分类方法基本都是定性的界定，并非通过定量的方法来量化众多利益相关者之间的权重。于是，米切尔（Mitchell）和伍德（Wood）③ 在 20 世纪 90 年代后期提出"评分法"，从利益相关者必需的属性即合法性（legitimacy）、权力性（power）和紧急性（urgency）出发，对可能的利益相关者进行评分，然后根据分值的高低来确定某一个人或群体是不是利益相关者，是哪一类型的利益相关者。评分法解决的两个核心问题是利益相关者的认定和利益相关者的特征。米切尔认为要成为一个企业的利益相关者，至少要符合以上一条属性，或是对企业拥有合法的索取权，或是能够紧急地引起企业管理层的关注，或是能够对企业决策施加压力。对这三个属性进行评分后可以将利益相关者进一步细分。同时拥有三种属性的为确定的利益相关者，拥有其中两种属性的是预期性利益相关者，拥有一种属性的为潜在的利益相关者。最后根据拥有不同属性的利益相关者呈现的不同的特征继续将利益相关者细分为七种类型，具体见图 5 - 1：

---

① 林淞：《群体性突发事件的 CAS 分析——基于利益相关者理论的视角》，载于《湖北经济学院学报》2011 年第 3 期。

② ［美］弗里曼：《战略管理：利益相关者方法》，王彦华、梁豪译，上海译文出版社 2006 年版。

③ Ronald K. Mitchell，Bradley R. Agle and Donna J. Wood. Toward a Theory of Stakeholder Identification and Salience: Defining the Principle of Who and What Really Counts. *The Academy of Management Review*，1997（4）：853 - 886.

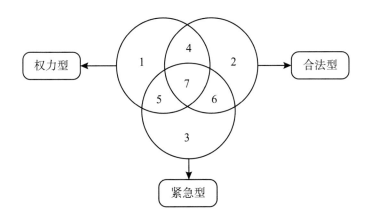

1：静态型；2：自主型；3：苛求型；4：支配型；5：危险型；6：依赖型；7：完全型

图 5 - 1　米切尔利益相关者特征模型

米切尔的评分法给研究者厘清利益相关者的边界和属性带来了启示，即利益相关者到底有哪些、其影响程度如何排序。樊博等研究者将米切尔提出的三个属性在应急响应协同研究语境下重新定义，从而对重大灾害应急响应系统中的各利益相关者进行分类。[①] 沙勇忠等在米切尔评分法的基础上从公共危机中利益相关者的相关度、影响力和紧急性三个维度对利益相关者进行分类。[②] 方洁在对微博舆情的研究中，基于已有研究对微博舆情传播主体的识别与行为动因挖掘的不足，运用专家评分法来界定微博舆情利益相关者，即根据微博舆情发展特征将其分为三个阶段，向专家提供包括 10 名利益相关者名单，请专家选出舆情利益相关者。之后再向专家提供一份包含 10 种微博舆情利益相关者属性名称的名单，请他们挑选认为符合定义的属性，最终选出专家认可的关键属性，这 10 种属性正是基于米切尔利益相关者特征模型形成的。通过统计结果，明确了各类利益相关者在主动性、影响力、紧急性三个维度上的排序情况，将利益相关者进行分类。该研究比较全面地运用了米切尔的评分法，对于如何进行重大突发事件社会舆情利益相关者的分类有借鉴作用。[③]

郑昌兴等学者对突发事件网络舆情的利益相关者进行了界定，对其作用机制进行了梳理。他在米切尔提出的利益相关者评分法的思路基础上，将突发事件网络舆情的利益相关者根据影响力、相关度及介入度三个特征指标，构建起突发事件网络舆情利益相关者的分析模型，根据三个影响因素的高低将利益相关者划分

---

① 樊博、詹华：《基于利益相关者理论的应急响应协同研究》，载于《理论探讨》2013 年第 5 期。
② 沙勇忠、刘红芹：《公共危机的利益相关者分析模型》，载于《科学经济社会》2009 年第 1 期。
③ 方洁：《微博舆情利益相关者的分类及行为动因研究》，南京大学博士毕业论文，2014 年。

为确定型、预期型与潜在型三类，并针对不同类别提出相应建议。将突发事件网络舆情的利益相关者划分为舆情触发者、舆情制造者与舆情反映者三大类，其中舆情触发者指突发事件的信息发布者；舆情制造者指对突发事件发表意见或采取行动的个体或组织，包括：普通网民、意见领袖、网络媒体和传统媒体；舆情反映者指对突发事件社会舆情进行干预的机构，主要指政府。三类利益相关者的主要作用分别对应突发事件网络舆情生成、扩散与衰退阶段。在此基础上，郑昌兴构建了以事件发布者触发力、普通网民作用力、意见领袖助推力、网络媒体影响力、传统媒体影响力和政府疏导力 6 个维度为一级指标、22 个二级指标、14 个三级指标、7 个四级指标共同构成的突发事件网络舆情评价指标体系，以期能够对突发事件网络舆情准确判断态势、科学进行决策、有效引导处置。①

陈昶与陈思颖在利益相关者理论视角下，将网络舆情的利益相关者划分为：确定型的利益相关者，包括当事主体、媒体与第三方网民；预期型的利益相关者，包括政府和意见领袖；边缘型的利益相关者，即社会公众。还对主要的利益相关者对于网络舆情治理的举措提出有关建议。② 沙勇忠等学者借鉴"米切尔评分法"思路，对公共危机中的利益相关者进行了分类，根据利益相关者对相关度、影响力和紧急性这三个属性的隶属度将公共危机中的利益相关者划分为三类：核心的利益相关者、边缘的利益相关者与潜在的利益相关者。③ 郭其云等学者从影响能力、意愿水平与紧密程度三个方面构建出利益相关者的分析模型，将公共危机中的利益相关者划分为四类：核心利益相关者、强势利益相关者、从属利益相关者及关键利益相关者。④

根据以上研究可以看出，米切尔的评分法是目前应用比较广泛且比较具有实操性的分类方法，研究者们会根据不同的研究对象来对利益相关者具有的属性进行替换，这些属性源自米切尔的研究以及其他相关研究，结合研究者本人的经验以及专家的评分得出最终的属性，通过给准利益相关者的属性打分来确定真正的利益相关者，最后通过评分的高低来对利益相关者的影响程度进行排序。

2. 重大突发事件社会舆情利益相关者的关系特征

突发事件情境具有极强的不确定性和随机性，实际上反映了多利益主体之间

---

① 郑昌兴、苏新宁、刘喜文：《突发事件网络舆情分析模型构建——基于利益相关者视阈》，载于《情报杂志》2015 年第 4 期。
② 陈昶、陈思颖：《利益相关者视角下网络舆情治理之策》，载于《内蒙古科技与经济》2017 年第 7 期。
③ 沙勇忠、刘红芹：《公共危机的利益相关者分析模型》，载于《科学经济社会》2009 年第 1 期。
④ 郭其云、董希琳、岳清春、夏一雪：《基于利益相关者分析模型的危机管理研究》，载于《消防科学与技术》2014 年第 4 期。

在环境适应度上的复杂调适和博弈。[1] 突发事件的利益主体并非离散地发挥作用或独立地进行演变，利益主体与危机环境之间存在着紧密的统一性，因此需要考虑环境变化带来的利益主体的变化。回顾已有的研究，学者们已经注意到重大突发事件不同阶段的舆情以及利益相关者的表现会有不同的变化，比如方洁的研究结果表明微博舆情利益相关者在微博舆情发展不同阶段的属性排序上具有差异性。[2] 郑昌兴等基于生命周期理论将突发事件网络舆情划分为形成、扩散、爆发和终结四个阶段，启动机制、驱动机制、变动机制和组动机制分别在四个阶段发挥着主导作用，不同的机制也代表着不同利益主体的主导行为。[3] 此外，各利益主体之间的主动交往、相互作用的过程也会能动地作用于其他主体乃至整个事件的发展态势，各利益主体的演化行为实际上透视了整个治理结构复杂多样的宏观现象，因此厘清各个利益主体的能动行为有利于把握整个突发事件。

3. 重大突发事件社会舆情演变及回应的利益相关者视角研究

利益相关者的情感在重大突发事件社会舆情演变过程中的作用也逐渐纳入了研究者视野，尝试了构建突发公共卫生事件利益相关者的社会网络情感网络图谱，以可视化的方式分析突发公共卫生事件中各类利益相关者的情感状态和分布，探寻利益相关者之间的情感传播路径，并结合舆情话题综合分析利益相关者的情感演化态势。[4] 其次，对于不同利益相关者，学界也出现了不同视角的内剖式分析。如对于主流媒体，有基于利益相关者理论框架，从声誉资本的角度探讨其利益相关机制和实现机制；还有对社会舆论场的商业利益追逐者——网络水军及网络推手的产业链的分析，解释了商业利益在其中扮演的关键作用。此外，如何从利益相关者角度回应社会舆情也是学者讨论的重点之一。

4. 重大突发事件社会舆情的应对：利益相关者的视角

重大突发事件社会舆情的回应研究从单一情境的"预测—应对"视角，发展到了立体式的复杂情境构建模型。近年来，利益相关者视角的引入使得社会舆情的应对更有针对性与实用性，信息博弈便是其重要的研究内容。也有学者探讨了案例知识库构建、多利益相关者协同治理及协同机制建立的可能性。[5] 这类研究都为社会舆情研究提供了新的研究视角与研究结论，使舆情研究更加深入与客观。

① 林淞：《群体性突发事件的 CAS 分析——基于利益相关者理论的视角》，载于《湖北经济学院学报》2011 年第 3 期。

② 方洁：《微博舆情利益相关者的分类及行为动因研究》，南京大学博士学位论文，2014 年。

③ 郑昌兴、苏新宁、刘喜文：《突发事件网络舆情分析模型构建——基于利益相关者视阈》，载于《情报杂志》2015 年第 4 期。

④ 安璐、欧孟花：《突发公共卫生事件利益相关者的社会网络情感图谱研究》，载于《图书情报工作》2017 年第 20 期。

⑤ 陈其辉：《政府预算利益相关者协同治理分析》，载于《求索》2008 年第 12 期。

三、已有研究的不足与未来研究方向

（一）已有研究的不足

从前人的研究成果来看，将利益相关者理论运用于重大突发事件的研究还处于概念引入阶段，未来的研究之路还很遥远。尽管运用评分法来对利益相关者进行较为客观的分类，是可信度、可行性较高的定量方法之一，但是在研究过程中还存在一定主观性，比如对于利益相关者属性的确认与选取。另外，利益相关者理论是从经济学领域借用的理论框架，该理论在舆情领域，尤其是重大突发事件社会舆情的应用适用性的学理前提尚待明确。核心利益者、边缘利益相关者的分类方法虽然有助于对舆情的演变和回应进行更为深入的剖析，但如何与舆情演变的混沌性、聚涌性等特征有效结合进行分析有待研究。该分类方法是否成立尚存疑问，如崔晓明等在对43个企业案例研究后发现，运用传统的权力性（power）、合法性（legitimacy）和紧急性（urgency）指标来识别核心利益相关者并不完全成立，核心利益相关者往往不具有权力性而具有影响性。[1] 识别核心利益相关者从组织的愿景和战略出发而非危机引发者更能切中锚点。组织的核心利益相关者具有重要性、隐性、无明确话语权、影响滞后却影响深远的特征。

此外，对于重大突发事件中利益相关者的行为动因以及协同机制的研究更为少见，而这又是打破政府单节点治理模式、纳入社会多元主体参与的关键所在。网络化治理结构势必涵盖各大利益相关主体，因此这也是以后该类研究的方向之一。方洁通过扎根理论分析对利益相关者的访谈内容，探索微博舆情利益相关者的行为动因，[2] 这一方法能够较为准确地反映用户的动因，但是对访谈对象的选择提出了较高的要求，访谈对象的质量对最后的研究结果有直接的影响。

（二）未来研究方向

从以往研究来看，大多数学者是从宏观角度出发来分析突发事件或公共危机中的利益相关者。其中尤以对政府、企业等舆情主体的研究为重点。事实上，将利益相关者理论引入重大突发事件社会舆情的演变与应对研究，需要在传播学与

---

[1] 崔晓明、姚凯、胡君辰：《基于利益相关者的危机管理理论研究——来自2008～2012危机管理失败案例的证据》，载于《中国工业经济》2013年第4期。

[2] 方洁：《微博舆情利益相关者的分类及行为动因研究》，南京大学博士学位论文，2014年。

社会学已有的舆论场域理论、社会资本理论等的基础上，结合案例研究，全面厘清重大突发事件社会舆情牵涉的多元利益相关者。同时，须注意突破利益相关者研究仅限于企业及经济人视角的局限，注重其社会性与广泛性。利益相关者研究不应止步于概念的照搬照抄，更应在利益相关者识别与分类的基础上，强调媒体与公众的话语权与知情权，从"事实—价值"的双重路径进行社会舆情演变与回应研究。

本研究将结合已有舆情演变与回应规律研究成果，以舆论场域理论为研究框架，通过文献研究、扎根理论和案例研究，对近年来我国重大突发事件社会舆情演变与回应过程中利益相关者进行全面梳理，分析利益相关者的利益机制、行动策略与决策逻辑。在此基础上，基于利益相关者视角提出制度安排建议。

第二节　重大突发事件社会舆情利益相关者图谱及其行动逻辑

舆论场是权力场、媒体场、科技场、商业场的博弈场域。胡泳认为，中国互联网已进入"丛林时代"，互联网变成了利益群体有目的地操纵、摆弄舆论的博弈场及必争之地。[1]重大突发事件发生后，危机传播的效果在很大程度上取决于组织与利益相关者的沟通速度。不同利益相关者的利益在危机时期都具有脆弱性，组织的决策或行为会导致其在短期内获得或失去部分利益。危机期间，组织与利益相关者的行为因公众注意力资源的高度集中而形成"舆论放大镜"和"舆论显微镜"。本来弱势的利益相关者也会在危机敏感期利用注意力资本、情感资本、道德资本等维护自身的权益，甚至提出补偿性信息需求和物质需求。任何漠视、忽视利益相关者的行为都会在博弈过程中放大。因此，除了危机发生后公众的知情权等应然要求外，从组织的实际利益出发，也必须从利益相关者的角度来看待和处理危机，实施积极的沟通策略。

一、重大突发事件的利益相关者图谱

政府、公众和媒体是学界达成的舆情主体共识。通常而言，权力性、合法性

---

① 《专访北大副教授胡泳：互联网应跨越"丛林时代"》，载于《人民日报海外版》2011 年 12 月 9 日。

和紧急性是识别核心利益相关者的主要依据。然而，有学者通过案例研究发现，突发事件中的利益相关者具有某些特殊性。权力性与影响性并不一致，核心利益相关者往往不具有权力性而具有影响性。紧急性和重要性也并不正相关。核心利益相关者往往不具有紧急性而具有重要性，诉求声音最大、表面上看最紧急的往往是最有"讨价还价能力"的，而不是最重要的。① 重大突发事件社会舆情的利益相关者的筛选、识别和管理也需要从突发事件的特殊性出发，避免将经济学中的利益相关者理论照搬照抄。本研究应用扎根理论、案例研究、文献法及观察法，针对重大突发事件社会舆情分析的利益相关者析出结果主要有以下几种类型。

（一）利益相关者之一：政府

从微观层面看，政府尤其是基层政府成为重大突发事件社会舆情事件的常见指向的频率越来越高。涉及公权力的敏感部门，尤其是基层敏感部门，成为舆情的重点监督对象。重大突发事件社会舆情爆发性强、影响面广，利益牵涉主体复杂，具有更强的社会敏感性。社会舆情回应的效果成为检验政府治理现代化水平的重要指标之一。舆情回应及时、沟通效果好，会使舆情成为集聚民心、顺应民意的途径之一，通过自我赋权，实现政府与社会之间的共同利益，也成为推动治理水平的重要契机。与之相适应，舆情的生命周期则相对缩短，耗费的社会资源也相对较少，当地社会秩序和舆情秩序则相对稳定，当地政府的官场生态也相对稳定平衡，无论是公众的知情权，还是政府官员的政治利益都会得到保障。反之，舆情回应滞后或回应不当随之产生舆情的"次生灾害"，传通效果差，则会降低政府的美誉度，政府官员自身的政治地位也会受到威胁，影响社会稳定，损害公民的知情权和舆情事件涉事方作为弱势主体的正当权益。因此，从这个角度而言，政府也是重大突发事件社会舆情的利益相关者。2008 年 5 月 1 日开始实施的《中华人民共和国政府信息公开条例》已经做出了明确的规定，行政机关对涉及公民、法人或者其他组织切身利益的政府信息应当主动公开。《政府信息公开条例》确立了"以公开为原则，不公开为例外"的原则，若地方政府真能大力贯彻，提升信息的透明度，使信息公开成为社会常态，在突发事件发生之时往往能将谣言消弭于无形，权威媒体在和谣言的博弈中就能在起跑线占得先机。②

政府是舆情的利益相关者可以从宏观和微观两个方面加以理解。首先，中央

---

① 崔晓明、姚凯、胡君辰：《基于利益相关者的危机管理理论研究——来自 2008 – 2012 危机管理失败案例的证据》，载于《中国工业经济》2013 年第 4 期。

② 范以锦、陈晨：《权威媒体在和谣言的博弈中如何胜出》，载于《中国记者》2009 年第 9 期。

政府通过舆论生态的构建来影响舆论走向。作为媒体的管理者对于舆情的走向具有重要的引导作用。通过发布相关制度加大政府信息公开力度，利用法律、行政等手段对谣言等舆情负面现象进行管理，提升信息真实性，对网络推手等商业行为进行约束等，都是政府作为利益相关者改善舆论生态、打通两个舆论场的重要行动。在重大突发事件爆发后社会舆情演变的走向和结果都可以显现其影响。其次，中央政府通过直接介入来影响社会舆情的演变走向。中央政府具有丰富的权力资源，在舆情事件中通常都会成为舆情的终结者和事件的主导解决者。突发事件发生后，政府致力于人民的利益、党和国家的利益、集体利益的综合利益共同体的构建。再次，地方政府通过直接舆情回应来对重大突发事件社会舆情的演变产生影响。地方政府是重大突发事件社会舆情的第一见证者。对涉及多个地方的政务舆情，上级政府主管部门是舆情回应的第一责任主体。地方政府层级越低，舆情风险越大，县处级干部成为舆情高关注群体。地方政府舆情回应能力往往与舆情事件发生概率成反比。总体而言，政府在重大突发事件社会舆情处置中占据主体地位，有着不可或缺的重要作用，主要功能包括：供给信息资源、协调利益相关者关系、调动行动资源、强化参与意愿、改进制度安排等。

（二）利益相关者之二：传统媒体与网络媒体

媒体是生产、发布和传播信息的专业机构，也是舆情的制造者和推动者。"媒体权力"则是特定时空环境下新闻媒体组织在社会结构中的结构性权力。大众媒介权力是指媒介的掌控者通过媒体实现对受众的信息控制，使其在认知行为和价值判断上受到媒介支配者影响的权力。从现象上讲，大众媒介权力是对传播手段或工具，如报纸、杂志、电视、广播等媒体的支配权。从本质上讲，媒介权力通过控制信息载体，传播特定的价值意识，建构着人们的认知与评价体系，从而形成对大众社会行为的隐性支配。

从内部的空间维度看，媒体的权力包括专业的权力和一定的行政性权力。一方面，媒体是公众利益的代表。在重大突发事件面前，新闻媒体应体现"稳压器"的作用，即社会秩序的维护者。舆情进入议程设置有利于意见市场的平衡，也有利于民众权利的实现。从政治上来说，是从政治权力外部来对政治权力的运行及其结果进行监督的强有力的社会力量。在公开性的前提下，舆论监督本身是使政治权力合法化、合理化、法制化的重要途径。习近平总书记就曾强调指出，要以"闻过则喜"的态度全力支持舆论监督[①]。对各级党政领导干部来说，要能

---

① 《习近平：以"闻过则喜"的态度全力支持舆论监督》，中国新闻网，https：//www.chinanews.com.cn/gn/news/2007/05－18/938381.shtml。

够正确认识正面报道和监督报道辩证统一的关系，改进工作方法，更好地为民服务。要重视重大突发事件传播的"时""度""效"。另一方面，媒体也是依靠吸引公众注意力换取广告资源的商业组织，是追求盈利功能的机构。在突发事件中抢新闻会使媒体具有强大的卖点。因此，对于重大突发事件社会舆情的关注和推动有利于媒体实现社会责任，同时也有利于其实现自身经济价值。尽管媒体之间的细分越来越专业，但传统媒体与新媒体在舆情事件中的利益却有着共同之处。在多元聚合的舆论场中，传统媒体的舆论监督具有调适的作用。

在互联网和大数据的推动下，平台组织成为对社会经济要素整合的主要形态和载体，深刻地影响着社会权力结构，从而催生特殊的平台权力模式。

重大突发事件中的网络媒体得风气之先，网友总是能够先人一步利用新近发展的平台进行信息发布与意见传播。除了文字、图文短讯等传统传播渠道外，音频、直播、微视、弹幕等显性平台和微信群、VR（虚拟现实）、收费互动等小众化隐性平台在舆情传播中扮演了日益重要的角色，分答、知乎、B站（哔哩哔哩网站）以及头条号等新平台成为舆论博弈和争夺的新的重要阵地。

然而，在自媒体的舆论版图之外，《人民日报》、央视新闻、新华社发布、澎湃新闻等主流新媒体，凭借依靠微信群、朋友圈等网络载体，构成了依据主流价值观进行信息选择和推荐的影响力强大的舆论场。此外，商业性网络平台有重回"总编辑"时代的趋势，如新浪网原总编辑陈彤兼任一点资讯总裁和凤凰网联席总裁。因此，单纯依靠网民兴趣主导的客户端"算法"权力一统天下的局面被打破。

（三）利益相关者之三：网络意见领袖

早在 20 世纪 40 年代，美国传播学者拉扎斯菲尔德发现，信息并非直接传递给受众，而是经过一次信息中转，经由意见领袖的过滤后形成价值判断才能到达受众，这就是"两级传播模式"。意见领袖是大众传播中的信息中介、人际传播中的活跃分子，为受众提供信息、观点、建议，对他人施加影响的人物。他们凭借对信息的优先接近权与信息分析能力，将信息加工处理传播给受众。简单而言，意见领袖就是指拥有信息资源较多、意见较为权威、影响力较大的意见持有者。

随着中国社会进入矛盾高发期和高度发展期，不同利益群体的利益表达和博弈逐渐走向透明化和规则化。其中，互联网技术的推动作用不可忽视。我国自2009 年 8 月新浪微博兴起后，中国互联网深具标志意义的新生群体"意见领袖"依靠话语权进入社会主流话语体系而异军突起，在舆论格局中占据了重要的一席之地。"意见领袖"的粉丝基础赋予其巨大的话语权，微博等"自媒体"已经升级为社会"公器",成为民众话语的"触发器""过滤器"及"扩音器",具有某种公共性和社会性。意见领袖在新媒体背景下日益多元化,主要构成也日益复杂,总体可划分为三类:第一类是传统意见领袖在新媒体意见市场的资源优势转移;第二类是律师、记者等本身具有专业优势、对信息的占有和分析具有较高判断力的意见人士;第三类是草根意见领袖,如个别网民在个别事件中临时充当意见领袖,具有相对的不稳定性。学者沈逸提出,如果将意见领袖作为一个整体来看,无论是现实世界还是网络世界,意见领袖在中国经历了"涌现—分化—去魅"三个阶段。

针对美国微博客"推特"的研究表明,比例不到总用户 0.05% 的 2 万名"精英"用户却吸引了几乎 50% 的注意力。[1] 中国的微博舆论格局也与此类似。意见领袖的主要功能包括传播信息、引导舆论、监督权力。他们是网络社区中积极的信息传播者、观点的提供者,为社区讨论设置议程、提供视角,并影响社区成员的舆论导向和态度行为,充当了"把关人"的角色。传统媒体模式的相对固化和停滞也助推了话语权的让渡,促使其成功寻找到新的言论空间。意见领袖充分发挥了介入公共生活和社会事务的热情,并迅速成为新的舆论空间的舆论参与者与主导者之一。在微博兴盛的 21 世纪初期,大 V(对获得社交媒体平台个人认证、拥有较大影响力的网民或意见领袖的俗称)在突发事件中一度处于舆论场的金字塔尖。在此过程中,2011 年"7·23"甬温线特别重大铁路交通事故等在网络意见领袖影响力构建历史上都是重要的节点事件。

意见领袖是突发事件社会舆情的利益相关者之一。他们在突发事件中的关注、转发和评论对于舆情能否进入并持续停留在公众议程中具有重要影响。在此过程中实现了自身声望资源的扩大化。同时,在突发事件进入舆论场域后,意见领袖聚合核心信息,提出新的见解并依靠策略性行动推进事件进展。许多意见领袖依靠在突发事件中的人性化转发保持自己的公众关注度,并力求与公益慈善、公平正义等紧密相连,树立自己的正面的公众形象。总之,意见领袖是重大突发事件社会舆情利益相关者图谱的构成之一。

(四)利益相关者之四:网民

中国互联网信息中心(CNNIC)第 22 次《中国互联网络发展状况统计报告》显示,截至 2008 年 6 月底,我国网民规模达 2.53 亿,首次大幅度超过美国,跃

---

[1] 孙立明:《互联网与中层民主的兴起:互联网与政治发展的中国实践》,载于《中央社会主义学院学报》2014 年第 1 期。

居世界第一。① 此后，我国网民数量一直是世界第一。随着信息技术的高速发展和互联网的广泛应用，网络已孕育出一股能够影响社会方方面面的强大力量，而这一力量的拥有者——网民也已经逐渐作为一种新生力量登上社会舞台。海量网民的力量，不仅改变了传统的社会结构，也改变了网络空间和实体空间话语权的构成，其在社会生活中所产生的积极意义毋庸置疑，但其所带来的消极影响却也时常冲击着社会稳定与正义的基石。

网络这种力量的权力属性，可命名为网权，即网民权力。在重大突发事件社会舆情中，网民的利益在于实现自身的网络权力。网权在国家层面指的是一个国家拥有的核心技术及网络资源及由此派生出的相关权力，包括制网权、断网权等。在国家内部，网权也称为网民信息权力，它是网民在互联网平台上，通过信息传递在彼此网络互动关系中形成的对他人和社会的影响力。网络权力包括话语权、知情权、表达权及对其他社会权利的维护等。网权的内涵包括：用户有使用或停用任何网络应用的权利；用户有安全使用网络应用的权利；用户有以社群组织维权的权利；用户有作为网络公民被尊重的权利；用户有利用网络应用声张自我的权利。互联网最大的魅力即是对底层的权力赋予，网权就是在"技术—政治"的双重维度及社会结构的扁平化和分权化趋势下互联网赋权的结果。它具有主体多元化、权力隐蔽性、场域转换性强、运作更高效及方式多样化五个特征。

（五）利益相关者之五：网络水军

网络水军最初被称为隐形行销，主要指企业自身或雇人隐藏身份，扮成消费者或第三方进行宣传。网络水军在产生的初期，其影响主要集中在商业领域，活动领域主要在购物网站。网络水军如今已经演化为新的概念，即受到商业力量或者政治因素的影响，通过出卖自身话语权而获得政治安全、商业利益的群体。具体而言，网络水军是指那些由商业利益驱动，为达到如影响网络民意、扰乱网络环境等不正当目的，通过操纵软件机器人或水军账号，在互联网中制造、传播虚假意见和垃圾信息等网络垃圾意见产生者的总称。

"网络水军"经过近十年的快速发展，历经起步阶段、团队和阵营阶段（2010～2013年）、鼎盛时期（2013年左右）及分化与进化时期四个阶段，已经形成了规模化、产业化及分层化特征。网络水军主要包括三类，即零分党、五毛党及商业党。② 具体形式包括传统公关公司、广告公司、网络公关公司、网

---

① 《CNNIC 发布互联网报告：我国网民数跃居世界第一》，中国政府网，2008－07－24，http：//
www.gov.cn/govweb/jrzg/2008－07/24/content_1054956.htm。

② 杨枝煌：《网络水军类型、多重信用及其治理》，载于《广东行政学院学报》2011 年第 4 期。

站社区、发帖公司、顶帖公司等。

杜骏飞曾指出，网络灰黑势力包括网络灰帮、网络黑帮和网络黑洞。其中，网络灰帮主要指网络推手、网络水军等；网络黑帮主要指网络打手、删帖服务；网络黑洞主要指流氓软件、无良内容、劫持服务等。而从管理角度给出的分类结果分为：核心人员，主要包括网络公关公司及其雇用的"写手"和"水军"；上游人员，即"网络水军"业务的需求者，主要包括广告商、委托人、爆料人；下游人员，即"网络水军"业务的辅助实施者，主要由专业推手、小型非法网站运营者和知名网站"内鬼"构成。

网络水军处于传播产业链的最底层，在突发事件中常与相关商业组织合作，通过利用媒介运作规律及舆论运行规律，运用规模化、专业化的行动策略，在扰乱舆论秩序和意见市场的同时，也实现了商业组织的个体利益。互联网既推动了信息透明和社会进步，也为诈骗者提供了新的平台。尤其是在突发事件爆发的初期，信息聚涌带来的混沌状态为诈骗者提供了可乘之机，利用公众的同情心而进行金融诈骗的事例时有发生。因此，尽管只是一种短期行为，这种"发灾难财"的人员也成为特殊的外围利益相关者。

网络水军是 Web2.0 时代的大规模杀伤性武器，影响网络舆论甚至误导公众，加大了人们获取客观正确信息的成本，严重影响了互联网信息的质量。网络水军绑架舆论、误导受众、影响决策，通过影响普通互联网用户的信息判断，使他们失去对网络信息的信任。不仅如此，还操控控制舆论，加剧网络丛林法则，损害信息市场消费者的利益，这种网络水军的行动节奏也会因时间序列而波动，如"3.15"前后是其高度活跃时期。[①]

（六）利益相关者之六：境外媒体

境外媒体是指国外媒体，包括通讯社、报纸、网站以及社交媒体等，西方主流通讯社有美联社、合众社、路透社、法新社等。国际话语权是在国际舞台上就国内外重大事件表达观点、阐释意见、陈述主张的权利，它是一个国家信息传播力、文化影响力、舆论引导力、政治参与力的集中体现，也是其拥有软实力的重要标志。突发事件的首发效应是一个新闻机构专业性和竞争力的展示机会窗口。谁能在第一时间及时到达新闻现场、获得权威信息，就能展现新闻媒体的竞争力和国际影响力、行使新闻媒体的国际话语权，就会在同行中提升隐形资本、提高组织的美誉度和知名度。因此，境外媒体往往在重大突发事件爆发的信息真空或报道黄金期，通过发布独家新闻或大量输出报道推动突发事件社会舆情的进展。

---

① 陈家兴：《谨防民意制造者利用网络推手误导舆论》，载于《人民日报》2011 年 1 月 31 日。

它们凭借自身技术优势和专业优势，利用首发效应与焦点效应在我国重大突发事件社会舆情发展中占据了重要的位置。

境外媒体在突发事件中的表现秉承了在全球媒体格局中的信息霸权与权力霸主的地位。国际话语权的实现首先依赖于海量的新闻供应，然而，目前传播于世界各地的新闻，90%以上由西方国家垄断，其中又有70%由跨国大型公司垄断，四大西方主流通讯社占据了世界新闻发稿量的4/5。中国媒体还普遍缺乏对国际新闻资讯第一时间的掌握能力，报道缺乏原创性，往往转载或编辑几大主流通讯社的报道，成为西方媒体的"二传手"，处于世界新闻传播格局的非中心地位。[①]在突发事件的首发报道上，境外媒体在突发事件报道中的原创率、首发率也大大高于国内媒体。他们通过抢占第一落点、争夺首发权并进行深度报道与连续报道，成为国外受众了解我国重大突发事件信息的首要来源。

二、利益相关者的决策逻辑与行动策略

危机情境下利益相关者管理具有如下特点：组织无法同时满足多个利益相关者的冲突诉求；在缺少主契约的情况下，进行次契约关系的修复无助于危机管理的成功；当多重利益相关者关系中的某一些利益相关者关系发生变化的时候，其他利益相关者的利益诉求和关系模式也随之发生戏剧性改变。[②] 贝克和普罗曼提出了利益相关者对突发事件解释的"多层次多阶段的解释模型"，包括了恐慌期待阶段、定格定性阶段、自我解释阶段和结果呈现阶段。从关系维度上看，危机管理不是组织对利益相关者的单维管理，而是双方的互动；从响应维度上看，危机管理强调在实践中反思。因此，组织的策略和行动成为利益相关者行动的决策基础。在突发事件发生的危机环境下，政府成为多元信息中唯一的确定信息源，其所提供的确切信息是核心利益相关者决策和行动的基础。其他利益相关者依据政府提供的信息及危机处理行为做出相应的决策与行动策略。

（一）政府的行动逻辑与策略

突发公共事件大多发生在县域一级。突发公共事件发生后，往往存在信息迟报、漏报、瞒报的情况，经常会导致社会舆情的燃烧与蔓延。在重大突发事件为

---

① 伍刚、杨余、戴苏越：《全球转型期中国互联网软实力赤字与对策建议》，载于《中国广播》2013年第5期。

② 崔晓明、姚凯、胡君辰：《基于利益相关者的危机管理理论研究——来自2008—2012年危机管理成败案例的证据》，载于《中国工业经济》2013年第4期。

社会带来物质损失的同时，在社会领域也带来政府公信力的损失与官民关系的损害。在政府工作系统的流程中，信息的收集、传递、储存和恢复是政府运作中的关键行为，并在县域突发公共事件中扮演着左右事件发展的角色，影响着整个突发公共事件的处理。政治权力先于媒体和公众掌握重大突发事件中的信息资源。

重大突发事件中政府的行动逻辑与策略具体如图 5 - 2 所示。

政府	舆情回应中的定位	行动资源	与舆情监测机构的关系	舆情
中央政府	指导者、监督者	宏观制度供给	评估者与监督者	
地方政府	实践者、被监督者	微观回应行为	被评估者	第一见证者和行动者

图 5 - 2　重大突发事件政府的行动逻辑与策略

1. 地方政府信息匮乏导致信息供应不足

重大突发事件的信息收集是舆情处理的基础，具有相当的难度。信息模糊导致信息匮乏，信息匮乏产生信息封锁。这源于重大突发事件应急传播的复杂性，地方政府应急知识体系资源储备不足导致其认知落后，同时也源于其责任意识的弱化，权力机制优于声誉机制发挥作用。

2. 地方政府追逐短期利益导致稳定偏好选择

在博弈过程中，如果基层政府以短期利益为先，以"稳定论""大局论"或"效果论"来消解自身信息公开的责任，依赖"稳定环境"假设和"例外"假设的危机管理理论，对于舆情管理将毫无作用，甚至是反作用。如果地方政府官员出于个人利益的考虑，未能及时认识到公众和媒体"知的权力"，降低信息公开和公众知情权的重要性，就会出现舆论场的稳定选择偏好。在此策略下，政府采取的行动策略通常包括惩罚策略。政府需要通过惩罚蓄意扰乱网络秩序的意见领袖或网民以及合理调控惩罚力度，得到理想的稳定策略，从而实现加快平息事件在线演化的进程。

3. 重大突发事件中的信息特权

重大突发事件社会舆情演变中某些地方政府也会因对信息权力的垄断而导致信息供应不足，从而引发舆情风暴。信息权力垄断的结果便是将本该与公众和媒体共享的关于重大新闻或"敏感新闻"信息资源当作信息特权。其结果便是采用"鸵鸟政策"等行动策略，封锁信源，阻断重大突发事件应急传播管理的信息链，切断与舆论场其他利益相关者的交流与互动。

4. 体制惩罚促发主动回应

制度环境的严厉性会影响甚至决定选择的偏好顺序。以效率管理为核心，其博弈策略的损失，既在于政府会丧失公信力，在后期舆论场中的权威性降低，也在于会面临着科层管理体系中补偿性惩罚的风险。这也是随着中央政府日益重视地方政府对重大突发事件的回应时间，地方政府之间便开始了应急舆情回应时间速度赛的原因。

5. 舆论倒逼效应

媒体或意见领袖率先曝光突发事件新闻而非权威信息主体发布后，会引起舆论的反弹。事件链联想功能及信息树会快速启动，媒体及网民等不仅会按照常规提出事件进展、事件原因等问题，也会提出更多的"信息补偿"需求，加大舆情回应难度。同时，会加速"质疑一切"的反思性思维方式的启动，虚假信息、谣言等不断产生，乃至会有"塔西佗陷阱"的出现。在此情境下，常因舆论压力集团及更高科层的政治权力介入引发舆情回应的反转。

6. 合理行动窗口与舆情回应的"两手抓"

重大突发事件发生后，也有地方政府能够采用专业的态度，开启行动窗口，将应急管理与应急传播"两手抓"，通过新闻发布会等形式，与权威媒体合作，及时、频繁、坦诚地通报信息，形成了"政府积极应急管理＋主导信息提供"，"媒体传播信息＋提供议题"的合作模型。在此合作模式下，政府采用了责任机制与声誉机制，将公民的知情权和话语权、媒体的监督权与话语权及其他利益相关方的权益协调统一。这需要政府内部思想统一、能力一流，并具有信息传播能力和应急处理能力。

7. 舆情监测机构与地方政府的关系

舆情监测又叫舆情监控，是指通过信息技术手段对互联网海量信息进行抓取、自动分类、主题检测等实现对网络舆情和新闻动态的获取需求，形成分析结果，最终为客户进行舆情的应对处理提供帮助。随着互联网舆论市场的发展，舆情监测也成为一个新的行业。这类型的机构也逐渐更加多元化、专业化。舆情产业技术更新频率快且具有较高的社会价值及投资回报率，深受资本市场青睐。这也是突发事件爆发后社会舆情的外围利益相关者之一。随着舆情监测成为政务现代化标准之一及各级政府的"地方标配"，它也成为中宣部、国家广播电视总局、国家新闻出版署、国务院新闻办、国家网信办、工信部等机构的政策资源供给重点。舆情监测机构的重要合作对象覆盖了部委、基层政府部门、大型企业等。健全建立舆情监测机制和舆情应对体系已成为现代政府公共管理的标准配置，通过整合社交媒体、报纸等多种媒介渠道公众对于舆情主体的情绪、态度和意见倾向，为这些机构提供专业的分析报告和相关建议。现有的主流舆情服务商可以大体分为学院派、媒体派及公关派三大类。网络舆情监测竞争日益激烈，专业化程度不断提高。从某种角度讲，突发事件爆发后正是舆情监测机构最繁忙的时候，因此，也成为突发事件社会舆情的利益相关者之一。舆情监测机构的业务导向也会为社会舆情回应提供业务指导和实践理念。

政府舆情监控系统能够帮助地方政府部门提高舆情研判的科学性，提升舆情应对效率。网络舆情监测已经成为地方政府工作的重要内容，地方政府是舆情监测机构的主要客户，地方政府购软件监测网络舆情被指催生巨大市场。人民网舆情监测室是国内最早从事互联网舆情监测、研究的专业机构之一，从舆情监测机构发展到大数据中心。民政部 2014 年 2 月 10 日公布的《2014 年购买社会服务指导目录》显示，舆情监测成为政府向具备资质的社会组织、文化企业等单位购买服务的项目，政府可委托其提供系列舆情产品和其他相关服务。舆情监测被列为政府购买服务的对象有助于地方政府与舆情监测机构之间确立稳定的合作关系。

（二）媒介在突发事件中的权力

大众传媒在突发事件中应当扮演多重角色，包括社会危机的预警者、社会舆论的引导者、不当行为的监督者。媒体是公共平台，是社会大船的瞭望者，也是公众利益的守望者。它代表公众行使监督权，保障事件主体包括知情权在内的正当权益。报道权是新闻记者的基本权利与义务，广义上的新闻报道权是指新闻媒体及记者自由地搜集新闻信息并将它们报道出来的权利，也是让受众享受"知晓"的权利。狭义上的新闻报道权指新闻媒体及记者将自由搜集的新闻信息报道出来的权利，也是让受众享受"知晓"的权利。

1. 传统媒体的专业权力与隐形权力

作为组织化的实体，新闻媒体享有宪法所赋予的与公民同等的言论、出版自由；作为专业化的实体，新闻媒体具有监视环境、协调社会和传承文化等功能（拉斯韦尔），其因"职能化地位"而独具"职能权力"，形成了专业性权力。[1]媒体权力具有四种范式：共识范式、混乱范式、控制范式和矛盾范式。[2] 媒体的这种专业权力直接表现为话语权，而话语权是意识形态工作领导权的实现方式，包括提问权、论断权、解释权和批判权等，通过出题目、作判断、除干扰、解困惑等环节来掌握领导权、实现思想引领、掌控意识形态，是意识形态领域话语主题、话语主体和话语载体的集中体现，具有鲜明的理论特性、价值特性与实践特性。[3] 我国的传统媒体，尤其是官方媒体还掌握着一种隐形权力，即类行政权力。这种权力体现在中央级媒体与政府权威之间的统一性。在突发事件爆发后，政府与媒体之间的"势能差"会随着媒体舆论监督权的逐步实施而得以消

---

① 林荧章：《多维度解析中国媒体权力》，载于《中国社会科学报》2015 年 3 月 18 日，B01 版。

② ［英］德斯·弗里德曼：《媒体权力的四种范式》，陈前亮译，载于《国外理论动态》2015 年第10 期。

③ 赵瑞琦、刘慧瑾：《中国意识形态网络话语权建构："三个舆论场"的夹角与控制》，载于《南京邮电大学学报（社会科学版）》2018 年第 1 期。

解。在诸多重大突发事件中，地方政府的"失语"就是随着中央级媒体的介入而被打破的。这种上级媒体对下级政府的监督权力源自媒体与政府之间的特殊关系。同时，中央级媒体作为中央级政府的代言人，也反映了话语权的运用受限于社会结构与权力结构。

2. 传统媒体在信息博弈中的选择策略及其行动逻辑

根据均衡分析，媒体在事件发生后会因新闻价值大而抢先发布消息。当报道事件所获的收益远远大于付出成本时，媒体都会趋向于进行实地报道获取一手信息而采取尽早发布信息策略；当报道事件所获收益小于等于付出成本时，媒体都会趋向于利用其他媒体的信息进行二次加工后发布而采取延时发布信息策略；当报道事件所获收益大于付出成本而又保持在一定范围内时，就会出现一个时间点使延后损失值与付出成本相等，所以，媒体应预期衡量好报道事件所获的收益区间，从而进行选择采取何种策略。[①] 突发事件发生后，如果政府不封锁事件信息，就会有来自各方的媒体赶赴现场进行跟踪报道，目的是得到第一手的消息抢先发布来获得高度关注。事实上，重大突发事件发生后，媒体与政府间的博弈取决于双方力量的对比及利益驱动的强度。媒体可以采取不发布信息策略、延时发布信息策略或部分发布信息策略。

（1）传统媒体和政府权力的合作：不发布信息策略。

一是传统媒体和宣传部门的合作。尽管新闻媒体的根本权力是对政府实施监督的权力，但是我国的媒介管理体制决定了媒体组织是政府管理体系的一部分，政府任命党报的负责人，其他作为子报子刊而受到母报的管理。二是资源交换策略。除了以保持媒体机构现行结构稳定外，政府还会以独家新闻为资源与媒体进行交换。三是自我审查策略。所谓"自我审查"，是指在没有明确外部审查机制、压力和要求的情况下，从业者和媒介组织自身对新闻生产进行的自我施压、自我监管或自我控制。中国媒体的审查事实上更多地依赖于作者个人和媒体机构的"自我审查"。从现实情况看，媒体在重大突发事件报道中的行动策略通常都会在自我审查后实施。

（2）专业主义与权威主义的博弈："势能差"下媒体隐形权力的运用。

社会层级差异可能突破政治权力对媒体权力的限制。地方政府虽然能够影响当地的媒体，但却需要应对来自上级媒体的质疑。报道时机能够突破政府压制重大突发事件爆发消息的权力。传统媒体重大突发事件报道中采用的策略主要包括"时空转换策略""责任转移策略""报导事实策略""合纵连横策略""反客为

---

① 杜蓉、王宁、梁蕾：《群体性突发事件在线演化博弈研究》，载于《科技管理研究》2014 年第 24 期。

主策略"及"钻研漏洞策略"六种策略。抢发策略也是重大突发事件商业报纸报道中的策略之一，报道语言也会成为媒体权力与政府权力博弈的窗口。如很多时候报道中发出的消息境外受众更早知道，出现重大新闻的"出口转内销"的迂回路径，这可能源于国内对英语报道的管制较为宽松。此外，"势能差"下媒体的隐形权力还表现为媒体与媒体人的分裂。当重大突发事件受到管制、媒体不能自由发声时，媒体内部人会通过讨价还价、转换版面、以个人身份发布等方式来履行专业新闻机构的社会责任。特别是一些知名媒体人，具有个人知名度高、信息资源较为丰厚和个人话语风险较媒体机构较小的比较优势，在突发事件爆发后尝试以个人身份发声，既是一种发声策略，也是一种隐形权力。

3. 网络媒体的平台权力模式与行动逻辑

在互联网和大数据的推动下，平台组织成为对社会经济要素整合的主要形态和载体，深刻地影响着社会权力结构，从而催生特殊的平台权力模式。平台权力的形成过程就是平台私权力扩张而导致公权私有化的过程。平台生态体系的利益主体之间容易产生权力冲突，影响着平台结构化运行的规则、制度、组织等平台秩序。此外，平台权力的凝聚容易形成平台权力垄断。商业网站是把商业利益放在第一位的，其新闻专题的策划制作出发点是赚取点击率，注定它必然将商业性放在第一位，经济利益与新闻价值冲突时，商业网站很可能倾向于选择经济利益。此外，数据权力与算法权力在突发事件中也日益显示出巨大的影响力。

（三）意见领袖在社会舆情演变中的影响

作为重大突发事件社会舆情利益相关者的意见领袖是信息传播者、舆论引导者、网络监督者，有时又是谣言的生产者。

1. 充当"把关人"引爆舆论核按钮

马尔科姆·格拉德威尔的《引爆点》一书中提出，意见领袖的观点、信息、感知等在外部环境的催化作用下极易传播到受众面前，受众选择接受了这些观点、信息、感知，最终可能引发一场流行。意见领袖在重大突发事件社会舆情的演变中首要的功能便是利用微博等网络平台"舆论放大器"的作用实行议题设置，通过曝光信息启动"舆论核按钮"。信息经过大 V 转发，会立即形成信息传播的爆发式增长点，出现"几何级放大效应"，形成与公权力对话甚至制约公权力的力量。沈阳研究发现：一个总数不超过 250 人的大 V 群体，已成为网络热点事件消息传播的核心轴。这 250 人通常拥有 10 万以上的有效粉丝，如不能激活他们，则无法将事件推向深入。[①]

---

① 《大 V 近黄昏？》，载于《南方周末》2013 年 9 月 12 日，第 1 版。

2. "快思手"通过观点生产和转发主导事件走向

除了曝光信息外,意见领袖在突发事件中还通过对事件的深入解读和及时引导而发挥"快思手"的社会功能。公众对于意见领袖的信息加工能力、独到的观察与判断能力以及去伪存真的甄别能力提出了极高的要求,意见领袖被迫成为"快思手"。加之中国正处于矛盾与冲突多发的社会转型期及高风险期,突发事件的爆发频率一直保持在高位运行。因而,意见领袖面对强大的社会压力,需要不断对新的事态发展发表看法。"意见领袖"在很大程度上就是"意见经纪人"。

3. 意见领袖在突发事件社会舆情中的不同作用路径

罗伯特·默顿将意见领袖区分为两种类型,分别是单型意见领袖和多型意见领袖。两者分别在某一专门领域拥有较多的话语权,后者则在多个领域发表意见并影响他人。单一型意见领袖依靠在现场的时空优势抢占时效优势扩大信息资源的影响力。这类意见领袖通过即时传递信息成为信息中心,产生瞬间最大影响力。这种偶发性意见领袖通常不具有稳定性,在不同的重大突发事件中具有截然不同的表现,具有游击战的特点。在与政府博弈过程中,并不完全具备经济人的特性,并不清楚信息博弈的成本,而是具有偶发性特征,更多是受到道德驱动或虚荣心驱使,在后续的信息博弈中则快速完成了权力交接。在重大突发事件中,意见领袖的影响力在瞬间得到了实现,但其行为具有暂时性特征,只是阶段性活跃。在突发性事件中,通常来说,公众还是更信任长期履行信息过滤、引导职能的"领袖"类人物,因为这类意见领袖有踪迹可寻,有过往形成的公信力和美誉度,也有可见的专业资格。

4. 网络意见领袖的竞争性

网络意见领袖具有多元嵌套的竞争性意见领袖模式特征。权力是一种"循环流动的东西,或者以准确的方式说,权力体现为一种仅仅凭借链状形式以发挥作用和效力的东西,它既不可能单单积聚在某一特定地方,从不可能掌握在某一个个体手中"[1],它"借助于主体的行动本身或行动的能力"[2]。网络意见领袖的行为具有信息机会主义特征,在政治安全的前提下追求社会资本和经济资本的实现。以微博大V为例,重大突发事件中的大V表现出社会地位和信息来源优势被削弱、情绪感染甚于理性引导的特点,另有小部分大V能通过主动引导重大突发公共事件获得自身关注度和影响力的提升。[3]这些大V主要可分为围观型、关注型及参与型三种类型,其对于事件的参与更多的是带有投机性质的以"言"立

---

[1] Foucault M. *Power – Knowledge*. Brighton:Harvester,1980:98.

[2] Foucault M. The Subject of Power,Dreyfus H L,Rabinow P,eds. *Beyond Structuralism and Hermeneutics*. Chicago:University of Chicago Press,1983:220.

[3] 胡泳:《我们需要什么样的网络意见领袖?》,载于《新闻记者》2012年第9期。

身。其原因在于大 V 对微博的使用具有强烈而明确的个人动机，同时受限于政府、运营商和网民三重外部主体压力。[①]

5. 意见领袖在突发事件社会舆情演变中的行动逻辑

网络意见领袖的资源包括知名度和美誉度，其作为意见领袖，理所当然地具有吸引粉丝群体的巨额资本。意见领袖借助其广泛而灵通的消息获取渠道以及强而有力的传播方式，将自己储备的显性知识或隐性知识加工、编辑、传播，换来其他用户的关注。他们聚集的拥护者越多，话语权越大，就会赢得大批追随者，从而把控主流话语权，随之积累到他们身上的文化资本、社会资本也就越多，最终实现知识向权力、向经济资本的转化。

以商业经济的逻辑视之，作为"自媒体"的网络意见领袖拥有可观的注意力资源和象征性资本，许多商业机构都意图借助意见领袖的"名人效应"来进行商业推广。在经济利益的诱使下，不少意见领袖都乐于将广告信息植入新闻讯息及日常表达中，甚至成为资本的代言人。事实上，商业植入是一种相对显性的异化现象，属于信息文本的异化。随着消费主义经济的全面渗透，网络意见领袖的异化更为主动也更为隐性，表现为个体精神的异化。[②] 网络意见领袖拥有的粉丝赋予其社会影响力，已经呈现出层级化与市场化。2016 年的统计表明，在新浪和腾讯微博中，10 万以上粉丝的大 V 超过 1.9 万个，百万以上粉丝的大 V 超过 3 300 个，千万以上粉丝的大 V 超过 200 个。不同影响力的网络意见领袖在意见的自由市场的身份有所不同。网络大 V 作为行业中的"意见领袖"，不仅通过普通用户的日常互动激活所在平台如新浪微博的活跃度，同时也接受市场规则，将自身粉丝数转化为经济利益。超级话题榜、明星势力榜、热搜等便是其展现影响力的场域。粉丝在 100 万以上的大 V，转发一条微博的收益可达 3 000 ~ 5 000 元。明星等超级大 V，转发一条微博的收益达到上万元。[③]

同时，权力的钳制也会导致作为意见经纪人的网络意见领袖依据某些利益集团需要的隐藏关键议程，有选择性地进行信息过滤。网络上的话语权与现实中成正比，存在资源转移与扩展的规律。尽管场域不同，现实中掌握丰富社会资源的人群在网络空间中依然掌握有信息资源甚至特权，意见领袖与粉丝之间形成了稳定的合作关系。多数网民属于中下层社会，但网上的意见领袖和大 V 却是一个特殊群体，他们更多的是某既得利益集团的代言人。他们作为利益集团的代言人和舆论领袖对关键事件和问题的片面观点，导致很多网民和群众对事实真相的了解产生巨大的偏差。其所代表的意见不是社会公众理性讨论的结果，而是网络媒体

---

① 方曼：《重大突发公共事件中的新浪微博大 V 行为研究》，南京大学硕士学位论文，2014 年。
② 曹慧丹：《网络意见领袖与社会舆论的引导》，载于《今传媒》2014 年第 11 期。
③ 金丹：《网络炒作利益交换模型探析》，载于《青年记者》2017 年第 33 期。

建构的"意见环境"的压力作用强制人们对所谓的"优势意见"采取趋同心理和行动。

6. 意见领袖在突发事件社会舆情演变中的去魅：权力与影响的下降

意见领袖在中国经历了"涌现—分化—去魅"三个大的阶段。网络意见领袖的权力也随着政治社会环境的变化而发生波动。近几年来，微博大V帖文转评数已极少过万，普通网民对微博大V的追捧热度已然不再。尤其是净网行动后，网络意见领袖的行权频率大大降低。在近年来的多个重大热点舆情事件中，没有任何大V的言论给人留下深刻印象，草根网友而非大V的言论影响最大。

（四）网民的行动资本与行动策略

网民的资源包括以规模效应为基础的社会资本、包括专业能力在内的文化资本、道德资本、情感资本。网民的行动策略包括与媒体的互动、与网络意见领袖的互动、自我循环、信息整合等。网民作为利益相关者的影响包括形成舆论压力、重置信任资源、影响组织声誉、影响社会稳定、导致组织人事调整、冲击社会共识、倒逼组织加大信息供给并进行权力补偿等。网民的权力包括符号革命、注意力资源集聚带来的规模效应及由此形成的舆论压力，可以与组织具有平等的博弈地位。拷问组织目标与行为失范的道德权力及由此催生的情感资本也使得网民拥有榜样权力。同时，网民中包括具有专业技能及知识能力的专业人士扮演的"全民侦探"，也展现了专家权力。

网民的权力并不具有稳定态，是在行动中产生的，具有动态性、瞬时性和情境性特征。网民通过在舆情事件中多角色的扮演，包括信息的提供者、围观者、观点的追随者、社会行动的动员者和参与者等来实现自身权益。正如福柯所说，"权力不是一种结构，也不是一种制度，更不是某些个体或者群体天生具备的力量。权力是人们在既定社会环境中对某个复杂的策略性处境赋予的名称。"[①] 这种短时内担当网络关系节点的"公民记者"的身份也只是瞬时性权力的产生根源。如在诸多重大突发事件中，普通网民担当了信息提供者的角色，在短暂的现身后就隐没于海量的网民群体中。网民权力建立在"技术—内容—关系"的三维互动基础上。舆论场上的权力也不具有正态分布的特征，而是具有复杂性特征，由其在关系网络中的节点位置所决定，根据网络互动、知识能力、社会资本及网络位置决定其权力的拥有度和使用率。通常而言，网民权力的实现通过"舆情共同体"或"意见共同体"的形式达成。网络舆情的"意见共同体"是"共同体"思想在新媒体时代的融合及延伸。"网络意见共同体"的形成要素包括成员的身

---

① ［法］米歇尔·福柯：《性经验史：第一卷》，佘碧平译，上海人民出版社2002年版，第69页。

份认同、共同体情结、共同关注的议题、利益诉求及共同体规范，实现跨越时空、地域、文化的虚拟整合。

网民作为利益相关者推动舆情演变，很大程度在于率先对传播技术的认知与使用。大众传播史表明，每一次传播手段的变革，都会改变人们信息消费的方式、内容和感受，也会对舆论传播产生重大影响。借助数字化传播手段，人们超越了传统媒体时代的时空界限，实现了传播权力的转移，也打破了政治权力和商业资本对传播权力的垄断。通过各类数字化传播媒介，每个人在理论上都可能在短时间内用较小的成本制造舆论热点。

网民在重大突发事件社会舆情演变中的行动策略日益呈现出多样化的趋势。网民惯用人肉搜索、翻墙、爬虫等技术来对抗媒体或官方的信息屏蔽。[1] 此外，还包括道德机制主导、情绪资本变现及替代性文本策略等。

（五）商业水军的利益链

商业推手以经济利益为目的，通过利用公众在突发事件爆发时的高度集聚状态，在不同平台发布网络红人、商品等无形或有形的商品形式，从而实现自身的盈利。网络推手制造、炒作、发酵舆情热点的方式更趋多样，"午夜发帖清晨删""点穴式循环发帖"等新手段频出。

另外一种商业推手的形式便是"五毛党"，即通过出卖自己的意见表达权而换取商业利益的一种行为者。他们接受了商业组织的雇佣，对某一事件或人物表达具有明显倾向性的意见，以此营造虚假的意见市场。这类人虽然影响有限，但同样也成为突发事件社会舆情的利益相关者。

1. 利益共生的产业链

商业水军是一种利益共生的产业链。先是利益的主体提出宣传要求→利益第一的公关公司接受订单→无利不起早的散兵游勇接受邀约→各式各样的利益行动（删、顶、转、发帖等）→达到各自利益诉求的商业结果，这个链条上的信用就是利益贯穿其中的商业信用，是一种民意虚假化的链式信用。[2] 这条产业链具体表现为网络水军之间、网络大 V 之间与其他平台等之间进行合作而实现的利益交换。网络水军影响网络舆情走向的一个主要行动策略便是删帖。网络删帖就是各利益群体运用各种手段来宣扬和维护自己的外在表现，其实质就是操纵舆论。

2. 网络水军的影响

网络水军具有如下危害：严重违反国家法律法规；严重侵害群众合法权益；

---

① 朱熹：《互联网舆论场域博弈现象研究》，重庆大学硕士学位论文，2015 年。

② 杨枝煌：《网络水军类型、多重信用及其治理》，载于《广东行政学院学报》2011 年第 4 期。

严重破坏网络传播秩序；严重损害网络管理部门和网络媒体形象；严重扰乱社会主义市场经济秩序。由于网络删帖行为降低了生产者最优努力水平，当删帖风险系数较大时，生产者最优努力水平随着社会惩罚力度的增强而提高（激励相容）。因此，应当用规章制度严格限制公司企业非法删帖，限制滥用公权破坏媒体的监督作用，要保护好合法帖子不被删除，要将滥用公权删除合法帖子视为非法。删帖是对公众知情权的侵犯，以犯罪来掩盖犯罪。同时，研究发现，考虑"网络删帖"因素后，生产者最优努力水平和删帖倾向与社会惩罚之间并未呈现出简单的线性关系。同时，网络删帖行为降低了生产者最优努力水平。[1] 但也有学者在量化研究后发现，网络水军尽管规模巨大，但影响有限。李彪等从网络水军的社会议程设置能力弱、发生作用的范围和领域有限、网络的自组织和自净化机制、仅能起到社会告知等浅层次的传播效果方面论证了网络水军在舆情传播中的有限影响力。[2]

（六）境外媒体的行动逻辑与策略

1. 境外媒体的行动逻辑

美国学者赫尔曼和乔姆斯基将媒体视为"制造共识"的工具，并用"宣传模型"理论生动呈现了新闻过滤过程。[3] 西方国家新闻的选择和呈现受制于几大"过滤器"：媒体所有者及其利润取向，广告收益，媒体对政府、企业及其所资助的专家人士的信息依赖，新闻批评等意识形态。这也较为完整地解释了西方媒体在通过报道推动我国重大突发事件社会舆情发展中的基本行动逻辑。

（1）国家利益考量：与政府的利益共生。

境外媒体作为国家利益的代言人，通过与西方国家政府、利益集团、公关公司、智库和学者等合作，对我国突发事件处置中的政府和组织行为等进行批评性报道。由于国家利益、意识形态差异、文化差异等因素影响，西方媒体对中国的解读多为负面。其通过议程设置和新闻框架的选择，赋予了突发事件意识形态色彩。大众传媒被其本身的经济需求和相互利益关系等因素拖进了一种与势力强大的政府消息源之间的共生关系。在对待国内外突发事件报道上，实行双重标准。西方媒体多为了迎合国内受众"中国威胁论"的信息选择取向及政府宣传美国政

---

① 焦万慧、郑风田：《网络有偿删帖的信息封锁效应——以食品安全为例》，载于《经济学动态》2018年第6期。

② 李彪、郑满宁：《微博时代网络水军在网络舆情传播中的影响效力研究——以近年来26个网络水军参与的网络事件为例》，载于《国际新闻界》2012年第10期。

③ 参见［美］爱德华·S.赫尔曼，诺姆·乔姆斯基：《制造共识：大众传媒的政治经济学》，北京大学出版社2011年版。

府普世价值等，将报道重点放在民众对政府的不信任论，政府的信息不透明等，在"国家利益优先"的共识下实现政府与媒体的共谋。这种从国家利益的对立立场出发，意识形态化的思维惯性使得大众媒体对事物的评价和判断都很难跳出共产主义和反共产主义的二元框架，而媒体持"我方"立场的做法则变成完全合法的新闻惯例。

（2）作为新闻机构的专业主义：国际话语权的争夺。

媒体作为商业公司的特点是，用最低的成本每天有计划地、持续地生产出受众满意的新闻产品。维护及推广美国主流价值观是美国媒体、财团、政府等利益共生者所共同遵循的信条。

（3）作为商业组织的经济利益：利润取向。

中国拥有全世界最大和最复杂的媒体与信息系统，同时也使中国事实上成了一个巨大的新闻原材料产地。随着中国事务新闻价值的提升，迎合本国受众的关注点，各国外媒体必然会为争夺新闻资源、扩大媒体受众和认知度、抢占潜在的中国传媒市场而展开更加激烈的竞争。事实上，境外媒体对中国报道的触角也日渐深入。从零星报道到全面深入的专题报道，从派驻记者采访到组织队伍现场制作节目，从单打独斗到与地方媒体合作，国外媒体在小心翼翼但是坚持不懈地往前走。[①] 中国报道热的出现及对我国重大突发事件的积极报道都可以从利润取向角度获得理解。

（4）作为本国财团的代言人。

媒体背后的利益集团才是话语权的真正掌控者。媒体表面上客观公正地"代表"他人说话，但实质上是借他人之口自我实现——其背后的利益集团会运用手中的媒体，通过议程设置和选择信息源，去说服甚至强迫公众接受他们的意识形态和价值观，把媒体和媒体背后利益集团的议程变成公众议程。这种毫无新闻平衡和信息对称的新闻报道凸显了社会各种强势集团，如财富集团、媒体集团以及他们背后的政治力量对媒体的影响力和议程设置力，究其根源则与各种集团之间利益交织的媒介生态环境密切相关。由于媒体的垄断与集中，美国媒体的话语权在很大程度上都是其所属利益集团话语权的延伸。存在共生关系的社会各种强势集团，会对媒体刊播的新闻进行过滤，将其他文化和不同见解边缘化。

2. 境外媒体的行动策略

（1）选择"政治正确"的报道。

境外媒体通过选派"政治正确"的记者、选择负面报道主题，报道落脚点放在回应性议题（如食品安全问题等七大议题），来保证在突发事件报道的意识形

---

① 孟建、刘成付：《透视国外传媒"中国报道热"》，载于《新闻记者》2005 年第 4 期。

态正确。

（2）媒体偏见下的新闻过滤与选择性呈现。

西方媒体在突发灾难事件涉华报道中具有惯性思维和固定模式，媒体偏见比较普遍。西方媒体在一般消息性报道之余，往往轻描淡写或选择性忽视我方全力进行救援和实施灾后安置的事实，集中攻击我国信息披露和新闻报道管理机制，夸大和渲染民众对政府的不信任情绪，甚至将攻击矛头直指我国政治体制。如在天津港"8·12"瑞海公司危险品仓库特别重大火灾爆炸事故的报道中，故意将重点放在公众对政府普遍缺乏信任及政治体制的可信度等。这种选择性呈现的举措对我国政府的重大突发事件的处理产生了污名化效应，也在一定程度上激化了舆情。

（3）与国际同行"互搭梯子"。

通过权威报道、连续报道、深度报道等手法，对突发事件进行资源挖掘；当官方信息供给不足、信息渠道不畅时，外国记者往往通过自己的方式搜集信息。境外媒体会选择与一些机构合作，在"中国形象"问题上日益扮演舆论领袖的角色，扩大议题影响。此外，境外组织还会与专业公关公司甚至反华政府组织合作。外国记者还特别注重同行合力，针对外媒感兴趣的话题积极跟进，形成涉华负面新闻报道小高潮。

三、利益相关者的特征

重大突发事件社会舆情利益相关者具有一定的特殊性，包括非主体性、多元性、多层次性和复杂性。

（一）非主体性

传统的利益相关者理论主要围绕企业主体展开，其利益相关者为政府组织、非政府组织、媒体组织等。如在 2016 年山东非法疫苗案中，事件主体是涉案的医药公司，食药监部门、各地公检机关、世界卫生组织等机构，属于非主体性的利益相关者。此外，在突发事件社会舆情中，利益相关者虽然依旧以组织的形式出现，然而实际上在舆情事件发展进程中，更承担着舆情共同体的角色。依然以山东非法疫苗案为例，在舆情发酵过程中，国家食品药品监督管理机构一方面是事件的监督机构，另一方面也是应对突发事件的舆情共同体之一。在澎湃新闻最初关注到此事之时，食药监就第一时间进行了回应，并责成山东及其他各地开展疫苗质量和流向排查；而世界卫生组织则作为第三方专业机构对于事件发酵过程中产生的谣言进行了澄清和辟谣，一定程度上减弱了公众的焦虑情绪，平复了舆情。

（二） 动态性

一方面，在突发事件社会舆情发酵的不同阶段，所涉及的利益相关者处于动态变化之中；另一方面，利益相关者本身的角色状态可以发生动态转换，事件紧迫程度、社会经济等外部条件的改变，都有可能使利益相关者在事件中的角色发生转变，比如由潜在的利益相关者转变为确定的利益相关者，或者由预期的利益相关者转变为潜在的利益相关者等等。以 2015 年天津港"8·12"瑞海公司危险品仓库特别重大火灾爆炸事故为例，事件发生后，确定的主体为滨海新区和该物流公司，然而，天津本地媒体由于在该事件报道与信息发布进程中反应不够迅速，被网民评论"处在一座没有新闻的城市"而备受热议，很快从潜在的利益相关者转变为确定的利益相关者。

（三） 扩展性

在突发事件社会舆情利益相关者中，很多主体承担交叉性的复杂角色。如中央政府起政策导向作用并督导地方政府的行为，地方政府兼具中央政府政策执行者和企业行为监管者的双重身份；网民可能既是事件的参与者，舆情的传播者、推动者，也往往是事件发展进程的监督者。以 2016 年和颐酒店女子遇袭事件①为例，舆情从事件受害者在网上发帖开始，大量网民在其中全程参与。据"新榜"监测，当事女子发出第一条微博后，4 月 5 日拥有 2 万粉丝的"@ 正经星人"将微博转发，开始舆情的正式传播扩散。此后很多明星大 V 的加入，则将此事扩散传播到一个新的热度。与此同时，网民还承担着事件进程监督者的角色，如 4 月 6 日"@ 平安北京"发布了一条天气预报的微博，被网友调侃。对于此事件，《新京报》评论说，"很多时候公众安全感的丧失，并不是因为一个极端恶性的事件，而是在庸常的生活场所，在最不应该发生危险的地方遇到了危险，并且得不到公权力有效的救济。这或许才是今天舆论大声疾呼的原因所在。"② 因此，在该事件中，由于事件的恶劣性和公众安全感缺失的冲击，网民由事件隐形的利益相关者，扩展为大声疾呼的显性利益相关者。

---

① 《庭审现场："和颐酒店女子遇袭事件"涉事男子获刑两年》，人民网，http：//m. people. cn/n4/2016/1105/c1293 - 7850354. html。

② 《女子酒店遇袭冲击公众心理安全底线》，《新京报》社论，https：//www. bjnews. com. cn/opinion/2016/04/07/399301. html。

（四）复杂性

突发事件社会舆情传播者，大量信息是充满噪音的、实时的、动态的，这就为判别利益相关者的状态增添了复杂性。突发事件社会舆情主体需要在复杂的环境中考虑与应对多重冲击。突发事件网络舆情涉及面广，事件扩散速度快、舆情主体多元化等特点也给政府部门的舆情研判和应急处置增加了不小的难度。以2016年雷洋事件①为例，该事件涉及执法、司法、舆论多个层面，以及雷洋家属、校友会等多方利益相关者，使得舆情事件走向出现多次反转。在雷洋事件发生后不久，公安部出台了《关于深化公安执法规范化建设的意见》《关于推进以审判为中心的刑事诉讼制度改革的意见》等文件，回应了广大民众对公权力被滥用的担忧，同时对于执法者的行为进行了更加严格的规范。

（五）相对性

利益相关者是能够影响一个组织目标的实现，或者受到一个组织实现其目标过程影响的人。在不同性质的舆情事件中，事件主体和利益相关者是相对应存在的。此外，突发事件社会舆情的直接利益相关者和间接利益相关者之间也具有相对性。以天津港"8·12"瑞海公司危险品仓库特别重大火灾爆炸事故为例，从经济依赖性来说，事件的直接相关者为仓储公司瑞海公司及其所在集团、附近居民楼住户，间接相关者为政府、媒体、公众等；然而，从社会利益影响性来说，滨海新区政府、本地媒体、网络场域公众都成为事件的直接利益相关者。

综上，突发事件的社会舆情的利益相关者具有包括社会各个层面在内的宏观性和广泛性。舆情事件成为沟通政府、社会（媒体和公众）和市场（经济组织）的重要平台。上至中央政府、基层政府，下至普通公众，都会在某些舆情事件的某个阶段成为利益相关者。其次，舆情的利益相关者具有相对的不稳定性。与经济组织的利益相关者不同，舆情事件的利益相关者具有相对的不确定性，且不同的利益相关者具有选择性参与的机会。同时，在生命周期的不同阶段的利益相关者也有所不同。这就使得重大突发事件社会舆情利益相关者的判断变得有难度。舆情的爆发和走向乃至消散既受到置身事中的舆情主体的关注，牵涉到个人的正当权益和组织的团体利益，也关系到社会的稳定和公平正义的实现，同时也是一国治理现代化水平的重要体现。

---

① 《一条时间链回顾"雷洋事件"》，央视新闻网，2016 年 6 月 1 日，http：//m.news.cctv.com/2016/06/01/ARTIDwNhexEx3NLtN9q9qCoO160601.shtml。

第三节 利益相关者在重大突发事件 社会舆情演变中的信息博弈

博弈是网络舆论场的特殊生态。重大突发事件社会舆情博弈可分为正和博弈、零和博弈与负和博弈。

一、重大突发事件社会舆情演变的"溪流模式"

正和博弈亦称为合作博弈，是指博弈双方的利益都有所增加，或者至少是一方的利益增加，而另一方的利益不受损害，因而整个社会的利益有所增加。在重大突发事件中尽管会带来人员伤亡和物质损失，但如果能够通过某一偶发事件带来制度优化，也会增加社会利益与公众福祉。这有赖于重大突发事件社会舆情演变期间稳定的利益相关者图谱，匹配"组织—媒体—公众"信息供需模式及完成事件解决向社会问题制度建设的优化链条。本研究以 2009 年成都公交车燃烧案[①]为例，分析舆情正和博弈的特点。

（一）稳定的利益相关者图谱

在成都公交车燃烧事件发生后，社会舆情演变的利益相关者图谱极其简单。只有政府、媒体和公众三方的良性互动，既无境外媒体的炒作也无商业力量介入。其中，政府是信息提供者，媒体是信息传播者，公众是信息接收者。这与传统的利益相关者理论的复杂识别模式大相径庭，也有别于核心利益相关者、潜在利益相关者等舆论学的基本研究共识。这得益于政府在时间发生初期的"第一时间公开信息"的及时举措，也受益于频繁滚动更新的专业行为。2009 年 6 月 5 日上午 8 时事故发生后现场举行第一场新闻发布会；下午 2 时 50 分，成都市举行了第二次新闻发布会，通报最新最准确的伤亡数据和伤员营救的最全面情况；当天晚上 11 时 20 分，第三场新闻发布会召开；次日下午 4 时 30 分，第四次新闻发布会召开。6 月 7 日深夜 11 时，成都市召开第五次新闻发布会；6 月 13 日，成都市政府以 27 号文件形式公布了"公交 20 条"改善公共安全。可见，在重大

---

① 新华社：《成都公交车燃烧案查明是一起特大故意放火刑事案》，中国政府网，http://www.gov.cn/jrzg/2009 - 07/02/content_1355817.htm。

突发事件发生后加大信息供应数量、加速信息供应频率有助于简化利益相关者图谱，降低重大突发事件的回应难度。在最短时间内恢复稳定的公共秩序，也使得政府免受"塔西佗陷阱"之累。

该案例研究表明，从利益相关者角度研究重大突发事件社会舆情演变和回应，传统的利益相关者识别与划分并非重点，更重要的是重视组织的愿景与原则，任何回应战略与策略都与组织对外宣称的宗旨相一致，就可以保持利益相关者图谱的稳定，保证不同利益相关者意见爆发时舆论潮水的"顺流而下"，最后汇聚到国家发展、社会进步、公众福祉的洪流中。技术性的利益相关者识别与分类可让位于哲学性的利益相关者利益保护取向。这也是经济学中以企业的组织利益保护为旨归的利益相关者研究与代表人民群众利益的利益相关者保护之间的根本区别之一。企业与消费者的利益之间从某个角度讲是零和博弈。消费者付费购买企业的产品和服务。企业为了自身的持续经营和经济收益的不断扩大，会通过广告、制造媒介事件等方式想方设法制造需求，引导公众增加消费。所以，二者之间利益相关者研究的宗旨有着根本区别，利益相关者之利益与组织利益的关系也有所抵牾，利益相关者与组织之间的博弈结果也有所不同。

（二）顺流而下：舆情信息流的决策树模型观察

决策树分析法是一种运用概率与图论中的树对决策中的不同方案进行比较，从而获得最优方案的风险型决策方法。它是一种简单高效并且具有强解释性的模型，每个决策或事件都可能引出两个或多个事件，得到不同的结果。运用概率事先演化事物发展的可能路径，就会得到类似枝干的图形，简称为"决策树"。

决策树（decision tree）是一个预测模型，它代表的是对象属性与对象值之间的一种映射关系。树中每个节点表示某个对象，而每个分叉路径则代表某个可能的属性值，而每个叶节点则对应从根节点到叶节点经历路径所表示的对象的值。数据挖掘中决策树是一种经常要用到的技术，既可以用于分析数据，也可以作预测。从数据产生决策树的机器学习技术叫作决策树学习，通俗地说即决策树。

决策树模型具有明显的优点：复杂度较低，进入门槛不高，利于舆情管理人员掌握；模型容易展示，可视化效果明显，可以更加直观地分析舆情发展走势；预测的过程比较快速，对数据要求不高，只需要少量的数据清洗工作。最重要的是，决策树模型的预测效率较高。在数据探索过程中，决策树是识别最显著变量以及两个或多个变量之间关系的最快速的方法之一。

决策结点、方案枝、状态结点及概率枝是决策树构成的四个要素。应用决策树必须具备五个条件：决策者具有明确的目标；存在两个或两个以上备选方案；

存在无法控制的两个以上的变量；不同方案在不同状态下的损益值可以计算出来；决策者可以估算出不同状态下的发生概率。

在重大突发事件社会舆情中，决策树模型主要用于不同信息供应条件下预测不同利益相关方的反应及由此引发的社会影响。它符合决策树模型的应用条件，因此可以作为一个有效工具加以引入。在 2009 年成都公交车燃烧案这起重大突发事件发生后，沿循公众和媒体提出信息需求、政府供应相关信息的决策树模式逐步建立（见图 5－3）。从这个意义上说，所谓决策树，就是一种把决策节点画成树的辅助决策工具，一种寻找最优方案的画图法。

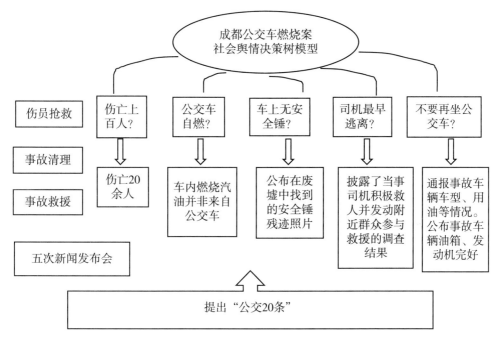

图 5－3　"成都公交车燃烧案"社会舆情决策树模型

这个案例其中一个突出的特点便是信息数的纵向发展轨迹较长，横向轨迹较短。这也说明了谣言等伴生现象并未出现或持续太长时间。学者张玉亮提出，突发事件信息流在舆情演变的不同时期有着不同的需求特点，据此可划分为需求爆发期、需求增长期、需求稳定期。重大突发事件社会舆情演变与回应中极其重要的一点便是舆论场中对信息需求的关注与满足。这不仅体现在数量发展变化趋势的一致，还表现在信息供给与信息需求耦合机制的有效性。[①] 从图 5－3 决策树模

---

① 张玉亮：《基于发生周期的突发事件网络舆情风险评价指标体系》，载于《情报科学》2012 年第 7 期。

型可以看出，在成都公交车燃烧案中，政府精准把握了媒体和公众的信息需求，对每一次提问都有坦诚而明确的回应。其提供信息的数据量也与公众的信息需求量保持一致，甚至还有补偿性供应。对于事故损失、事故原因、事故救援、事故责任、避免事故的制度性优化都与公众之间亦步亦趋。在政府、公众、媒体三者的合作上，就像一个项目联盟。面对重大突发事件"是什么""为什么""未来怎么办"的三道亟待回答的题目，公众扮演了"大胆假设"的角色，政府积极履行了求证事实真相的责任。因此，信息流与意见流在政府主动提供事实信息的前提下向前推进。

（三）利益相关者舆情回应的"靶向定位"路径

"靶向治疗"是医学的专用术语之一，是指在治疗的过程中有目的地针对某一些特定的目标或部位，如细胞受体、关键基因和调控分子为靶点的治疗。它具有特异性强、精准定位、副作用小等特点。近年来，"靶向"的概念逐渐引入社会治理领域。习近平总书记在谈到扶贫工作时提出了"对症下药、精准滴灌、靶向治疗"的指导方针[①]，为重大突发事件社会舆情演变与回应提供了启示。

重大突发事件社会舆情回应的靶向定位是指在舆情回应过程中，能够针对公众关心的、事关社会公共利益的、担当社会痛点的"靶点"，也就是公众心存疑虑、亟待政府等信息所有者提供信息供应的关键问题。

从这个角度讲，突发事件社会舆情回应同样要定准靶向，找准靶源，切准靶点，针对公众关心的社会热点与现实问题实施靶向消融。在制度优化上，也需要实行靶向联合治疗。这就意味着首先要有治病救人的决心重视舆情，认同舆情演变中出现的社会问题基本都是日常社会管理中出现的弊端的耦合与共振效应。这样可以避免将舆情演变中公众提出的信息诉求与意识形态或经济利益相关联，有利于减少社会回应的成本，有利于对症下药，避免伤害其他"优质细胞"。具体而言，就是在重大突发事件中，注重信息需求与信息供应的匹配，并辅之以行动改变态度的认知模型的实践。除了在舆论场上满足公众的信息需求，还要在突发事件爆发后以及时有效的救助、调查等行动支持舆情回应系统。

（四）对利益相关者的补偿性机制

在心理学里，"补偿"是指个体为了弥补自身在某一方面的心理劣势感，而努力在其他领域获得成功的过程，是一种心理适应机制。"补偿"研究的成果多

---

① 《习近平：在决战决胜脱贫攻坚座谈会上的讲话》，新华网，http://www.xinhuanet.com//politics/leaders/2020－03/06/c_1125674682.htm。

集中于成就动机领域、消费领域及生态治理领域，"补偿性心理""补偿性治理"与"补偿性消费"便是其主要研究共识。自尊威胁、控制感缺失和归属感缺失是导致补偿性机制启动的三种动机来源。补偿性机制可分成主动性补偿和应对性补偿两种。将补偿性机制引入重大突发事件社会舆情演变研究，可以解释许多看似不理性或不合常理的舆论演变现象。

重大突发事件发生后，作为利益相关者的涉事方或公众除了遭受实际的物质损失外，还会有心理危机或心理创伤。因此，重大突发事件社会舆情的演变除了线上与线下、危机现场与危机舆论场的耦合机制外，还有情绪与事件的耦合。在许多舆情领域管理者的意识中，情绪主导常与公众的非理性等同。这种心理危机感会引致公众的补偿性心理，并进而产生补偿性信息与行动需求。即除了当下危机的现状与解决之外，还会急剧增加危机预警意识。如果舆情回应方一旦有选择性呈现或虚假信息公开，就会引发更多虚假信息的疑虑，进而导致"怀疑一切"的反思式思维方式的爆发，也就是通常所讲的"塔西佗陷阱"。针对危机中利益相关者的补偿性信息需求，舆情回应者也应启动相应的补偿性机制。它包括了信息补偿机制与行动补偿机制。如在成都公交车燃烧案中，政府部门不仅针对公众需求发布了事故调查结论，以回应利益相关者的信息需求，同时也启动了针对公共交通安全的制度优化讨论，公布了"公交20条"以回应利益相关者的安全需求。这样不仅完成了舆论场的生态维护补偿机制，也优化了社会安全的补偿机制，以双管齐下实现了舆论场博弈的双赢，达到了正和博弈。这就要求直面利益相关者的利益需求，详列危机发生时舆论场提出的"问题清单"，深度回应信息需求与制度优化需求。

二、重大突发事件社会舆情演变的"蒸腾"模式

瀑布模式和蒸腾模式是美国学者乔万尼·萨托利在《民主新论》中提出的。瀑布模式下，信息经由管理层或者精英通过各种传播媒介实现自上而下的信息流动，中间往往会经过不同的层面，首先由管理层发出信息流，到达传播媒介，形成媒体舆论，并经过意见领袖的吸收和再传播，最终到达公众层面。如果这种信息流符合公众的利益诉求，那么就会受到公众的认可和支持，成为大范围的公众舆论的核心。蒸腾模式则是指发自普通公众的社会舆论在不断升温之后，以强烈的、不可阻挡的态势爆发，由下而上的一层一层蒸腾的过程。这种情况如果出现在舆论最初酝酿阶段，就可以通过议题设置来引导舆论的发展并最终影响着舆论

能否形成。① 本部分以天津港"8·12"瑞海公司危险品仓库特别重大火灾爆炸事故中的舆情演变为研究对象，试图发现由地方政府信息垄断到公民记者报道、再经由媒体合作后形成全国性议程的舆情演变过程中，利益相关者图谱是如何变化的，以及利益相关者之间在信息博弈中的合作机制。

（一）"地方视野"下的突发事件社会舆情利益相关者图谱

重大突发事件通常发生在地方政府，尤其是县一级的基层政府。该层级政府的舆情认知特点往往表现为：对舆情运行规律认知不足，对互联网环境适应性不强，与地方媒体的互动较为频繁，重大突发事件发生后的预警策略不足。

重大突发事件信息公开与舆情面临多重利益相关者图谱。在一些地方官员的意识中，重大突发事件是地方性事件，属于地方政府的管辖范围。舆论是可控的，互联网是其管辖范围。通过配置地方资源即可以达成稳定平衡。在行政科层内部生态中，地方政府与内部人员之间存在着利益关系，因为"单位一把手"是舆情的第一责任人。因此，如何决定舆情的第一回应策略权责明确。

1. 利益相关者图谱

在其利益相关者图谱中，显性利益相关者主要有四类：第一类是包括中央政府在内的上级政府。地方政府面临着上级政府乃至中央政府的监管压力。事实上，中央政府与地方政府之间隐含存在着"委托—代理"关系。中央政府作为委托方，有责任激励和监督地方政府在突发环境事件中的搜集与披露信息以及地方政府与民众之间的沟通事宜，以保障中央政府的公信力和社会稳定。因此，中央政府在突发环境事件中信息公开的行为策略集为隐瞒或监管。如果在灾难、事故等事件发生的第一时间公开，则意味着承受中央政府对其管理失职的问责风险。如果选择不公开，则受到信息公开要求的压力与监管。在信息公开及舆情回应领域，我国的制度日益严密，对其时间要求越来越短。对涉及特别重大、重大突发事件的政务舆情，要快速反应，最迟在 5 小时内发布权威信息，在 24 小时内举行新闻发布会，持续发布权威信息。为了呼应学界提出的舆情回应的黄金时间法则，除了中央政府规定的 24 小时要求之外，地方政府也展开了黄金时间的抢跑赛。因此，地方政府官员如果基于个人利益或团体利益的考量，存在侥幸心理，就会有选择性、失真性、延迟性地上报甚至隐瞒突发环境事故信息的负向策略。

第二类显性利益相关者是地方媒体。重大突发事件发生后，对其进行及时、公开、客观的报道既是媒体的权力又是其义务。地方政府与地方媒体之间存在着

---

① 参见［美］乔万尼·萨托利：《民主新论》，冯克利、阎克文译，上海人民出版社 2009 年版。

复杂的关系。一方面，地方政府是后者的出资方与监管人，存在指导与被指导、监管与被监管的关系。另一方面，地方政府又存在被监督的角色。媒体具有监督权，但在关乎媒体的"饭碗"的生存面前，媒体的监督权被大大地弱化。其次，地方论坛通常是重大突发事件曝光的最短路径，但并非最优路径。有些地方官员存在两个思想误区：误以为互联网是自己的管辖范围及互联网是有界限的。这两大认识偏差导致了很多本可以解决在萌芽状态的舆情事件"扩大化"。

第三类显性利益相关者为企业组织。企业创造经济利益，企业主是政商社交网络的关系节点，政府与企业之间具有博弈关系。经济战略为先，发展为第一要务。重大突发事件社会舆情中，地方政府如果进行信息公开，则需承担失去财税来源，承担对企业的监管责任、治理污染等管理责任及安抚民众责任等成本。如果与企业合谋隐瞒信息，共同对涉事公众进行控制与安抚，其成本在于一旦被媒体或上级政府发现，则会面临更加严厉的惩罚。

第四类显性利益相关者为涉事公众。有些地方政府将重大突发事件视作地方事件，对涉事公众采取"胡萝卜加大棒"的政策。安抚策略包括经济赔偿等，控制策略则动用法律及行政手段。

在上述地方视野下，中央—地方政府、政府—媒体、政府—公众、政府—企业之间达成了暂时的纳什平衡（见表5-1）。

表5-1　　地方视野下重大突发事件社会舆情应对的纳什平衡

利益相关者	成本	收益	策略	逻辑
中央政府	加倍监管	稳定	隐瞒 延迟 选择性	委托—代理关系
地方媒体	舆论压力 舆情公开 监管压力	饭碗生存	合作	
地方企业	监管压力	经济收益 稳定合作	合谋	利益关系
地方公众	牺牲个人权利	经济补偿	被迫合作	管理与被管理
舆情监测机构	经济成本	掌握舆情	合作	技术执政

2. 媒体作为利益相关者的策略选择

对于地方政府而言，在可以影响的地方媒体之外，还有行政层级更高或社会影响更大的商业媒体，包括网络媒体。在重大突发事件发生后，作为负有社会"把关人"职责的记者通常会获得相关线索。在政治安全、社会责任和商业利益的三重考量下，媒体机构有及时报道或不报道两种选择。选择报道会增加组织在舆论场中的社会资本。能在重大突发事件发生的第一时间进行报道，是媒体组织追逐的目标之一。能在最短的时间内选拔合格的报道者、调动必需的报道设备、寻找到合适的采访对象、及时发出有分量的报道，会成为组织报道实力的一次有力证明。同时，重大突发事件第一报道媒体通常也会赢得更多的关注和点击量，成为媒介意见市场的转载来源，带来点击量和订阅率的上升。此外，在同行中的地位也会作为一种隐形资本存在。媒体的监督会加大中央政府对地方政府的监管概率，也会成为地方政府自我审查后调整重大突发事件决策策略的契机。

3. 利益相关者的政治化区隔

除了地方政府的地方视野做法将利益相关者短时化、阉割化之外，某些部门对于新闻专业主义做法的漠视也会影响到利益相关者的位序及权利。重大突发事件发生后，把公众及其他媒体区隔于利益相关者图谱之外，对其知情权与监督权也没有给予足够的保障。这样人为制造的信息真空会导致利益相关者位序重置。此外，记者的失职行为形成的"经济区隔"亦可以保持信息真空。某些事件中，失职记者放弃自身作为社会瞭望者的责任，以此换取自身经济回报。

（二）"暂时信息真空"重置利益相关者位序

重大突发事件发生后，社会环境发生了重大变动，媒体和公众本是核心利益相关者，但"地方化区隔"与"政治化区隔"降低了上述两类核心利益相关者的位序，将之屏蔽在核心利益相关者之外。但重大突发事件报道作为政治资源与经济资源，历来是境外媒体争夺的重地。因此，人为制造的"暂时信息真空"会提升境外媒体的利益相关者位序，从潜在利益相关者上升为核心利益相关者。境外媒体凭借其设备优势、专业优势及采访资源优势成为重大突发事件的首发信源，常会加剧危机舆情的蔓延程度。其从其国家利益和媒体偏见呈现的模式化报道，在获得信息资源的同时也会降低对国家和政府的信任，异见人士及外国视角会被赋权。此外，网络意见领袖也会在暂时信息真空中获得发言时机，以获取道义资源、社会资本及经济资本。

（三）舆论场"破窗效应"激活利益相关者复杂图谱

破窗效应指环境中的不良现象被放任存在会诱使人们效仿甚至变本加厉。在舆论场中"破窗效应"是指突发事件一经报道就会形成信息和意见的聚涌现象，甚至出现报复性信息需求。与之相伴生的是利益相关者图谱的瞬间复杂化以及谣言等伴生现象的出现。研究表明，当危机是内源性的时候，如果危机信息是通过第三方的社交媒体来传播的话，那么公众的归因依赖性情绪如愤怒、轻蔑和厌恶就会大大强化或被点燃。当公众把危机视为外源性的，如果危机信息是通过组织的渠道发布的话，公众更可能接受组织机构的逃避性危机应对方式。在重大突发事件中，网络意见领袖、网络媒体、网民及部分传统媒体会形成"舆情共同体"，与政府等组织之间进行信息博弈。网络商业力量也会乘虚而入，通过制造谣言，推出网红等形式获取商业利益。一种比较稳定态的利益相关者——舆情监测机构也会开足马力，对舆论场实施监测并及时形成舆情报告，伺机兑现。

（四）重大突发事件社会舆情演变信息博弈中的合作与冲突

重大突发事件社会舆情演变信息博弈中的合作包含了多个利益相关者，即网络意见领袖与网民的委托—代理机制；网络意见领袖与传统媒体的合作；利益相关者作为"舆情共同体"的线上资源与线下资源的合作及境外媒体之间的信息合作等多重合作机制。突发事件网络舆情中存在利益冲突是一个客观事实，舆情治理的重要旨意就是在承认这一客观事实的基础上，有效化解各种利益冲突，实现利益均衡。其合作机制包括：议程设置、框架设定、议题接力、激活事件链、发展信息树、行使图像视觉权力、增加情感资本及利用极化效应等。利益相关者在网络中发布的信息具有主观性和情绪化特点。为了充分表达自身的利益诉求，利益相关者中的组织或个人，通常从自身立场出发，将各种自身认为不平等或利益受损的事在网络中发布，期待媒体关注以维护自身权益。有时候利益相关者还会在传播信息的过程中把自身经历和听闻的黑幕和贫富差距等问题联系起来，呈现出一个绝对受害者的角色。这种将个人经验和未经证实的信息相联系的做法，通常会使利益相关者发布的信息极具争议且情绪化突出，在网络中形成热点，引起高度关注。①

重大突发事件社会舆情演变信息博弈中的冲突包括契约悖论下核心利益相关者的博弈失灵、元事件的黑色利益链打破博弈平衡、商业力量以"谣言"为载体的机会主义信息博弈及境外媒体的商业利益博弈。其中，网络意见领袖利益博弈中的"敲竹杠行为"，从一次性"敲竹杠"中得到的收益远少于长远合作的收益，然而拥有强势产权和信息优势的一方常有对弱势产权和信息劣势的其他方

---

① 清博研究院：《影响网络舆论烈度的十大因子》，https：//www.yangfenzi.com/shehui/64508.html，2016－08－07。

"敲竹杠"的激励①。境外媒体在"7·23"甬温线特别重大铁路交通事故报道中利用了舆情的反思性力量，在报道动车事故损失及救助的同时，也为本国企业代言，将重点放在唱衰中国高铁的主题上。我国部分媒体的过度反思思潮也契合了国外媒体的论调，无形中损失了我国具有比较优势的高铁技术的竞争力。这就需要发动国家队的战斗力，增加正面信息的供应，实现舆论引导的有效性。

（五）舆情演变的伴生现象：谣言

重大突发事件社会舆情的演变中谣言产生的舆论生态具有如下特点：

第一，社会信任度低。重大突发事件中，谣言制造者便成为舆论场的投机者，利用社会焦虑感制造公众恐慌。尤其是在政府和社会信任度下降后，就会出现造谣成本低、辟谣成本较高的现象，法不责众、追查难度高。

第二，舆情燃点低。现存的事关百姓利益的问题常年没有得到解决、疏通，更加剧了政府公信力的"负向沉淀"。

第三，模糊性高。当重大突发事件发生时，真实信息往往供应不足，这会加速谣言的传播。

第四，公众焦虑感高。当重大突发事件发生时，危机管理组织和危机利益相关者通常会出现焦虑、不安等"危机迷情"状况，"心理失控"也会加重"危机迷情"。"心理失控"是心理危机的一种形式，具体表现为意识和思想上的不受约束性，即一种非理性的心理状态。如"7·23"甬温线特别重大铁路交通事故给事件相关者造成了巨大的心理创伤，之后网络上流传的谣言更是引发了众多网民的不满，造成了社会心理的普遍性混乱。

突发事件社会舆情常伴随"关怀式谣言"的存在。其背后存在明显的利益机制，表现出分散化生产、产业化生产态势，并且还衍生出诸多传播利益链。政府失语的时间越长，校正流言与谣言的成本也就越高。谣言的产生还依赖于一定的技术条件，即需要付出技术成本。煽动性文字配合视频、动图，在微信群、QQ群等隐蔽渠道病毒式传播；小视频也成了谣言传播的新渠道；社交媒体因其便捷、高效、低成本等特点，也可能成为谣言传播的"加速器"。

在谣言治理中，政府逐步完善了过去以公开辟谣、删除谣言和关闭非法网站为主要手段的表层治理模式，从处理谣言传播者向追究谣言发布者转变，它为研究谣言制造动机提供了数据。② 制造、传播谣言者需要承担的法律责任不断提高，

---

① 刘冬荣、贺勇：《从利益相关者理论看财务契约与财务冲突》，载于《中南大学学报（社会科学版）》2009 年第 6 期。

② 陈春彦：《网络谣言制造者的性别构成和动机研究——基于 60 例典型案例的统计分析》，载于《今传媒》2015 年第 1 期。

具体包括：民事责任，即如果散布谣言侵犯了公民个人的名誉权或者侵犯了法人的商誉的，依据我国民法典的规定，要承担停止侵害、恢复名誉、消除影响、赔礼道歉及赔偿损失的责任；行政责任，即如果散布谣言，谎报险情、疫情、警情或者以其他方法故意扰乱公共秩序的，或者公然侮辱他人或者捏造事实诽谤他人的，尚不构成犯罪的，要依据治安管理处罚法等规定给予拘留、罚款等行政处罚；刑事责任，即如果散布谣言，构成犯罪的要依据刑法的规定追究刑事责任。但实际情况是，大部分编造谣言者并不能很清楚地意识到其中的法律风险。

散布谣言的动机呈现出多样化的特征，其中，造谣者试图提高自身知名度后向商业资本转化是典型的动机之一。当信息与观点相继"爆炸"，"流量"也就迅速成为稀缺资源。注意力资源也称为"眼球资源"，是对目前新闻传播业激烈竞争目标的单纯的博取关注，在吸引了一定关注量后展开营销活动牟取经济利益。大 V 与粉丝之间存在弱关系，弱关系下行为决策更为容易，因此降低了谣言传播成本。此外，利用谣言进行人身攻击和舆论绑架以实现个人恩怨等目的及娱乐性目的也是散布谣言的可能动机。陈春彦通过 60 例较为完整的网络谣言案例的研究，对网络谣言的发布者性别属性进行描述，厘清了网络谣言制造者的利他性、利己性和无利性三种动机属性，其中过高的"无利性"网络谣言是对网络空间言论自由的伤害。[1]

三、重大突发事件社会舆情演变的"雪崩模式"：以长春长生公司问题疫苗案例为例

雪崩效应是指当输入发生最微小的改变，也会导致输出的不可区分性改变（输出中每个二进制位有50%的概率发生反转）。重大突发事件社会舆情演变的雪崩效应是指舆论场由于微小事件的发生而导致舆论生态的崩溃与信息体系的坍塌。

（一）利益相关者参与博弈的偶然性

2018 年长春长生公司问题疫苗案件[2]最初是由内部利益相关者因利益受损而

---

① 陈春彦：《网络谣言制造者的性别构成和动机研究——基于 60 例典型案例的统计分析》，载于《今传媒》2015 年第 1 期。

② 《中共中央政治局常务委员会召开会议听取关于吉林长春长生公司问题疫苗案件调查及有关问责情况的汇报中共中央总书记习近平主持会议》，新华网，http://www.xinhuanet.com/politics/2018-08/16/c_1123282169.htm。

实施的爆料才被公众知晓。之后，前南周记者主持的微信公众号"兽楼处"发布了讲述长春长生公司假疫苗产业链的《疫苗之王》一文引发舆论关注。当公众都在质疑爆款公众号文章的意图时，他作出了"没什么目的、背景，仅仅只是作为一个公民本能的反应，关心自己生活的环境，试图指出一些问题"① 的回应，证明了抛弃个人商业利益、只是争取作为公民的基本生存安全权益时，才是最有说服力的监督行为。但其曾经作为媒体人的经历也有助于其参与博弈，揭发了关于"少数的资本和人，通过一个利益链条，操控了一个不太引人注目，但油水丰厚的行业"的中国故事。他充分把握了周六这个网络舆情发酵的黄金时机，第一个小时阅读量超过两百万，揭开了"从上到下都是利益"的黑色产业链条。揭发者通过个人拥有的专业资本，写作前咨询医药行业人士、搜集疫苗公司年报、浏览市面上的权威媒体报道，梳理清楚了背后隐藏的资本路径，保证了文章内容的可信度及公众传播的可持续性。该事件被称为"国内首例自媒体参与推进公共政策革新的大事件"，因其引爆的疫苗危机事件后续出台了《中华人民共和国疫苗管理法（征求意见稿）》及其说明，从法律法规和监管长效机制上完善疫苗管理。2018 年 12 月 11 日，涉事企业收到强制退市告知书②。由此可见，继论坛、微博之后，自媒体公众号文章已经成为触发企业声誉危机的主要来源之一。危机爆发的信息源外化及去体制化导致了博弈行为的偶然性，也构成了信任危机事件的基础。

（二）利益相关者的反应泛化

反应泛化是指条件反射的术语，指的是条件反射建立以后，不仅原初的条件刺激，而且与原初条件刺激类似的刺激也能引发条件反应的现象。也就是说，当某一反应与某种刺激形成条件联系后，这一反应也会与其他类似的刺激形成某种程度的条件联系，这一过程称为泛化。疫苗事件由于利益相关者受到了强刺激，其受到类似刺激时也容易受到类似刺激引发条件反射的出现。山东非法疫苗案对国内家长产生了很大的影响，致接种量普遍下降，最高地区下降 40%，影响了家长作为利益相关者的决策结果。③ 长春长生公司问题疫苗案件舆情爆发后，引发了广泛的关注与强烈的反疫苗论，证明了反应泛化现象的存在。泛化的强度与刺激的相似程度有关，刺激的相似程度越高，泛化反应的数值就越大。重大突发

---

① 《为了更安全地活着》，载于《南方周末》2018 年 12 月 27 日。
② 《长生生物收到深交所强制退市事先告知书，高俊芳终身市场禁入》，澎湃新闻，https://baijia-hao.baidu.com/s? id = 1619543216881031878&wfr = spider&for = pc。
③ 《中国家长疫苗接种态度及行为大数据报告》发布，央广网，http://news.cnr.cn/native/city/20160701/t20160701_522555132.shtml。

事件如果涉及公众关心的热点问题，尤其是事关生存、生活安全的民生热点问题，就会引发规模惊人的舆论关注。在疫苗事件中，疫苗关系到每个人和每个人的孩子，不是个别地区而是所有人的痛点，所以舆情热度一直居高不下，形成全国普遍性的热度持续高开高走的舆情风暴。反应泛化的根源在于人类对于环境的归因能力，倾向于对那些具有共同特性且能有效引起行为的多种刺激作出类似的反应，以增强对环境的理解并因环境的变动而调整自身的行为。同时，疫苗事件中的利益相关者泛化还表现在数量的泛化趋势。因为疫苗等药品关系人们的身体健康甚至生命，造假突破了人的道德底线。在孩子的人身安全问题面前，阶层、职业的差异暂时消弭。这也是为什么疫苗事件发生后传统媒体与网络媒体、舆情管理者与舆情事件推动者之间出现舆论指向一致的根本原因。

（三）利益相关者博弈图谱的瞬间复杂化

在雪崩模式中，利益相关者图谱短时间内呈现出复杂化趋势，彼此之间的博弈也纵横交错地展开。在长春长生公司问题疫苗案件舆情演变中，由监管机构和政府部门、疫病防控领域官员和专家、传统媒体、网络媒体、微信公众号等自媒体、医疗领域的垂直平台（如丁香园、春雨医生）6 大渠道组成的利益相关者博弈图谱解析了舆情雪崩的内在过程。

1. 资本博弈

一是长生疫苗在企业经营中的利益博弈。生物制品行业被誉为黄金般的产业，疫苗成为一些企业图谋暴利的工具。近年来，中国政府将制药创新作为国家重点，疫苗现在是一个蓬勃发展的行业，疫苗企业经营的利益链条复杂化，这也影响了疫苗危机爆发后的舆论领域。此外，长春长生生物公司在疫苗销售过程中，借助给予回扣方式推销疫苗产品，涉及多起行贿。[①]

二是上市公司股东与疫苗使用的利益相关者之间的博弈。股东利益与利益相关者利益谁更重要历来是经济学讨论的话题之一。在疫苗危机爆发之后，长春长生生物公司作为上市企业，其被监管势必影响到股东的利益。这在舆论的意见市场同样有所反应：多头（重仓持股者）曾通过组织专家发表理性声音，讲解国内疫苗审批流程、国内历史上疫苗事件介绍及处理国内外疫苗不良事件、产品质量对比等，来降低疫苗危机对股价的影响；还通过清理微信群等做法，期望增加片面信息供给而降低资本损失，结果因为讨伐声音过强引发众怒而偃旗息鼓；卖方分析师计划为"造假疫苗"事件组织电话会议，以解释影响力。

---

① 《长春长生销售卷入 12 起行贿受贿案：涉豫皖闽粤四省》，央广网，http://www.cnr.cn/shang-hai/tt/20180723/t20180723_524309160.shtml。

三是营销号在盈利市场的资本诉求。自媒体营销是自媒体深度融入我们的生活这一互联网发展阶段的产物。自媒体营销号即是个人或组织进行自媒体营销活动的主要平台。自媒体营销号参与网络舆情事件，主要有组织发起热点话题、在已有网络舆情事件中借势炒作两种参与形式。自媒体营销号热衷于在有一定冲突性的舆情事件中，有选择地突出和放大部分事实，有意制造传播节点和焦点偏移，从而利用网络围观形成的海量注意力资源达到谋利目的。在疫苗危机事件中，部分自媒体营销号利用公众的恐慌心理和对体制的不信任，通过在疫苗危机中制造热点话题吸引公众注意而换取利益。除了传统的依靠流量争夺获取利益外，还通过推出恶搞视频与广告软文等赚取流量。

个别自媒体意见领袖则直接利用自己对自媒体运作规律的熟悉、公众对议题的敏感和对意见领袖的信任而非法获取利润。如律师张某通过发布一篇题为《都在一条船上》的微信公众号文章秒破 10 万 +，并通过让读者回复关键词"疫苗"二字收到该文章，通过这种关键词触发素材技巧，便可绕过微信打赏限额的监管，获取赞赏金额超过单日限额 30 万。①

2. 权力博弈

疫苗危机事件也包含了诸多权力博弈。一是基于监管者（国家药品监管部门）与被监管者（疫苗生产厂商）的动态博弈。博弈的策略之一便是监管者不具备稳定的策略选择，被监管者会根据过往经验来调整自身行为。二是中央政府与地方政府的博弈。李克强总理首先作出批示：此次疫苗事件突破人的道德底线，必须给全国人民一个明明白白的交代。② 习近平总书记接着进一步指示：一查到底，严肃问责。③ 疫苗事件相关负责人被问责后，国务院和国家药监部门又出台了更加严厉的监管措施对疫苗管理单独立法，包括公布地方政府负责人引咎辞职制度、疫苗违法行为从重处罚的原则等，以加大地方政府的监管责任。地方政府也增加了制度供给，如取缔出现问题的二类疫苗的自由市场流通，转向由政府统一采购等。

3. 舆论博弈

第一类是问责派。以《人民日报》为首的官方媒体、意见领袖以及相当数量的网民要求加大对疫苗公司的监督。《人民日报》、新华社等媒体均针对此事发表了评论，门户网站、自媒体、微博等互联网平台上也一片讨伐声音。第二类是科

---

① 《〈都在一条船上〉为何看不到了？连账号都封了？原来如此》，北晚在线，https：//baijiahao. baidu. com/s？ id = 1606917225522587682&wfr = spider&for = pc。

② 《李克强就疫苗事件作出批示：必须给全国人民一个明明白白的交代》，中国政府网，http：// www. gov. cn/xinwen/2018 − 07/22/content_5308436. htm？ cid = 303。

③ 《习近平对吉林长春长生生物疫苗案件作出重要指示》，央视网，https：//baijiahao. baidu. com/s？ id = 1606779094469993014&wfr = spider&for = pc。

普派。以方舟子、方玄昌、"和菜头"等为代表的科普派，针对假疫苗与过期疫苗、国产疫苗到底能不能打发表科学客观的言论，遭到"装外宾"的嘲讽。此外，世界卫生组织（WHO）也加入了科普派的阵营，提醒公众"疫苗怀疑论"是 2019 年最大公共卫生威胁。问责派与科普派凭借正义感、道德立场及自身的理性认知能力安抚了公众的集体恐慌。这两种不同的声音在意见市场势均力敌，因此形成了某种同业竞争关系。第三类是维护派。这类人群认为中国的疫苗问题只是发展道路上的一个次要矛盾，与世界各国相比，中国的疫苗管理处于世界前列。如《环球时报》主编胡锡进认为假疫苗的出现主要原因是中国的人均 GDP太低了，报道假疫苗事件会毁了中国的疫苗产业，少数人试图瓦解政府努力处理事件产生的正面效果，是中国互联网上的破坏性力量。中国疾控中心主任高福认为，疫苗领域出现的问题最重要的是（舆论）导向问题，中国的疫苗技术在全世界是领先的。[1]

（四）利益相关者博弈格局的"一边倒"效应

意见同质化，即同一种声音的共振效应。对疫苗去向与后果的追问、对监管不严的不满，成为该次疫苗事件舆情演变过程中的主要声音，形成了舆论格局"一边倒"。这种一致性甚至突破了阶层与职业的限制，因为孩子是每个家庭共同的关键词，尤其是在中国独生子女家庭较为普遍的前提下。孩子的一切，引起了民众心中的强烈情感，这种共情效应导致共同的舆论指向与行动指向。于是，集体性恐慌的情绪先行，愤怒和恐慌成为主导性情绪，造假企业成为众矢之的。"疫苗恐慌"在缺乏关键信息的舆论生态中在全社会蔓延开来。

（五）利益相关者博弈结果的负和效应

1. 靶向效应的失效与信息黑洞

在此次疫苗事件中，问题疫苗究竟销往哪里，自己的孩子是否注射过问题疫苗，如果注射了又如何补救等等，对于这些问题，企业和政府监管部门并未及时给予回应，这就造成一个信息黑洞。家长们难以及时获得足够可靠、值得依赖的信息，只能用猜想来增补信息真空，进而加剧了恐慌情绪。

2. "事件链"的持续延伸

事件链是灾害管理中的专业术语之一，是自然演化稳态过程中的失稳振荡与理化非线性调整的产物。事件链可以由多级事件构成，每级的事件既可以是简单

---

[1] 《"高福称警惕越打疫苗越容易感染"？断章取义！恶意抹黑！》，上观新闻，https://export.shob-server.com/baijiahao/html/393655.html。

事件，也可以是复杂事件，某一事件可以是多个、多级次生衍生事件的原生事件。由于复杂事件可以看成是简单事件的叠加，因此对于由多个事件（简单事件、复杂事件）构成的事件链，可认为是由多个简单事件链叠加形成。[①] 2008 年中国爆发的三聚氰胺事件，有很多儿童被波及；2016 年 3 月，山东曝光价值 5.7 亿元的非法疫苗案；2018 年又爆出了长春长生生物公司和武汉生物制品公司的疫苗危机事件；在《疫苗管理办法（征求意见稿）》颁布后，又发生了江苏过期疫苗事件[②]。事件链舆情的延伸表明，尽管由于互联网舆情呈现出舆论热点加速变化和转移、"保温期"较短等特点致使舆情降温，但已有的致灾因子并未被有效消除，在新的环境下还会以简单复制及复杂叠加的方式存在。而且鉴于网民搜索引擎的技术优势和联想机制的发挥，事件链条延伸得越长，其舆情回应复杂性就越高。

3. 决策权与话语权的分离：利益相关者的被剥夺感

当上级震怒、舆论关注的舆论风暴来临时，严厉问责可以平息众怒，消解舆情。问责包括若干要素：第一，问责意味着惩罚或制裁；第二，问责意味回应性，即政府官员要解释他们在做什么；第三，问责意味着强制性，即问责主体对问责客体拥有监督的支配权。社会问责的重要价值在于它保证社会力量能够在权力运行过程中对政府官员实施即时问责，以社会自觉的不信任来促使公共权力负责任地运行。[③] 官员问责制实际上是对官员做出决策时损害国家利益、忽视群众要求的一种惩戒，也是关乎每一个党政领导干部的政治前途和与此相关联的其他利益的重要行为。但问责之后缺乏公开制度设计，常态化、低调化，会损害国家利益、人民利益与政府公信力。同时，它也反映了政府利用权力机制消解公众的话语权，网络话语权与决策权的分离带来了利益相关者的被剥夺感。

综上所述，在重大突发事件社会舆情的雪崩模式中，政府损失了公信力，企业被强制退市严重削弱了其经济收益，公众带着蔓延式恐慌继续面对信息黑洞。缔结契约的多方利益相关者都没有获得收益。因此，该社会舆情演变是一场负和博弈，是一损俱损的结局。

---

① 李薇、陈建国、陈涛、袁宏永：《突发事件的事件链概率模型》，载于《清华大学学报（自然科学版）》2010 年第 8 期。

② 《江苏严肃处理金湖县黎城卫生院过期疫苗事件 33 名相关责任人》，央视网，http：//tv.cctv.com/2019/02/24/VIDE32vbyqHforVpdJoNtiVV190224.shtml。

③ 刘力锐、马辉：《网络问责中的谣言、辟谣与政府信任》，载于《浙江学刊》2017 年第 4 期。

第四节　重大突发事件社会舆情回应的制度优化

一、突发事件应急管理与政务社交媒体

（一）突发事件应急管理与政务社交媒体的文献回顾

政务社交媒体在我国现阶段以政务微博研究为主。以"政务微博"和"突发事件"，"政务微博"与"危机"为关键词进行搜索，知网显示的结果表明，我国政务社交媒体与突发事件研究尚处于起步阶段，逐渐进入研究议题多样化、研究方法多元化的阶段。具体而言，包括以下几个方面。

一是政务社交媒体在突发事件中的功能研究。以案例研究为主要研究方法，学者对政务社交媒体在突发事件中的舆论引导、情感动员、谣言制止等功能进行了实证研究。国外学者也对政务微博在突发事件应急管理中的作用有所论述。

二是政务社交媒体在突发事件中的业务规范研究。如陈世英等以天津港"8·12"瑞海公司危险品仓库特别重大火灾爆炸事故为例，讨论了突发事件中地方政务微博群信息发布策略，研究信息发布策略，提出了改善第一响应较慢，议题设置缺乏主导，交互意识和策略欠缺的建议。

三是政务社交媒体在突发事件中的传播效果研究。有学者以珠海市"禁摩"话题为案例，研究了政务微博在政府危机公关中的效用。

四是基于不同国别、传播载体（微博与微信）的比较研究。张志安、曹艳辉等提出，政务微博与微信之间具有传承与协同的可能，应发挥政务"双微"特性，实现传播合力。谢起慧在《政务微博危机传播实践与效果——中美比较视角》中比较了中美政务微博的危机传播政策、实践和效果，强调了政务微博作为社交媒体之一依靠社交属性发挥公众参与功能的路径。

针对政务社交媒体在突发事件中的制度安排，少有学者进行深入探讨。与之相关的研究成果包括李冠辰在《我国"微政务"管理问题研究：以政务微博、政务微信为例》一文中提出，更多的是出台针对自身政务微博、政务微信的管理办法，缺乏专门的法律法规进行法律保障，约束了我国"微政务"的发展。随着政务社交媒体在突发事件应急管理中的作用日益加强，政务社交媒体的制度安排研究成为亟待填补的研究空白领域。

（二）突发事件应急管理与政务社交媒体的共生关系

突发事件与政务社交媒体之间具有天然联系，二者呈现共生关系。我国突发事件舆情经历了舆情应对——舆情回应——突发事件危机信息管理的三个时期，倒逼下的被动应对——以"对话"为前提的舆情回应——尊重传播规律的危机信息管理，反映了不同的舆情观。政务社交媒体在突发事件管理中的行为规范也逐渐进入正式制度安排，我国突发事件应急传播迈向常态化、科学化和系统化。其中映照着政务社交媒体发展与突发事件频发的共同演进痕迹。

第一，突发事件频繁爆发形成的舆情风险倒逼了政务社交媒体的产生。我国第一家省级政务社交媒体"微博云南"就是为回应昆明螺蛳湾突发事件而设置的。政务微博出现的刺激因素之一是在突发新闻事件中政府及时通过网络向公众发布权威信息、报告事件进展、解释事件原因，避免在政府失声状态下网络谣言的出现。[①] 学者提出，政务微博集群集聚的动因和消散均与突发事件相关，突发事件奠定了集群的起点，发现问题并解决问题是集聚的核心，集群的消散则伴随着突发事件的解决[②]。

第二，政务社交媒体进入秩序期提升了突发事件应急传播效率，但整体而言传播到达率仍有待提高。所谓"养兵千日，用兵一时"。突发事件的应急传播效果是政务社交媒体使用效率的重要检验器。刘运来认为，在危机事件中，微博作为一种新兴起来的舆论场，是政府建立与提升公信力的全新平台。政府官方微博的应对策略与态度，也是考验危机处理结果的一个重要表现。[③] 高度发展的社交媒体因其交互性、开放性及"去中心化"等特征，深刻改变了传统的舆论生成模式和传播规则。政务社交媒体信息发布、谣言控制、社会动员行为在突发事件中起到了"四两拨千斤"的关键作用。但同时，政务社交媒体在突发事件中的表现参差不齐。政务社交媒体在软硬件建设呈现的失衡状态导致了突发事件传播到达率的低企。

（三）政务社交媒体进入突发事件应急管理制度安排的背景

突发事件中的舆情回应成为政务社交媒体的重要功能之一。政府是社会中最

---

① 肖森、胡叶楠：《政务新闻发布微博的管理与实践：基于"成都发布"与"上海发布"的案例分析》，http://media.people.com.cn/n/2012/1226/c150620-20023221.html，2012-12-26。

② 艾鑫、汪青云：《微博集群：政府应对突发事件的新态势——以上海政务微博应对"H7N9"事件为例》，http://media.people.com.cn/BIG5/n/2013/1022/c358381-23289609.html，2013-10-22。

③ 刘运来：《微博时代政府在危机公关中公信力建设研究：以三亚"天价海鲜事件"为例》，载于《今传媒》2012年第5期。

大的信息技术用户和最大的信息拥有者。在突发事件中，政府既负有信息公开、舆情回应的义务，也具有收集信息、广泛传播的资源优势。政府是处理突发公共事件的重要行为主体，同时也是信息发布的主体，在突发公共事件中有效的政府信息公开有利于化解公共危机，稳定社会秩序。我国近年来突发事件频发凸显了政务社交媒体的生存必要性。

1. 政务社交媒体在突发事件舆论场具有传播优势

政务社交媒体是一种特殊的社交媒体形式。与普通社交媒体具有自组织的自媒体属性不同，它内嵌于政府的行政制度框架之内，其功能定位、发布内容、审核机制、话语体系等都在一定程度上受到组织结构及其特征的影响。

政务社交媒体在保证信息准确的前提下具有高时效性特点，对传统媒体具有一定的替代功能。在突发事件危机传播中，政务社交媒体与传统媒体具有某些共同点和不同点。共同点在于，二者都设立了相对完善的信息审批机制，追求信息的准确性和权威性，在突发事件危机管理中定位为"谣言终止器"，实现积极的舆论引导。不同点则在于，政务社交媒体以其信息传播核裂变的特点、民意充分交互的优势、密集表达的运行机制弥补传统媒体因审稿流程及其他主客观原因出现新闻报道滞后的情况及集体失语，成为突发事件危机传播的距离平台。

其次，社交媒体的强交互性提高了突发事件信息传播方式的多样化。政务社交媒体作为社交媒体的一种特殊形式，其主体为政府机构，本质上为组织传播。但通过社交媒体集成了人际传播及自媒体传播的特点，其传播过程呈现裂变模式，与受众之间的交流更加频繁、灵活，是带有政府温度的社交媒体。

再次，社交媒体的情感动员功能贴合了突发事件爆发后主体的情感需求。社交媒体在突发事件爆发后，除了常规的信息发布功能，更是人文关怀的窗口、危机时期的生命线及情感动员的利器。政务社交媒体在突发事件中除了通过及时准确权威的信息发布实现舆论引导外，更可以展示政府的人文关怀精神，并实现危机时期的资源配置。

2. 政务社交媒体的高速增长提升了突发事件舆情回应的传播到达率

我国政务社交媒体在总数量、覆盖面及普及率等指标上都有爆发式增长，初步形成了中央—省—市—县四级体系，显示出规模效应、集群效应及富媒体特征。

自 2009 年底国内首家省级政务微博"微博云南"开通以来，"政务微博"

迅速发展。① 基层政务微博的规模对政务微博的竞争力水平存在较大影响，显示出规模效应特征。政务微博已经基本承接了与本地公众在微博上互动和提供政务服务的职能。

2012 年，北京首创"微博集群化"政务服务模式——全国首个省级政务微博群。稍后成立的"上海发布"政务微博群也包含近百个上海各大机构，其分类包括"市级委办局、社会团体""区县政府、公安分局""街道、派出所"以及"公共服务机构"。随着政务微博矩阵体系逐步建立，账号协同联动在日常运营中已经比较普遍，政务微博跨部门、跨级别、跨地区联动的意识和能力也不断提升。在矩阵式组织管理体系中，既有垂直行政层级的领导指挥，又同时存在因不同职能合作需求，而由多部门、跨职能组合成立的专项团队②。矩阵不仅仅是联合发布信息或账号互推，而是各有关政府部门打破体制内的部门和科层的壁垒，联动解决实际问题。同时矩阵也能打破社交媒体之间的界限，针对多样化的诉求，统一调配政务微博与微信，把握不同传播渠道，均衡不同认知需求，提高行政效率（见图 5 - 4）。

此外，政务社交媒体在突发事件应急传播中逐渐呈现富媒体特征。通常而言，富媒体是以视频、音频、动画、图像等为主要内容的媒体，是互联网传播的典型优势形式。考虑到社交媒体人群使用率、应用流行程度，政治传播效果等影响因素，政务社交媒体在经过 10 余年的发展后，也逐渐适应了新媒体时代多元化传播特征。除了文字、图片外，也增加了视频、动画等多媒体形式。微博视频直播也频繁地引入政务社交媒体中，有效推动了社会参与、公共事务的互动沟通。

从效果来看，2016 年以来，响应速度显著提升，早期预警、干预能力也有提高。政府回应率达到 87%，超过 57% 的事件政府首次响应在事发 24 小时之内，有 73% 的事件政府部门在 48 小时之内（含 24 小时）做出了首次回应。③《2016 年全国政务舆情回应指数评估报告》显示，全国政务舆情回应成效已显著提升，迈入 48 小时新常态，特重大事件 24 小时内回应。2016 年全国政务微博发文 7 000 万条，总阅读量超过 2 605 亿次。

---

① 《2017 年一季度人民日报·政务指数微博影响力报告》，https：//site. douban. com/288794/widget/notes/192851046/note/619387984/，2017 - 05 - 28。

② 中国传媒大学媒介与公共事务研究院：《2016 中国政务微博矩阵发展报告》，https：//wenku. baidu. com/view/308b353d4531b90d6c85ec3a87c24028915f85ef. html，2017 - 02 - 10。

③ 《人民网新媒体智库发布 2016 年全国政务舆情回应指数评估报告》，人民网，http：//yuqing. peo-ple. com. cn/n1/2016/1223/c408627 - 28972701. html，2016 - 12 - 23。

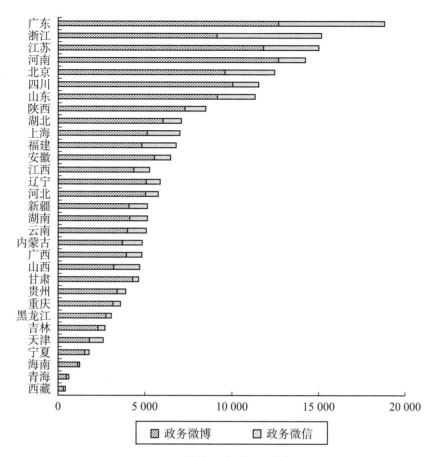

图 5 - 4　全国政务微博微信行政区域分布（2017）

注：数据来自《2016 年第 39 次中国互联网网络发展状况统计报告》以及《互联网 + 微信政务民生白皮书》。

总之，我国政务社交媒体作为一种技术创新成果的引入产生于突发事件舆情回应需求的倒逼效应之下。在创新扩散的过程，技术应用主体体会到了政务社交媒体引入的必要性，也逐渐提升了技术应用的专业性。同时，利用资金优势和体制优势，实现了硬件的高度普及和技术功能的普及，但仍然表现出技术创新引入之后的结构与功能之间的失调。

（四）政务社交媒体突发事件应急管理制度演进的特点

经济学家诺斯提出，制度包括制度环境和制度安排。制度环境是一系列用来指引社会和个人发展的基本经济规则、政治规则和文化规则的总和；制度安排则是协调不同组织之间可能采取的竞争与协作的制度结构形式。它体现在两个方面：一是组织外部、各个组织之间规章制度的确立；二是组织内部结构和组织要素关系的确立。本课题基于制度安排的理论框架，通过对我国 26 份政务社交媒体突发事件应急管理规范的内容分析，探究政府社交媒体在突发事件应急管理中制度演进的特点。

1. 制度安排的渐进性

政务社交媒体在突发事件中的信息传播具有极强的系统性和科学性，并非简单的时效性原则，或曰回应主体意愿的单一提升就可以解决。它涉及国家与地方政府，地方政府之间，地方政府内部各部门之间及媒体与政府、公众与政府之间的多重复杂关系。突发事件中信息拥有主体具有多元化特征。

（1）主体的渐进性：压力机制下从高敏感部门向普通部门的普及。

我国政府部门政务社交媒体账号设立已经实现了初步系统化建设，但其运营管理尚未达到系统化、战略化阶段。事实上，我国仅在高敏感度部门普遍建立政务社交媒体管理规范。我国突发事件的爆发领域具有一定的规律，即与公众利益关系越密切，越容易成为社会矛盾的爆发焦点。此外，应急办负责自然灾害等突发事件的应急管理预案及突发事件发生时的应急管理工作。因此，除了在省、市政府层面建立地方规范外，政务社交媒体管理处于起步期的地方政府通常为敏感度最高的部门优先选择建立政务社交媒体管理规范。如负责民生、舆论管理及应急管理的部门最先也最多感受到突发事件的舆情压力，同时对在突发事件舆情管理中的政务社交媒体使用规范的需求也最为强烈，率先建立了政务社交媒体管理规范。这也证明制度产生的动力之一为社会管理的压力机制。同时，通过对地方规范的内容分析可以发现，高敏度的部门在相关规范中更倾向于具体、细化，乃至可以量化的政务微博突发事件管理规范。

（2）路径的渐进性：从规范走向立法。

我国政务社交媒体经过倒逼期、发展期，如今已经进入秩序期。政务社交媒体的作用主要体现在日常信息公开与突发事件的舆情回应，用于事件发生的第一时间向社会发布信息。针对突发事件中的应急传播管理，地方政府发布的政务社交媒体制度安排多为中央制度的刚性传导，适应政务社交媒体规模发展和集群效应矩阵模式的中央制度和地方规范亟待确立。虽然政务社交媒体的使用目标、原则与规范目前已进入正式的制度安排，但尚未进入法律层面，仅以通知、意见、细则等规范性文件的形式出现，也未形成成熟的国家指导体系。相关信息散见于由国务院办公厅等机构发布的关于政务公开的通知及个别部门的应急预案中。制度规范的低层次阻碍了突发事件中政务社交媒体在信息发布、资源动员方面的工作效能。

2. 制度安排的传导性：地方政府的速度赛

重视政务社交媒体在突发事件中的舆论引导功能，杜绝舆论特区是我国中央和地方政府对政务社交媒体在突发事件危机管理的目标。突发事件的舆情风险具有放大效应，政务社交媒体在突发事件中更要重视舆论引导功能，坚持"党管媒体"原则，杜绝社交媒体成为突发事件中的"舆论特区"与"舆论飞地"。地方政府也致力于将权威信息作为实现舆论引导的基础。在此基础上，展开了政务社交媒体舆情回应的速度赛。

中央政府针对近年来突发事件中地方政府的失声、失范现象，逐渐明确了政务社交媒体舆情回应中的速度原则。对涉及特别重大、重大突发事件的政务舆情，最迟应在 24 小时内举行新闻发布会，对其他政务舆情应在 48 小时内予以回应。时间要求从 24 小时缩短到 5 小时体现了对移动新媒体时代舆情回应"黄金 4 小时"传播规律的高度尊重及对政务微博等形式在突发事件中重要作用的高度认可。

南京市在 2011 年颁布的《进一步加强政务微博建设的意见》中规定，"对于灾害性、突发性事件，要在事件发生后的 1 小时内或获得信息的第一时间，进行微博发布"。《重庆市环保系统政务微博暂行管理办法》也规定，重大环境事件、突发事件、敏感问题、环境热点和难点做到 1 小时内发布权威信息；安徽省《关于进一步加强政务微博微信建设的通知》规定，"对涉及本地区本部门的重大政策信息、重要政务舆情以及重大突发事件等，省政府微博微信要及时发布，各市、县政府及省政府各部门政务微博力争 1 小时内转载，微信'订阅号'不得滞后 1 个工作日"。

中央的制度安排具有刚性传导的规律。即中央政府在相关文件中强调的重点也会成为地方政府优先指定的地方制度焦点，可以称之为"制度安排焦点的传递"。地方政府相关规范也重点强调了回应时间的精确性，在对突发事件舆情回应中大多规定了"第一时间"回应原则，并形成了地方政府政务社交媒体在突发事件舆情回应中的"速度赛"。政务社交媒体突发事件的速度原则满足了应急信息管理的时效性原则，有利于提升回应效果。但缺乏科学依据、配套制度及相关管理资源而开展的"速度赛"则可能会顾此失彼。在突发事件舆情回应中一味强调时效性原则，容易导致缺乏互动性的简单信息发布，和陷入难以保证准确性而仓促发布信息的误区中。

3. 制度安排的联动性

通过配套制度的建立健全强调了以提升信息到达率为标志的效率原则。推动舆情回应的联动机制及重大舆情的"一把手负责制"等。在中央层面，建立了舆情回应的容错机制。这就有效地为敢于发声的舆情回应人员提供了兜底机制，为第一发声人有效减压，降低了社交媒体发声的时效性与准确性之间的二重困境。逐步建立"一把手负责制"。我国的"一把手负责制"具有特殊的行政效力，它意味着该项事务会引起组织的高度重视和资源的优先配置。地方政府在政务社交媒体管理规范中逐步确立了地方"一把手负责制"。分管部门领导审核制已成为普遍建立的政务社交媒体内容把关制度。其一，建立应急联动制度，实现主体联动、资源联动和流程联动。如广西规定涉事责任部门是政务舆情收集和回应的第一责任主体，需要配合宣传部门实现重大突发事件相关信息的 1 小时发布制度。其二，实现政务微博与政府网站之间的内容共享，实现危机时期信息到达率的最优化。成都市建立了政府网站与政务微博信息发布的联动机制，实现二者的内容共享。其三，实现舆情处理与事件解决的制度联动。

4. 制度安排的路径依赖性

（1）对传统知识结构的依赖。

地方政务社交媒体虽然在创新的接纳中逐渐步入制度安排的阶段，但由于知识结构、主体性不足等原因，在制度安排中体现出路径依赖的特点，从而导致政务社交媒体在突发事件管理中结构——功能失调。

首先，对于管理对象分类标准知识结构陈旧，对突发事件的分类与国家应急办所做的四级分类标准错轨，对重大突发事件和突发事件的舆情回应标准未进行明确分类，将灾害性、突发性事件等进行并列提及。对于突发事件发生后利用政务社交媒体回应的时间未做明确规定，采取模糊策略和转移策略。

（2）对原有组织结构的依赖。

政务社交媒体在突发事件中的运营需要组织结构的及时调整才能满足其信息及时发布、与公众实现传通的目的。过度依赖原有的组织结构会阻碍功能的实现。现阶段政务社交媒体的运营大都依赖原有宣传部门的人员，加之不定期的培训机制。这固然能在一定程度上弥补功能与结构之间的失调，但并不能从根本上解决问题。一些人员更习惯于政策的上传下达，内部信息的收集和整理，以及与媒体之间打交道。相较于政务社交媒体在突发事件应急管理中对信息发布准确、及时以及亲民的话语风格要求，显然缺乏信息协调的系统性、危机时期信息发布的专业性和话语体系的灵活性。而对于社交媒体的信息发布规律，有些地方政府还遵循着传统媒体时代简单机械的信息发布节奏。这些都暴露了对旧组织结构的依赖使得政务社交媒体结构——功能失调。

二、发挥社交媒体网站优势，建立社交媒体危机传播联盟

腾讯微信和新浪微博是我国社交媒体的两大典型代表。在世界社交媒体版图中占有了重要一席，无论是技术创新水平还是经济盈利能力都位居前列，已跻身于世界成功的社交媒体商业机构之列。

总体来看，尽管我国社交媒体增速较前几年已有所放缓，但借助人口红利，微信、微博、微视频（以下简称"三微"）等社交媒体已度过企业初创期，技术水平和经济实力方面都进入了相对成熟期，成为民族产业创新旗帜和大型跨国企业，有责任、也有能力承担更多的社会责任，在国家危机治理信息体系中担任信息枢纽的作用。

（一）我国社交媒体在危机治理中的积极作用

中国社交媒体以信息告知和人性关怀为主，发挥了风险沟通枢纽、人文关怀窗口、危机时期"生命线"及社会动员工具的作用。

1. 风险沟通枢纽

社交媒体是风险事件发生后公众在政府和传统媒体机构信息供给不足的情况下的首选信息替代渠道。我国的社交媒体在危机时期具有巨大的信息需求市场，原有的单一的社交网络公司和普通商业企业的商业定位已经无法满足公众日益强烈的信息需求。事实上，以"三微"为代表的国内社交媒体也在政府——专家——媒体之外的信赖中，成为既是信息工具又是信息内容的特殊风险沟通机制。此外，社交媒体危机时期信息具有及时性和预见性的特点。具有以下几个特征：第一，及时性。危机时期的社交媒体信息是由"我在现场"的公民记者发回的实时信息，利用真相众筹方式不断接近真理的"维基效应"，在第一时间将事实碎片与信息微内容拼接，发挥了媒体的信息传递和观点过滤功能，提升了危机时期信息的整体透明度。第二，预见性。危机时期信息交换处于自发状况，尽管会伴有谣言等负面现象，但混沌系统同时也伴生有由公众参与带来的信息创造性。研究表明，由微内容形成的蝴蝶效应也使得卫生危机、环境危机等信息具有预见性，发挥了危机后期的预警功能，提高了危机信息的社会效用。

2. 人文关怀窗口

社交媒体提供了危机时期对话平台、求救渠道、交流机会，公众通过社交媒体表达感情，发表评论。可见，社交媒体是危机发生期情感宣泄的重要出口，起到了减压阀和泄气口的作用，为社会稳定发挥了重要作用。同时，我国的社交媒体在危机初期即会出现祈福、捐款等活动。这些带着温度的信息体现了媒体的人文关怀精神，也增强了公众的存在感和归属感，提升了社区的凝聚力，极大地满足了公众在危机时期的情感需求，改善了公众的风险感知和风险化解能力。

3. 危机时期"生命线"

社交网站在重大突发事件中具有不可替代的信息沟通渠道功能，形成了危机时期的"生命线"。社交网站的技术低门槛在危机时发生的特殊时期弥补了信息传播渠道匮乏缺陷，突破了信息交流的单一性，实现了一对多的信息沟通。如雅安地震后，腾讯公司利用腾讯微博、微信建立寻人平台，并将寻人数据开放给百度、搜狗、360、新浪微博等平台。除了实现平台对接、数据共享外，还利用技术优势实现功能协作，有效地减少了心理恐慌和社会情绪波动。

4. 社会动员工具

社交媒体在危机期间发布实用的危机预警机危机应对信息，在信息共享的基础上实现资源共享，有效发挥了媒体的社会动员能力。不同媒体之间的自组织性质的功能自动匹配，也提升了社交媒体的社会动员效能。危机时期的关键词置顶、危机预警信息、交通信息、避难所信息等都为危机当事人提供了帮助。

（二）我国社交媒体在危机治理中的消极作用

我国社交媒体是注重盈利性质的商业企业，社会责任的强调也等同于一般企业，因此，危机时期也呈现出谣言温床、诈骗平台、舆论分化园地及数据区隔洼地的负面性特征。

1. 谣言温床

社交媒体缺乏专业的媒体机构流程和固定的新闻训练的专业人才，因此自媒体提供的信息在满足公众信息需求，达到信息供需平衡的同时，也伴生了谣言泛滥的负面现象。加之危机时期情绪泛滥，如果政府机构、传统媒体和专家发布的权威信息落后于公众发布的未经审核的信息，就会导致谣言四起，引起社会波动，影响社会稳定。另外，一些商业网站为了追求流量等盈利载体的份额增加，会将危机时期信息娱乐化和商业化，也会导致谣言的泛滥。部分大V为了实现个人社会资本在短期内的迅速增加，也会发布耸人听闻的信息，意见领袖成为谣言制造器。

2. 诈骗平台

不法分子利用公众在危机时期的同情心及信息过滤不及时，通过发布虚假信息骗取钱财。一些社交媒体缺乏过滤机制和惩戒机制，任由诈骗发生，在实践反转的过程中，在损耗社交媒体机构公信力的同时，也会影响国家的国际形象和美誉度。社交媒体作为平台所有者，有义务在危机时期维护信息质量底线，保证真实有效。同时，社交媒体平台在加强责任意识的同时，也要提高执行力，对发布虚假信息的用户实行严格的惩戒机制。

3. 舆论分化平台

社交媒体缺乏舆论引导，只提供平台的工具理性，缺乏价值理性，对谣言制造者和异见者不加以约束，消解了传统媒体的舆论引导效果，也增加了社会的不稳定性。社交媒体10年左右的发展史表明，单一的平台属性难以概括其复杂功能和性质，以自媒体为主要组成部分和传统媒体及政府机构社交媒体为主，媒体性质日益强化。但传统媒体在社交媒体的式微和政府机构社交媒体的剪刀差使得自媒体声音成为主流。因价值分化和舆论自由导致的舆论分化现象爆发频率日益提高。舆论分化涣散了人心，削弱了社会主义核心价值观的影响力。社交媒体平台在此过程中也基本不作为。

4. 数据垄断与闲置

社交媒体公司作为技术创新的业界翘楚，拥有关于信息位置和人流密度的海量动态数据。但如果只有一两家互联网公司为追求数据垄断优势把守"信息高地孤岛"，不能与社会大众普遍共享，则会因数据垄断产生政府的管理不畅；或者因缺乏与政府有效合作的有效稳定机制，出现数据闲置而导致巨大的资源浪费。

如在上海外滩踩踏事故中，腾讯地图定位平台数据可测得事发的人群密度变化趋势并描摹出当天的人流变化图，"人流密度监测图"的实时预警技术也日益成熟。但政府与腾讯之间的合作网并未建立，酿成了本可以避免的悲剧。基于百度地图 API 地震应急避难场所信息地图化动态显示技术也日臻成熟，但在危机时期的普遍应用上尚乏善可陈，这也在一定程度上影响了数据利用效能。

（三）优化制度，建立社交媒体危机传播联盟

政务社交媒体在突发事件应急管理中制度安排的碎片化及路径依赖性导致其效率低下，必须从理念、国家体系及功能结构的根本改变入手，才可能实现其制度优化。首先，应将政务社交媒体作为现代化治理的象征性符号向自我革新工具转变；其次，突发事件中的政务社交媒体管理具有宏观普适性，当下该领域的国家缺位导致了地方政府制度创新的碎片化特征；再次，对政务社交媒体的管理具有传统媒体管理痕迹，行政手段主导替代第三方力量的专业指导使得政务社交媒体在突发事件中事倍功半。因此，应从建立国家体系、引入协同创新及专业力量转型着手，实现政务社交媒体进入突发事件应急管理中的制度优化。

1. 应急管理的国家行动：建立制定社交媒体危机传播管理的宏观体系

现阶段我国政务社交媒体以部门为单位，实行分而治之的原则，这有效地保证了信息发布内容的可控性。但突发事件中危机信息管理具有多部门、多主体、多渠道、多变性特征，依靠单一主体的宣传部门进行信息收集和发布不能满足瞬时猛增的信息需求。因此，应该建立政务社交媒体的国家指导体系，并进行相应的制度规范。第一，成立诸如社交媒体工作小组等专门部门，负责指导各级政务社交媒体的突发事件危机应对，并进行案例收集和应对绩效评估，形成社交媒体在突发事件应急管理的长远战略及固定规范。第二，制定政务社交媒体使用指南。对发布内容、发布者的道德规范、信息发布流程、评论政策、语言规范与公民隐私的条款及链接资源管理等进行统一规定，为政府公共部门使用社交媒体进

行有效的突发事件应急管理提供业务规范。第三，制定《社交媒体应急草案》，确定突发事件危机时期的运行机制，抽调各部门专业人员，负责社交媒体的运营。第四，高度重视突发事件危机时期的网络安全，强化社交媒体本身的安全监管，防止黑客攻击。

2. 多元主体的协同创新：建立危机应对信息联盟

突发事件发生后信息出现聚涌现象，而最为核心的突发事件第一现场的信息资源分散于公民记者、媒体记者、应急部门及宣传部门等。因此，其信息收集和评估的难度超出某一部门的应对能力范围，需要信息主体的协同、信息资源的统筹及信息平台的整合。因此，突发事件危机时期的政务社交媒体应发挥协同创新优势，发挥多元主体的主观能动性，通过危机信息联盟等形式，打破组织壁垒，实现互融互通，彼此开放平台，协同技术优势，整合多元功能，建立危机信息联盟。

具体职能包括：第一，数据整合。统合以往危机信息数据，建立危机信息大数据库，以期为未来危机时期信息流通体系奠定技术基础。第二，建立标准。重视社交媒体作为媒体的公共属性，重视在危机时期的应急管理体制，建立危机时期网络诈骗的即时封杀、定期禁用的惩戒机制，为防止网络诈骗发挥平台的"守门人"角色。第三，信息集聚。社交媒体除了作为危机时期信息发布的窗口功能外，还具有社会交往的平台属性。因此，政务社交媒体也要充分发挥组织交往的优势，在建立自身意见领袖数据库的同时，也要注重建立大 V 朋友圈。可成立突发事件危机管理小组，邀请媒体顾问和市民共同参与发布信息，保证信息触角的多样化及来源的多样性，在降低信息收集成本的同时提升危机时期信息传播效率。第四，技术研发。针对危机时期公众的信息需求，实施专项技术研发，为危机时期的信息武器积累技术优势。

3. 第三方在场的专业化转型

突发事件中社交媒体的信息具有多元价值性。除具有信息窗口的信息发布功能外，还发挥了人文关怀、危机时期生命线及资源整合路径及大数据中心等功能。社交媒体的话语体系、使用规范等更新速度也比较快。因此，政务社交媒体在突发事件中简单定位为信息发布、谣言控制等将会落后于社交媒体发展进程。政务社交媒体在突发事件中的信息管理是高度专业化的业务领域，对时效性的单一制度安排无法确保其效能。因此，必须引入具备高度客观性、专业性的第三方力量，定期评估社交媒体使用规范及传播到达率，增强与网民的互动性，树立信息权威地位，是提升政务社交媒体在突发事件中效能的必由之路。

4. "危机时期信息武器"的新定位

社交媒体在我国是互联网公司中特殊的一种存在形式。其特殊性体现在商业机构起家的营利组织逐渐发展出公共平台属性，其掌握的海量数据也日渐关系到国家安全与公众权利。因此，对社交媒体公司单一的商业企业定位已经产生诸多风险。尤其是危机时期信息聚涌、舆论分化等现象，更加凸显了社交媒体的兼具社交平台与公共媒体的二元特征。因此，在重视社交网站追逐商业利益的工具理性的前提下，也应该重视社交网站作为国家危机时期信息武器的价值。我国社交媒体在作为商业企业不断发展壮大的同时，也应承担更多的国家安全责任和企业社会责任，发挥在危机时期的多重功能。

5. 制定社交媒体危机使用指南

欧美等国家社交媒体的不同应用机构，如新闻媒体、政府部门，甚至军队都制定了社交媒体使用指南。如 2013 年 5 月，美联社发布了新版《美联社员工社交媒体指南》，严禁员工在社交媒体上转发未经证实的传闻。2013 年 1 月 23 日，美国陆军公共事务办公室颁布了《美国陆军社交媒体手册》。该版手册目录包含陆军家庭和陆军人员的社交媒体使用指南。2014 年 10 月，英国政府数字服务中心发布《公务员社交媒体使用指南》，为公共部门使用社交媒体提供了规范。我国社交媒体危机时期使用也到了宏观整合、统一协作的时期。应当由政府主管部门牵头，依托互联网行业协会等组织，分析各家比较优势，制定适用范围不等的"危机时期社交媒体使用指南"。内容包括：第一，危机时期社交媒体的独特优势；第二，社交媒体谣言惩戒机制；第三，社交媒体应对危机协作规范；第四，社交媒体效能评估机制等。

三、建立利益相关者视角的重大突发事件舆情传播审计制度

传播审计是对组织向组织内各种受众发送、接收和共享信息的能力的综合评估（并且随着组织变得更加平坦，允许组织内的团体彼此合作和共享），以及在外部的关键选区对于公开交易的公司，例如客户和投资者，可以执行此类审计以评估组织的外部或内部通信有效性。沟通审计的目的是揭示管理层与员工、客户以及投资者、新闻媒体、监管机构和立法机构等其他团体之间的优势和劣势，目的是通过制定战略计划来改善未来的沟通。通过一系列建议，并确定存在哪些需要弥合的差距。[1] 战略传播审计是对组织基本传播实践的能力或执行情况的系统评估，无论是正式的还是非正式的。它确定哪些工作正常，以及如何进行调整可以更好地工作。

---

[1] Hall, Brenda. Communications Audit, The Side Road, 2010 – 09 – 28.

（一）利益相关者传播审计的战略任务

弗里曼在《战略管理》中详细分析了利益相关者审计包括的四个主要战略任务：一是陈述组织任务。通过任务声明辨别组织业务种类并进行一般利益相关者分析；二是识别利益相关者事务及其关注的问题；三是评估组织的利益相关者战略；四是调整利益相关者优先次序。托马斯等提出利益相关者审计的三项主要目的：绘制利益相关者整体图谱；评估不同利益相关者需求的附加信息及提出获得上述需求信息的各种建议。在美国，从各利益相关者出发的传播审计也逐渐普及，可以用来进行重大突发事件中利益相关者的传播审计。利益相关者审计最核心的工作是：界定谁是组织或项目的利益相关者，他们的需求和组织关系如何，并在此基础上绘制组织目的利益相关者图谱并排出优先次序。

传播审计决定了当前组织传播的工具有效性，传播的优势与劣势，并为未来改善传播效果提供了建议。传播审计有助于建立信任，有助于判断实现组织目标的最佳传播途径，以此达到组织各级利益相关者的需求。传播审计可以由内部或外部审计者完成。

（二）传播审计的必要性

从利益相关者角度进行传播审计，一方面，可以提高传播行为的有效性监督，通过过往传播行为的复盘，进行全面而科学的评估，以便调整传播行为，提升传播效率指数。另一方面，可以充分挖掘媒体融合时代传播行为的大数据价值，建立有效的数据库，为组织优化传播目标，明晰利益相关者需求，调整传播策略提供了数据支撑和科学依据。同时，也可克服我国现阶段危机传播的随意性和短暂性，提升组织传播行为的专业性。也有助于避免组织的短期行为，在进行危机传播决策时能更注重组织的长期利益和全局利益，更加满足新媒体时代受众的知情权和监督权。

从现实状况来看，我国的传播审计目前在组织内部基本处于空白状态，仅有的外部评估，存在于人民网舆情监测室等舆情监测机构的地方政府舆情回应排行榜及高校研究者出版的危机传播年度报告中，审计频率、审计效果的客观性等存在提升空间。因此，亟须专业的传播机构和审计机构关注。

（三）重大突发事件传播利益相关者审计的环节

通常而言，重大突发事件传播的利益相关者审计包括五个环节：

第一，确定重大突发事件传播目标和任务；

第二，界定重大突发事件传播过程中的利益相关者及其需求；

第三，评估重大突发事件利益相关者的需求及对组织的影响；

第四，排列并调整重大项目利益相关者的优先次序；

第五，绘制并调整重大项目利益相关者及其权重总图谱。

除了上述常规的五个流程外，还需要有设计——再设计、调整——再调整的反馈环节。其中的难点在于，如何在重大突发事件发展初期，就能够通过头脑风暴、专家访谈、数据挖掘等技术界定利益相关者的需求，并不断动态调整，从而满足各方利益相关方需求。

（四）利益相关者的传播审计指标

重大突发事件社会舆情利益相关者舆情回应的传播审计指标包括了传播信心指数与传播有效性指数。

传播有效性指数本来是医学领域的一个术语，用以实施"失语症"的表达效果评估。交流有效性指数（CETI）由 Lomas 等开发。对于 CETI，失语者的亲属通过视觉模拟评定量表对通信功能进行评级，并且测试特别设计为允许检测功能的变化。经验表明，CETI 可以很好地适应其他语言和文化的翻译和适应。[①] 医学界也提出了评估传播有效性指数的 16 项判断指标。可抽取其中部分指标作为衡量重大突发事件舆情回应有效性的适用指标。医学术语移植的传播有效性指数可进行量化与评估，并可作为地方政府突发事件舆情回应的参照性指标。比之舆情热度等观察视角具有更强的可操作性。

传播信心指数（Communication Confidence Rating Scale，CCRS）也是利益相关者传播审计的重点参照指标之一。尤其是在应急传播过程中，失去黄金 4 小时的第一时间发言时机，就会出现"谣言与真相赛跑"等复杂的传播聚涌现象。因此，组织敢不敢在第一时间发声也会影响与利益相关者的传播行为的效果。事实上，由于危机发生具有复杂性、激变性，其信息传播具有一定的风险特征。如果只注重传播时差而忽视回应内容、回应技巧等，也会造成传播偏差，从而引起利益相关者的激烈反应。这也给危机中的组织，尤其是发言人带来巨大的心理压力从而影响传播信息指数。政务舆情回应的"容错免责"逐渐在全国普及，这也有助于提升应急传播信心指数。

---

① Palle Müller Pedersen，Kirsten Vinter，and Tom Skyhù j Olsen. The Communicative Effectiveness Index：Psychometric Properties of a Danish Adaptation.

第六章

舆情演化规律

随着互联网和新媒体的不断发展，舆情借助各种媒介突破时间和地域限制，迅速聚集和散播，极大地延伸了舆论空间，将舆论由分散、局部变为集中、广泛，为更大范围的受众共鸣提供了条件。突发事件舆情传播速度快、影响范围广，其产生的舆论极易引起人们的关注和参与，因此，一旦发生重大突发事件，各种舆论特别是负面舆论都蜂拥而至。

2016年初，中共中央办公厅下发的《关于全面推进政务公开工作的意见》指出：要加强突发事件的信息发布，负责处置的地方和部门是第一责任人，根据处置进展动态发布信息，回应社会关切。习近平总书记在 2016 年 2 月 19 日主持召开党的新闻舆论工作座谈会时指出，要直面工作中存在的问题，同时发表批评性报道要事实准确、分析客观。①

由此可见，主动防范和妥善处置可能造成严重危害的重大突发事件社会舆情，既是保障国家安全的重要内容，也是保持社会和谐稳定的必然要求，更是营造良好发展环境的关键环节；而深刻认识重大突发事件社会舆情的分布和演化规律，有利于制定实施符合媒体传播新格局和多元共治新要求的因应策略，也有助于妥善处置重大突发事件，做好舆论引导工作。

社会舆情是公众对现实问题产生的情绪、态度和意见。舆情是如何形成和演化的？本部分将对此进行重点探讨。

---

① 《习近平在党的新闻舆论工作座谈会上强调　坚持正确方向创新方法手段　提高新闻舆论传播力引导力》，载于《人民日报》2016 年 2 月 20 日第 1 版。

第一节　社会舆情形成的模式

　　模式是对现实事物运行机制的直观、简洁的描述，是一种理论的简化形式。一个好的模式具有构造、解释、启发、预测等多种功能，可以向人们提供某一事物的整体形象和明确的信息，便于人们对事物做直观的了解。简单地说，舆情的形成实际上是一种"刺激—反应"的过程，从不同的角度看，它有着不同的形成模式。仅凭一种单一的模式恐怕很难全面地将舆情形成问题描述清楚，难以展示舆情形成的全貌。以多角度的形成模式来透视舆情，有助于全面认识舆情形成的机理。所以，我们尝试从几个不同角度，对舆情的形成模式进行描述。

一、渐进模式和突发模式

　　舆情的形成总需要有一个过程，从这个过程的时量特征来看，舆情的形成可以分为渐进模式和突发模式。

（一）渐进模式

　　由于情绪、态度、意见的形成是一个复杂的心理过程，社会矛盾的逐渐积累对公众舆情的刺激也在逐步加深，人们对社会矛盾和公共事务的感受和认识也受主客观因素的影响不断变化和发展，因此，一般情况下，舆情的形成会呈现出一个渐进的过程。

　　舆情作为一种心理过程，其特性之一就是隐匿性，舆情没有以具体形式表达，并不意味着它不存在，我们可以通过舆情调查等手段进行了解。事实是，在社会矛盾的形成和积累之下，指向某种矛盾的舆情在暗暗地滋生和积累，经历了由无到有、由弱到强、由隐匿到公开的过程，最终可能会以某一重大突发事件为导火索而爆发出来，这就是舆情形成的渐进模式。

（二）突发模式

　　舆情形成的突发模式在体现"刺激—反应"机制时更为明显，刺激物就是突发性事件，人们的舆情就是反应物。突发性事件一般可分为自然灾害、事故灾难、公共卫生事件、社会安全事件等类型。突发事件一经发生，便会激起公众的强烈反应，舆情表达集中且剧烈。对于突然爆发的事件而言，往往深层矛盾已经存在，但没有明显表露，人们的情绪压抑在心中而缺乏正常的沟通渠道。在偶然事件的刺激作用下，原有矛盾被激化，人们原来被压抑的情绪、态度和意见就凸现出来。

在舆情形成的突发模式中，有时群众的行动是在偶然因素的刺激下迅速爆发的，事前没有任何先兆。舆情的突然爆发看似偶然，实又必然。偶然因素是导火索，根本原因还是深层次矛盾的积累。往往由突发模式形成的舆情所导致的群体性事件的突发性更强，对其预防和处置的难度也更大。

二、人际模式、群体模式和"公众—媒介—政府"模式

（一）人际模式

人际交往和人际传播是舆情形成的一种重要渠道，舆情信息通过"一传十，十传百"的方式传递，相互影响。从微观上看，表现为小范围内的私下议论，或两人一处窃窃私语，或三五成群高谈阔论，相互之间传递信息、交流意见、评论短长，四散走开后，再与别人结合在一起，形成新的议论圈。从宏观上看，表现为从舆情中心呈放射状地向四周递次扩散，波及面逐渐扩大。

人际模式的特点是：随机性强，不拘时间、场合，只要有交谈对象即可进行；影响面积大，一个重要事件很短时间就能弄得满城风雨、街谈巷议；难以控制，人际交往与人际传播线路错综复杂，不管双方是何种关系，只要有接触条件，就会有议论过程发生，而且一旦传开，线路分岔，即以几何级数增长；真实性差，随着人际传播网络的扩大，逐渐失实，事实真相往往经多次传播变得面目全非。

社会谣言和政治民谣是两种主要通过人际传播方式扩散的舆情信息。[1] 社会谣言常常是一个能引起人们共鸣的信息。共鸣是与人们的利益以及由利益引起的愿望联系在一起的。社会谣言表达了人们心中暗自思忖或不敢希冀的评价结果，与人们内心想法协调一致，从而引起了思想上的共鸣。

从舆情角度来看，谣言是一种对舆情非理性的、歪曲的表达形式。民谣是民声，它倾吐着人民生活中的喜怒哀乐，最能真实地表达人民群众的爱憎亲疏的感情和态度。从民谣可以了解民间疾苦，虽然不能由此而消除这种疾苦，但从这些民谣中可以听到人民的声音，听到群众的政治意见。政治民谣不等同于一般意义

---

[1] 刘毅：《群体性突发事件中的舆情信息汇集和分析》，载于《学术交流》2005 年第 10 期。

上的文学和文化现象，它反映了在当前社会转型期普通公众对国家、政府的基本态度、看法以及复杂的心理和价值取向。

结合对社会谣言和政治民谣两种舆情信息的分析，人际模式直接促成了舆情的形成。对于类似于社会谣言和政治民谣之类的舆情信息，如果不及时进行疏导，则不利于社会稳定，同时会削弱政府权威，对主流政治文化形成冲击。

（二）群体模式

作为舆情主体的公众，它是由各种社会群体组成，包括阶级、阶层以及各种生活群体，因此，舆情也可以被看作是一种群体心态。群体心态无疑是在群体信息传播和互动过程中形成的。所谓的群体心态，是指某一个人在获得一个"心理群体"后所形成的一种心理状态和心理倾向。

群体心态主要包括两层意思：一是指聚集在一起的人都具有一种相同的心理倾向和趋势。这是一种群体行为形成后的群体心态。这种倾向是与人在个别独处时的心理状态完全不同的。二是指只有具有相同心理倾向的人才能聚集在一起，并形成行为。这是一种群体行为形成前的群体心态。这种心理状态和倾向是每个个体所拥有的，但平时是处于一种潜在状态的，是被理性所压抑的，但又是充满活力的，只要条件成熟，它就可以冲破理性的控制和压抑而表现在行为中。勒庞和弗洛伊德一致认为，群体心态具有随机、易变的特征。它所表现出来的心理倾向是飘忽不定的，难以琢磨的。初看起来，它有些类似情绪，有时甚至还遵循情绪的同频共振的规律行事。但它本身并不是情绪，是一种比情绪更深层次的，也可以说是支配情绪发生和发展的心理机制。[①]

群体心理在形成的过程中还受到群体压力和从众心理的影响。所谓群体压力，是群体中的多数意见对成员中的个人意见或少数意见所形成的压力。一般情况下，它使得个人或少数意见会采取服从态度。从众心理即是指个体在社会群体影响下，放弃或转变其原有意见，而形成与大多数人一致的态度。除去个性特征的影响，群体压力和群体行为等群体情境是从众心理形成的重要影响因素。心理学研究表明，个体具有跟从群体的倾向，这是群体得以形成并维持其整体性和保持其行动一致的基础性条件。虽然并不是群体中的每一个个体必然形成从众心理，但一般而言，多数人都会形成不同程度的从众心理。

群体心理会导致集群行为（集合行为）的发生。由群体模式形成的舆情具有"强大而活跃，并且非常敏感"的"形象化想象力"，很可能处于一种非理性状态。它在平时一般都处于一种潜在状态，但在适当的条件下会通过群体行为转变

---

① 黄建钢：《政治民主与群体心态》，中信出版社 2003 年版，第 35 页、15 页。

为直接的、显在的状态。总之，群体模式不仅是一种舆情形成的重要方式，而且需要给予密切关注。疏导不力可能会导致群体性事件的发生，进而危害社会稳定。

（三）"公众—媒介—政府"模式

1. 公众和政府的相互作用

无论哪个国家的政府，都对重大突发事件拥有决策权和管理权，都要保护各个社会成员间的权益。我国政府代表着人民的利益，政府和公众之间存在包括政治、经济、社会、文化、环境等在内的各种利益关系，但这种根本利益上的一致性同样不能完全消除两者之间的矛盾和分歧，因为国家利益和个人利益、整体利益和局部利益、长远利益和眼前利益之间永远存在着矛盾。

我国正处于社会转型时期，由于改革会触及许多人方方面面的切身利益，因而在政策的变动以及对重大突发事件的管理和处理过程中，不可避免地会引起部分公众的误解、抱怨乃至对抗情绪。除了负面的情绪之外，公众也会因为政府治理得力，人民切身利益得到保障，整体生活水平得到提高而欢欣鼓舞。因此，在公众和政府的相互作用下，舆情的形成是不可避免的。

2. 政府和大众传播媒介的相互作用

在西方社会，以美国为例，大众传媒最值得人们称道的也许是监督政府的功能，上至总统、联邦国会议员，下至公共机构中的最普通的公务员，无一能够逃脱媒体的眼睛。凡是拥有行使公共权力的人和组织，都置于公众（媒介）的控制之下，这也就成为美国民主政治文化的一个基本内容。

在我国，政府是国家政治、经济和外交等政策的制定者，政府和传媒之间存在着从属关系、领导与被领导的关系。传媒和政府在根本利益上是一致的，传媒作为政府和党的舆论工具，忠实地执行着后者的各项决策。同时，我国的大众传媒还扮演着舆论监督的重要角色，它是社会调控权力和权力关系的重要手段，是社会成员依法参与国家事务、经济事务和社会事务的民主权利的体现，是权力制约和权力监督的重要途径。

社会主义的舆论监督在表现形式上主要通过新闻媒介，但是它的监督主体是广大的人民群众，它既被当成维护、巩固社会主义制度的重要武器，又成为维护人民群众根本利益、打击社会丑恶势力和权力腐败现象的重要工具。大众媒介在行使舆论监督的权利时，必然会涉及舆情主体所关心的社会问题，引起公众的广泛关注，这不仅影响舆情的形成，也左右着舆情的走向。

3. 大众传播媒介和公众的相互作用

首先，公众主要是通过大众传媒了解重大突发事件。公众在不知情的情况下，情绪或态度尚未形成，一旦媒体将某些方面的信息告知公众，公众就会对某些问题形成意见和看法。其次，媒介能够影响公众对政策的偏好。这些偏好会强化公众对政策的调适、变革和实施的关注，从而影响他们态度的形成和变化。再次，媒介能够决定公众的政治选择。这主要通过议程设置来实现，对舆情的形成和变化起到了潜移默化的影响作用。最后，公众的舆情动向促使媒介采取必要的引导措施。我国的传播制度决定传媒必须无条件地反映群众的利益和呼声，关注公众舆情动向并加以引导是新形势下对大众传媒提出的新要求。对于一些消极、极端的情绪或思潮，媒介积极疏导公众社会心态，为维护社会稳定制造舆论氛围的作用就显得举足轻重。

三、"线性模式"和"动力模式"

如果从舆情形成过程的结构和功能来看，舆情的形成可以分为"线性模式"和"动力模式"。舆情的形成和变化，有其特定的结构和功能。对舆情形成的结构性的描述主要是对其内在和外在结构以及相互关系进行线条式的勾勒；对舆情形成的功能性描述主要是分析各联系因素间的动力耦合过程，以显示这种耦合的强度和方向等。

（一）线性模式

类似于在传播学研究中的线性传播模式，这里的线性模式是根据舆情发生的时间顺序划分不同阶段[①]，是对舆情形成过程的一种结构性的描述，即舆情形成的每个阶段环环相扣，以重大突发事件的发生为"首元素"，以舆情的表达为"尾元素"；除了"首元素"，其间的每个阶段仅有一个"前驱元素"；除了"尾元素"，其间的每个阶段仅有一个"后继元素"。

线性模式只是对舆情形成过程的粗线条的描绘；因为舆情形成的每个阶段都有其复杂的结构和过程，内在和外在因素的影响也可能导致舆情形成过程的差异。不过，舆情的形成并非无规律可循，线性模式可以为我们描绘出舆情形成的一个大致相似的过程。

一般情况下，舆情的形成可以分为以下五个阶段：

1. 重大突发事件的发生

重大突发事件的发生源自社会矛盾的积累，并以社会问题、社会事件以及社

---

① 谢新洲等：《互联网等新媒体对社会舆论影响与利用研究》，经济科学出版社 2013 年版，第99 页。

会冲突等形式反映在现实生活中。重大突发事件或与公众的切身利益息息相关，或是公众感兴趣和关注的焦点，它的发生将会刺激公众形成某种情绪、态度或意见。

2. 刺激性信息的传播

伴随着重大突发事件的发生，大量的刺激性信息随之形成。这些刺激性信息经过人际、群体、组织、大众传媒等传播方式得到扩散，使更多公众了解到重大突发事件发生的过程和始末，刺激强度和范围得到提升和扩大。

3. 个人情绪、态度、意见的形成

刺激性信息经过传播和扩散为公众所了解，并且迅速与公众头脑中的固定成见、知识结构等发生信息的"化合作用"。这种"化合作用"促使公众对相关重大突发事件形成表达个人情绪、态度或意见的愿望。此时，由于公众对重大突发事件可能还缺乏充分了解，或者尚未找到更多的共鸣，这些情绪、态度或意见往往隐藏在个人内心之中，可以称之为"隐舆情"，还属于一种"私见"，只能算是一种不稳定的舆情，在内在和外在因素的影响下，很可能发生变化。因此，这种不稳定的舆情即便得到表达，也会因为"势单力孤"，很难形成影响。

4. 人际或群体互动

个人情绪、态度、意见形成之后，公众为了解有关重大突发事件的真实情况或抒发个人想法并寻求支持而进行广泛的交流。交流可能在个人之间进行，也可能随着事态的发展和关注者的增多，形成小群体内的交流、讨论或小群体之间的意见碰撞。这种群体的形成往往是以共同的利益或关注点为基础。

5. 舆情的形成与表达

经过群体内和群体间的互动，在群体规范和群体压力等的作用下，小范围内一致的、属于某一群体或阶层的情绪、态度或意见，即舆情就会形成。舆情一旦形成，往往会不吐不快，因为舆情的表达往往是对自身利益的一种诉求。此时的舆情经过不同形式的表达，就会造成一定程度的社会关注。舆情指向的社会矛盾或重大突发事件如果没有得到及时解决，在关注共同利益的群体心理的影响下就可能导致集群行为的发生，舆情的表达就会转变为剧烈的行为。至此，舆情经历了从重大突发事件的刺激到最终的形成和表达的一系列阶段，这些阶段形成了一条非闭合的因果链，我们用图 6 - 1 来表示这一线性过程。

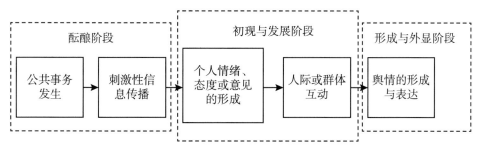

图 6-1　舆情形成的线性模式

（二）动力模式

线性模式主要是对舆情形成的过程进行描述，基本没有考虑影响舆情生成的内部和外部动力因素。

实际上，作为对线性模式的补充，还有一种舆情形成的动力模式，见图6-2。

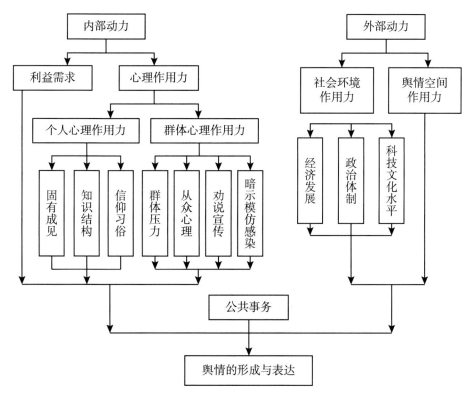

图 6-2　舆情形成的动力模式

动力模式强调的是舆情的形成是在内部动力和外部动力的共同作用下形

成的。

1. 外部动力：包括社会环境作用力和舆情空间作用力

现实社会中的政治、经济、科技、文化等社会环境因素直接影响公众形成什么样的情绪、态度和意见，其作用力的大小和方向也因人而异。舆情空间是一个较为抽象的概念，主要是指包含舆情各要素的社会空间，包括"硬空间"和"软空间"。所谓"硬空间"是舆情发生的场所。显然，在集市、酒吧等不同场所，因为人群的不同，产生的舆情也会有明显区别。"软空间"则是对舆情产生影响的"无形的非物质的内容"，包括秩序规定因素、角色规定因素、目标规定因素、民族文化传统因素等。

2. 内部动力：包括利益需求和心理作用力

公众自身的利益需求是舆情形成的动力源头。而在公众对重大突发事件发表意见、阐明态度的时候，也会受到自身的文化水平、信仰习俗、心理因素的影响。因此，当某一重大突发事件发生后，公众在内部和外部动力的合力下就会形成各种各样的情绪、态度、意见。

总之，倚靠单一模式很难将舆情形成的问题描述清楚。上文讨论的模式是针对舆情生成、演化、传播的不同阶段、不同特征提炼出的几种常见模型，它们从不同的出发角度和侧重点为我们勾勒出舆情形成的全貌，为深入研究社会舆情的形成提供了参考。

第二节 社会舆情的演化规律

作为公众情绪、态度或意见的舆情，从其形成到结束，都是处于一种动态的变化过程之中，必然也要遵循某些规律来运行。目前，本研究在总结现有研究成果的基础上，提出四大舆情演化规律：涨落规律、序变规律、冲突规律和衰变规律，以此来描述舆情演化变动过程中的规律性。如图 6-3 所示。

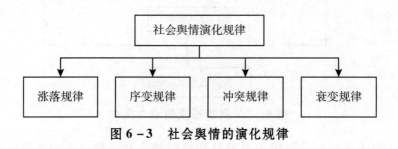

图 6-3 社会舆情的演化规律

一、舆情的涨落规律

涨落是舆情运动的基本规律之一，也是客观存在的社会现象。社会系统的稳定需要舆情涨落的支持和保证，而舆情涨落也使舆情系统本身远离了平衡态。

（一）舆情涨落的态势

态势一般是指事物发展的形势及状态。通常情况下，舆情的涨落会呈现出一些具有规律性的态势，大致可以归纳为以下三种情况：

1. 波浪形

舆情受诸多因素的影响，在时空上呈现波浪式的运动形态，波峰处为舆情上涨的顶点，波谷处为舆情下落的最低点，波峰与波谷交替出现，此消彼长，滚动前进。舆情的波浪形涨落充分体现了舆情变动过程的复杂性，舆情会在不同影响因素的干扰下或涨或落，原本呈现回落趋势的舆情可能死灰复燃，而某些集中、剧烈的情绪也可能在一些力量的介入下逐渐消解。波峰和波谷的交替出现还说明了舆情运动是一个历史性的、客观性的社会现象，只要有人类社会的存在，这种波浪形的舆情涨落就会不断推进。

2. 梯形

舆情形成之后，经过一系列发展环节之后得到壮大，逐步呈现上涨趋势。但是，舆情的涨势不可能没有极限，当上升到某一临界值，这时舆情声势浩大，已经达到社会稳定的临界点，一些措施的出台和力量的介入也就成为必要，如政府出台政策或措施，积极解决隐藏在舆情背后的社会矛盾，或者媒体通过新闻报道和新闻评论对公众情绪进行引导，等等。这个时候，舆情的涨落可能出现一个平台期，并不会立即呈现下落的趋势，大多数公众会保留自己的态度和意见，处于一种观望的状态。由于社会矛盾的解决需要一段时间，人们的认识和态度改变也需要一个过程，在经历过一个平台期之后，随着社会矛盾的化解和舆情引导的效果显现，舆情开始慢慢下落，这就构成了一个类似梯形的涨落形态。

3. 单峰形

和梯形形态不同的是，单峰形没有平台期，在舆情达到临界点之后立即下落，可谓大起大落。这种形态的舆情涨落较特殊，如社会谣言的传播，随着传播范围扩大，舆情不断上涨，往往会搅得人心惶惶。但一旦社会谣言得到澄清，公众在得知真相后，不会再对子虚乌有的事情牵肠挂肚，指向谣言内容的紧张情绪马上得到缓解，注意力也立即转移，公众转向对谣言制造和传播者的谴责，舆情随即消落。

波浪形揭示的是舆情涨落过程的历史性和客观性；而梯形和单峰形则反映出对于某一社会问题和事件来说，舆情涨落在时空上总是有限的，随着议题的衰落，舆情的涨落也逐渐消逝。

（二）影响舆情涨落的因素

1. 社会矛盾与重大突发事件

重大突发事件实际上是社会矛盾在现实生活中的反映，重大突发事件的刺激是舆情形成的现实根源。一般情况下，社会矛盾越尖锐，重大突发事件的刺激性越强，公众的舆情也就越高涨。

2. 政府行为

按照狭义舆情的概念，舆情主要是指向国家管理者。政府行为直接关系到公众的切身利益。尊重民意、促进社会全面发展的政策就会得到公众的支持；反之，批评、声讨和不满的声音就不断增长，甚至出现反政府的行为。

3. 舆情信息传播渠道

舆情信息传播渠道通畅，舆情的影响面也就大，扩散得也就更快；舆情信息传播渠道闭塞，只能导致民怨聚集，小道消息和谣言四起，反而造成社会更加动荡不安。

4. 媒体报道和引导

媒体对重大突发事件的报道，既可以导致舆情高涨，也可以化解舆情。通过对一些社会问题的曝光和揭露，可能会引起公众强烈的共鸣和反响，而对于一些事件真相的澄清和对公众关心的信息进行公开，可以起到引导和化解舆情的作用。

5. 个人兴趣和利益

每个人都有自己的兴趣爱好和关注点，也会因为自己的社会地位和生存状况产生利益诉求，这是舆情形成和涨落的内在动因。一般来说，重大突发事件越是贴近自己的兴趣爱好和切身利益，针对性的舆情也就越高涨，反之则低落。

6. 心理因素

个人心态、固有成见、知识结构、信仰习俗等都能影响个人情感态度的改变。劝说、宣传、暗示、渲染等手段也会影响个人心理，一旦群体压力形成，舆情可能会在很短时间内迅速高涨。

以上六个影响因素中，前四个为外部影响因素：（1）社会矛盾与重大突发事件；（2）政府行为；（3）舆情信息传播渠道；（4）媒体报道和引导。后两个为内部影响因素：（5）个人兴趣和利益；（6）心理因素。舆情在内外部影响因素的共同作用下实现涨落。

（三）舆情的涨落运动

舆情的涨落运动在不同方面得到体现，主要体现在以下三个方面：

1. 时空上的涨落

舆情在时间上的涨落是客观刺激和主观心理运动作用的结果。如果符合公众的兴趣爱好或者涉及公众切身利益的重大突发事件的刺激强度大、持续时间长，那么舆情持续的时间也相对较长。反之，假如重大突发事件隐含的矛盾得到及时解决，或者很快失去了公众的关注，那么舆情持续的时间就短。

舆情空间是舆情的构成要素之一，它一般是指公众舆情形成、变化的多维互动的社会空间。任何舆情都是一定社会空间内的情绪、态度和意见，失去了这个空间，也就失去了人与人之间的交往以及与外界信息的交换，舆情也就无法形成。舆情空间的涨落是舆情发展和变化的一个历史过程。

在大众传媒形成之前，舆情的表达和传播主要是靠口头和人际关系，舆情空间的广度非常有限，这不仅取决于人口密度的大小，也受到地域的严格限制。使舆情空间得以扩展的前提是公众对重大突发事件的了解。随着大众传媒的出现，尤其是互联网的诞生，人们可以方便地了解重大突发事件和表达舆情，某个地方性事件也可能引起全国甚至世界范围内的舆情反应，关注人群随着事件的发现在不断扩大。这样，舆情突破了地域的限制而可进行广泛传播。随着时间的推移、公众兴趣的转移以及利益问题的解决，关注该事件的人群在缩小，形成的舆情在逐渐平息和消逝，舆情空间也由最初的不断扩展变为逐渐回缩，这就形成了舆情在空间上的涨和落。

由此可见，空间上横向的涨落和时间上纵向的涨落共同构成了舆情在时空上的涨落。多数舆情的纵向涨落是相对短暂的，随着新事件的不断出现，舆情也逐渐消逝。而横向涨落是一个历史的过程，社会矛盾的长期存在致使舆情在空间内不断涨落。

2. 舆情主体的涨落

面对同一个社会问题和事件，每个人都可能持有不同的情绪、态度和意见。但是，从总体上看，舆情倾向大致可以分为赞同、中立和反对三种，持有某种舆情倾向的人数同样也是处在一种动态的涨落之中。

舆情主体涨落的结果大致有四种情况：一是对某个社会问题或事件持赞同意见的人占大多数，持反对或中间意见的人很少；二是对某个社会问题或事件持反对意见的人占大多数，持赞同或中间意见的人很少；三是对某个社会问题或事件持中间意见的人占大多数，持赞同或反对意见的人很少；四是对某个社会问题或事件持赞同、中间、反对意见的人数相当。

以上四种涨落结果的意义也不尽相同：第一赞同的人占大多数，第二反对的人占大多数，这两种情况说明社会上大多数人的舆情倾向是一致的。这个时候，舆情已经上升为民意，形成了强势的社会影响。无论是赞成还是反对的意见占主导，这种民意都是不可违的，决策者只有顺应民意才能得到广大群众的支持。第三是中间的人占大多数——说明绝大多数公众对社会现实基本满意，或者人们还处于观望状态。决策者面对没有明显方向性的意见，需要做的是自我完善，而并非是结构性的政变。第四是赞同、中间、反对的人数相当——这种情况最复杂，它表明多种不同的、甚至背道而驰的舆情之间势均力敌，激烈碰撞，这往往让决策者难以抉择。

正确的决策需要建立在科学严谨的论证之上，因此，决策者需要在综合各方面意见的基础上，进行深入的调查研究并论证每种建议的合理性和可行性。在此期间，各方态度和意见还会继续碰撞，决策者可以利用大众传媒适时地进行引导，为决策出台做好准备。折中、兼容的选择也不失为一个缓解舆情压力的好办法，但是其合理性需要在实践中不断进行验证。

3. 舆情强度的涨落

舆情在时空上的涨落实际上也反映了舆情影响力和作用力的强弱，时间延续越长、空间扩展的范围越大，舆情的作用和影响也越大；反之则越小。人数的涨落也能在一定程度上反映出舆情的强度。不过，持有一种舆情倾向的人数增长并不意味着其强度也一定增强；持有某些情绪和态度的人虽然少，但是其强度却可能很大，对社会的冲击力也大。

因此，舆情强度涨落的主要原因还是在于隐藏在社会问题和事件背后的社会矛盾的不断涨落。当社会矛盾突出和尖锐时，人们对于利益的诉求力度也就大，情绪会变得激昂，态度会更加坚定，而意见也会更为尖锐。舆情达到一定强度后，会以行为方式体现出来，而内隐的舆情强度则需要通过舆情调查来了解。随着社会矛盾的逐渐化解，舆情强度就会逐渐减弱。

二、舆情的序变规律

从表面上看，舆情涨落规律使舆情运动陷入混乱和无序。而实质上，这种涨落恰好触发了舆情运动的有序化进程。

（一）耗散结构理论可运用于研究舆情序变规律

比利时物理学家普利高津的耗散结构理论为理解这一规律提供了理论上的启发。耗散结构是指一个远离平衡的开放系统通过不断地与外界交换物质和能量，在外界条件的变化达到一定的阈值时，可能从原有的混沌无序的状态转变为一种在时间上、空间上或功能上的有序状态。普利高津把这种在远离平衡情况下所形成的新的有序结构命名为"耗散结构"。耗散结构理论就是研究耗散结构的性质以及它的形成、稳定和演变的规律的科学。

形成耗散结构，使系统从无序到有序，至少需要具备下列四个重要条件：一是系统必须是一个开放的系统；二是系统应该远离平衡态；三是在系统内必须存在非线性的相互作用；四是要有涨落的触发，在平衡态中没有涨落的发生。

耗散结构不仅存在于自然领域，而且也普遍存在于人类社会的各个领域。耗散结构理论是一种横跨整个自然科学和社会科学的理论工具，是普适性理论，具有广泛的重要的科学意义。

舆情的运动是人类社会中的一个复杂现象，纷杂无序的声音充斥着整个舆情运动的过程。然而，舆情的变动是否始终处于一种无序的状态之中？如果真的如此，社会将会动荡不止，舆情引导的问题也就无从谈起。显然，这个疑问是不可能成立的，舆情也是处在从无序到有序的变化之中，耗散结构理论可以帮助我们理解这个问题。

首先，舆情从形成到衰灭，形成了一个和外界不断交换物质和能量的开放的、远离平衡态的系统。我国传统的舆情系统是封闭的，缺乏和外界的信息交流，系统本能地排斥和抵制外来的新事物，因此，系统自组织功能、应变性和可塑性都比较差，如果没有足够的外力作用，系统结构很难改变。自从我国改革开放以来，舆情系统无论对于内部的推动还是外部的刺激都变得非常敏感，系统涨落和变迁的速率和频率都大大提高，系统也就开始远离了平衡状态。

具体说来，舆情的形成和变化可以简单地看作是一个"刺激—反应"过程，刺激的源头是重大突发事件的发生，相关刺激性信息经过传播，输入人的大脑。在这些刺激性信息与公众固有成见的作用下，公众将自己对该重大突发事件形成的情绪、态度或意见输出。依照耗散结构理论，重大突发事件形成的刺激性信息好比不断输入的能量，而公众的舆情反应便是能量的输出。在现代信息社会中，没有信息传递的封闭信息环境很难存在，尤其是新型传播媒介的不断涌现，使得公众了解重大突发事件和表达舆情更为方便，这种能量的交换也更为频繁。

其次，舆情变动是各个舆情构成要素非线性相互作用的结果。一个体系内各要素之间的作用分为线性和非线性的。对于线性作用，它具有加和性，每个小的作用性质、行为是相同的，没有制约性，不可能形成新的性质和结构。而在舆情形成和变化的过程中，舆情构成要素发挥的是协作和制约的非线性作用，共同影响着舆情的变化走向。这种非线性的作用具体表现为相干、协同。如舆情主体在表达情绪和交流意见的时候就会发生相干作用，而舆情各构成要素则缺一不可，

181

如果没有要素之间的协调、合作、同步，舆情就难以形成。

再次，舆情随机的涨落最终使舆情由无序向有序变化。通过对舆情涨落规律的分析，我们清楚地了解到舆情涨落的方方面面，故不再赘述。按照耗散结构原理，这种涨落使舆情的运动进入不稳定状态，从而又跃入一个新的稳定的有序状态。

（二）舆情的序变过程

在舆情形成之初，公众对一个重大突发事件的情绪、态度或意见总是多种多样，立场、角度也各不相同，这些舆情往往是内隐且不稳定的。人们为了表达这些积压在心中的情绪或态度，往往需要进行小范围的交流或讨论，可能是在个人之间，也可能在小群体内，相干作用就会发生。

社会心理学的研究成果显示，在相干现象区域里，某一种新的思想、见解或欲求，都有可能改变全局的状态，一个非常小的偶然事件有可能导致必然事件。相反，在相干区域之外，任何个体的主动性都很难显示出来。因此，在舆情形成之初，舆情随着重大突发事件的变化和发展以及别人意见的影响在不时改变和修正，相同相异的舆情在不断合并和分化，舆情处于一种微小的涨落之中。

耗散结构理论告诉我们，涨落有个阈值（热力学分支点），在达到此点前，由于事物内部的抗扰动、抗偏移的拉力，涨落只能不断衰减直到消失，回复原来的状态。如果在涨落过程中不断增加能量，使偏移常态的距离不断加大，达到了某个临界点，涨落就成了"相变"的触发器。

这时，随机的小的涨落，通过相干效应，会不断增加，乃至突然放大，形成"巨涨落"，一下子把不稳定状态推进到一个新的稳定的有序状态。因此，如果没有足够的能量使得舆情的涨落达到"阈值"，那么舆情不仅不会向有序的方向发展，反而会逐渐消逝。

这种能量首先来自重大突发事件所含的刺激性信息的输入。如果重大突发事件与公众的切身利益或兴趣相去较远，或者公众意识不到它的重要，公众的注意力就会发生转移，情绪、态度或意见的表达、讨论、改变、修正等等偏离常态的涨落就会自动停止，大家继续保持自己的主见，舆情的运动仍然处于无序化之中。如果重大突发事件对公众的吸引力足够大，那么小范围的讨论就会得到维持，并且会吸引更多的人参与讨论，人们的相互感染、暗示，形成群体压力。传媒或者权威人士可能也会介入，发表一些有影响力的报道或言论，致使公众的态度、意见可能与之靠拢。这些相干效应不断增加，舆情涨落就会被放大，有可能形成突变，形成"巨涨落"，使得舆情系统发生结构性变化，形成新的状态。由此，舆情系统就可能由原来纷杂、无序的状态走向有序的状态，形成一种或者几种主导性意见分支，每一个分支都意味着一种可能形成的新的稳定结构。

舆情系统在变动过程中到底选择哪个分支作为自己的发展路径，完全由随机的涨落决定，在理论上也是不可预测的。但这并不意味着任何一种舆情都是无差别的，我们对其选择也并非没有作为。恰恰相反，我们正是在随机的条件下，促使系统做出最优选择。从事物发展的角度来看，这种舆情运动的有序化是一种必然的趋势。耗散结构理论与舆情运动的有序化规律也为舆情引导和管理工作提供了理论借鉴。

三、舆情的冲突规律

（一）社会冲突理论与攻击行为研究

1. 社会冲突理论

西方社会冲突理论为认识舆情冲突规律提供了理论借鉴。关于什么是"社会冲突"（social conflict），西方社会冲突论者没有达成共识。总的来看，对"冲突"内涵的界定可以分为狭义和广义两类。狭义的冲突是指对立各方之间尖锐、激烈的争斗。广义的冲突观则倾向于宽泛的冲突内涵，包括了从差异到战争这一系列不同程度的社会秩序状态。

广义的社会冲突与马克思主义的社会矛盾学说所指称的是同一种社会现象。马克思以他所处的资本主义社会为标本，通过对资本主义社会的矛盾现象和对抗行为的解释，阐发了他独具特色的社会冲突理论。他将该理论的基本内容在《政治经济学批判（序言）》中作了经典的论述。① 马克思的社会冲突理论的假设是建立在社会实践与生产理论、社会交换与社会结构理论基础之上的。社会冲突表面上是人们在社会交换中一种对抗性行为和关系，但其根源在于人们在社会生产中的地位不平等。这种不平等表现在社会结构的不同层面上：最基础最根本的是生产力与生产关系的冲突，然后是经济基础与上层建筑的矛盾，最后表现在社会群体关系上则是阶级与阶级之间的冲突。

西方社会冲突论学者如韦伯、达伦道夫等都继承了马克思主义的矛盾论思想。但与此同时，因为所处时期社会状况的不同，他们所关注冲突的层次、所提出解决冲突的方案与马克思有所不同。

2. 对攻击行为的研究

从 20 世纪 20 年代弗洛伊德（Freud）提出本能论到 80 年代，社会认知取向

---

① 参见刘慧：《马克思主义关于社会矛盾的理论分析》，载于《宁夏党校学报》2014 年第 3 期。

的各种理论观点纷纷出台，心理学对攻击行为进行了多角度的理论解释。

（1）"本能论"，弗洛伊德、劳伦斯（Lorenz）认为"攻击是人的本能"。该理论的倡导者经常把这一理论应用于对人类的集体和个体的不稳定行为的分析上。

（2）"学习理论"，认为攻击行为是人后天习得，如儿童用过分行为吸引他人注意力；成人以反抗和攻击表达控制的欲望。

（3）"挫折—攻击理论"，将暴力或攻击诠释为对挫折的反应。其重要贡献在于提出了"恼怒的内驱属性"概念，认为攻击行为一旦发生，它就成为恼怒的最适当、最满意的发泄方式。该理论表明：民事动乱行为几乎总是具有强烈的欲望或情感基础，它对于社会体系的作用和力量主要取决于它所调动起来的人们的恼怒的范围和强度。

（二）舆情冲突的界定和表现形式

1. 对舆情冲突的界定

现实世界中存在着很多具体形态的冲突，但若加以抽象分析，考察其实质，则会发现，凡是冲突都具有以下三个特征：

第一，具有两个或两个以上局中人，局中人具有一定的理性和决策能力；第二，所有局中人同处于一个确定的系统中，因而局中人之间存在着一定的联系；第三，各局中人在系统中所追求的目标具有对立性，局中人能通过他们之间的联系进行相互作用，形成相互制约（冲突的局中人指发生冲突的各方，它可以是一个人也可以是一个组织、集团或国家）。因此，冲突就是一种对立状态，它形成于系统中各方所追求目标的对立性。冲突各方同处于一个系统中，而且是互相联系的；但由于所追求的目标是对立的，所以各方又是互相制约的。在冲突各方既制约又联系，既对立又统一的特点下，形成了各种各样的冲突表现形式。

舆情冲突作为冲突的一种类型，首先，它应该是处于社会系统中的公众的情绪、态度和意见的对立状态；其次，舆情冲突离不开公众的沟通和交流，缺少了这种联系就很难形成意见的碰撞和对立；最后，舆情的对立来自公众对不同的、对立的利益的追求。由于利益追求的对立，必然会导致对立双方在维护利益和争取利益上的对抗。除去利益的对立，还有人们思想观念、文化背景等方面的差别和对立。

因此，从狭义的角度看，舆情冲突是指公众因为自身利益受到损害或没有得到应有的满足，以激烈且具有攻击性的言论或行为方式对政府管理或决策发泄不满。而广义的舆情冲突则泛指公众之间的一切情绪、意愿、态度或意见的对立状态。舆情冲突充满了攻击性，这种攻击性决定了舆情冲突不是内隐状态下的情绪、态度或意见，而是需要通过外在行为来表现；舆情冲突的攻击性不仅表现在暴力行为的身体伤害，还包括心理上的伤害行为，如谩骂与诽谤等。

2. 舆情冲突的表现形式

总体来看，舆情冲突一般有言论和言论之外两种表现形式。

第一种是言论形式，包括理性的辩论和非理性的言论攻击。

辩论，通常有广义和狭义两种定义。狭义辩论指有明确目的、有准备的不同观点的争论。广义的辩论指双方或多方，因观点不同而形成的不同程度上的言语冲突，它既包括有明确目的、有准备的不同观点的辩论，也包括日常生活中由某种分歧而引起的随意性的争论。从舆情视角来看，辩论是舆情对立的双方（或多方）通过各种论证方法，阐述自己见解，揭露对方谬误，以争取广大公众的赞同和支持。辩论使用的语言不是劝服，而是驳斥。辩论过程中往往会表现出激昂的情绪，不作妥协和让步来解决见解上的对立。

与理性成分较多的辩论相比，言论形式的舆情冲突在很多时候都表现为言语上的相互攻击。对立双方较多地使用含有谴责、声讨、抗议等意味的愤怒、尖刻的言词猛烈指责和抨击对方，甚至是威胁和恫吓。有时为了达到己方目的，对立双方还不惜使用捏造谣言、诽谤、诬陷等伎俩。在气急败坏的情况下，双方还会靠互相谩骂和人身攻击来发泄情绪，这种情况在互联网上尤为突出。

第二种是言论之外的行为形式。这是言论形式的升级，表现为线下行动甚至是暴力冲突。如果人们感觉通过口舌已经不能发泄情绪，就会采取实际行动，集结起来用游行示威、静坐请愿等方式来表达舆情。由于情绪的激愤，在这个过程中，对立双方免不了发生言语上的冲突，并诱发双方以武力相见，甚至发展为流血事件。

（三）我国舆情冲突的影响因素

我国正处于社会转型时期，社会矛盾错综复杂。舆情冲突，尤其是狭义范畴内的舆情冲突，对我国工作大局和社会稳定的影响和冲击很大，因此也是我们关注的重点。要进一步了解舆情冲突的规律性，就必须搞清楚哪些变量（因素、条件）影响和决定着舆情冲突发生的可能性和冲突的强烈程度以及变化方向。

我国舆情冲突体现的是非对抗性的人民内部矛盾。在我国的社会主义社会中，不同利益主体之间的矛盾是在根本利益一致基础上的矛盾。我国舆情冲突在很大程度上是社会利益分化，以及由此引起的利益矛盾和利益冲突的结果，政治化和意识形态化的程度很低，对社会稳定的影响也相对有限。不过，漠视舆情冲突的存在也十分危险，舆情冲突往往是大规模社会冲突的前奏，及时发现苗头并进行有效引导和处置对维护社会稳定有着积极的意义。

四、舆情的衰变规律

研究舆情的变动规律，不仅要着眼过程，更重要的是探索从此一程到彼一程是怎样转折的，衰变就是这种转折的积蓄、准备和启动。

舆情的衰变规律包含了两层含义：一是"衰"，即针对某一具体重大突发事件的舆情必将走向衰落的趋势，强调了舆情衰落的必然性；二是"变"，是指舆情的衰落正是新舆情产生的开端，它强调的是舆情衰落的相对性。"衰"告诉我们，某一具体形态的舆情会随着事件的完结而走向衰落，甚至消失。而"变"则强调，"衰"并不意味着舆情会彻底消失，积淀在人们内心的成见会在新事件的刺激下再次萌发。

（一）舆情的衰落

无论关于某一具体重大突发事件的舆情曾经如何高涨，最终都会随着一些影响因素的变化而走向衰落。导致舆情衰落的因素主要有以下两方面：

1. 重大突发事件的消失或解决往往是导致舆情衰落的首要原因

人们往往通过媒体报道获悉重大突发事件的进展情况。重大突发事件所包含的刺激信息是舆情产生的前提，人们关心的问题被解决了，或者重大突发事件对公众已经没有任何刺激作用了，那么针对该重大突发事件的舆情自然就会衰落。

2. 公众注意力和兴趣的转移也会导致舆情的衰落

每天我们身边都会发生很多事情，但并不是所有事情都能引发公众的舆情。只有公众予以关注、认为感兴趣的事件，才会产生相应的情绪、态度或意见。当某个新事物的出现吸引了公众的注意力之后，旧事件的吸引力就会下降，人们对它的关注程度不断衰减，乃至完全消失。那么，人们对该事件持有的舆情也就逐渐销声匿迹了。

（二）舆情的残留、积淀与转换

舆情总是处于一种涨落运动中。舆情的消失只是相对意义的，某一具体形态的舆情往往会随着事件的完结而走向衰落，甚至消失，但这并不意味着人们心理机制和舆情系统运转的终结。

每个人都会因为生活环境、文化背景、教育程度、信仰风俗等因素在内心中形成自己的固有成见和看法。不管我们认识什么东西，我们都会借助于我们脑子里已经有的形象。当重大突发事件所包含的刺激性信息输入人们的大脑，这些刺激性信息就会和人脑中的固有成见发生"化合作用"。网民在已有信念体系基础上对刺激性意见做出反应，从而促使人们对社会事件、人物做出评价，提出意见，表明态度。当某一具体重大突发事件淡出人们的视线之后，人们就失去了对该事件表达意见的兴趣。

不过，之前在大脑中形成的认识不会消失，它会变成人脑中固有成见的一部分，并在内在和外在因素的影响下不断积淀和完善。这是一个复杂的认识过程，有些人会形成感性的、零碎的认识片段；有些人则会形成理性思考，甚至上升为理论形式；有些人会更加坚定原有的态度和意见；而有些人的态度和意见，会发生截然相反的变化。这时，新事件的发生引起了人们的再度关注，这些不断积淀的固有成见又会和刺激性信息继续发生作用，从而形成了人们对该事件的舆情。

衰变规律告诉我们，看似销声匿迹的舆情可能会死灰复燃，而本来强度不大的舆情也会通过这种转折得到能量积蓄。舆情的衰变规律为我们揭示出了舆情兴衰交替和转换的发展趋势，也体现出舆情信息监测工作的必要性和艰巨性。

第三节　场域轴视角下的舆情分布规律

一、场域基本理论

1966年，布迪厄在《论知识分子场及其创造性规划》中最早使用了场的概念。对于场域这一概念，布迪厄这样说过："我将一个场域定义为位置间客观关系的一个网络或一个形构，这些位置是经过客观限定的。"[1]

场域具有以下内涵：

第一，场域是一个关系网络。布迪厄曾指出："根据场域概念进行思考就是从关系的角度进行思考。"又提道："从分析的角度来看，一个场域可以被定义为在各种位置之间存在的客观关系的一个网络或一个构型。"这种关系是独立于行动者意志的客观存在，又与行动者所占位置、所掌握的资本和行动者的能力及其采取的策略有关。这种关系网络有其自身的逻辑和运作规律，构成对行动者行动的限制性条件，当然只对置身于该场域的行动者才有意义。如果行动者不归属该

---

[1] L. D. Wacquant. Towards a Reflexive Sociology：A Workshop with Pierre Bourdieu. *Sociological Theory*，Vol. 7，1989：39.

场域,则关系网络对行动者不具有意义。

第二,场域是力的较量场所。场域是一个场所,它不能被简理解单为空间意义上的场所,它既是现实的,又是历史的;既是静止的,又是动态的;既是固定的,又是流动的;既是有形的,又是无形的。场域是"力的较量"场所。换言之,是斗争、争夺的场所,只有"力的较量",场域才具有意义。而这种斗争、争夺依赖的是行动者所掌握的"力",这种"力"表现为资本最终化约为权力。如布迪厄曾指出:"一种资本总是在既定的具体场域灵验有效,既是斗争的武器,又是争夺的关键,使它的所有者能够在所考察的场域中对他人施加权力,运用影响,从而被视为实实在在的力量,而不是无关轻重的东西。"需要注意的是,这种"力"在斗争中相互较量,也会相互转换。因此,场域是一种力的关系网络。

在社会舆情的研究中,场域是一个相对独立的网络空间,它具有如下特征:

第一,场域是一个关系的网络空间。场域中布满了各种关系束,这些关系束就像磁场中的磁力线一样作用于其中的主体。① 第二,场域是一个相对独立或半自主的社会空间,布迪厄认为,场域是一种社会空间、意义空间。第三,场域是一个时刻充满着力量关系对抗的空间。② 第四,场域是一个共时态与历时态相交融的空间,主体因拥有不同的资本数量的结构而在场域中占据不同的位置或地位,从而形成了差异。③

综合以上场域的论述可以看出,社会舆情空间符合场域的基本特征,社会舆情中的各舆情主体相互作用,存在关系束,并不断产生着社会意义和价值,社会舆情空间在时刻变化着,存在着共时性与历时性,不断演进和变化。④

二、舆情地域分布规律

重大突发事件社会舆情地域分布主要有以下三个区域:一是重大突发事件的发生地点;二是同类型事件发生地或事件关联度高的地理区域;三是事件关注度较高的网民所在地等。

下面,以近年来 6 例重大突发事件为例,对其舆情地域分布进行分析。

---

① [法]布迪厄:《文化资本与社会炼金术》,包亚明译,上海人民出版社 1997 年版,第 126 页。

② P. Bourdieu, L. D. Wacquant. *An Invitation to Reflexive Sociology*. The University of Chicago Press, 1992: 13 – 16.

③ [法]布迪厄等:《实践与反思——反思社会学导引》,李猛等译,中央编译出版社 2004 年版,第 139 页。

④ [美]罗德尼·本森:《比较语境中的场域理论:媒介研究的新范式》,韩纲译,载于《新闻与传播研究》2003 年第 1 期。

（一）河北邢台 2016 年洪灾事件的舆情地域分布分析

2016 年 7 月 20 日凌晨 1 点，邢台市大贤村洪水突至，多位村民被洪水冲走，其中包括几名儿童和老人，事件中因灾死亡 34 人、失踪 13 人，经济损失高达 6.49 亿元。[①]

该事件的舆情地域分布，典型地以事件发生地河北为核心，河北网民对事件的关注度最高；其次是紧邻河北的北京和天津。该事件舆情由自然灾害引起，不同于社会性新闻，对"同类型事件发生地"的舆情影响比较平稳。

（二）陕西汉中 2018 年张扣扣案的舆情地域分布分析

2018 年 2 月 15 日，陕西省汉中市南郑区新集镇发生一起杀人案，致 2 人当场死亡，1 人经抢救无效死亡。17 日上午，汉中市南郑公安局官方微博发布通报称，嫌疑人张扣扣已投案自首。该案 3 名死者之一王正军，曾在 1996 年一次冲突中致汪秀萍（嫌疑人张扣扣之母）死亡。[②]

该案舆情区域分布，也是以事件发生地点陕西为核心。同时，北京、上海发达城市，网民数量较多，对事件关注度也较高。

（三）2016 年魏则西事件的舆情地域分布分析

2016 年 4 月 12 日，罹患滑膜肉瘤、年仅 21 岁的西安电子科技大学学生魏则西在家中去世。魏则西去世前在知乎网站撰写治疗经过时称，在百度上搜索出武警某医院的生物免疫疗法，随后在该医院治疗后致病情耽误。此后了解到，该技术在美国已被淘汰。他的死引发了舆论对百度医疗广告监管、医疗欺诈等诸多问题的思考。[③]

该事件首爆于网络空间，因为魏则西通过互联网搜索寻医问药，使此事件与互联网搜索紧密关联，作为互联网搜索的参与者，全国网民群体都在一定程度上成为与该事件关联度较高的群体，故此事件舆情在全国范围的网络空间都受到较多关注，超出了一般意义上的事件发生地，所以该事件的舆情地域分布，陕西并

---

① 《河北邢台洪涝灾害已造成 34 人死亡》，中国政府网，http：//www.gov.cn/xinwen/2016 – 07/25/content_5094511.htm。《河北邢台遭洪灾　邢台市经济损失 64917 万元》，人民网，http：//finance.people.com.cn/n1/2016/0724/c1004 – 28580101.html。

② 《张扣扣案二审当庭宣判　维持一审死刑判决》，央广网，http：//china.cnr.cn/yaowen/20190412/t20190412_524575099.shtml。

③ 杜玮：《魏则西：搜索引擎作恶的牺牲者》，中国新闻网，载于《中国新闻周刊》2020 年总第 933 期，https：//www.chinanews.com.cn/sh/2020/01 – 21/9065835.shtml。

非最高，而是网民基数较大、网络交互频繁的北京和上海。而北京是百度总部所在地，北京网民对事件的关注度比上海更高。魏则西是陕西西安电子科技大学学生，所以陕西网民对此事也较为关注。

（四）2017 年李文星事件的舆情地域分布分析

2017 年 7 月 14 日，山东籍大学生李文星被发现丧命于天津静海 G104 国道旁一个水坑里。从现场不远处找到疑似传销组织留下的传销笔记。[①] 8 月 2 日，经媒体报道后，围绕李文星死因、全国存在的传销黑幕及互联网招聘安全等话题，引发舆论热议。

该事件的舆情分布地域较广，除事件发生地点天津为核心区域外，在"同类事件发生区域"造成的舆情影响也较强烈。天津是事发当地，故当地民众对该事件的关注度最高。而该事件涉及的大学生就业、互联网招聘安全、就业中的传销诈骗风险等话题，在北京、上海的网民中引发极大共鸣，因此分别成为最关注该事件的第二、第三位城市。

（五）北京大兴"11·18"火灾事故的舆情地域分布分析

2017 年 11 月 18 日晚，北京市大兴区西红门镇新建村发生火灾，造成 19 人死亡，8 人受伤。事后，北京市委市政府专门召开全市电视电话会议，要求深刻汲取火灾事故教训，并从 11 月 20 日起，针对大兴火灾事故暴露出的安全隐患，在全市范围内开展为期 40 天的安全隐患大排查、大清理、大整治专项行动。[②] 北京市出于改善公共安全形势、落实中央有关首都功能定位的初衷毋庸置疑，但在具体执行过程中，招致了舆论"一刀切""过渡期太短"等质疑，引发社会广泛关注。

与李文星事件有共同之处，北京大兴"11·18"火灾事故引发的舆情，除了在事发地引发最高的关注外，也在"同类事件发生区域与关联区域"引发强烈反应。北京网民对此事关注度最高，其次是广东和上海。北京是火灾事发地，北京网民热议"火灾伤亡情况"等话题，这些话题讨论使得关注度最高。而广东、上海、江苏、浙江等地经济发达地区，就业机会较多，吸引了大量的外来人口求职就业，与事件发生地北京有一定共性，在高房价的大背景下，群租现象较为普

[①] 《李文星之死，触动社会隐痛》，人民网，http://opinion.people.com.cn/n1/2017/0804/c1003 - 29448811.html。

[②] 《北京全市大排查安全隐患》，新京报电子报，http://epaper.bjnews.com.cn/html/2017 - 11/20/content_702319.htm? div = -1。

遍，网民就事故原因、群租经历等话题热烈讨论，关注度也很高。

（六）2017 年上海携程亲子园事件的舆情地域分布分析

2017 年 11 月 8 日，上海携程亲子园教师虐童视频在网上曝光并迅速蔓延[1]，一时激起民愤。携程、上海长宁区教育局、携程亲子园"第一责任人"上海市妇联、上海警方于 9 日相继发声回应，舆论进一步发酵和升级，达到传播最高峰。随后，随着携程亲子园停业整顿和涉事工作人员被拘留，舆情逐渐平息。

此次舆情事件的分布范围大，热度高，除事件发生地上海外，全国网民对类似事件产生了共情，集中参与讨论。上海网民对此事关注度最高，其次是北京和江苏。上海是事发地，本地网民热议"主管部门妇联不作为""携程公司回应避重就轻""早教机构缺乏监管"等话题，这些观点讨论使得关注度最高。北京早教机构众多，且北京网民基数较大，居民的网络交互较为频繁，故北京网民对该事件较为关注。江苏毗邻上海，且近几年江苏也曾发生过恶性虐童事件[2]，类似虐童事件容易引发江苏网民的格外关注，因此关注度位居全国第三位。

三、舆情媒体分布规律

为了对媒体分布的描述更加详细，本部分将媒体分布分为以下两个部分：一是媒体报道分类，二是媒体平台分布。

媒体报道分类：根据重大突发事件发生时媒体对事件的报道倾向性进行划分，通常分为通报事件信息、追究事件责任人、公布事件调查结果、剖析事件背后存在的社会问题等。

媒体平台分布：根据重大突发事件社会舆情中各类媒体平台担当角色的不同进行划分。此中规律往往是，微博充当信息的二传手与舆论公共空间，微信"朋友圈"与微信群扮演了观点博弈与情绪趋同整合的角色，传统媒体则发挥深度调查的优势，推动事件走向纵深。

为便于对照，仍以前述近年来六例重大突发事件为例，课题组根据相关数据对其舆情媒体分布进行分析。

---

① 《携程亲子园虐童案一审开庭 8 名被告人当庭认罪悔罪》，人民网，http：//finance. people. com. cn/n1/2018/0927/c1004 – 30316027. html。

② 《媒体盘点"幼儿园虐童"事件不完全记录》，人民网，http：//edu. people. com. cn/n/2012/1030/c1053 – 19432467. html。

（一）河北邢台 2016 年洪灾事件的媒体分布分析①

2016 年 7 月 19 日至 2016 年 7 月 26 日，媒体关于"河北邢台遭洪灾"的新闻报道约 2 490 篇，报道的主要媒体为：中国网、人民网、兰州晨报、法制日报、新华社等媒体。通过对这些信息进行关键词提取、主题聚类分析，媒体报道分类后主要引发了对舆情事件六方面的分化讨论（见图 6 - 4）。

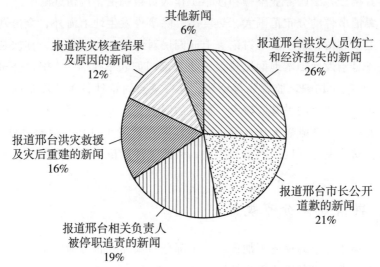

图 6 - 4　河北邢台 2016 年洪灾事件的媒体报道分类

第一，报道邢台洪灾人员伤亡和经济损失的新闻，占 26%。如 7 月 24 日中国网报道《河北邢台洪灾严重　已致 25 人死亡损失 64 917 万元》。

第二，报道邢台市长公开道歉的新闻，占 21%。如 7 月 24 日人民网报道《河北邢台市长鞠躬道歉　承认抗灾应急能力不足》。

第三，报道邢台相关负责人被停职追责的新闻，占 19%。如 7 月 25 日《兰州晨报》报道《邢台市经济开发区管委会主任段小勇等 4 人因防洪救灾工作不力被停职追责》。

第四，报道邢台洪灾救援及灾后重建的新闻，占 16%。如 7 月 26 日《法制日报》报道《邢台启动受灾村重建工作》。

第五，报道洪灾核查结果及原因的新闻，占 12%。如 7 月 25 日新华社报道《邢台洪灾核查结果公布》。

第六，其他新闻，占 6%。如 7 月 25 日扬子晚报网报道《邢台洪水来袭之际

---

① 本节相关数据，均为课题组舆情监测所得。

他先救母亲　妻子心凉带一双儿女离家出走》。

（二）陕西汉中 2018 年张扣扣案的舆情媒体分布分析

课题组整理的数据显示，该案舆情的媒体平台分布，微信平台传播量最高，媒体平台传播量排名依次为：微信、新浪、博客、网站、论坛。随着互联网的发展，新媒体的传播凭借其快、广、互动性强的特点，成为舆论话题产生和传播的主要平台。

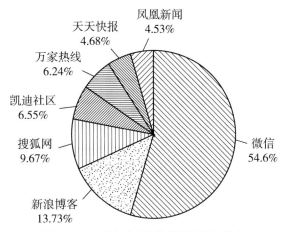

图 6 - 5　张扣扣案的媒体平台分布

通过对案媒体报道的关键字提取、主题聚类分析，发现媒体报道分为五类（见图 6 - 6）。

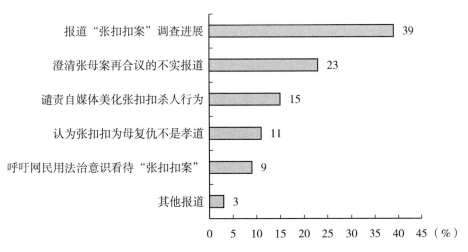

图 6 - 6　张扣扣案的媒体报道分类

第一，报道该案的调查进展，占比 39%。第二，对谣言或不实报道进行辟谣与澄清，占 23%。第三，谴责部分自媒体美化犯罪嫌疑人张扣扣杀人行为，占 15%。第四，评价张扣扣为母复仇不是孝道，而是制造更深的仇恨、对社会不负责的不孝之道，占 11%。第五，呼吁网民要用法律意识看待该案，占 9%。

（三）2016 年魏则西事件的舆情媒体分布分析

2016 年 4 月 27 日至 2016 年 5 月 4 日，媒体关于魏则西事件的报道约 5 300 篇。通过对这些报道进行关键词提取、主题聚类分析，主要分为五类：

第一，报道大学生魏则西之死引发关注，占 34%。如 5 月 3 日《北京青年报》报道《"魏则西事件"持续发酵　武警二院生物诊疗中心暂时停诊》。

第二，报道百度三次回应魏则西事件的情况，占 23%。如 5 月 3 日《新京报》报道《百度三次回应"魏则西"事件　律师称医院负主要责任》。

第三，报道三部委对魏则西事件的调查情况，占 18%。如 5 月 4 日《法制日报》报道《国家卫计委中央军委后勤保障部武警后勤部对"魏则西事件"相关医院开展联合调查》。

第四，报道北京卫计委回应公立医院科室严禁外包的情况，占 12%。如 5 月 3 日人民网报道《北京卫计委回应魏则西事件：公立医院科室不能对外承包经营》。

第五，报道中源协和因魏则西事件临时停牌的新闻，占 9%。如 5 月 3 日《新京报》报道《受累"魏则西事件"中源协和临时停牌》（见图 6 - 7）。

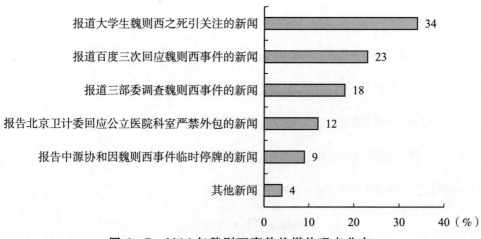

图 6 - 7　2016 年魏则西事件的媒体观点分布

（四）李文星事件的舆情媒体分布分析

从媒体平台分布看，新闻报道和微信是李文星事件的主要传播途径，两者相加占比近九成（见图 6-8）。事件最早是由自媒体曝出，该消息一经爆料，立即引起各大媒体争相报道。虽然涉事平台和天津警方进行了及时回应，但部分网民并不买账，加上媒体在事件曝出后的几天内持续深度挖掘，不但相继报道多个大学生因传销致死的案例，还曝出导致李文星误入传销组织的 BOSS 直聘曾被认证为"互联网诚信示范单位"①，戏剧性的反差"剧情"使事件持续高热。

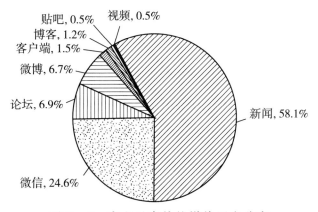

图 6-8　李文星事件的媒体平台分布

除事件本身进展情况，此次舆情引发对社会问题的讨论更为复杂，媒体报道分类也相应增多。2017 年 8 月 2 日至 2017 年 8 月 8 日，媒体对该事件的新闻报道约 1 790 篇。通过对这些报道进行关键词提取、主题聚类分析，可知报道主要分七类（见图 6-9）：

第一，报道李文星身陷传销死亡的事件，占 26%。如 8 月 2 日芥末堆网报道《求职少年李文星之死》。

第二，详述案件细节，占 22%。如 8 月 6 日《人民日报》报道《李文星误入传销组织经过已查明 5 名涉案人员被拘》。

第三，拷问互联网招聘安全，占 19%。如 8 月 3 日澎湃新闻网报道《马上评｜求职少年李文星之死拷问互联网平台的责任》。

第四，报道天津开展打击传销专项行动，占 11%。如 8 月 7 日中国新闻网报道《李文星误陷"蝶贝蕾"传销死亡　天津打响取缔非法传销歼灭战》。

---

① 《李文星刚死，BOSS 直聘怎就成了"诚信示范单位"？》，上观网，https://www.jfdaily.com/news/detail? id = 62227。

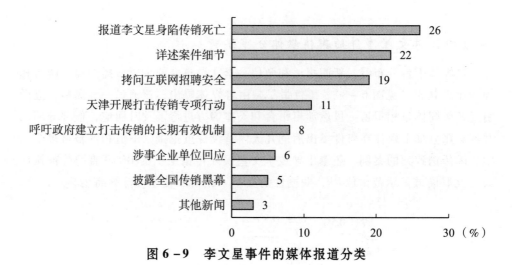

图 6-9　李文星事件的媒体报道分类

第五，呼吁政府建立打击传销的长期有效机制，占 8%。如 8 月 8 日人民网报道《评李文星之死：将传销连根拔掉》。

第六，涉事企业单位回应，占 6%。如 8 月 3 日新华网报道《李文星陷招聘骗局溺亡 BOSS 直聘回应：愿承担法律责任》。

第七，披露全国传销黑幕，占 5%。如 8 月 8 日中国青年网报道《李文星之死揭开传销黑幕：5 年至少 15 起杀人案涉传销》。

（五）北京大兴"11·18"火灾事故的舆情媒体分布分析

在该事件中，微博凭借其即时性、自主性和互动性等特点成为最主要的传播平台（见图 6-10）。新闻报道在占比上虽远不及微博，但充分发挥着信息桥梁的作用，第一时间发布了火灾伤亡情况、遇难者名单、事故调查情况、善后处置工作等信息，将政府和官方信息及时传达给民众，并以其权威性和影响力引导着舆论。

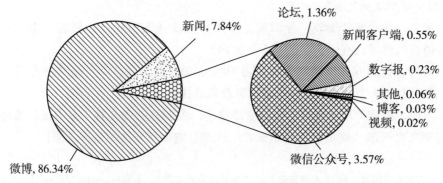

图 6-10　北京大兴"11·18"火灾事故的媒体平台分布

通过对这些报道进行关键词提取、主题聚类分析，报道主要分为六类（见图 6-11）：

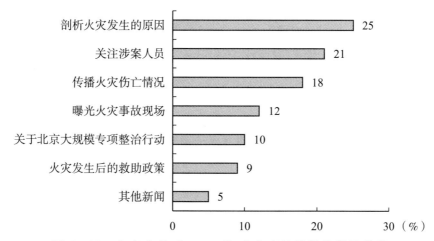

图 6-11　北京大兴"11·18"火灾事故的媒体报道分类

第一，关注火灾发生的原因，占 25%。第二，关注涉案人员，占 21%。第三，关注火灾伤亡情况，占 18%。第四，关注火灾事故现场，占 12%。第五，关注北京大规模专项整治行动，占 10%。第六，关注火灾发生后政府的救助政策等问题，占 9%。

（六）2017 年上海携程亲子园事件的舆情媒体分布分析

在该事件中，传播平台量排行前三的依次是微博、新闻、微信公众平台（见图 6-12）。一方面，作为一个全方位、多视角的信息传播平台，微博一直以时效性强、传播范围广、信息交互快等特点成为舆论话题产生和传播的主要场所，在该事件中也不例外。另一方面，新闻以其客观性和公信力备受社会大众推崇，此次事件中，媒体利用自身资源及优势在第一时间对携程、上海市妇联等涉事方的多次回应进行权威性报道，并以其无可比拟的舆论引导力和权威性对事件进行持续性的深度报道①。此外，作为空前活跃的自媒体基地，微信公众平台逐渐成为大众获取信息的重要平台，众多媒体、政府部门、企业也通过认证微信公众号来扩大自身影响力。

---

① 《"携程亲子园事件"调查情况公布　实际负责人被刑拘　两副总裁被停职》，央视网，http://news. cctv. com/2017/11/16/ARTIC8E1x1ypuZXQ8VGmfwWo171116. shtml。

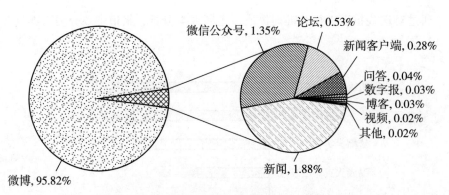

图 6 – 12　2017 年上海携程亲子园事件的传播平台分布

通过对该事件报道的关键词提取、主题聚类分析，可知报道主要分为四类（见图 6 – 13）：

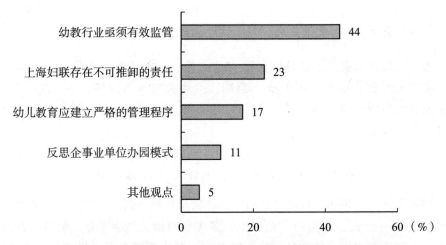

图 6 – 13　2017 年上海携程亲子园事件的媒体报道分类

第一，幼教行业亟须有效监管，占 44%。第二，呼吁对上海妇联追责，占 23%。第三，呼吁应该建立起严格的管理程序，占 17%。第四，反思企事业单位的办园模式，占 11%。

四、舆情主体分布规律

舆论场中的所有舆情信息，均由舆情主体产生，同时，舆情主体也是舆情应对及舆论引导的对象，因此，研究舆情主体的分布规律，对研判分析舆情的演变，把握舆情的走势，了解舆论引导的效果，都至关重要。

（一）利益相关者

利益相关者往往是重大突发事件的信息发布者，通常具有主观性和情绪化的特点。利益相关者为了表达自身的利益诉求，所发布的信息往往从自身立场出发，将自身认为不平等、不公平或利益受损的事情发布，期望通过媒体的关注和报道，借助社会舆论维护自身权益。利益相关者在传播事件信息时会将自身遭遇与社会问题相联系，例如贫富差距大、企业黑幕或官员不作为等，甚至部分利益相关者会将这些联系绝对化，从而引发争议，形成社会热点，引起社会舆论关注。在舆论走势发生偏移时，利益相关者还会调整媒体策略，不断补充信息，结合舆情对自身情况进行修饰，以影响舆情走势，达到自身目的。

（二）意见领袖

意见领袖是舆情主体分布中的重要节点，能够引导舆论方向的走势，在重大突发事件社会舆情中具有一定的影响力。这些意见领袖，并不是事件的当事人、责任方、受害者或目击者，他们更多扮演的是事件的转述者、评论人的角色。虽然意见领袖并未直接参与到重大突发事件当中，但由于许多意见领袖具有较高的社会知名度和社会影响力，信息经过其传播后扩散更为迅速。同时，一个重大突发事件往往有几个意见领袖合力共同传播信息，将舆情生命周期大大延长，舆情迅速扩散，引起媒体持续报道，引发舆论长期关注。事件信息被多个意见领袖所传播，表明公众对舆情的关注度较高，意见领袖所表达的观点在网络中引发的共鸣度就会很高，社会舆论将会被带向意见领袖持有观点的方向。当该事件由多个不同层次、背景、领域的意见领袖传播时，各类意见领袖所持观点不尽相同甚至对立，极易引发舆论爆炸，舆情态势陷入失控状态。

（三）网民群体

网民群体是舆情主体中的基础组成部分，规模最大，数量最多。由于网民的自发性和无组织性，使其在参与重大突发事件讨论时，表达的内容较为零散，也容易受到部分观点影响，对事件真实情况理解扭曲，出现较为极端的判断和偏激的言论。

在重大突发事件舆情应对中，对以下几类网民群体，需要重点关注和监测其舆情：

第一种，缺乏判断力、极易迷失的网民。事件爆发时，由于外界信息的零散、杂乱和碎片化，部分网民极易被混乱信息所干扰，根据不完整的信息来推断事件的来龙去脉，偏听偏信，很难形成对事件正确的看法和判断，所表达出的态度和情感也较为混乱。

第二种，观点抱团、行为偏执的网民。网民群体容易根据个人经历和自身经验在网络中寻找与自己持相同态度和观点的网民，挑选可支撑自己观点的事件信息，形成共同态度和行为模式。这种情况下，往往极易出现抱团观点和偏执行为，导致事件主体、处理方在舆情中陷入被质疑、被批评的境地。

第三种，传谣造谣、制造事件的网民。由于重大突发事件的信息不对称和外部造影强烈，舆情在传播过程中发生变异和失真，部分网民用片面、错误的信息来描述整个事件，出现大量不实言论和网络谣言。随着事件的发展，大量舆情信息充斥网络，甚至真假难辨，导致舆情不断扩大，衍生事件连续发生。

第四种，情绪冲动、肆意辱骂的网民。无论在何种重大突发事件中，都可以在网络中发现网民情绪化的表现。面对与自己观点相悖的留言或评论，部分网民就针对其恶意回复，相互谩骂，甚至对观点相悖的网民进行人身攻击、人肉搜索，影响对方现实生活。在重大突发事件社会舆情中，网民群体并非客观公正的旁观者，更多成为搅动舆论场的工具。

为便于对照，下面仍以前述近年来6例重大突发事件为例，对其舆情主体分布进行分析，了解三类舆情主体在舆情发展演化过程中的影响及呈现出的特征。

1. 河北邢台 2016 年洪灾事件的舆情主体分布分析

据新浪微博数据统计（见图6－14），该事件舆情主要来自微博的草根阶层（普通＋达人），占92.1%。其余言论来自微博的认证用户群（名人＋政府＋媒体＋企业＋其他＋网站），共占7.9%。认证用户的言论又以名人微博最多，他们作为意见领袖发表了代表性的观点，在舆论场中具有较大的话语权；其次是政府微博，这些微博在第一时间发布官方消息，通报灾情进展状况。

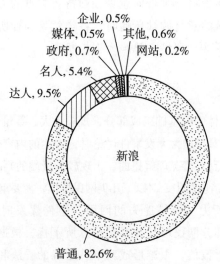

图 6－14　河北邢台 2016 年洪灾事件舆情主体分布

2016 年 7 月 19 日至 7 月 26 日，网民关于"河北邢台遭洪灾"的言论约 28.67 万条，言论主要来自新浪微博。通过对这些信息进行关键词提取、主题聚类分析，网民主要观点如图 6 - 15 所示。

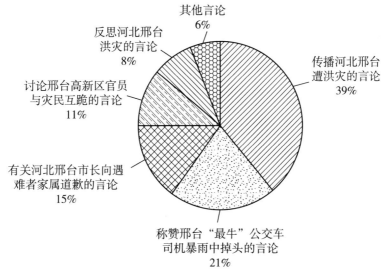

图 6 - 15   河北邢台 2016 年洪灾事件舆情主体分布图网民观点

2. 陕西汉中 2018 年张扣扣案舆情主体分布分析

据新浪微博数据统计（见图 6 - 16），网民言论主要来自微博的草根阶层（普通 + 达人），占 90.5%。其余言论来自微博的认证用户群（名人 + 政府 + 媒体 + 企业 + 其他），共占 9.5%。认证用户的言论又以名人微博最多，名人微博作为意见领袖发表代表性的观点，在舆论场中具有较大的话语权。

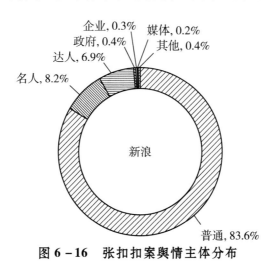

图 6 - 16   张扣扣案舆情主体分布

　　网民通过微博、微信等社交工具关注了该案并发表了相关言论，网民主要观点如图 6 - 17 所示。

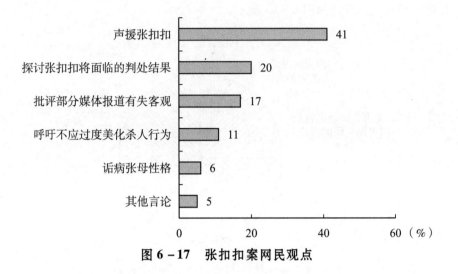

图 6 - 17　张扣扣案网民观点

3. 2016 年魏则西事件舆情主体分布分析

　　魏则西事件是一起典型的在网络空间发生，由网络空间扩散的舆情事件。魏则西本人的自述在网络平台发布后，立刻引发讨论高潮。由图 6 - 18 可知，网民言论主要来自微博的草根阶层（普通 + 达人），占 89.9%。其余言论来自微博的认证用户群（名人 + 企业 + 媒体 + 其他 + 政府 + 网站 + 校园），共占 10.1%。认证用户的言论又以名人微博最多，他们作为意见领袖发表了代表性的观点，在舆论场中具有较大的话语权；其次是企业微博，这些微博给予了行业性的建议。

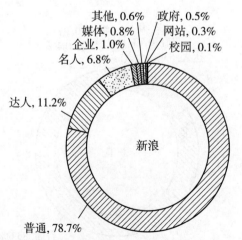

图 6 - 18　2016 年魏则西事件舆情主体分布

2016 年 4 月 27 日至 5 月 4 日，网民关于"魏则西事件"的言论约 137.6 万条，言论主要来自新浪微博。网民主要观点如图 6 - 19 所示。

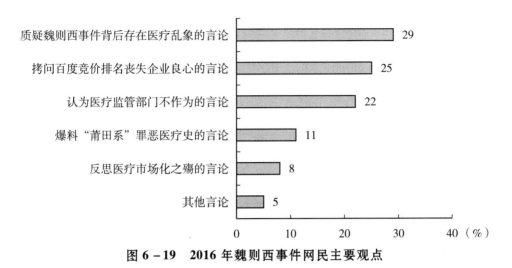

图 6 - 19　2016 年魏则西事件网民主要观点

4. 李文星事件舆情主体分布分析

据新浪微博数据统计，网民言论主要来自新浪微博的草根阶层（普通＋达人）占 86.3%，其中微博认证用户群名人博主在意见领袖阵营中起到重要作用；其余言论来自新浪微博的认证用户群（名人＋媒体＋政府＋企业＋网站＋校园＋团体＋其他），共占 13.1%。认证用户的言论又以名人博主最多，其次是媒体博主。

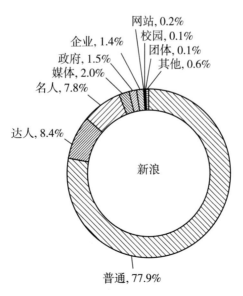

图 6 - 20　李文星事件舆情主体分布

2017 年 8 月 2 日至 8 月 8 日，网民关于该事件的言论约 14.53 万条，言论主要来自新浪微博。网民主要观点如图 6 - 21 所示。

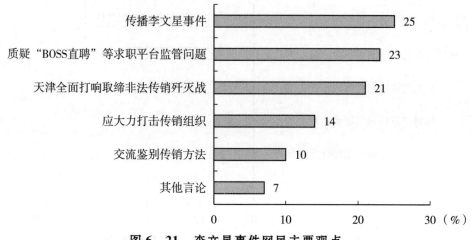

图 6 - 21　李文星事件网民主要观点

5. 北京大兴"11·18"火灾事故舆情主体分布分析

北京大兴西红门发生火灾后，网民通过微博、微信等社交工具关注了此次火灾事故并发表了相关言论。网民主要观点如图 6 - 22 所示。

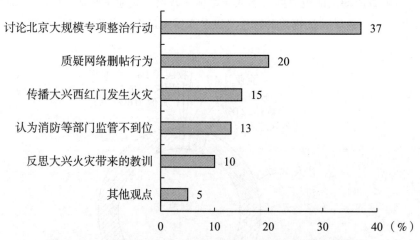

图 6 - 22　北京大兴"11·18"火灾事故网民主要观点

6. 2017 年上海携程亲子园事件舆情主体分布分析

携程亲子园虐童视频在互联网上广泛传播，引发了整个社会的共情和愤怒。网民通过微信、微博等社交工具关注了该事件并发表相关言论。网民主要观点如图 6 - 23 所示：

图 6 - 23　2017 年上海携程亲子园事件主要网民观点

第四节　时间轴视角下的舆情演化规律

一、舆情生命周期规律

对于舆情的生命周期，很多学者从生命周期理论的发展历史及其背景判断，认为舆情也同样具有我们尚未发现的规律可以遵循。

我们在借鉴上述研究成果的基础上，将舆情生命周期分为四个阶段，即潜伏期、成长期、成熟期、消退期，并分别从舆情热度趋势、舆情态度变化、舆情扩散程度三个方面，探讨舆情在四个生命周期的演化规律和特征。

二、从舆情热度趋势看舆情演化规律

（一）舆情潜伏期的舆情热度趋势

舆情潜伏期时，舆情还处于萌芽状态。此时，事件原因、事件责任人等不够明确，舆情热度呈现浮动性的特征，主要表现在舆情的发展态势不稳定，舆情热度在小范围浮动，时而快速聚集，时而迅速散去。如在 2017 年西安地铁问题电缆事件中，天涯社区 3 月 13 日出现《西安地铁你们还敢坐吗》的网帖，引发网民讨论。网络爆料后的第 3 天，西安市委市政府召开新闻发布会，表示就该事件已经展开调查，此次发布会安定人心，舆情热度略有消退。伴随着事件调查，西安市委市政府第二次召开新闻发布会，舆情热度再次反弹。在这一事件舆情潜伏期中，舆情热度处于浮动状态，波动范围不大。3 月 20 日晚 9 时 30 分，西安市政府公布抽检结果：5 份电缆样品，均为不合格产品。西安市委市政府现场表态：在保证三号线安全运行的前提下，积极实施整改，争取用最短的时间对问题电缆全部更换。随后舆情逐渐平息。

（二）舆情成长期的舆情热度趋势

舆情成长期阶段，事件不断发展，媒体开始密集报道事件的进展情况，被揭露的问题也越来越多，事件主要责任人、涉事主体和原因进入大众视野，舆情热度持续上升至最高。

如 2017 年 8 月 8 日四川九寨沟 7.0 级地震属于重大突发自然灾害[①]，并不存在舆情的潜伏期，但舆情成长期特征十分显著。地震于当日 21 时 19 分 46 秒一发生，立刻出现舆情，进入舆情成长期，由于该地离汶川不远，不少网民由此联系到汶川地震，舆情热度迅速增长。8 月 9 日当地政府召开首场新闻发布会时，舆情达到了顶峰。地震发生后的短短十天之内，全网关于九寨沟地震的新闻报道数量陡增至 20 万篇，相关微博数量突破 21 万。此外，近 7 万篇的微信平台推文，以及近 5 000 条的视频发布，使舆情热度快速上升并达到最高点，显示了舆论场对于九寨沟震后情况的密切关注。整体上看，该时期舆情热度随着时间的推进而上升，随着媒体报道数量的增多而增强，直至攀上顶峰。

（三）舆情成熟期的舆情热度趋势

舆情成熟期，通常是舆情四个生长周期中持续时间较长的一个阶段，此时事态已基本得到控制，事件主体一般也在纠正舆情成长期带给公众的损害，整个舆情热度趋于稳定。如 2017 年海底捞后厨卫生事件[②]，8 月 25 日该事件被爆出后，海底捞官方微博当天迅速发布致歉信，回应调查结果，承担相应责任，公布整改措施，舆论声讨减弱，原谅之声渐起，舆情热度逐渐降低，虽有些许波动，但整体趋于稳定。该事件表明，海底捞较为成功的危机公关，大大缩短了舆情成长期

---

① 《国家减灾委、民政部启动国家Ⅲ级救灾应急响应》，新华网，http：//www.xinhuanet.com//politics/2017 –08/09/c_1121452906. htm。

② 《海底捞连发两封信回应"后厨有老鼠" 道歉并立即整顿》，人民网，http：//health. people. com. cn/n1/2017/0825/c14739 –29495842. html。

和成熟期，减少了舆情的热度。

（四） 舆情消退期的舆情热度趋势

在舆情消退期，伴随着事件源的被控制，事故责任主体的明确和政府部门对事件的回应处置，与事件相关的信息逐渐消失在媒体报道和舆论场中，偶尔出现零星的话题，已不会引起较大范围的舆情热度起伏。仍以 2017 年海底捞后厨卫生事件为例，北京食药监局对涉事门店进行立案调查，约谈海底捞北京地区负责人，责令整改；海底捞被约谈后迅速再发声明，表明整改态度，该事件得到圆满解决，舆情热度消退。又如 2017 年四川九寨沟 7.0 级地震发生后，随着人员疏散、搜救和安置、基础设施抢修与恢复、防范次生灾害等工作的顺利开展，舆情热度逐渐降低至消退。

三、从舆情态度变化看舆情演化规律

（一） 舆情潜伏期的舆情态度变化

在舆情潜伏期，舆情通常不够完整，存在许多片面的声音，很有可能是公众只关注到了事件的某一个部分，或者是部分公众个人的推断。在该阶段，舆情态度没有统一，具有多样性，通常以个别意见的形式存在。

如 2016 年哈尔滨天价鱼事件①，最初只是新浪微博用户 2016 年 2 月 12 日发微博曝光在哈尔滨松北区北岸野生渔村吃饭"被宰"的经历，但这条微博信息并未引起过多关注，只是被另外几名认证微博用户转发。该阶段，官方没有调查，情况并不明朗，证据也不够充足，舆情只是零星出现，呈现无序性特征。到 2 月 14 日《常州日报》就此刊发报道《一顿鱼吃掉 1 万多元　常州旅客哈尔滨遭遇"哈尔滨神鱼"》后，旋即引发舆论关注，使该事件在自媒体平台迅速发酵，也在一定程度上对当地政府造成困扰，继而促使@哈尔滨发布、@松北快报两官微在 2 月 15 日晚间先后发布微博，公布调查结果，称"饭店明码标价，被宰一万多不实"。此调查结果以饭店单方说辞为凭，引发网民热议和质疑，单条微博评论数超过 7 千。这种舆情态度变化也助推了舆情进入到成长期。

---

① 《哈尔滨通报"天价鱼"问责结果：多名官员民警被处分》，人民网，http://env.people.com.cn/n1/2016/0303/c1010 – 28166678.html。

（二）舆情成长期的舆情态度变化

在舆情成长期，各类媒体平台纷纷对事件起因、情况进行详细报道，意见领袖借助论坛、微博、微信等新媒体平台发表观点，引起公众关注和讨论，形成舆论聚集的特征。如 2016 年山东非法疫苗案，事件曝光之后中央电视台、新华网、人民网等中央级及地方主流媒体迅速跟进报道，发表评论，随后公众人物、舆论领袖等纷纷发声谴责，舆情传播范围几何级扩大，引发全国网民的高度关注，要求公布涉案疫苗流向、严惩不法分子的言论成为主流，舆论形成聚合。

2019 年翟天临论文造假事件①引发的社会舆情，也印证了舆情成长期的舆情态度变化规律和特征。从网民评论态度取向走势图（图 6 – 24）可见，在 2019 年 2 月 7 日知名教育博主@博士圈发博"理性讨论完了。翟博士不知道知网"后，翟天临工作室迅速做出反应，于 2 月 8 日发表声明澄清。由于翟天临是公众人物，拥有大批粉丝支持，这在很大程度上压制了负面批评声音。因此，虽然舆论热度在 2 月 8 日至 14 日不断走高，但此期间网民对事件所持的负面与中性两种态度都在不断聚集增长。

（媒体报道数量）

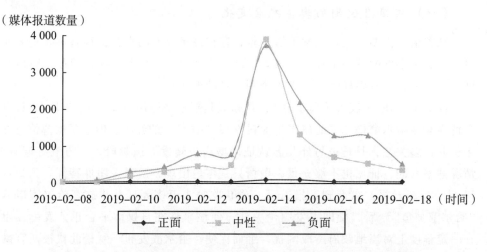

图 6 – 24　2019 年翟天临论文造假事件网民评论态度取向走势

在 2017 年四川九寨沟 7.0 级地震发生后，灾害相关信息在各大网络平台获得网民大量评论、跟评，经归纳整理发现，在该事件的舆情成长期，"加油、平安、安好、祈福、流泪、伤心"等温情表达成为主流，也有部分声音指向"预

---

① 《被指论文抄袭　翟天临"博士"人设崩塌?》，人民网，http：//m. people. cn/n4/2019/0211/c1505 – 12304364. html。

警、伤亡"等灾情提醒与救援进展，舆情态度整体较为统一，印证了舆情成长期的基本规律。随着事件发展，网民关注主题不断深化，舆论发生偏移。部分网民开始讨论地震前兆现象，如关注九寨沟"能预报地震"的虎皮鹦鹉；传递地震自救知识，如找到家中承重墙多的位置躲藏；关注抗震设施建设，如此次九寨沟地震房屋倒塌很少，点赞中国建造的抗震房屋。

（三）舆情成熟期的舆情态度变化

在舆情成熟期，随着事件的发展，公众关注的主题会不断延伸、深化，产生新的舆情热点，舆论也随之发生偏移。这在 2016 年魏则西事件中表现得极为突出。

2016 年 4 月 12 日，罹患滑膜肉瘤、年仅 21 岁的西安电子科技大学学生魏则西在家中不幸病逝。他生前在知乎网站撰写治疗经过时称，在百度上搜索出武警某医院的生物免疫疗法，随后在该医院治疗却导致病情耽误。此后了解到该技术在美国已被淘汰。4 月 12 日在一则"魏则西怎么样了？"的知乎帖下，魏则西的父亲用魏则西的知乎账号回复称，"则西今天早上八点十七分已去世"。魏则西的不幸遭遇逐渐在知乎平台引起关注和讨论，但此时事件还基本处于舆情潜伏期。4 月 27 日《新京报》前记者孙璞在自己微博发布魏则西去世的消息，声讨百度竞价排名，受到众多微博用户转发，舆论热度开始激增，快速进入舆情成长期。随后，由于百度 4 月 28 日发布的一则回应，激起网民对百度的反感，不少网民继续深挖，舆论议题不断延伸、深化，出现新的舆情热点，快速进入舆情成熟期[①]。该事件的舆情演化趋势见图 6 - 25。如将此案例与 2017 年海底捞后厨卫生事件对比，不难发现，涉事机构应对负面舆情的危机公关是否正确，是否回应了舆论的质疑和批评，明显影响了舆情的生命周期及舆论态度变化。

2016 年 4 月 27 日至 5 月 4 日期间媒体报道魏则西事件约有 5 300 篇新闻报道，通过对这些报道的关键词提取、主题聚类分析，发现观点分布情况如图 6 - 26 所示。

这一阶段，舆论由对魏则西的同情关切，转向对百度搜索竞价排名机制的商业伦理和莆田系医院医德的强烈谴责，并对搜索排名是否属于广告等问题进行了深入讨论。不少主流媒体也刊发报道或评论抨击百度竞价推广、莆田系、监管缺失等医疗乱象，舆情热度迅速达到顶峰。新媒体平台、社交网络中，不断出现新的话题，被公众所讨论，甚至出现争论，舆情关注点出现扩展，从事件表象的讨论发展到对事件本质的分析。

---

① 《大学生魏则西之死引关注　百度再深陷"责任质疑"》，人民网，http：//media.people.com.cn/n1/2016/0503/c40606 - 28319275.html。

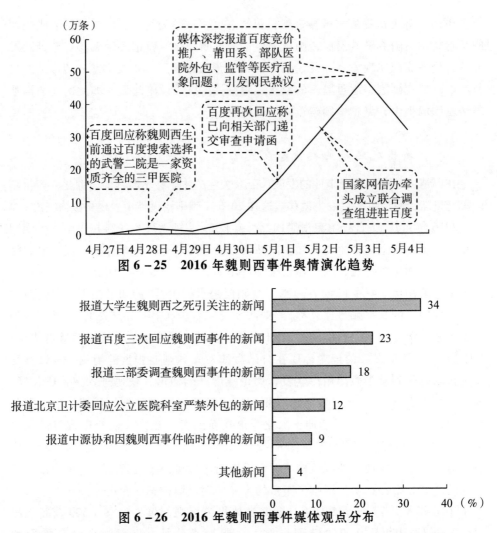

（万条）

媒体深挖报道百度竞价
推广、莆田系、部队医
院外包、监管等医疗乱
象问题，引发网民热议

百度再次回应称
已向相关部门递
交审查申请函

百度回应称魏则西生
前通过百度搜索选择
的武警二院是一家资
质齐全的三甲医院

国家网信办牵
头成立联合调
查组进驻百度

4月27日 4月28日 4月29日 4月30日 5月1日 5月2日 5月3日 5月4日

图 6 – 25　2016 年魏则西事件舆情演化趋势

报道大学生魏则西之死引关注的新闻　34

报道百度三次回应魏则西事件的新闻　23

报道三部委调查魏则西事件的新闻　18

报道北京卫计委回应公立医院科室严禁外包的新闻　12

报道中源协和因魏则西事件临时停牌的新闻　9

其他新闻　4

0　10　20　30　40（%）

图 6 – 26　2016 年魏则西事件媒体观点分布

　　魏则西事件从一则探讨善恶的知乎网帖开启，引发舆论对百度搜索竞价排名机制和莆田系医院医德失范的强烈抨击。网民关注点由武警北京总队二院向百度转移，舆论也从指责百度搜索竞价排名误导魏则西，转移到对百度搜索长期以来一家独大、垄断市场行为的不满。特别是舆论对于搜索是否属于广告、搜索排名主要看竞价是否合理等问题存在强烈质疑。从某种程度上来说，该事件的舆情爆发，是公众长久以来对百度经营方式、企业文化所累积的不满的一次集中爆发。直至 5 月 9 日国家互联网信息办公室官网发布《国家网信办联合调查组公布进驻百度调查结果》[①]，要求百度于 5 月底前改变竞价排名机制、落实 6 项整改措施等

────────────

①　《国家网信办联合调查组公布进驻百度调查结果》，新华网，http：//www. xinhuanet. com/politics/
2016 – 05/09/c_1118833546. htm？isappinstalled = 0。

全面整改要求，对医疗、药品、保健品等相关商业推广活动进行全面清理整顿，直击要害，赢得舆论称赞。至此该事件的舆情态度才逐渐趋于平和。

（四）舆情消退期的舆情态度变化

在舆情消退期，公众对事件的关注度降低，且随着时间推移，主流媒体和社交新媒体平台中不再出现事件的新舆情热点，舆情态度逐渐平和。如2016年1月5日宁夏银川公交车纵火案中，警方将犯罪嫌疑人抓获①，并迅速对外公布案件初审结果。随着主体舆情事件的解决、责任人被处罚、受伤病人得到安置、事故调查处置结果公布，舆情基本消退，舆情态度很快趋于平和。见图6-27宁夏银川公交车纵火案媒体报道数量趋势图。

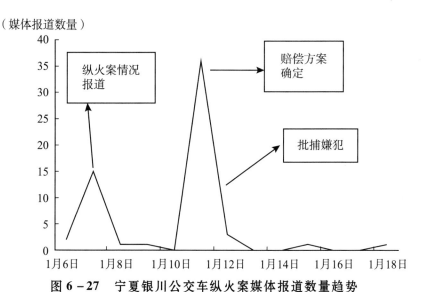

图6-27　宁夏银川公交车纵火案媒体报道数量趋势

四、从舆情扩散程度看舆情演化规律

（一）舆情潜伏期的舆情扩散程度

在舆情潜伏期，论坛、网络媒体、微博微信等社交平台通常会出现零星的报道或消息，公众获取消息不足或不够全面，讨论也只限于小范围之内，舆情扩散

---

① 《银川"1.05"公交车纵火案犯罪嫌疑人马永平被批捕》，人民网，http://politics.people.com.cn/n1/2016/0111/c70731-28037970.html。

程度较为分散。如在 2016 年魏则西事件中，魏则西 4 月 12 日不幸病逝后，尽管知乎等网络平台已有网友展开讨论，但均未形成舆论热点，符合舆情潜伏期的舆情扩散特征。直至 4 月 27 日《新京报》前记者孙璞在微博中发布魏则西死讯并声讨百度竞价排名，诸多微博用户转发后，舆论热度才开始激增，舆情扩散程度才加剧。

（二）舆情成长期的舆情扩散程度

在舆情成长期，舆情的扩散在人际网络中表现最为明显，公众对相关信息频频转发，大大增强了舆情扩散程度。除了事件发生地的媒体报道外，全国各地媒体都参与到事件报道中，新媒体平台也成为事件消息传播的重要渠道，将话题讨论推向更大范围。一般来说，舆情扩散程度随着媒体报道量的增长和公众关注度的增长不断增强。

重大自然灾害和公共社会事件的舆情成长期，舆情会向省外及全国范围扩散，这一特点往往表现得非常突出。如 2017 年四川九寨沟 7.0 级地震发生后，不仅四川当地媒体密切跟踪报道灾情发展及救灾情况，人民日报、中央电视台、新华社等中央级媒体也高度关注、及时报道，各地方电视台也及时转播最新消息，因此该地震的舆情在一天之内即达到舆情生命周期的最高点。该地震在全国范围内的舆情扩散情况及热度普遍较高，达到舆情前三级的省份超过 23 个，位居前三的依次是四川、西藏、湖南。

（三）舆情成熟期的舆情扩散程度

在舆情成熟期，随着事件的发展，事件主题不断深化，公众更积极地探求事件的本质，延伸出对政府工作、公共政策相关的讨论，舆情向纵深方向发展。由于该时期媒体发布大量相关信息，公众纷纷对事件进行评论，也会有网民据此"创作"一些网络段子或流行语，其中难免会带有讽刺、宣泄、戏谑的内容，引发网民或媒体转载，导致新媒体、传统媒体和人际网络相互串联、相互影响，使舆情进一步扩散。

（四）舆情消退期的舆情扩散程度

在舆情消退期，事件已经基本解决，事件相关信息在媒体报道中逐渐消失，舆情基本消退，除非有新的舆情触发点，很难再出现新的舆情，舆情基本不再扩散，社会舆情注意力转向新事件或新话题。这与舆情消退期的舆情热度趋势、舆情态度变化的发展演变是一致的。

第七章

舆情治理规制

当前，信息环境、传播环境、舆论环境日益复杂，舆论形态更加多元，突发事件更加频繁，民众知情权、参与权、表达权、监督权等权益备受重视，突发事件反映的深层次社会问题更不容忽视，重大突发事件的舆情治理面临着更严峻的挑战，成为新时代不容忽视的重要课题。

在当今融媒体环境下，舆情传播由 PC 终端为主转向移动终端为主，由公共媒体平台为主转向自媒体平台为主，由组织传播为主转向社交化、圈子化传播为主，由专业媒体平台为主转向各类应用嵌入为主，这些变化对舆情治理、舆论引导提出了巨大挑战。

在坚定不移推进全面依法治国进程中，只有明晰"舆情为什么需要治理""谁是治理主体""应遵循什么治理原则和法律程序"等基本问题，才能探索解决舆情治理过程中面临的法律思维缺失、预警机制虚置、正面引导不力等关键问题，这不仅是执政合法性的内在需求，也是社会秩序维护的迫切要求，还是言论自由保护的实现路径。

第一节　舆情治理的理论探索与实践价值

一、理论研究体系中的"舆情治理"

（一）舆情治理相关理论研究的热点

舆情治理是指政府、社会力量、民间组织、用户等根据各自的作用制定和实施旨在规范舆情发展和使用的共同原则、准则、规则、决策程序和方案。[①]

舆情治理的重要性和必要性毋庸置疑，相关理论研究主要集中在维护秩序、保障人权和推进治理现代化等方面，主要观点简介如下。

1. 舆情治理有利于维护政治秩序和社会稳定，回应社情民意

美国学者雅各布 1992 年就预判称，二十世纪自由主义民主政体不再依赖于直接的行政统治，而代之以巨大的操纵舆论的能力，制造出广泛的意见一致以及对政府行为的热情支持。[②] 安德森则指出，一种统一的舆论能够促成某种特定的政策。[③] 张克生认为，民众既是舆情主体，又是国家决策的第一主体以及国家决策的最终执行主体，舆情机制是国家决策的根本机制。[④] 邱潇可等认为，网络舆论在我国民主政治建设中发挥着重要的、不可替代的作用。[⑤] 卢家祥指出舆情引导在某种程度上担当着调节和平衡的重要角色，重视和充分利用其在突发事件中的强大作用有助于促进社会稳定，在梳理了近年来舆情引导工作的发展情况和特点的基础上，从制度建设、舆情监测、舆论引导等方面提出应对群体性事件舆情引导的思路。[⑥] 尹俊探讨了如何提高网络执政能力，从源头上有效地降低负面网络舆情的发生，及时防范和控制负面社会网络舆情的发展，并正确地引导网络舆

---

①　罗霄峰等：《网络舆情治理研究》，载于《通信技术》2010 年第 4 期。

②　Lawrence R Jacobs. The Recoil Effect：Public Opinion and Policymaking in the U. S. and Britain. *Comparative Politics*，1992，24（2）：199 – 217.

③　Christopher J. Anderson. Consent and Consensus：the Contours of Public Opinion toward the Euro. Paper presented at the Year of the Euro，December 2002.

④　张克生：《舆情机制是国家决策的根本机制》，载于《理论与现代化》2004 年第 4 期。

⑤　邱潇可、邹志勇：《论民主政治环境中网络舆论的法律规制》，载于《山东社会科学》2012 年第 9 期。

⑥　卢家祥：《公共突发事件的网络舆情引导研究》，兰州大学硕士论文，2016 年。

情和网民自我教育。[1] 孙嘉良以大量网络舆情案例为研究对象，研讨了网络舆情的演变路径和演变规律，分析了网络舆情演变与我国政府公共危机管理的逻辑关系。[2] 刘毅通过梳理中国古代舆情收集制度，揭示了网络舆情引导和管理必要性。[3] 许正林分析了转型期重大突发事件形成态势与社会舆情演化规律，强调社会转型是其总体背景，而内部舆情的演化正不断诱发风险社会的忧虑，牵引出一系列问题，包括转型期中国社会的发展模式、政治改革、文化转向，大众生活中的信仰自由与心性自由的缺失，民众普遍的表达诉求等。[4]

2. 舆情治理有利于党和国家治理体系和治理能力现代化建设

习近平总书记曾明确指出，"信息是国家治理的重要依据""要以信息化推进国家治理体系和治理能力现代化""用信息化手段感知社会态势、畅通沟通渠道、辅助科学决策。"[5] 近年来，越来越多的学者逐渐认识到，舆情治理是国家治理的重要内容。祝华新早在 2014 年就提出，"舆情监测也是国家治理能力现代化的重要推手"。[6] 尚红利在分析自媒体时代网络舆情的舆论诉求的基础上，提出政府在网络舆情治理方面要以"善治"理念取代"管制"理念，要加快自媒体监管立法，要建立网络舆情监测和预警机制等。[7] 唐远清、吴雷提出，在新的历史方位中，国家治理现代化要求舆情治理的现代化，需要对舆情治理的制度逻辑与行动策略，进行与时俱进的阐释，中国语境下的"舆情"在本质上是一个具有明确政治指向性的概念，当下的舆情治理实践应该在互联网崛起的媒介环境变迁和国家制度安排中予以审视。[8]

（二）网络舆情治理成为理论研究亟需突破的重点

学术界充分认识到，网络建构了新的社会形态，在催生新的社会结构同时，"网络化逻辑的扩散实质性地改变了生产、经验、权利与文化过程中的操作和结

---

① 尹俊：《政府治理现代化视角下社会网络舆情应对的策略研究》，载于《中共银川市委党校学报》2017 年第 1 期。

② 孙嘉良：《网络舆情演变情境下政府公共危机管理问题研究》，东北财经大学硕士论文，2015 年。

③ 刘毅：《刍论中国古代舆情收集制度》，《天津大学学报（社会科学版）》2007 年第 5 期，第 424 ~ 427 页。

④ 许正林：《转型期重大突发事件形成态势与社会舆情演化规律透析》，引自《上海市社会科学界第十四届学术年会论文集（2016 年度）》。

⑤ 习近平：《在网络安全和信息化工作座谈会上的讲话》，载于《人民日报》2016 年 4 月 26 日。

⑥ 祝华新：《舆情监测促进国家治理能力现代化》，载于《中国记者》2014 年第 7 期。

⑦ 尚红利：《自媒体时代网络舆情政府治理的困境及其消解》，载于《行政论坛》2016 年第 2 期。

⑧ 唐远清、吴雷：《舆情治理：制度逻辑与行动策略》，载于《学术界》2021 年第 1 期。

果"①，可以说，网络舆情日益成为社情民意中最活跃、最尖锐的一部分，网络舆情治理日益复杂。喻国明提出，今天的网络舆论是我们社会的主流舆论。互联网的舆情治理应当从构成网络舆论场域的三大要素入手重新设计，这三大要素即"舆论主体、规则机制、影响性范式创新"。② 王炎龙提出城市灾难实践的舆情演化，在当下社会，主要借助网络等媒体渠道实现。邵长安、关欣提出，我国是网民大国，网络舆情治理成为互联网时代的重要课题。由于存在社会现实与公众认知的断裂，舆情反响与政府应对的冲突，多元化的议程设置的传输等原因，政府舆情治理、社会管理的难度大大提升。③

网络舆情治理的研究既有微观层面，也有宏观层面，都强调源头治理。喻国明指出，网络舆情治理的基本逻辑与操作关键在于以釜底抽薪的方式厘清网络舆情治理的根本逻辑，认识到"立场"优先是网络舆情治理的操作逻辑，并遵从网络舆情治理的规制逻辑，认识和把握当代网络化社会舆情的复杂性。④⑤ 叶国平描述了当代中国舆情制度建设的基本状况、网络问政的兴起对舆情制度建设的新推动等。⑥ 杨兴坤提出政府网络舆情引导的策略与方法。⑦ 张一文探讨了《突发事件应对法》，并以此为核心提出国家应进一步强化针对网络舆情为代表的社会舆情引导和应对工作的思路。⑧ 刁大伟提出，要完善网络舆情政府监管法律体制系统，培养网络舆情政府监管人才队伍系统，加强对网络舆论危机管理的监督，实现政府对网络舆情突发情况的科学有效管理。⑨

（三）舆情治理的法律规制及实施路径成为理论研究的难点

对此，学术界基本形成了"依法治理为核心、多元化生态治理是关键"的共识。舆情治理要加强法律规制，把握好增强法律意识、加快立法步伐、推进司法公正、强化严格执法等重要环节。

学界普遍认为，我国网络舆情法律规制处于缺失和不健全状态。有大批学者

---

① ［西班牙］曼纽尔·卡斯特：《网络社会的崛起》，夏铸九等译，社会科学文献出版社 2006 年版，第 434 页。

② 喻国明：《网络舆情治理的要素设计与操作关键》，载于《新闻与写作》2017 年第 1 期。

③ 邵长安、关欣：《网络舆情数据驱动的决策模式分析》，载于《情报理论与实践》2018 年第 1 期。

④ 王炎龙：《大数据背景下城市灾难事件舆情治理研究及路径转向》，载于《西南民族大学学报（人文社科版）》2017 年第 12 期。

⑤ 喻国明：《现阶段互联网治理应遵循的重要原则》，载于《新闻记者》2017 年第 8 期。

⑥ 叶国平：《从民主发展的视角看舆情制度建设的实践价值与发展要求》，载于《天津社会科学》2013 年第 11 期。

⑦ 杨兴坤：《政府舆情引导的十大策略》，载于《天水行政学院学报》2015 年第 1 期。

⑧ 张一文：《突发性公共危机事件与网络舆情作用机制研究》，北京邮电大学博士论文，2012 年。

⑨ 刁大伟：《突发事件网络舆情的政府管理研究》，山东财经大学硕士论文，2016 年。

从突发事件的角度，分析了网络舆情缺失法律规制的表现。张涛甫认为，舆论治理进入了瓶颈期，亟需在对舆论问题的意识、认知、治理框架等方面寻找新的突破路径。[①] 薛一静对与网络舆情密切相关的网络立法进行了梳理，分析了立法缺乏权威性、过分强化管制、缺乏整体性、可操作性差等问题，并提出了中国政府提升网络舆情应对能力的对策。[②] 丁国峰（2015）分析了现行引发网络群体性事件的法治因素缺失的表现，提出要建立健全网络群体性事件法治的合理路径，确立法律治理的基本原则，构建法律治理的制度体系，健全行政法治机制，加强行政问责，完善执法协调程序，建立网络舆情预警机制，创新和完善司法机制等建议。[③] 缪金祥对构建网络舆情控制机制进行了现实考量，强调要加快立法步伐，为依法管控网络舆情提供法律支撑。[④] 周广艳等从国际视野出发探究中国舆情治理的路径，提出借鉴国外舆情治理在网络立法方面的经验，加快网络立法进程，提高依法治理水平。[⑤] 陈媛等在分析网络舆情法律国外经验的基础上，提出从构建顶层设计、完善专门法律体系、健全配套制度和拓展国际合作等方面完善我国网络舆情法律规制。[⑥]

还有一些学者从研究方法等多角度对舆情治理进行了研究。

二、政策体系中的"舆情治理"

党和国家高度重视舆情治理，党的会议上多次研究舆情治理重要问题，"舆情"一词也成为《政府工作报告》的高频词，主要包括以下主要内容。

（一）构建社情民意制度，加强民众知情权保障

2002 年 11 月 14 日，党的十六大报告《全面建设小康社会，开创中国特色社会主义事业新局面》要求，建立社情民意反映制度。2004 年 9 月 19 日，党的十六届四中全会通过《中共中央关于加强党的执政能力建设的决定》，提出"建立舆情汇集和分析机制，畅通社情民意反映渠道"。舆情分析工作由此初步萌芽。

---

① 张涛甫：《当前舆论治理的瓶颈和突破路径》，载于《新闻与写作》2018 年第 6 期。
② 薛一静：《中国政府提升网络舆情应对能力的对策研究》，首都师范大学硕士论文，2014 年。
③ 丁国峰：《我国网络群体性事件法治的路径选择》，载于《行政论坛》2015 年第 11 期。
④ 缪金祥：《大数据背景下网络舆情发展态势与管控研究》，载于《中国刑警学院学报》2016 年第 7 期。
⑤ 周广艳、张亦工：《网络舆情突发事件治理：国际视野与中国路径》，载于《山东社会科学》2016 年第 1 期。
⑥ 陈媛、古丽阿扎提·吐尔逊：《网络舆情法律规制的国外经验及其启示》，载于《求知》2016 年第 4 期。

2006 年 10 月 11 日，党的十六届六中全会通过《中共中央关于构建社会主义和谐社会若干重大问题的决定》，提出健全社会舆情汇集和分析机制，完善矛盾纠纷排查调处工作制度。2008 年 6 月 23 日，中宣部发出通知要求认真学习宣传贯彻胡锦涛总书记在人民日报社考察工作时的重要讲话精神，强调要深入学习《讲话》关于提高舆论引导能力的重要论述，把坚持正确导向和通达社情民意统一起来，不断提高舆论引导的权威性、公信力、影响力。2017 年 1 月 10 日，《中共中央　国务院关于推进防灾减灾救灾体制机制改革的意见》指出，健全重特大自然灾害信息发布和舆情应对机制，完善信息发布制度，拓宽信息发布渠道，确保公众知情权。特别是强调了做好突发事件的社会舆情引导和应对工作。2006 年 6 月 15 日，《国务院关于全面加强应急管理工作的意见》发布，要求做好信息发布和舆论引导工作。高度重视突发公共事件的信息发布、舆论引导和舆情分析工作，充分发挥中央和省级主要新闻媒体的舆论引导作用。2007 年 3 月 25 日，《国务院关于印发 2007 年工作要点的通知》发布，要求健全社会舆情汇集分析机制和突发公共事件新闻报道机制。2016 年 4 月 19 日，习近平总书记在网络安全和信息化工作座谈会上的讲话中提到，政府各级相关部门都应增强对网络舆情的预警能力，提高对网络舆情的研判能力。①

（二）守正创新，开创党的新闻舆论工作新局面

2016 年 2 月 19 日，习近平总书记在党的新闻舆论工作座谈会上发表重要讲话时，提出新闻舆论工作是"治国理政、定国安邦的大事"，反复强调新时期应"坚持正确方向创新方法手段，提高新闻舆论传播力引导力"。2016 年 11 月 7 日，中华全国新闻工作者协会第九届理事会第一次会议暨中国新闻奖、长江韬奋奖颁奖会在京举行。会议强调，做好党的新闻舆论工作，营造良好舆论环境，是治国理政、定国安邦的大事。2017 年 5 月 7 日，中共中央办公厅、国务院办公厅印发《国家"十三五"时期文化发展改革规划纲要》指出，加快构建现代传播体系，健全舆情引导机制，强化媒体社会责任，发展壮大主流媒体，切实提高新闻舆论传播力、引导力、影响力、公信力。2017 年 9 月 20 日，国家新闻出版广电总局发布关于印发《新闻出版广播影视"十三五"发展规划》的通知指出，"十二五"时期，新闻宣传深入创新，舆论引导能力不断增强。"十三五"时期，加强主流媒体建设，提高舆论引导能力是发展的主要任务之一。2018 年 8 月 21日至 22 日，全国宣传思想工作会议在北京召开。习近平在讲话中指出，主流思

---

① 习近平：《在网络安全和信息化工作座谈会上的讲话》，载于《人民日报》2016 年 4 月 26 日第 2版。其他相关论述均参见习近平：《论党的宣传思想工作》，中央文献出版社 2020 年版。

想舆论不断巩固壮大，坚持提高新闻舆论传播力、引导力、影响力、公信力，要牢牢把握正确舆论导向，做大做强主流思想舆论。2019 年 1 月 18 日，中共中央印发《中国共产党政法工作条例》，规定了党委政法委员会主要职责任务之一是掌握分析政法舆情动态，指导和协调政法单位和有关部门做好依法办理、宣传报道和舆论引导等相关工作。2019 年 1 月 25 日，中共中央政治局就全媒体时代和媒体融合发展举行第十二次集体学习。习近平强调，党报党刊要加强传播手段建设和创新，发展网站、微博、微信、电子阅报栏、手机报、网络电视等各类新媒体，积极发展各种互动式、服务式、体验式新闻信息服务，实现新闻传播的全方位覆盖、全天候延伸、多领域拓展，推动党的声音直接进入各类用户终端，努力占领新的舆论场。要坚持移动优先策略，让主流媒体借助移动传播，牢牢占据舆论引导、全面提高舆论引导能力。①

（三）健全政务舆情回应问责制度，加大力度推进政务公开

2016 年 8 月 12 日，《国务院办公厅关于在政务公开工作中进一步做好政务舆情回应的通知》指出，要进一步明确政务舆情回应责任，把握需重点回应的政务舆情标准，提高政务舆情回应实效，加强督促检查和业务培训，建立政务舆情回应激励约束机制，进一步做好政务舆情回应工作。把政务微博、政务微信和政府客户端作为政务公开的标配。可见，社交媒体已经成为政府舆情引导、监管和治理的重要工具。2016 年 9 月 29 日，《国务院关于加快推进"互联网 + 政务服务"工作的指导意见》中指出，推进政务信息共享，加快新型智慧城市建设，完善网络基础设施，加强网络和信息安全保护。2017 年 3 月 28 日，《国务院关于落实〈政府工作报告〉重点工作部门分工的意见》中指出，要加强政策发布解读，强化政务舆情监测处置，及时回应重大关切，切实增强政府公信力和执行力。2017 年 5 月 19 日，国务院办公厅印发《政务信息系统整合共享实施方案》，围绕政府治理和公共服务的紧迫需要，以最大程度利企便民，让企业和群众少跑腿、好办事、不添堵为目标，提出了加快推进政务信息系统整合共享、促进国务院部门和地方政府信息系统互联互通的重点任务和实施路径。2017 年 8 月 18 日，国家发展改革委、中央网信办、中央编办、财政部、审计署制定了《加快推进落实〈政务信息系统整合共享实施方案〉工作方案》。国务院总理李克强 12 月 6 日主持召开国务院常务会议，部署加快推进政务信息系统整合共享，以高效便捷的政务服务增进群众获得感。《2018 年政务公开工作要点》提出建立政务舆情回应问责制度，对重大政务舆情处置不得力、回应不妥当、报告不及时的涉事责任单

---

① 参见习近平：《论党的宣传思想工作》，中央文献出版社 2020 年版。

位及相关责任人员，要予以通报批评或约谈整改。2019 年 1 月 3 日，国务院办公厅发布的《关于全面推行行政执法公示制度执法全过程记录制度重大执法决定法制审核制度的指导意见》指出，要充分发挥全过程记录信息对案卷评查、执法监督、评议考核、舆情应对、行政决策和健全社会信用体系等工作的积极作用。

（四）把网上社会舆论工作作为宣传思想工作重中之重

2012 年 3 月，《政府工作报告》指出，加强和改进互联网管理，营造健康的网络环境。2013 年 8 月 19 日，全国宣传思想工作会议召开。会议强调，要把网上舆论工作作为宣传思想工作的重中之重来抓。2014 年 10 月 23 日，《中共中央关于全面推进依法治国若干重大问题的决定》提出，"加强互联网领域立法，完善网络信息服务、网络安全保护、网络社会管理等方面的法律法规"。2015 年 3 月 5 日，《政府工作报告》指出，制定"互联网＋"行动计划，推动移动互联网、云计算、大数据、物联网等与现代制造业结合，促进电子商务、工业互联网和互联网金融健康发展，引导互联网企业拓展国际市场。习近平总书记在 2016 年 4 月 19 日的网信工作座谈会上提出，"建设网络良好生态，发挥网络引导舆论、反映民意的作用"。2017 年 10 月 18 日，习近平总书记在《决胜全面建成小康社会 夺取新时代中国特色社会主义伟大胜利——在中国共产党第十九次全国代表大会上的报告》中指出，要加强互联网内容建设，建立网络综合治理体系，营造清朗的网络空间。增强改革创新本领，保持锐意进取的精神风貌，善于结合实际创造性推动工作，善于运用互联网技术和信息化手段开展工作。

三、法治实践体系中的"舆情治理"

各国逐渐认识到，对社会舆情进行顶层制度设计、法律规制与引导意义重大，也越来越重视运用法律手段治理社会舆情突发事件，以及加强国际合作。

国际条约主要有：1945 年《联合国宪章》、1948 年《世界人权宣言》《公民权利与政治权利国际公约》《经济、社会和文化权利国际公约》等，规范了基本人权、人格尊严与价值。美国网络立法起步较早、体系完善，堪称典范。围绕国家安全、保护知识产权、网络安全等领域，先后制定了《隐私权法》《电子通信隐私法》《网络电子安全法案》《信息自由法》《将保护网络作为国家资产法案》《国家紧急状态法》《计算机犯罪法》《信息自由法》《个人隐私法》《反腐败行径法》《伪造访问设备和计算机欺骗滥用法》《计算机安全法》《传播净化法案》《电讯法》《儿童网上保护法》《公共网络安全法案》等百余部法律法规。欧洲国家以严格的法律制度规范互联网行为，着重强化国家信息安全和公民隐私安全的保障。英国先后颁布了《国内紧急状态法案》《黄色出版物法》《青少年保护法》《录像制品法》《禁止滥用电脑法》《刑事司法与公共秩序修正法》《3R 互联网安全规则》等法律。英国 2001 年颁布《调查权管理法》，要求网络服务提供商必须通过政府技术支持中心发送信息报，防范有害信息的大量传播；为调查严重犯罪和恐怖主义，保护公众安全，在特定情况下警察和情报部门可以获取通信数据。德国相关立法主要有《基本法第 17 次修改法》（即所谓的"紧急状态宪法"）《信息和传播服务法》《电信服务数据保护法》《信息自由法》《刑法法典》《传播危害青少年文字法》和《著作权法》等。德国秉承"不能让互联网成为没有法度的空间"的理念，制定和实施《信息与通讯服务法》，明确互联网内容提供方、互联网服务提供方和网络搜索服务提供方的法律责任，严厉禁止传输设计猥亵、色情、诽谤、谣言、纳粹的违法内容。法国制定《信息社会法案》，既注重保证网民的自由空间和人权自由，又重视保护网民的隐私权、著作权以及国家和个人的网络安全。意大利发布了关于加强网络管理的法案，要求针对通过博客、微博等新兴网络互动平台发布的信息加强审查。俄罗斯制定了《俄罗斯联邦紧急状态法》《俄罗斯联邦战时状态法》《俄罗斯联邦反恐怖活动法》等。亚洲国家高度重视互联网的立法及执法工作，构建了较为完善的保护网络安全和公共利益的法律法规。新加坡《网络管理办法》，明确网络活动的法律规制。根据《广播法》制定《网络行为准则》和《网络内容指导原则》，对网络业者采取分级授权的管理制度，规定网络业者的法律责任。日本制定了《应对外来武力攻击法》《灾害对策基本法》等。韩国颁布了《电子传播商务法》《不健康网站鉴定标准》《互联网内容过滤法令》《促进信息化基本法》《信息通信基本保护法》《电信事业法》等法律条款。其中，韩国《促进信息通信网络使用及信息保护法》规定，网站如果存在不主动屏蔽有关暴力、违法和涉嫌诋毁他人的文章和影像等情形的，应当承担相应的法律责任。

我国《宪法》第三十三条规定"国家尊重和保障人权"。第三十五条明确规定"中华人民共和国公民有言论、出版、集会、结社、游行、示威的自由"。第五十一条规定"中华人民共和国公民在行使自由和权利的时候，不得损害国家的、社会的、集体的利益和其他公民的合法的自由和权利"。这是我国舆情治理的法理基础和根本依据。《民法总则》和《刑法》等都有对言论自由禁止性行为的具体规定。1996 年 2 月 11 日，国务院第 195 号令发布《中华人民共和国计算机信息网络国际联网管理暂行规定》，这是我国制定的与网络舆情有关的第一个法规。1997 年 5 月 20 日，国务院颁布《国务院关于修改〈中华人民共和国计算机信息网络国际联网管理暂行规定〉的决定》，对第一个法规进行了修订。2000 年 12 月 28 日，第九届全国人民代表大会常务委员会第十九次会议通过《全国人民代表大会常务委员会关于维护互联网安全的决定》，以促进我国互联网的健康发展，维护国家安全和社会公共利益，保护个人、法人和其他组织的合法权益。在不断加大行政执法力度的同时，各级网信部门规范执法行为，网信行政执法法治化、规范化水平进一步提升。2017年6月1日，我国第一部全面规范网络空间安全管理方面问题的基础性法律《中华人民共和国网络安全法》施行，旨在保障网络安全，维护网络空间主权和国家安全、社会公共利益，保护公民、法人和其他组织的合法权益，促进经济社会信息化健康发展。为深入贯彻实施《网络安全法》，国家网信办修订制定《互联网新闻信息服务管理规定》《互联网信息内容管理行政执法程序规定》部门规章，制定出台《互联网群组信息服务管理规定》《互联网用户公众账号信息服务管理规定》《互联网论坛社区服务管理规定》等规范性文件，细化明确电子数据调查取证、执法办案流程等基础规范，有序推进网信行政执法规范化建设。有关部门又相继出台了《互联网信息服务管理办法》《互联网站从事登载新闻业务管理暂行规定》《互联网电子公告服务管理规定》《计算机信息系统国际联网保密规定》《互联网上网服务营业场所管理条例》《互联网出版管理暂行规定》《互联网跟帖评论服务管理规定》《互联网新闻信息服务单位内容管理从业人员管理办法》《互联网域名管理办法》《微博客信息服务管理规定》等。

由此，初步形成了《宪法》《民法总则》《刑法》《国家安全法》《突发事件对应法》《全国人民代表大会常务委员会关于加强网络信息保护的决定》《全国人大常委会关于维护互联网安全的决定》《治安管理处罚法》《国家秘密法》《防震减灾法》《网络安全法》《计算机信息系统安全保护条例》《出版管理条例》《电信条例》《计算机信息网络国际联网管理暂行规定》《互联网信息服务管理办法》等几十部涉及舆情安全管理的法律、行政法规、司法解释和部门规章。

四、舆情治理法律规制有待解决的问题

通过上述总结论述，不难看出，对舆情治理，理论研究、政策体系、法治实践三个层面相辅相成，具有密不可分的关系。理论研究成果具有一定的深度和广度，为社会舆情法律规制提供了必要的理论基础和思想准备。党和国家高度重视舆情治理，丰富的政策体系为社会舆情法律规制提供了必要前提和明确方向，在一定程度上，政策与法律常常相辅相成，甚至有些政策已经具备了一些明显的法律特征，成为"准法律"。从生动的法治实践中可以不断总结舆情治理的经验和教训，提升社会舆情法律规制的科学化水平。

当前法治体系主要从"应急（突发事件）"和"网络安全（网络舆情）"两

个维度规制，未将应对重大突发事件社会舆情法律规制有机统一，与"建设中国特色社会主义法治体系，建设社会主义法治国家"的时代要求还有差距。主要体现在三方面。

（一）法律体系尚不完备

主要包括法律体系内容不健全、法律法规之间衔接不够、法律体系位阶不高等问题。整体而言，立法的基本框架已确定，但是网络舆情管控法律体系规划不够规范，整体缺乏系统性和稳定性。具体而言，我国目前还没有专门性的法律条文或司法解释对宪法赋予的言论自由权的基本范畴、权限边界、制度保障等问题做出明确而具体的规定，且"现有涉及网络言论的相关立法，偏重于网络管理和网络信息安全，对网络舆论权利加以法律保障的条款相当有限，只零星地见诸于网络监管的行业性法规之中"。[①] 而且有关预防和引导的制度相对匮乏，这极易造成政府部门在网络舆情的处理中职责重大，却难以有所作为。

（二）法治实施规范性不够

主要包括贯彻执行法律、政策规定的执法主体不适格、执法方式不合法、执法不公不当等问题。我国现行的舆情治理法律规制还存在管理部门分散、多头治理的问题，这在一定程度上造成了我国网络舆情治理法律规制的效力低下，容易出现管理部门出于维护部门利益而相互推诿，最终削弱我国网络舆情法律规制的影响力和调控能力，易使舆情演化为难以化解的社会危机。例如，我国还没有真正建立权威、统一的常态负责舆情突发事件应急管理的指挥机构，相关部门各自为政、缺乏协调，加之受制于人力、信息、技术、装备等资源匮乏的影响，削弱了政府对网络舆情突发事件的应急能力。同时，各部门执法的标准、尺度的不一致，导致多头管理、各自为政，缺乏协调配合，难以形成合力，治理效果有限。

（三）法治监督还不严密

主要体现在监督渠道有时还不畅通、监督程序也有不规范之处、监督合力还不够。法治监督体系是中国特色社会主义法治的重要保障。集中统一、权威高效的法治监督体系，要在党的统一领导下，坚持依据宪法和法律的法治原则，多种监督方式分工负责，互相协调，在党内监督与国家监督、党的纪律检查与国家监察有机的统一下实现。人民代表大会制度是法治监督体系的制度基础，法治监督

---

① 陈纯柱、韩兵：《我国网络言论自由的规制研究》，载于《山东社会科学》2013 年第 5 期。

体系最终要体现为人民的监督，通过制度化、规范化、程序化实现党、政、群联合监督的有机统一，发挥监督合力，是实现法治监督体系的制度路径。[①] 在应对重大突发事件舆情治理的法律规制方面，既要彰显人民的网络舆论权，又要平衡政府、媒体行业、公民个人的网络舆情责任，还要厘清不同行政部门的权力与责任边限，避免执法不严、防止司法不公，维护法律权威、保障人民合法权益。

第二节　舆情治理的正当性和必要性分析

网络不是法外之地，宪法在规定了公民言论自由权利的同时，也规定公民行使自由权利时不得损害国家、社会、集体的利益和其他公民的合法权利。也就是说，当涉及国家利益和公共利益的时候，公民的言论表达自由具有受到限制的正当性。自由与限制是一枚硬币的两面。

融媒体环境下，所谓舆情治理的正当性和必要性，就是指为了达到网络言论不侵害国家、社会、集体、他人合法利益的正当目的，公民的网络言论自由应当受到一定的限制，这种限制其实同时也是保护公众言论自由的手段。当然，对国家利益、公共利益和他人合法权益优先保护的范围、内容和方式，必须也是合法的、正当的。这种正当性不仅仅体现在宪法当中，也涉及其他关乎国家安全、国家外交、社会秩序、反恐反分裂等方面的法律法规。

一、维护安全、主权等方面的国家利益

（一）维护网络安全

网络安全，是指通过采取必要措施，防范对网络的攻击、入侵、干扰、破坏和非法使用以及意外事故的发生，使网络处于稳定可靠运行的状态，以及保障网络存储、传输、处理信息的完整性、保密性、可用性的能力。我国《网络安全法》已于 2017 年 6 月施行，进一步强化国家的责任和公民、组织的义务，加强关键信息基础设施保护，协同推进网络安全与发展，切实维护国家网络主权、安全和发展利益。在网络舆论传播中，特别是对外传播的言论中，网络安全是一种重要的议题。因此，《网络安全法》与网络舆情的法律规制紧密相关。

---

① 张晋藩：《法治建设的"五个体系"》，载于《光明日报》2018 年 11 月 29 日，第 15 版。

2010 年的"维基解密"事件①、2013 年的"斯诺登事件"② 等为全球互联网环境下国家安全和网络安全问题敲响了警钟。每一次国际互联网事件，都会搅起具有相当正负面影响的舆情事件。有学者曾总结网络舆情给国家安全和网络安全带来的四方面问题：网络成为各主权国家相互渗透的主要阵地；极端宗教组织和民族分裂分子通过网络策划、组织、实施恐怖袭击和恐怖活动；政府的工作人员利用职权泄露国家秘密，给国家带来巨大损失；个人利用互联网制造或传播不实信息，甚至挑唆反政府、反社会的行为，制造群体性事件。网络安全对国家安全的威胁无处不在，而立法应当先行。在网络舆情监控治理中的网络安全是指网络社会作为一个社会虚拟空间的整体安全，不仅包括软件、硬件以及信息资源的安全，还包括网络空间稳态的运转与安全。在进行互联网立法过程中，必须明确互联网空间安全的内涵，舆情治理必然是空间范围上的安全，空间范围可以是网络空间领域内，也可以是由网络空间内舆情泛化引起的空间范围外舆情监控问题。信息社会发展的必然结果是不具备网络安全就没有社会安全，网络空间同现实社会高度勾连，网络安全问题逐步外溢成为社会安全问题，最终发展的结果是：网络安全就是社会安全。

（二）维护网络主权

国家主权是国家安全的一部分，是国家所享有的处理国内国际各项事务的独立权、管辖权和自卫权，不容他国侵犯。网络看似是一个无边界的地带，但其所产生的威胁已经能够影响到一个国家的兴衰。"舒特"攻击、"震网"病毒等一系列事件显示，网络威胁近在咫尺。据《第 37 次中国互联网络发展状况统计报告》显示，近年来我国遭受境外的网络攻击持续增多，造成的危害和损失十分严重。网络对国家主权的侵犯具有隐蔽、不易察觉、边界不明、影响范围广、持续时间长的特点，其中舆情发挥着重大作用。苏联因舆论而导致的崩溃，放在当今社会来看，就不得不警惕网络舆情所带来的对国家权力的负面作用。并且，在网络空间内也存在着强国和弱国之间的不平衡现象，极有可能发生侵害国家主权现象，因此将国家主权延伸到网络空间具有现实意义。

2015 年 7 月 1 日，十二届全国人大第十五次会议审议通过《中华人民共和国国家安全法》，随即实施草案第 25 条规定"维护国家网络空间主权、安全和发展利益"，明确在法律中提出了"国家网络空间主权"的概念。这一概念不仅为

① 《"维基解密"引爆外交史最大泄密事件》，中国新闻网，https://www.chinanews.com.cn/gj/2010/11-29/2686580.shtml。
② 《"棱镜门"风波闹大"告密者"引争议》，人民网，http://world.people.com.cn/n/2013/0611/c157278-21813848.html。

依法管理在中国领土上的网络活动奠定了法律基础，并且将推动我国参与国际互联网规则的制定，加强对我国国家主权的维护。然而，我国目前关于国家网络空间主权的法律法规保护才刚刚开始，相关法律体系亟待建设。

各国逐渐强调舆情治理过程中的国家主权，与当前国际社会中出现的一系列问题密切相关。尤其是2013年6月美国中情局前职员爱德华·斯诺登曝光"棱镜门"事件①之后，网络管理国家主权问题更加得到关注。美国国土安全部副部长卡琳·瓦格纳（Caryn Wagner）2011年曾在科罗拉多州召开的国土安全和国防会议上表示，由于社交网络在西亚北非地区的动乱中起到了推波助澜的作用，该机构已开始起草监控推特（Twitter）和脸书（Facebook）等社交网络的政策。"棱镜门"事件发生后，美国独霸互联网的企图遇到的阻力越来越大，再也不能主导网络安全的国际合作了。② 这种"去美国化"的趋向反映了网络主权越来越受到人们的关注。同时，面对网络的开放性，国际恐怖主义不断泛滥，开始利用网络进攻其他主权国家，许多国家不堪其苦，期冀加强各国之间主权基础上的合作。

舆情治理强调网络主权主要是为了解决两方面问题：一是主权范围内自我治理活动；二是主权范围边界处的争议问题与各国合作打击妨害互联网治理的活动。前者是国家主权活动在网络舆情治理活动中的内在延伸，为了维护主权至上，坚持自主自办，而不能将舆情管理交予其他国家。否则，诸如"棱镜门"类似的事件，一国利用技术对另一国网络主权进行侵犯。为此，网络主权范围内，必须以国际合作与国际条约为基础，不能将包括舆情监控在内的网络主权问题交予个别国家管理。一者，主权问题不能让渡于其他国家；再者，由于国家所处立场的不同，在其他国家利益与本国利益发生冲突时，不能保证管理方国家能够公平处置。相对于某个国家的管理方式，可以通过设立第三方中立国际组织的方式进行监管。再者，当前背景下，恐怖活动泛滥，恐怖分子从传统区域扩散到各个国家，巴黎遇袭的恐怖事件以及曾经的"9·11"事件都显示了恐怖主义泛滥的问题，这种泛滥还表现在从传统领域向网络领域的泛滥，其中一种表现形式就是通过网络宣传"圣战"、网络"屠囚"。但网络带来的开放性使得任何一个国家都不能独立完成，网络恐怖主义舆情泛化的防治工作需要在维护国家主权的基础上加强合作。

---

① 《"棱镜门"风波闹大 "告密者"引争议》，人民网，http：//world. people. com. cn/n/2013/0611/
c157278 – 21813848. html。

② 王孔祥：《互联网治理中的国际法》，法律出版社2015年版，第49页。

（三）维护全球舆论秩序

网络外交是在信息时代条件下，国际行为体为了维护和发展自身利益，利用互联网技术和网络平台而开展的对外交往、对外传播和外交参与等活动。网络外交是一种新兴的外交形式，目前国际上尚缺乏对网络外交的规范。我国有一系列法律法规保护国家外交，如《外交特权与豁免条例》和《领事特权与豁免条例》，2015 年颁布的《国家安全法》首次明确提出了"维护国家网络空间主权"。这说明国家安全，包括网络安全和信息安全，是国家外交中必不可少的内容。但就目前而言，我国对于网络外交的法律法规还缺少具体规定，网络舆情应以不侵犯国家外交政策为前提。

从实践来看，中美两国已经开始了网络外交之路。例如 2014 年中国国家互联网信息办公室到华盛顿参加《第七届中美互联网论坛》，提出中美互联网交流五项主张；2016 年，中美双方就网络安全等方面达成共识，并希望能够共同推进联合国框架内的网络空间法治建设进程。为了继续加强和保护互联网领域内的国家外交，我国应当制定网络舆情应对和治理的法律规制。

关于网络舆情，2015 年 8 月全国人大常委会通过的《刑法修正案（九）》，其中多条与媒体相关，如针对暴力恐怖犯罪出现的新特点，新设立宣扬恐怖主义、极端主义、煽动实施恐怖活动罪，利用极端主义破坏法律实施罪，非法持有宣扬恐怖主义、极端主义物品罪。

二、维护社会秩序，捍卫公共利益

社会秩序，也称"公共秩序"，是为维护社会公共生活所必需的秩序，主要包括社会管理秩序、生产秩序、工作秩序、交通秩序和公共场所秩序等。社会秩序代表着全体公众的公共利益和社会生活的正常要求，是经济社会稳定有序、健康发展的必要条件，是社会成员生活质量的基本保证。稳定、有序、合理、良好的社会秩序，是构建和谐社会的重要目标和鲜明标志，是国家现代化和文明程度的重要标志。维护社会秩序，捍卫公共利益，也是舆情治理的重要目标之一。

法律是维护社会秩序的强制性手段，对维护社会秩序具有指引、评价、预测、教育、强制等作用，能弥补道德在维护社会秩序方面的缺陷。我国多项法律法规都体现了维护社会秩序的正当性和具体措施。《治安管理处罚法》是维护社会治安秩序的专门性法律。该法规定了一系列危害社会秩序的违法行为，其中多项行为都发生或可能发生在互联网领域，成为法律监管的重要内容，包括第二十五条（一）（三）、第二十七条、第二十八条、第二十九条（一）（二）（三）

（四）、第四十二条（一）（二）（三）（五）（六）、第四十七条、第五十一条、第五十二条、第六十八条等规定。

利用互联网扰乱、危害社会秩序的情形，主要包括以下几类。

一是散布虚假信息，传播网上谣言，或者侮辱、诽谤他人的。网络谣言通过互联网的裂变式传播，能释放极大的煽动力量，甚至引发民众的强烈恐慌。为了进一步治理网络谣言，2015 年的《刑法修正案（九）》规定：编造虚假的险情、疫情、灾情、警情，在信息网络或者其他媒体上传播，或者明知是上述类型虚假信息，故意在信息网络或者其他媒体上传播，严重扰乱社会秩序的，处三年以下有期徒刑、拘役或者管制；造成严重后果的，处三年以上七年以下有期徒刑。

《刑法》第二百九十三条寻衅滋事罪规定，有下列寻衅滋事行为之一，破坏社会秩序的，处五年以下有期徒刑、拘役或者管制：①随意殴打他人，情节恶劣的；②追逐、拦截、辱骂、恐吓他人，情节恶劣的；③强拿硬要或者任意损毁、占用公私财物，情节严重的；④在公共场所起哄闹事，造成公共场所秩序严重混乱的。这四种情形中，尤其是第二、第四种，通过互联网方式实施的情况愈发多见。《最高人民法院、最高人民检察院关于办理利用信息网络实施诽谤等刑事案件的司法解释》第五条规定，用信息网络辱骂、恐吓他人，情节恶劣，破坏社会秩序的，以寻衅滋事罪定罪处罚；第六条规定，编造虚假信息，或者明知是编造的虚假信息，在信息网络上散布，或者组织、指使人员在信息网络上散布，起哄闹事，造成公共秩序严重混乱的，以寻衅滋事罪定罪处罚。该司法解释肯定了在网络空间内实施的上述行为属于寻衅滋事行为，将散布虚假信息的行为界定为起哄闹事的行为。当然对于其中的辱骂他人必须是具有随意性是针对不特定的人，而不是针对特定的个人，明确对象实施辱骂行为从而意图败坏其名誉，如果对象具有特定性，则涉嫌构成侮辱罪。

二是制作或传播色情淫秽与低俗、庸俗、媚俗"三俗"信息的。

三是利用互联网散布不良信息煽动民族仇恨、民族歧视，或破坏民族团结，引发民族、宗教冲突，或损害国家形象，造成恶劣社会影响的。

四是利用互联网组织邪教组织、联络邪教组织成员，破坏相关国家法律、行政法规的实施的。

三、防止舆论对司法审判的不当干预

舆论对司法独立判决的干预，一直受到人们的关注。特别是涉及普通人又比较蹊跷的刑事案件出现，媒体上就会出现汹涌的民意，质疑案件的各种细节问题。比较早的如河南张金柱案①，一起看似普通的醉驾交通事故，被《大河报》等媒体报道以后，激起了公众的愤怒和同情，随后中央电视台、其他报纸媒体等跟进，公众舆论持续了很久。报社和法院不断接到市民的电话，要求判处张金柱死刑。最终，张金柱以交通肇事罪和故意伤害罪，两罪并罚，被判处死刑。张金柱案发生在互联网处于萌芽的时代，所以网络舆情对司法的干预主要是通过传统媒体积聚的舆论对司法判决产生影响。"我爸是李刚"案②、药家鑫案③等和张金柱案都是交通事故案，最大的不同是媒体技术环境。"我爸是李刚"案、药家鑫案等发生在我国微博正兴起的时代，微博的"广场式"舆论传播形态，放大了这些事件的舆论声势。新互联网时代，人们讨论这些让人激愤和同情的刑事案件更加便利，朋友圈的分享和转发，通过人与人之间的链接式关系，从而放大了网络舆论的传播效应。在这种舆论生态中，怎样防止网络舆论对司法公正判决的影响是我国立法、司法的重要课题。

党的十八届四中全会报告指出：规范媒体对案件的报道，防止舆论影响司法公正。关键是如何制定具体的规范才能处理媒体报道和传播与司法公正和独立的关系。防止传统媒体的报道对司法的干预，我国已经有了相应的制度体现。例如，最高人民法院出台的《司法公开的六项规定》规定：建立健全有序开放、有效管理的旁听和报道庭审的规则，消除公众和媒体知情监督的障碍。依法公开审理的案件，旁听人员应当经过安全检查进入法庭旁听。因审判场所等客观因素所限，人民法院可以发放旁听证或者通过庭审视频、直播录播等方式满足公众和媒体了解庭审实况的需要。《人民法院接受新闻媒体舆论监督的若干规定》规定：人民法院应当主动接受新闻媒体的舆论监督，要妥善处理法院与媒体的关系，保障公众的知情权、参与权、表达权和监督权，提高司法公信力。以上所列举的防止传统媒体对司法的干预，在一定程度上对媒体的报道起到了制约作用。

但在新媒体时代，尤其是在新互联网时代，很多对刑事案件的质疑首先源于普通公众利用微信、微博对相关案件的质疑。2015 年 5 月的雷洋案就是新互联网时代公众舆论质疑刑事案件的典型代表。在这样的案件中，公众舆论对刑事案件的质疑的负面影响表现在如下几个方面：一是非理性的情绪宣泄和理性质疑混合在一起，舆论呈现出鱼目混珠、泥沙俱下的态势。公安部门在此种舆论压力下，很容易在侦查阶段就受到舆论的影响。为了急于澄清舆论的质疑和非理性宣泄，

---

① 张端：《如何防止民意裹挟大众媒体的观点》，人民网，http：//media. people. com. cn/n/2012/1102/c351145 – 19481542. html。

② 彭波：《"我爸是李刚"当事人当庭认罪　案件择日宣判》，法律信息网，http：//service. law – star. com/cacnew/201101/670068428. htm。

③ 李柏涛：《人民日报再谈药家鑫案　称公共言论应有边界》，https：//china. huanqiu. com/article/9CaKrnJsyZk。

公安部门容易在没有侦查清楚案件的来龙去脉和本质问题时，就可能通过媒体发表一些不当甚至是不实的言论。二是新媒体的力量左右着传统媒体的舆论动向，形成舆论合力，制约着刑事案件的走向，像雷洋案这样的刑事案件一般都是当事人或其他网民最早利用互联网主动爆料，传统媒体不会主动接触到这样的信息源，公安部门也不会主动发布此类刑事案件。新媒体爆料此类事件的时候，由于缺乏职业的责任伦理和专业的把关人，往往会引起不实信息甚至谣言满天飞。在和新媒体的言论竞争中，传统媒体又想和新媒体竞争事实真相，因此，不惜一切代价挖掘案件信息，这样就很容易报道不该报道的信息。因为，在案件侦查过程中，为了保障案件的侦查顺利以及后期的司法判决公正，很多信息即使传统媒体已经掌握在手，也要遵守刑事诉讼法等相关规定，保守案件侦查过程的信息，这也是传统媒体和新媒体义不容辞的责任，但现行的法律在这方面缺乏具体和可操作性的规定。

四、依宪治国，公民权益不容损害

融媒体环境下，网络舆情中涵盖了两种诉求，一种是公民言论自由的表达诉求，另一种是公民对网络民事侵权的反对诉求。对于前者，需要法律法规的保护，而后者则需要法律法规的惩戒。

（一）保障公民的言论表达权

我国《宪法》《刑法》《民法通则》《保守国家秘密法》《集会游行示威法》等法律中都有对言论自由保护的规定，但还没有一部直接针对言论自由进行保护的专门性法律，例如《出版法》《新闻法》等。在融媒体环境下，网络所倡导的自由、开放的价值，为公民自由发表言论提供了更为广阔的空间。但是若没有相关法律法规的保护和限制，公民在网络空间内的言论自由权在实质上将不复存在，那么互联网也失去了自身最根本的内核价值。同时，对公民的网络言论自由也需要限制。2015年一位知名主持人"不雅视频"引发舆论哗然。无独有偶，少数社会知名人士利用微博发表反党的不实言论，已然违背了法律的规定。既要保护，又要规制，言论自由的界限是法律规制需要考虑的重要问题。

当前，网络暴力事件频发，给受害人带来精神上的压力。2013年9月，最高人民法院、最高人民检察院出台《关于办理利用信息网络实施诽谤等刑事案件的司法解释》规定，利用信息网络诽谤他人，同一诽谤信息实际被点击、浏览次数达到5 000次以上，或者被转发次数达到500次以上的可构成诽谤罪。这表明法律同样维护公民在网络空间内的名誉权。

我国宪法规定了公民依法享有的基本政治权利，其中有若干条在互联网环境中也同样需要遵循。而作为国家根本大法的宪法，其规定是其他下位法律在制定过程中不可僭越的，我们在制定网络舆情相关法律的同时要首先遵循宪法的规定和基本原则，这也是依宪治国的题中应有之义。网络不是法外之地，公民履行守法义务的同时，基本的政治权利也会享有。网络舆情立法时要维护公民的言论自由，能够让公民畅所欲言，哪怕是批评的声音。习近平总书记在 2016 年 4 月的网络安全和信息化工作座谈会上强调，"对网上那些出于善意的批评，对互联网监督，不论是和风细雨的还是忠言逆耳的，不仅要欢迎，而且要认真研究和吸取"。① 我们应当注意宪法所保护的人格尊严利益不受侵犯，网络身份是真实人格的另一种表现，同样需要被尊重，随意侮辱诽谤他人的行为既是不道德的也是有违法之嫌的。

（二）保护公民对民事侵权的诉讼权

宪法规定了公民的基本政治权利，而民法则规定了公民的民事权利，在互联网环境下时常产生联系的是姓名权、肖像权、名誉权等权利。以隐私权为例，隐私权是公民的人格权利中最基本、最重要的内容之一。随着大数据等互联网技术的发展，数据可以刻画出一个人的个人形象、日常生活，于是人们对互联网时代自身的数据安全和个人隐私也愈发关注。随着搜索技术、社交网络的发展，一旦个体事件被网络舆论所关注，很容易引发公众对事件人物真实身份的探究，并且越发容易曝光，从而使当事人陷入舆论之中，生活工作受到极大影响。

除了一些个体事件容易被网络舆论关注并放大扩散之外，近来很多舆论热点都在公民与政府之间发生、涉及知情权的事件相关。广泛的知情权包括三个方面：第一，知政权，是对国家、政府的行为的知悉权，公民有了解国家、政府政策的权利。人民代表大会的旁听权、政府决策时的听政权，都是这样的权利；第二，公众知悉权，就是社会民众对正在发生的情况的知悉权。最简单的是每天的天气预报、空气污染报告、社会新闻等；第三，是民事的知情权，如当事人对于自己身份的了解、知悉的权利。知情权在我国宪法中没有明确规定，但是可以通过其他法律法规推出公民享有知情权②。不过正是由于缺少了宪法层面的规定，使得知情权使用起来容易遇到困难，也没有足够的法律基础。随着"透明政府"的提倡和建立，加之公民法律意识的提高，公民渴望能知道更多政府信息，尤其

---

① 《网络安全和信息化工作六大问题，习总书记这样说》，共产党员网，https://www.12371.cn/2016/04/26/ARTI1461655634344557.shtml？k = d5714。

② 徐瑶：《知情权与政府信息公开制度的宪法依据》，载于《湖北警官学院学报》2013 年第 11 期。

是一些与自身利害相关的信息。

第三节 舆情治理的法理及合法性分析

对舆情治理的法理和合法性进行探讨，是尝试回答"舆情为什么需要治理""谁是治理主体及其应遵循的治理原则""舆情治理是否合法"的问题，这是舆情治理的重要前提和基础。

一、舆情治理的法律内涵

在法学意义上，社会舆情体现的是以言论自由权为表征，涵盖了政治、经济、社会、文化和人身等方面基本权利的"权利束"，主体权利及其诉求的发展变化决定了社会舆情的差异化性质和结构。其中，"权利束"（a bundle of rights），是产权经济学的概念，指完备产权的理想状态，既是一个"总量"概念，表示产权由许多权利构成，也是一个"结构"概念，即不同权利束的排列与组合决定产权的性质和结构。"表征"是认知心理学的术语，指外部事物在心理活动中的内部再现，它一方面反映客观事物，另一方面又是心理活动进一步加工的对象。具体而言，社会舆情的法律内涵具有以下三项特征。

（一）社会舆情直接反映舆情主体行使言论自由权

言论自由权（freedom of speech），是公民按照自己的意愿自由地发表言论以及听取他人陈述意见的基本权利。"言论自由权及资讯自由权对民主社会具有'结构性的意义'"。① 尊重和保障该项权利，既成为一项国际义务，也广泛纳入各国立法。1948 年 12 月 10 日，联合国大会通过第 217A（Ⅱ）号决议并颁布的《世界人权宣言》第 19 条规定，人人有权享有主张和发表意见的自由；此项权利包括持有主张而不受干涉的自由，以及通过任何媒介和不论国界寻求、接受与传递消息和思想的自由。呼吁各国"通过国家的和国际的渐进措施，使这些权利和自由在各会员国人民及在其管辖领土的人民中得到普遍和有效的承认和遵行"。《公民权利和政治权利国际公约》第 19 条指出，人人有保持意见不受干预之权利。人人有发表自由之权利：此种权利包括以语言、文字或出版物、艺术或自己

---

① ［德］卡尔拉伦茨：《法学方法论》，陈爱娥译，商务印书馆 2015 年版，第 285 页。

选择的其他方式，不分国界，寻求、接收及传播各种消息及思想之自由。《中华人民共和国宪法》（以下简称《宪法》）第三十五条规定，中华人民共和国公民有言论、出版、集会、结社、游行、示威的自由。

（二） 社会舆情间接呈现舆情主体的多层次公民权利

我国 1998 年签署了《公民权利与政治权利国际公约》，2001 年加入了《经济、社会和文化权利国际条约》，并于 2005 年、2008 年、2013 年分别向联合国提交了国家履约报告。2016 年《国家人权行动计划（2016 – 2020）》按照全面建成小康社会的新要求，明确了实施行动计划的五大目标：全面保障经济、社会和文化权利、依法保障公民权利和政治权利、充分保障各类特定群体权利、深入开展人权教育、积极参与国际人权工作。我国历次宪法都对公民基本权利做了具体而明确的规定，2004 年宪法修正案将"国家尊重和保障人权"写进宪法，体现了权利的广泛性、平等性、真实性，以及权利和义务的一致性。

（三） 舆情主体的"权利束"结构呈现治理的多元视角

舆情治理中首先要辨识事件相关的"权利束"，体察其发展变化，而"不能简单和机械地还原为每个个体和局部功能与价值的叠加……必须还原到它所处的生态环境的整条链条中"[1]，以便针对性地剖析社会舆情，科学有效地治理。如 2016 年 8 月徐玉玉事件，是一起典型的电信诈骗学费侵犯财产权案，随着徐玉玉死亡导致生命健康权引发关切，社会舆情进一步发酵，群众强烈主张严厉打击诈骗行为。中央地方高度重视，在侦破个案基础上，强化监管打击力度，6 个月共查破刑事案件 1 200 多起，抓获犯罪嫌疑人 3 300 多人，其中银行、教育、电信、快递、证券、电商网站等行业的内部人员 270 多人，网络黑客 90 多人，缴获信息 290 多亿条。[2] 针对"公民个人信息泄露，已成为电信诈骗犯罪高发的助燃剂"，最高人民法院、最高人民检察院出台《关于办理侵犯公民个人信息刑事案件适用法律若干问题的解释》，有助于从源头上治理电信诈骗。

二、舆情治理的法理基础

探讨舆情治理的法理基础，是尝试回答"谁是治理主体及其应遵循的治理原

---

[1] 喻国明：《关于网络舆论场供给侧改革的几点思考——基于网络舆情生态的复杂性原理》，载于《新闻与写作》2016 年第 5 期。

[2] 《还原山东临沂徐玉玉被骗案：骗子按"剧本"分工》，载于《大众日报》2016 年 9 月 24 日。

则"的问题。

(一) 舆情治理的前提是权利的相对性

权利（rights），是指法律对法律关系主体能够做出或不做出一定行为，以及其要求他人相应做出或不做出一定行为的许可与保障。包括言论自由权在内的基本权利，是相对的，不是绝对的。尊重和保障这些基本权利，并明确其行使边界及其与义务的关系，是国际社会的一项基本准则。

《世界人权宣言》强调"人人对社会负有义务""人人在行使他的权利和自由时，只受法律所确定的限制""这些权利和自由的行使，无论在任何情况下均不得违背联合国的宗旨和原则"。同时，需以"尊重他人权利或名誉；保障国家安全或公共秩序，或公共卫生或风化"为限。1991 年，我国发表第一份人权白皮书，阐释了人权概念和制度框架。2009 年，我国第一次制定以人权为主题的国家规划《国家人权行动计划（2009—2010 年）》明确了未来两年中国政府在促进和保护人权方面的工作目标和具体措施，以及"依法推进""全面推进""务实推进"三项基本原则。2012 年《国家人权行动计划（2012－2015）》明确将"认真履行国际人权条约义务"作为国家人权行动的目标之一。2016 年《国家人权行动计划（2016－2020）》仍将"依法推进，将人权事业纳入法治轨道"作为五项基本原则之首，将"全力推进"调整为"协调推进"，并补充了"平等推进"和"合力推进"。《宪法》第四十一条规定，中华人民共和国公民对于任何国家机关和国家工作人员，有提出批评和建议的权利；对于任何国家机关和国家工作人员的违法失职行为，有向有关国家机关提出申诉、控告或者检举的权利，但是不得捏造或者歪曲事实进行诬告陷害。对于公民的申诉、控告或者检举，有关国家机关必须查清事实，负责处理。任何人不得压制和打击报复。由于国家机关和国家工作人员侵犯公民权利而受到损失的人，有依照法律规定取得赔偿的权利。同时，第三十三条、三十八条、五十一条和五十四条分别规定"必须履行宪法和法律规定的义务""禁止用任何方法对公民进行侮辱、诽谤和诬告陷害""不得损害国家的、社会的、集体的利益和其他公民的合法的自由和权利""不得有危害祖国的安全、荣誉和利益的行为。"

无视权利相对性最主要的表现是滥用言论自由权，这直接导致谣言和舆情反转现象居高不下，给舆论场带来较大的公信伤害。如 2014 年秦火火案，是最高人民法院、最高人民检察院出台《关于办理利用信息网络实施诽谤等刑事案件适用法律若干问题的解释》以来，第一起依法公开审理的滥用言论自由权而获刑的典型案件。他制造了千余条谣言①，内容都非常负面。

（二）舆情治理的目的是国家行使公权力保障私权利

权力（power），是指特定主体在其职责范围内拥有的对社会或他人的强制力量和支配力量。是相对于统治者或公共机构而言，集中表现为国家政权，是国家政治的核心和灵魂，通常称为公权力或国家权力（public power or state power）。权利，则相对于个体而言，通常称为私权利（private rights）。

公权力和私权利是对立统一的辩证关系。首先，私权利是公权力的本源。权力是历史的产物，不同的时代、不同的阶级有着截然不同的权力观。马克思认为，只有人民，才是创造世界历史的动力。② 可以说，是否认为权力来自人民，这是马克思主义权力观同一切剥削阶级权力观的分水岭。"一切权力属于人民"的原则，是我国政治制度的法理基础，是我国社会主义国家性质的根本体现。其次，公权力是私权利的保障。权力来源正当性不等于权力运行和权力行使的正当性，即：不仅要承认权力来自人民，还要执行人民的意志，维护人民的权利。最后，公权力与私权利必须保持平衡和谐，明确权力与责任，以及权利与义务的边界。《中华人民共和国立法法》第六条规定，立法应当从实际出发，适应经济社会发展和全面深化改革的要求，科学合理地规定公民、法人和其他组织的权利与义务、国家机关的权力与责任。法律规范应当明确、具体，具有针对性和可执行性。

罗伯特·波斯特认为，言论本身并没有宪法上的价值，对言论的保护在宪法上的固有价值是在"特别的社会实践"中体现的。③ 也就是说，舆情治理的目的是国家行使公权力保障私权利。换言之，舆情治理是国家行使公权力保障私权利的重要手段，要以保障个人权利的实现和促进社会的文明与进步为使命，不得滥用公权力，更不能侵犯私权利。近些年，涉警事件频发，警察执法与职业形象受到质疑，甚至延伸至群体摩擦。例如，2016年5月雷洋事件，首先反映出舆情主体的言论自由权、知情权、监督权、批评建议权，随着雷洋的生命健康权、人身自由权、隐私权，乃至警察行政执法权等舆情焦点的扩散，影响力也随之增强。事件后，中央深改组会议通过《关于深化公安执法规范化建设的意见》要求增强执法主体依法履职能力，解决执法突出问题；公安部举办了全国公安机关规范执法视频演示培训会；对涉警舆情，公安部门要求客观公正对待，做到依法履职坚

---

① 韩芳：《"秦火火"一审获刑三年》，载于《人民法院报》2014年4月17日。
② 中央编译局：《马克思恩格斯全集（第2卷）》，人民出版社2005年版，第104页。
③ 吴昱江：《试论比例原则在国家安全与言论自由平衡下的使用——以美国司法判例为鉴》，载于《政法论丛》2016年第3期。

决维护，执法有错决不袒护。①

（三）舆情治理的本质是利益间的衡量取舍

利益，是能够使主体的需要获得某种满足的资源，而这种资源满足的程度是以客观规律、社会环境和社会制度所认可的范围为限度的。马克思认为，人们奋斗所争取的一切，都同他们的利益有关。② 权利是受法律保护的利益，利益应不应受保护，以及如何保护，是决策者在对各种利益之间按照一定的规则进行衡量之后得出的结果。

第一，各利益主体间的冲突具有一定的客观存在性，这构成了衡量取舍的必要前提。各利益主体在追求其自身利益的最大化中，由于社会资源的有限性或者分配机制的不完善，容易导致冲突的发生。当一种利益与另一种利益同时出现而又不能同时满足时，此时必定存在利益之间的选择，即对各冲突利益进行衡量取舍。

第二，个人利益与公共利益既有联系又有区别，还可相互转化，这反映了衡量取舍的动态特性。个人利益，是指与个案当事人不可分割的利益，不能为其他主体所共享，具有个体性、具体性、非共享性等特点。群体利益是与个案当事人个人利益具有相同或类似情形的群体所具有的根本利益，仍属于私人利益的范畴。公共利益，是与私人利益相对应的范畴，是一个特定社会群体存在和发展所必需的、该社会群体中不确定的个人都可以享有的社会价值，具有普遍性、整体性、共享性、长远性、非营利性、不确定性等特点。③ 公共利益虽然存在于个人利益之中，且它的真实性离不开个人利益的实现，但它不是个人利益的简单总和，不可能完全归结和还原为具体的个人利益。④ 如近年来，类似当事人报复法官的案件时有发生，其趋势已从偶发事情积累到一定数量。法官被报复并非偶然，也是部分民众对司法不理解、对法官工作不信任的一种极端表现。⑤ 这不仅是法官个体人身安全问题（个人利益），而且引发社会对司法人员人身安全的关

---

① 时任国务委员、公安部党委书记、部长郭声琨在 2016 年 5 月 31 日的部党委会议上强调，要高度重视，实事求是、客观公正对待，积极回应社会关切。对确有执法过错的，要严格依纪依法处理，决不包庇决不袒护；对恶意造谣炒作民警依法履职的，要及时澄清、依法查处，坚决维护法律尊严和执法活动的严肃性。公安部：客观公正对待涉警舆情执法有过错决不袒护，《公安部：客观公正对待涉警舆情 执法有过错决不袒护》，新华网，http：//news. xinhuanet. com/politics/2016 – 06/01/c_129033398. htm，发布时间：2016 – 12 – 01.

② 中央编译局：《马克思恩格斯全集（第 1 卷）》，人民出版社 1956 年版，第 82 页。

③ 王书成：《论比例原则中的利益衡量》，载于《甘肃政法学院学报》2008 年第 2 期。

④ 姜昕：《对比例原则功能之证成——一种反向推理》，载于《辽宁大学学报（哲学社会科学版）》2008 年第 4 期。

⑤ 杨在明：《报复法官案件折射司法不平衡困境》，载于《法律与生活》2017 年第 5 期。

注和思考（群体利益），更引发对公平正义维护的担忧（公共利益），如果司法人员连自身安全都保证不了，如何捍卫公平正义？

第三，适用比例原则体现了衡量取舍的工作方法。比例原则，起源于普鲁士行政法领域，[①] 而后其精神被嵌入几乎每一个国家的法律制度和国际法律秩序之中。[②] 是指行政行为做出时其所维护的公共利益，与所损害的私人利益或其所退让乃至放弃的公共利益与所鼓励、支持的私人利益间，要有一个恰当的比例。在比例原则中，整体上便体现为公权力采取措施所追求的公共利益与其所造成损害的私人利益，或公权力采取措施所追求的私人利益与其造成损害的公共利益等情形中进行利益上的衡量。[③]

舆情治理的本质是利益间的衡量取舍，既不是绝对的公共利益高于个人利益，也非绝对的个人利益高于公共利益，而要视个案的具体情形，采取有效的衡量法则来进行利益上的衡量。例如，魏则西事件后，国家网信办会同国家工商总局、国家卫生计生委成立联合调查组进驻百度，《互联网广告管理暂行办法》《互联网信息搜索服务管理规定》等相继出台。明确以规章形式将争论已久的医疗、药品、保健食品等在互联网搜索付费发布定义为广告，要求明示推广内容和风险。这就是在利益的衡量取舍中，通过舆情治理来提高治理水平。正如罗尔斯在《正义论》的开篇中明确提出，正义是社会制度的首要价值，某些法律和制度，不管它如何有效率和有条理，只要不正义，就必须加以改造或废除。[④] 这体现了法律随着人民群众的社会实践的变化发展而与时俱进的理论品质，可概括为"法律成长（the growth of the law）"原则。

综上所述，舆情治理的前提是权利的相对性，目的是国家行使公权力保障私权利，本质是利益间的衡量取舍，这决定了舆情治理的核心主体是代表国家行使最高公权力的组织体政府，也决定了政府在舆情治理中应以"尊重和保障权利"为目的和宗旨，坚持"权利义务相统一""职权职责相对应""禁止权利（力）滥用"和"法律成长"的原则，以"衡量取舍公权力采取措施所追求的公共利益（或私人利益）与其所造成损害的私人利益（或公共利益）"为方法和手段，实现依法治理。

---

① ［以色列］摩西·科恩、埃利亚易多波·拉特：《比例原则与正当理由文化》，刘权译，《南京大学法律评论》2012 年第 2 期。

② 吴昱江：《试论比例原则在国家安全与言论自由平衡下的使用——以美国司法判例为鉴》，载于《政法论丛》2016 年第 3 期。

③ 姜昕：《对比例原则功能之证成——一种反向推理》，载于《辽宁大学学报（哲学社会科学版）》2008 年第 4 期。

④ ［美］约翰·罗尔斯：《正义论》，何怀宏、何包钢译，中国社会科学出版社 2001 年版，第 5～15 页。

237

三、舆情治理的合法性分析

舆情治理是否合法？这涉及合法性（legitimacy）的问题。合法性概念在社会科学中有广义和狭义之分。

广义的合法性，被用于讨论社会秩序①，或规范系统②。《世界人权宣言》载明"人人有权要求一种社会的和国际的秩序，在这种秩序中，本宣言所载的权利和自由能获得充分实现"。该宣言作为第一个人权问题的国际文件，为国际人权领域的实践奠定了基础，向全世界宣布了人权的普遍性，以及对美好秩序的追求。自党的十八大报告提出"倡导人类命运共同体意识"以来，习近平总书记在一系列双边和多边重要外交场合多次强调树立人类命运共同体意识，2017 年 3 月 17 日，联合国安理会一致通过第 2344 号决议，首次载入"构建人类命运共同体"的重要理念，体现了国际社会的共识，彰显了中国理念和中国方案对全球治理的重要贡献。③ 由此，广义的合法性，是超越种族、文化、国家与意识形态的界限，从全球治理共商、共建、共享的视角，契合世界各国人民求和平、谋发展、促合作、要进步的真诚愿望和崇高追求，构建人类命运共同体，倡导和平发展、共同发展、可持续发展，实现共同繁荣。

狭义的合法性，被用于理解国家的统治类型④，或政治秩序⑤，即人们对某种政治权力秩序是否认同及其认同程度如何的问题，也称为"正当性"。2015 年 9 月 9 日，时任中共中央政治局常委、中央纪律检查委员会书记王岐山会见出席"2015 中国共产党与世界对话会'从严治党：执政党的使命'"的外国政要和学者时指出：中国共产党的合法性源自于历史，是人心向背决定的，是人民的选择。办好中国的事情，就要看人民高兴不高兴、满意不满意、答应不答应。执政党代表人民、服务人民，就要确立核心价值观，坚守在行动上。这是中共话语体系的一次重大突破，系中共最高层领导亦即政治局常委，首次论述中共的合法性

---

① 韦伯认为，广义的合法性是指由法律、道德、宗教、习俗和惯例等构成的合法秩序。[德] 马克思·韦伯：《经济与社会（上卷）》，林荣远译，商务印书馆 1997 年版，第 238 页。

② 哈贝马斯认为，对合法性的要求是以理性为基础的，仅仅是规则（它们被认为是合法的）才隶属于合法性的领域。[德] 尤尔根·哈贝马斯：《交往与社会进化》，张博树译，重庆出版社 1989 年版，第 186～187 页。

③ 《安理会决议呼吁各国构建人类命运共同体》，载于《新华每日电讯》2017 年 3 月 19 日，第 3 版。

④ 韦伯认为，任何统治都企图唤起并维持对它的"合法性"的信仰。[德] 马克思·韦伯：《经济与社会（上卷）》，林荣远译，商务印书馆 1997 年版，第 239 页。

⑤ 哈贝马斯将合法性问题的实质归结为"论证政治制度的尊严性"。[德] 尤尔根·哈贝马斯：《公共领域的机构转型》，曹卫东译，学林出版社 1999 年版，第 92 页。

问题。这诠释了中共执政党建设理论的既"一脉相承"又"与时俱进"。① 由此，狭义的合法性，是从国家治理层面，保障政权得到大多数民众的认可，并不断推进治理体系和治理能力的现代化。

综上，本报告所指的舆情治理"合法性"，是从狭义角度出发研究国家保护言论自由的理论基础和法律依据，立足社会舆情"权利束"，探求舆情治理的有效路径。即：依法应对及治理舆情，不仅是执政合法性的内在需求，也是社会秩序维护的迫切要求，还是言论自由保护的实现路径。

第四节　舆情治理法律规制的问题分析

一直以来，我国始终坚持将法制约束和自律相结合的互联网治理原则。尽管我国的互联网立法工作已在快速推进，但是当前互联网环境仍存在很多问题，如虚假信息乱象、网络侵权乱象、跟帖评论乱象、虚假低俗广告乱象、淫秽色情乱象、标题党乱象、负面新闻扎堆乱象、客户终端服务乱象、新闻信息来源乱象等"九大乱象"，这些问题虽然并不是完全都属于网络舆情治理的范畴，但网络舆论产生过程中必然涉及跟帖评论、淫秽色情信息传播等一系列问题。因此，对上述互联网传播行为的规制，就必然涉及对网络舆情治理的法律规制。在融媒体环境下，我国以政府为主体、以业务许可制为基础的自上而下的传统管理模式陷入了困境，其治理效果也逐渐暴露出该模式存在许多问题。具体而言，在融媒体环境下，我国法律在舆情治理方面存在如下问题。

一、法律衔接不够甚至交叉的问题

（一）《网络安全法》与《宪法》衔接的问题

2015 年 6 月，全国人大常委会初次审议了《中华人民共和国网络安全法（草案）》并向社会公开征求意见。草案确立了保障网络安全的基本制度框架，提出了网络空间主权的概念，规定了网络实名制、网络安全管理体制等。2016年 11 月 7 日，第十二届全国人民代表大会常务委员会第二十四次会议通过网络

---

① 赵再兴：《中共话语体系获重大突破：最高层首次明确论述"中共合法性"》，澎湃新闻，ht-tps：//m. thepaper. cn/newsDetail_forward_1373955。

安全法，中华人民共和国主席令第五十三号予以公布，自 2017 年 6 月 1 日起施行。

《网络安全法》对于网络舆情规制有一定帮助，但如何实现《网络安全法》与《宪法》之间的衔接尚存在一些问题。例如，《网络安全法》第十二条规定：国家保护公民、法人和其他组织依法使用网络的权利，促进网络接入普及，提升网络服务水平，为社会提供安全、便利的网络服务，保障网络信息依法有序自由流动。任何个人和组织使用网络应当遵守宪法法律，遵守公共秩序，尊重社会公德，不得危害网络安全，不得利用网络从事危害国家安全、荣誉和利益，煽动颠覆国家政权、推翻社会主义制度，煽动分裂国家、破坏国家统一，宣扬恐怖主义、极端主义，宣扬民族仇恨、民族歧视，传播暴力、淫秽色情信息，编造、传播虚假信息扰乱经济秩序和社会秩序，以及侵害他人名誉、隐私、知识产权和其他合法权益等活动。

该法条指出了国家要保护公民使用网络的权利，并同时指出公民禁止行使的权限。然而，纵观全文，并没有规定公民救济的法律手段与渠道。在网络表达的过程中，如果公民的言论是合法的，但如果被强制阻挠个人使用互联网的权利，这个时候公民如何寻求法律救济来实现《宪法》第三十五条所规定的言论表达权利，就是一个问题。

（二）《网络安全法》与《刑法修正案（九）》衔接的问题

关于互联网舆情，2015 年 8 月全国人大常委会第十六次会议通过的《刑法修正案（九）》，其中多条与网络舆论相关，一是针对暴力恐怖犯罪出现的新特点，增设宣扬恐怖主义、极端主义、煽动实施恐怖活动罪，利用极端主义破坏法律实施罪，非法持有宣扬恐怖主义、极端主义物品罪；二是修改或增设有关网络犯罪的规定，比如诽谤罪自诉案件中，遭受网络诽谤的受害人提供证据有困难的，法院可以要求公安机关提供协助，又比如出售、非法提供公民个人信息罪和非法获取公民个人信息罪改为侵犯公民个人信息罪，将犯罪主体从特殊主体扩大到一般主体，加重了量刑；三是增设泄漏不应公开的案件信息罪和披露、报道不应公开的案件信息罪，将司法工作人员、辩护人、诉讼代理人或者其他诉讼参与人，泄露依法不公开审理的案件中不应当公开的信息的行为，以及公开披露、报道相关案件信息的行为规定为犯罪。在网络舆情治理过程中，经常会涉及个人信息保护的问题，特别是人肉搜索迅猛发展的今天。《刑法修正案（九）》涉及的侵犯公民个人信息罪如何与《网络安全法》草案中保护公民个人信息条款保持一致存在问题，特别是网络运营商侵犯了公民的个人信息应如何定罪。所以，《网络安全法》在如何治理网络舆情的时候要考虑到与《宪法》《刑法》等法律的衔接，这点是至关重要。

（三）涉及网络舆情规制相关法律规定的交叉问题

当前互联网舆情管控法律法规的制定主体包括多个部门，彼此间缺乏交流沟通，缺乏统一的立法标准和程序，以致各部门制定出的法律法规之间存在重叠交叉，甚至相互抵触的情况，在适用相关法律法规过程中增加了互联网单位的"制度成本"，同时也容易造成各部门相互推诿责任和争揽利益。以下试举几例关于我国网络舆情规制的法律中相互交叉的内容。

1. 上位法及下位法对禁止性网络信息的规定存在交叉

关于禁止性网络信息，我国多部法律法规都规定了九类禁止传播的违法信息，通常称为"九不准"①：①反对宪法所确定的基本原则的；②危害国家安全，泄露国家秘密，颠覆国家政权，破坏国家统一的；③损害国家荣誉和利益的；④煽动民族仇恨、民族歧视，破坏民族团结的；⑤破坏国家宗教政策，宣扬邪教和封建迷信的；⑥散布谣言，扰乱社会秩序，破坏社会稳定的；⑦散布淫秽、色情、赌博、暴力、凶杀、恐怖或者教唆犯罪的；⑧侮辱或者诽谤他人，侵害他人合法权益的；⑨含有法律、行政法规禁止的其他内容的。

但全国人大常委会制定的《关于维护互联网安全的决定》已经从国家安全、社会安全和个人利益层面对禁止性网络言论的发布与传播做出具体规定，而且位阶最高，因此，如《互联网信息服务管理办法》《互联网用户账号名称管理规定》这样位阶较低的法律就不必再做出重复性的规定。下位法可以对上位法的内容做出具体规定而不是重复规定，这是下位法的重要意义。比如，下位法可以对上位法中的谣言、淫秽信息做出详细的规定，也就是，判断谣言、淫秽信息应该具备哪些基本的要素，在私密空间和公共平台传播谣言、淫秽信息有何区别？而这些问题都需要在具体的规范中予以澄清，而不是以简单的重复规定代替这些具体的问题。诚如《人民网舆情监测室报告》所说强化互联网法律规制，绝不意味着中国要回到"舆论一律"的年代，挤压互联网这个已初具规模的公共空间。要通过法律手段管控网上的不确定因素，也要考虑适度保留网络舆论的活力，尊重互联网的民意表达。因此，对禁止性网络言论的规制就凸显了在尊重网络民意表达的开放空间。

2. 移动互联网应用程序（App）和即时通信功能重合导致的立法重合

移动互联网应用程序有时也具备即时通信的功能。微信虽然是 App 应用，但

---

① 如《互联网信息服务管理办法》《互联网站从事登载新闻业务管理暂行规定》等，参见本书附件：党的十八大以来的突发事件舆情治理相关法律法规梳《互联网信息服务管理办法》《互联网新闻信息服务管理规定》。

无论是点对点的聊天、还是微信群的群体聊天，都具备了即时通信的性质。因此，在我国涉及网络舆情的立法中，把移动互联网应用程序和即时通信工具分开立法是否妥当，应当如何避免法律内容的重复是很大的问题。例如，移动互联网应用程序要履行"后台实名、前台自愿"的原则，对注册用户进行真实身份信息认证、建立健全用户信息安全保护机制、建立健全信息内容审核管理机制等义务的规定，也适用于即时通讯工具。立法内容的简单重复，暴露了相关管理部门制定法律的随意性。魏则西事件暴露了我国搜索引擎领域竞价广告排名的问题，之后国家相关管理部门在短暂时间内制定了《互联网信息搜索服务管理规定》，①而没有考虑新技术的更新迭代和功能重合，这必然导致立法上的过度重合，从而最终浪费的是立法资源与成本。

新互联网时代更加验证了法学家拉里·唐斯在《颠覆定律》中提出的关于数字生活的两大定律：摩尔定律（技术带来的信息传播更快捷、更小巧）和梅特卡夫定律（网络呈现的传播价值是网络用户数量的平方），也即，用户以最小的信息成本获取最大的信息价值。在两大定律驱动下，原有的法律制度遭到两大定律的颠覆，需要重构新制度。但通过上述分析，适应新技术时代的法律制定一定要考虑到技术功能和传播价值，以避免因技术问题导致的立法重复。

二、对网络舆情规制立法空白点存疑

（一）朋友圈谣言转发如何定性

我国在涉及网络舆情法律规制的时候，采用行政手段管理，或者通过司法解释等方式纳入已有的法律体系之中。比如，2013 年公布的《最高人民法院、最高人民检察院关于办理利用信息网络实施诽谤等刑事案件适用法律若干问题的解释》，其中就包含了转发 500 次即可判刑的规定。显然，立法者希望互联网舆论环境保持良好的初衷是好的，但是标准制定仍然有些生硬。随着新的网络技术产品的出现，转发并不限于以往的形式，例如微信上，虽然朋友圈信息有些因为处于私人社交圈无法转发，但是一些谣言信息的影响还是会传播开来，虽然借助腾讯的举报平台可以阻断谣言传播，但是朋友圈的阅读或是转发的数量不能和以往的转发方式的数量控制相比较。对于朋友圈的谣言传播，如何定性转发 500 次的问题，显然，依据上述司法解释很难操作。

① 《互联网广告管理暂行办法》也因此在很短的时间内出台。

（二） 程序法上如何事先预防虚假信息和淫秽信息

互联网上的信息鱼龙混杂、泥沙俱下，博人眼球的虚假信息、片面信息充斥屏幕，淫秽色情信息无孔不入、防不胜防，一旦这些虚假信息和淫秽色情信息传播开来，将对国家、社会和个人造成损害。如果从我国现有的法律法规中寻求依据可以发现，治理网络舆情多数靠事后救济机制。因此，网络舆情的法律治理无法消除一些信息所造成的负面影响。由于技术的原因，面对每时每刻海量的信息诞生，网站服务提供者无法逐条进行核验，也只能采用事后检查或者接到权利人或相关部门举报投诉后进行处理。值得思考的是，如何运用程序法的手段事先防止虚假信息和淫秽色情信息的传播，而不是靠删帖等手段亡羊补牢。这在我国涉及网络舆论法律治理的条款中不易找到相关的规定。

（三） 网络传播中隐私信息如何界定与保护

随着互联网的发展，人们在生活中越来越习惯使用各种社交软件发出自己的观点，而网络舆情发生的过程和使用的工具容易造成隐私的泄漏，侵害人们的隐私权。在已有的传统法律中，我国宪法、民法通则、未成年人保护法以及三大诉讼法、《刑法修正案（九）》《消费者权益保护法》等法律都有直接或间接关于个人隐私保护的规定，全国人大常委会也出台了《关于维护互联网安全的决定》及《关于加强网络信息保护的决定》等一系列相关规定。其他相关规定如国务院出台的《电信条例》以及工信部2013年出台的《电信和互联网用户个人信息保护规定》和《信息安全技术公共及商用服务信息系统个人信息保护指南》。如2009年10月的"艾滋女事件"，经警方调查，认定"艾滋女开博曝光279名性接触者"的博客并非闫某亲手所写，而是"幕后黑手"、其前男友杨勇猛蓄意诽谤之作。2010年4月9日，河北容城县人民法院对利用互联网等侮辱、诽谤他人的被告人杨勇猛判处有期徒刑3年。[①] 在这起事件中，当事人的隐私以及其他人的电话号码等隐私被曝光，引发了舆论广泛的关注。虽然被告人受到了法律的惩罚，但案件中涉及的当事人的隐私泄露，在法院的判决中并没有体现，法院是以诽谤罪判决被告人有罪，而不是以侵犯个人隐私权为由判决被告有罪。此案的判决凸显了我国所有的涉及网络舆情传播中个人隐私信息的法律规制的条款很难具有现实操作性这一问题。在传统媒介环境中，隐私权是以公开/秘密二元划分作为制定法律依据的，而互联网条件下尤其是新互联网条件下，这种二元划分已经不

[①] 朱峰：《"艾滋女事件"炮制人，一审获刑3年》，载于《新华每日电讯》2010年4月11日，第2版。

符合互联网的传播特点，个人信息是否能全部归为隐私权范畴本身就是问题。

（四）网络舆情传播中网络服务商的间接责任如何清晰划定

近年来热炒的艳照事件中，原本传播这些图片就有触犯刑法之嫌，如果是当事人自我炒作，属于触犯传播淫秽物品罪；如果不是当事人自我炒作，那么最初的散布与传播者不但触犯了传播淫秽物品罪，还构成了刑事上的侮辱罪和民事侵权行为。直接传播者如果通过技术能够确定，尚可定罪处罚，而处于传播链中的间接传播者如何判断其行为是否违反法律则比较困难。间接传播往往并非"以营利为目的"而是持放任的态度，不存在犯罪目的。① 但很多时候经由更多的间接传播者传播后，事件的影响力和传播范围得到了成倍地增加。间接传播取证难度大，即使证据被认定了，对行为的违反程度裁量又十分困难，而且往往间接参与者人数众多且分布广泛，执法力度无法跟上。以造成极大舆论反弹的"快播案"为例，从被查扣的十余台快播服务器中，警方发现了数万个淫秽视频文件。2016年1月7日，北京市海淀区法院开庭审理快播涉嫌传播淫秽物品牟利一案，辩方4名被告人坚称"快播公司只拥有硬件服务器，不具有上传、搜索、发布视频的功能，不具有传播属性"，表示"技术无罪"，否认有罪。法院以传播淫秽物品牟利罪判处快播科技有限公司罚金1 000万元，判处快播CEO王欣在内的4名主管三年到三年零六个月不等的有期徒刑。法院认为，本案不适用"技术中立"的责任豁免，恶意使用技术危害社会或他人的行为，应受法律制裁。多数评论支持该判决，认为"技术中立"原则并非互联网藏污纳垢的"挡箭牌"。②

新互联网时代，网络服务商在信息传播中，很多不是直接传播内容，而是在帮助侵权者实施侵权行为。网络服务商的间接侵权责任，可以在《民法通则》《侵权责任法》找到法律依据，但这些法律依据都是原则性的、粗略的，不具有具体的现实操作性，"快播案"就暴露出了这方面的问题，网络服务商在传播淫秽物品的时候，究竟该如何认定网络服务商的侵权责任，这方面还有待于细化。版权法中的法律规定，把网络服务商具体划分为网络接入服务商、信息存储服务商、信息搜索服务商等，依次规定这些服务商的侵权责任和免责构成要件。互联网特殊应用协议和加密技术应用越来越普遍，进行相应立法的紧迫性也越来越强。在互联网服务商层面，重点是以法律形式确定其承担的责任，建立避风港制度。《电信条例》和《互联网信息服务管理办法》规定服务商对有害信息发现、

---

① 卢建斌：《网络传播淫秽物品犯罪研究》，厦门大学硕士学位论文，2009年。
② 吴学安：《"技术中立"原则并非网络藏污纳垢的"挡箭牌"》，载于《民主与法制时报》2016年9月20日第2版。

停止传输的责任较为笼统，应当区分互联网络服务、接入服务、信息服务，以及信息服务中心传播主体、方式和服务商在传播中所起的不同作用，确定其不同的法律责任。[①] 这是我国的《刑法》和《民法》立法等要借鉴的。

三、"多头管理"引致的法律授权不清晰

（一）多元主体带来的"多头管理"

针对互联网舆情治理的法律法规，法律位阶最高也是最重要的当属全国人大常委会制定的《关于维护互联网安全的决定》《关于加强网络信息保护的决定》。

除此以外，还有最高人民法院出台的《最高人民法院关于审理涉及计算机网络域名民事纠纷案件适用法律若干问题的解释》；最高人民法院、最高人民检察院联合发布的《关于办理利用互联网、移动通讯终端、声讯台制作、复制、出版、贩卖、传播淫秽电子信息刑事案件具体应用法律若干问题的解释》；国务院新闻办公室、信息产业部制定的《互联网新闻信息服务管理规定》；信息产业部制定的《互联网电子公告服务管理规定》《关于进一步做好互联网信息服务电子公告服务审批管理工作的通知》《关于计算机信息网络国际联网业务实行经营许可证制度有关问题的通知》《电子认证服务管理办法》；国务院制定的《互联网信息服务管理办法》《信息网络传播权保护条例》；公安部制定的《计算机信息网络国际联网安全保护管理办法》。上述这些法规中也有很多涉及网络舆情的法律规制。

以上列举了部分比较常见的法律法规、部门规章，可以看出我国的有关互联网的立法主体很多，全国人大及其常委会到最高人民法院、最高人民检察院，国务院、各部委，都有权力可以制定法律、行政法规或者部门规章。

在我国法律、行政法规、部门规章和规范性文件当中，由于缺乏协调统一的机制，而相关的国家机关在制定或者发布这些法规的时候，没有考虑上位法的利益，时常会出现上位法规定的权利被下位法剥夺的情况，而相同效力等级的规范之间存在明显的不协调。立法主体多的原因是拥有立法权的机构众多。由于国务院各部委的部门规章的规定更为具体可操作，所以在部门体制驱动之下，多数部门就事论事，各自根据职权范围确定立法方向与重点，出现互联网法调整对象越来越细的碎片化倾向，特别规则多，普遍规则少。学者周汉华曾说，在网络空间部门管辖权限尚不明确的情况下，少数部门还会试图快速跑马圈地，以规则全面

---

① 钟忠：《中国互联网治理问题研究》，金城出版社 2010 年版，第 47 页。

覆盖的方式，扩大管辖范围，扩充部门权力边界①。多元的立法主体造成了目前与互联网舆情治理相关的高阶层法律少，而规章制度众多，众多规章制度之间又有重叠之处，这些广义的法律造成了执法和用法上的困难。多元主体对网络舆情治理带来的必然后果就是"多头管理"。

（二）法律授权不清，归责体系不明

上文指出了我国对互联网舆情治理的"多头管理"状况，实际取得的效果就是"每个部门都想管，但总是难以管好"。"难以管好"的部分原因在于，法律授权管理部门的权限不清晰，哪些部门管哪些事，哪些违法行为应由哪些部门管，一些重要的涉及互联网舆情管理的法律并没有做出清晰明确的规定，下面以《关于维护互联网安全的决定》为例具体分析这方面的问题。

《关于维护互联网安全的决定》第二条、第三条和第四条是立法的主要内容，而这也是对危及国家安全、社会稳定、市场经济秩序和社会管理秩序，个人的人身、财产安全的网络舆论规制的具体规定，但具体究竟是由哪个部门来管理相关的涉及网络舆情违法言论，是由司法机关、行政机关、还是由党的纪律检查机关来处理，《关于维护互联网安全的决定》并没有做出清楚的授权性规定。

以微信朋友圈谣言治理的相关法律规制为例，微信朋友圈是谣言滋生的温床，微信中的谣言传播呈现量大面广的特点，已成为一种严重的社会公害②，对其谣言的法律治理是新互联网时代我国法律遇到的新课题。原有涉及互联网谣言治理的法律法规要么还存在一些空白点，要么法律授权不清晰、规则体系不明确。涉及朋友圈谣言治理的具体法律条文包括：

《即时通信工具公众信息服务发展管理暂行规定》第五条：即时通信工具服务提供者应当落实安全管理责任，建立健全各项制度，及时处理公众举报的违法和不良信息。该规定是对微信公众号等即时通信工具的管制，但朋友圈谣言很多起源于微信公众号，而该规定对谣言的治理几乎为零。

《互联网用户账号名称管理规定》第四条：互联网信息服务提供者对互联网用户提交的账号名称、头像和简介等注册信息进行审核，对含有违法和不良信息的，不予注册；第六条：任何机构或个人注册和使用的互联网用户账号名称，不得有下列情形：散布谣言，扰乱社会秩序，破坏社会稳定。

《移动互联网应用程序信息服务管理规定》第六条：移动互联网应用程序提

---

① 万静：《互联网法律碎片化严重多以规章形式出现》，载于《法制日报》2015 年 7 月 23 日，第 6 版。

② 孙江平、韩立强：《微信公众号：做好谣言"粉碎机"》，载于《中国新闻出版广电报》2015 年 7 月 14 日，第 7 版。

供者和互联网应用商店服务提供者不得利用移动互联网应用程序从事危害国家安全、扰乱社会秩序、侵犯他人合法权益等法律法规禁止的活动，不得利用移动互联网应用程序制作、复制、发布、传播法律法规禁止的信息内容。以上直接涉及朋友圈谣言治理的规范性文件，所存在的共同问题包括：

（1）朋友圈谣言的传播归责主体不清晰，传播谣言的责任主体是移动互联网应用程序（微信 App）、注册账号的用户（微信用户）还是即时通信工具（微信具备腾讯 QQ 类似的功能），有待于立法者明确区分。因为上述三部规范性文件明确提及散布谣言的只有《互联网用户账号名称管理规定》，而其他两部并没有提及对散布谣言的法律规制。恰恰相反，对散布谣言进行追责的时候，有时候可能就需要追究移动互联网应用程序的间接责任，平台毕竟为互联网用户提供了散布谣言的便利，有时用户为了追求转发数、点赞数，故意转发谣言的，作为平台的应用程序应该在后台有所发现，如果后台不及时删除相关谣言信息，那么移动互联网应用程序就要承担帮助传谣的责任。

（2）朋友圈兼具私密性和公共性，私密性体现在注册用户必须实名进入才能在朋友圈发言、转发、点赞。具备即时通信性质的微信群也是一样，几十上百人的微信群，相对于微博的广场式发言，具有一定的社群性质，具有一定的边界。不入群的人是不会看到群成员的发言信息的。但朋友圈又具有公共性，只要是朋友关系的，就可以看到朋友的动态和发言。这种朋友与朋友之间的连接，可能把所有陌生人都连接为"朋友"。在互联网时代来临之前，人与人之间通过朋友的关系就可以连接，但那时因为缺少像朋友圈这样的公共平台，所以人与人之间的这种奇妙的连接关系，在前互联网时代不被多少人重视。在移动互联网时代，由于人们脱离了对 PC 端的完全依赖，人与人之间的这种连接关系愈加强烈。所以，朋友圈又完全兼具公共平台性质。

上述直接涉及朋友圈谣言治理的规范性文件，并没有考虑到朋友圈兼具私密和公共的性质。对于私密的言论，法律要考虑到予以更多的保护，对于公共的言论，法律就要根据言论所导致的后果，做出细致的、可操作性的规范。如果缺乏明确性的授权性规范，那在面对此类问题时，司法就具有很大的操作空间，司法的结果也会受到更多的评判。例如成都女子小陈从原单位辞职后，在自己微信朋友圈列举前任公司"七宗罪"，被公司告上法庭。成都金牛区法院判决认为，小陈的行为因影响面较大，情节较为严重，存在对该公司的名誉侵权，依法判定其登报道歉，为公司消除影响。[1] 该案判决后来受到一些舆论质疑，其中最重要的

---

① 《辞职女子朋友圈列举公司"七宗罪" 被判登报道歉》，华西都市报网，http://news.huaxi100.com/index.php? a = show&c = index&catid = 264&id = 801418&m = content。

一点就是朋友圈到底是私人空间还是公共平台，法律并没有明确地划界与授权性规定。

四、涉及网络舆情规制的法律冲突

互联网立法碎片化，不仅违反技术中立的基本立法原则，使规则缺乏必要的弹性，随信息网络技术与业务形态的快速更新而迅速过时，还会导致规则之间的相互冲突或者缺漏，最终导致规则的盲目膨胀与缺乏可执行性。

在新互联网时代，对于网络舆情治理的法律规定冲突表现在上位法和下位法的冲突、同一位阶法律之间的冲突。冲突的部分也可以理解为衔接不够。前面已经谈到了新旧法律之间的衔接问题，说明了新旧法律对网络舆情治理存在着冲突，以下再通过举例讨论同一位阶法之间、上位法与下位法的冲突。

（一）同一位阶的法律冲突

同一位阶的《关于加强网络信息保护的决定》和《关于维护互联网安全的决定》的冲突。《关于加强网络信息保护的决定》所有的法条规定都是针对互联网上个人信息的保护，而不注重和其他权利主体的协调。而《关于维护互联网安全的决定》里提及商誉权的保护，但如何保护个人信息是一个问题。之所以会产生冲突，是因为同一位阶之间只考虑到整部法律的立法目标，而不考虑实现法律目标关联到的其他法律主体，对网络舆情法律规制涉及多个法律主体，造成了两部法律之间的"撞车"就是必然的了。前文已述，在朋友圈列举"七宗罪"来痛陈前东家的陈某被法院判决诽谤了前东家。就信息的传播而言，涉及多个法律主体。陈某在朋友圈发言，因为朋友圈兼具私密和公共属性，按道理说，陈某的朋友圈信息也应该受到法律的保护，其属于宪法第三十五条范畴内的合法言论。对于前东家，企业的声誉对于企业的生存当然重要，如果陈某的言论过于刻薄，可能就涉及对企业商誉的损毁。还有一个法律主体，互联网服务提供者，在陈某案中就是微信平台，平台要不要承担责任，这又是一个问题。而在该案的法院司法判决中并未提及。

（二）上位法与下位法的冲突

上位法的《宪法》与下位法的《关于办理利用信息网络实施诽谤等刑事案件适用法律若干问题的解释》之间的冲突。《关于办理利用信息网络实施诽谤等刑事案件适用法律若干问题的解释》对网络诽谤做出了比较周全的规定，也注意

248

和《刑法》的衔接，但是《解释》如何和《宪法》第三十五条和第四十一条对言论自由的保护协调起来，是一个问题。互联网带给社会生活的最大潜能在于，拓宽了普通公众的表达渠道。特别是在融媒体环境下，人们可以随时随地获取想要的信息，随时随地可以就相关的新闻议题表达自己的观点与看法。由于现有的法律不完善，互联网强化了公众表达权，公众就可能利用互联网赋予的表达权侵犯国家利益、社会利益及他人利益，他人的名誉权保护就是他人利益的体现。如何消解公众表达权保护与名誉权保护之间的冲突，是网络诽谤立法最重要的议题。按照政治学者基恩对媒体政治功能的评价："媒体的目标应该是对公民中的多数赋权"。[①] 公民表达权不能说是超越公民名誉权，至少应该把两种权利置于保护的平等地位。但《解释》中两处"兜底条款"的存在，大大弱化了公民表达权的保护。为了实现两种权利平等保护的愿景，建议可将把《解释》中两处出现的"兜底条款"删除。在删除"兜底条款"的基础上，细化列举具体的立法方式。对于其他没有列举的情形，可以留给法院通过司法解释的方式明确条款的含义。

为了解决法律之间的冲突，对网络舆情规制的相关立法的协调方式，我国逐步借鉴了新加坡的经验，成立了中共中央网络安全和信息化领导小组办公室。因为该管理互联网的最高机构刚成立，还没有在互联网立法领域进行整合。随着该机构调的整和逐步完善，可以解决关于网络舆情治理方面的法律冲突。

新加坡在解决互联网立法上的做法值得借鉴。早在 1996 年，新加坡就颁布了《广播法》和《互联网操作规则》。《广播法》规定了互联网管理的主体范围和分类许可制度，《互联网操作规则》则明确规定了互联网服务提供者和内容提供商应承担自审内容或配合政府要求的责任。新加坡政府也将《国内安全法》《煽动法》《维护宗教融合法》等传统法律，与《广播法》和《互联网操作规则》等互联网法规有机结合起来，打击危害国家和社会安全的行为。除立法之外，在新加坡的互联网发展与管理中，政府一直处于主导地位。2000 年，新加坡就成立了跨部门的全国通信安全委员会，作为一个负责制定信息行业（IT）安全政策的国家平台，在国家层面制定战略方向，这个委员会涉及通讯及新闻部、国防部、内政部，以及通讯及新闻部下属的法定机构资讯通信发展管理局（资信局）。与资信局主要承担国家信息化发展和网络安全总蓝图的规划协调配合，媒体发展管理局则承担着新加坡互联网管理的工作。

---

① ［英］迈克·费恩塔克：《规制中的公共利益》，戴昕译，中国人民大学出版社 2014 年版，第121 页。

五、法律位阶低导致司法可操作性差

现有互联网舆情管控法律体系由散见于《宪法》《刑法》等普通法内的相关管控法律法规条文和《计算机信息系统安全保护条例》等互联网专门管控法律法规组成。其涵盖了政治、经济、生活、文化等各个领域，涉及法律、行政法规、部门规章和规范性文件，以及司法解释等多个层面。相比之下，现行的有关互联网的法律法规则表现出明显的部门立法特征。

（一）对网络舆情规制的法律位阶低

从发达国家的经验看，互联网出现以后，普遍采用自治机制优先、一般法律保障、特别法律补充的梯度划分原则。[①] 以一般法律作为网络空间的主要行为规范表明：第一，发达国家的传统法律具有较强的适应性和可执行性，能够有效地解决网络空间的各种新问题，并进而有效地实现新旧体制之间的平稳过渡。第二，根据法治原则，一般法律规则更能体现法的普遍性、平等性、稳定性、可预期性，更多体现市场主体自由意志，较之特别立法更有利于保护市场主体的权利，防止执法部门谋取私利。因此，以一般法律作为网络空间的主要行为规范，客观上有利于促进创新，减少法律的不确定性，降低守法成本。

当前有关网络安全管理的法律法规在立法力度和权威性上不足，主要是以国家部委和地方政府为制定主体，多停留在"规定""暂行规定""管理办法""管理条例"等相应的行政规章层面，而全国人大、国务院层面上的立法只有2000年《全国人大常委会关于维护互联网安全的决定》。我国网络安全立法相当薄弱，有关网络舆情管理的立法更少。从严格意义上说，我国还没有出台有关网络舆论管理的专门法律。只有在遇到新的问题时，通过司法解释等方式来补充立法上的不足。

毋庸讳言，网络舆情规制涉及各个部门，而使各部门自己拟定法律法规，导致我国互联网立法之间的不一致现象比较普遍，存在较大的不确定性。并且有时因为没有认识到互联网的特殊情况，照搬现实社会的传统法拟制法律，对互联网发展产生了不利影响。对于那些跨部门或者不在传统法律部门覆盖范围内的新问题，存在大量的立法真空，或者简单将传统法律规则延伸到网络空间，建立在传统法律部门划分基础上的立法体制在网络环境下面临各种不适应。尤其是信息化部门与立法部门的相互隔离，导致缺乏互联网立法整体规划与顶层设计，重要的

---

① 周汉华：《论互联网法》，载于《中国法学》2015年第3期。

互联网立法项目难以纳入立法者视野。[1] 正因为缺乏位阶高的能够统规各个部门的互联网法规，其结果就是制定的法律内容粗犷，缺乏可行的、具体的操作标准，有时不得不采取人治的办法来对待网络舆论的规制。

（二）法律位阶低导致的可操作性差：以"两高解释"为例

我们认为，可操作性差、执法效果差主要原因是法律制定本身跟不上新互联网技术的发展，很多处于模糊地带，法院在司法过程中，操作空间较大，主观性较强。我们以《最高人民法院、最高人民检察院关于办理利用信息网络实施诽谤等刑事案件适用法律若干问题的解释》（以下简称《解释》）为例，探讨该《解释》在司法当中可能遇到的问题。

1. 如何理解互联网中的"捏造事实诽谤他人"

《解释》第一条对"捏造事实诽谤他人"在网络空间中的情形进行了详解。在网络空间中认定为"捏造事实诽谤他人"的情形包括两种：（一）捏造损害他人名誉的事实，在信息网络上散布，或者组织、指使人员在信息网络上散布的；（二）将信息网络上涉及他人的原始信息内容篡改为损害他人名誉的事实，在信息网络上散布，或者组织、指使人员在信息网络上散布的。这两种网络诽谤情形包含了两层含义：一是只捏造事实，不在网络上散布的，不能被认定为通过网络诽谤他人，必须是既捏造，又要散布传播的，两种行为同时具备才能被认定为捏造事实诽谤他人，不能从字面意思上来理解，捏造事实了就可以认定为诽谤；二是捏造事实的具体行为如何认定。如果是无中生有的虚构事实，那应该被认定为捏造事实。如果是在真实信息的基础上添油加醋，所糅合的事实部分真实部分虚假，这是否要认定为捏造事实。第二种捏造事实的情形就回答了这个问题。"篡改"一词值得玩味。笔者理解的"篡改"，指的是原有的真实信息，通过加工改造，变成了总体上是虚构的信息。这种情形虽然有真实信息做铺垫，但也被认定为捏造事实。

《解释》在上述两种"捏造事实诽谤他人"认定情形的基础上，又追加了一款：明知是捏造的损害他人名誉的事实，在信息网络上散布，情节恶劣的，以"捏造事实诽谤他人"论。这一款并非是从捏造事实这一行为出发的，而是只要具有在网络上散布捏造事实的主观故意，并且造成的侵权后果情节恶劣，就可以被认定为"捏造事实诽谤他人"。这一款推翻了刑法认定诽谤的"捏造" + "散布"的复数行为说的通例，而采用单一行为说。也就是，只需要行为人散布他人捏造的事实，只要是主观故意，而且情节恶劣，就可以被认定为捏造事实诽谤他

---

[1] 周汉华：《论互联网法》，载于《中国法学》2015 年第 3 期。

人,而不要求一定是行为人自己捏造事实。换言之,依照此条款的意思,应该将"捏造事实诽谤他人"解释为"利用捏造的事实诽谤他人"。① 因此,《解释》的第一款以"复数行为说"来解释"捏造事实诽谤他人",《解释》的第二款以"单一行为说"来解释"捏造事实诽谤他人"。

2. 如何理解网络诽谤中的"情节严重"

"情节严重"在刑法第二百四十六条具有关键性的地位,它构成了民事诽谤和刑事诽谤的分水岭。网络诽谤中何为"情节严重",《解释》第二条规定了四种情节严重的情形:(一)同一诽谤信息实际被点击、浏览次数达到 5 000 次以上,或者被转发次数达到 500 次以上的;(二)造成被害人或者其近亲属精神失常、自残、自杀等严重后果的;(三)二年内曾因诽谤受过行政处罚,又诽谤他人的;(四)其他情节严重的情形。这一条款受争议的是第一种情形和第四种情形。

对于第一种情形,学术界存在着两种学理解释。第一种学理解释是质疑该条款具有"客观归罪"或"他人助罪"之嫌疑。该条款因其不周密的设计,也会导致一个人是否构成犯罪或是否符合"诽谤罪"的标准并不完全由犯罪人自己的行为来决定,而是夹杂进其他人的行为推动(如"点击"或"转发"等),甚至最终构成与否要看他们实际点击或转发的次数。尤其应当引起注意的是,假如有一个人想治罪于最初发布网络信息行为人的话,只要"恶意"拼命点击或转发就可以了。这是否有"客观归罪"或"他人助罪"之嫌?因此,《解释》所导致的司法操作上的漏洞不仅不符合刑法基本原理,甚至易被别有用心的他人所利用,从而引发出新的社会矛盾。②

第二种学理解释是认为该条款"不当缩小处罚范围"。行为人在网络上散布捏造的事实诽谤他人,即使事实上只有少数人点击、浏览或者转发诽谤内容,但客观上则是多数人随时可能点击、浏览、转发诽谤内容,因此被害人的名誉总是面临被毁损的危险。例如,"艾滋女事件"中,闫某被其前男友杨勇猛诽谤为"卖淫女",由于该诽谤信息不断被点击和转发,导致闫某名誉权严重受侵害。在闫某母亲孙某看来,她认为这个事件把闫某后半生都给毁掉了。③ 有时候即使行为人删除了相关信息,但诽谤信息仍然可能继续传播。所以,网络诽谤的特点,决定了其本身就是应当处罚的情节严重的行为。《解释》并没有扩大诽谤罪的处罚范围,相反,明显缩小了诽谤罪的处罚范围。在此意义上说,《解释》关于情节严重的解释缺陷,不是客观归罪与扩大处罚范围,也不是所谓"他人助罪",

---

① 张明楷:《网络诽谤的争议问题探究》,载于《中国法学》2015 年第 3 期。
② 李晓明:《诽谤行为是否构罪不应由他人的行为来决定》,载于《政法论坛》2014 年第 1 期。
③ 高铭暄、张海梅:《网络诽谤构成诽谤罪之要件——兼评"两高"关于利用信息网络诽谤的解释》,载于《国家检察官学院学报》2015 年第 4 期。

而是不当缩小了网络诽谤的处罚范围。① 笔者认为，无论是第一种学理解释还是第二种学理解释，都有一定的道理。但都忽略的是，以点击、浏览和转发次数来衡量情节严重总有点欠妥。如果行为人点击、浏览次数在 4 999 次，转发次数在 499 次就不是情节严重的情形了吗？实际上，有些诽谤情形并不需要以次数来衡量情节是否严重，捏造的事实公开上网，就可能会对他人造成严重的诽谤。例如，B 女为了报复 A 女，每当发现 A 女与其男友甲在一起时，就上前对甲说 "A 女是卖淫女，患有艾滋病"（共 3 ~ 5 次），每次对甲发表这种诽谤言论时，周围的人都可能听到。恐怕没有人会否认 B 女的诽谤行为属于情节严重。既然如此，当行为人在网络上发布了毁损名誉的事实后，即使只有 3 ~ 5 人点击、浏览，但其他人随后也可能点击、浏览该信息时，这也应当判定诽谤行为情节严重。② 所以，以点击、浏览或转发的次数来机械地衡量情节是否严重，不仅可能会助长他人有意点击、浏览和转发，带来 "他人助罪" 之嫌，也使有些该处罚的诽谤行为，因为法条机械地数量规定，使法官难以让其得到应有惩罚。更重要的是，这种机械性的规定，违背刑法的基本原则（罪责自负、主客观相统一等）和 "构罪原理"（主客观相一致等）。③ 以点击、浏览或转发的次数来衡量情节严重，需要考虑的是累计点击、浏览达到 5 000 次，转发达到 500 次，是不是就达到了情节严重。《解释》的第四条回应了这个问题。但是该条款在设定累计计数的前提时，没有规定得很清楚。"一年内多次实施利用信息网络诽谤他人行为未经处理"，"他人" 指的是不同的人，还是同一个人？虽然我国法律条文中没有承认公众人物，但公众人物和普通人物的区别对于诽谤的构成要件是具有一定影响的。"未经处理" 是否指的是未经删除，是指一年内所有诽谤信息的未经处理，还是部分诽谤信息的未经处理。前提条件必须要是明晰的、可操作的，否则累积计数的规定就失去了法律效力。

第四种情形的 "兜底条款"，可以解决上述第一种情形带来的弊端，让一些点击、浏览或转发的次数，虽然没有达到既定的次数要求，但也能够被纳入情节严重的情形当中，有利于法官对此类案件的司法裁判。但也会存在本该民事诽谤的情形，而由于该 "兜底条款"，从而可能被判为刑事诽谤。所以，"兜底条款"有可能把网络空间的刑事诽谤扩大化。学者们真正应该警惕的是 "兜底条款"，而不是第一种情形的机械性规定。

3. 如何理解 "严重危害社会秩序和国家利益"

"严重危害社会秩序和国家利益" 是区别诽谤罪是公诉还是自诉的重要标准。

---

①② 张明楷：《网络诽谤的争议问题探究》，载于《中国法学》2015 年第 3 期。

③ 李晓明：《刑法："虚拟世界" 与 "现实社会" 的博弈与抉择——从两高 "网络诽谤" 司法解释说开去》，载于《法律科学（西北政法大学学报）》2015 年第 2 期。

何为严重危害社会秩序和国家利益？《解释》采用了列举主义的规定方法，列举了七种情形：（一）引发群体性事件的；（二）引发公共秩序混乱的；（三）引发民族、宗教冲突的；（四）诽谤多人，造成恶劣社会影响的；（五）损害国家形象，严重危害国家利益的；（六）造成恶劣国际影响的；（七）其他严重危害社会秩序和国家利益的情形。被列为公诉情形的诽谤罪，一定是触及国家利益和社会利益。但诽谤罪的对象是自然人，国家机关不可能是诽谤罪的对象。所以，就会出现一个问题，诽谤的对象是自然人。按理说，诽语只会触及自然人的利益，比如造成了自然人的精神创伤，不会涉及社会利益和国家利益。引起这种矛盾的根本原因在于，人们经常把"严重危害社会秩序和国家利益"误认为是诽谤罪的构成要件。正如刑法学家高铭暄所说："严重危害社会秩序和国家利益"是对诽谤罪提起公诉的标准，而非诽谤罪的构成要件。[①] 在网络诽谤案中，地方政府也有时犯此种错误，把危害社会秩序和国家利益作为诽谤罪的构成要件来处理，导致了错案发生。如"河南灵宝王帅案"，就是一起典型的把诽谤罪的公诉标准误以为是诽谤罪的构成要件的错案，损害了当地政府的形象。[②]

公诉标准采用列举主义，有利于检察机关司法操作。七种情形中前六种说的都很明晰。第七种情形是"兜底条款"，这一条款反而增加了检察机关的操作难度，模糊了自诉和公诉的标准。在许多国家都把诽谤罪列为自诉案件的趋势下，这一"兜底条款"要么废除，要么就继续采用列举主义的规范方法，把所有能列举的都列举出来，这样就不会有"兜底条款"的存在，从而明晰了自诉与公诉的严格界限。另外，在司法实践中，极易把诽谤罪公诉的标准和诽谤罪的客体要件相混淆。诽谤罪的对象是自然人，自然人可能是国家机关公务人员，这也会造成一个误解，只要诽谤对象是国家机关公务人员的，就是严重危害社会秩序和国家利益的行为。在美国沙利文案件中，对公务人员的诽谤要从严处理，要求公务人员承担举证责任，要拿出证据证明针对自己的诽谤存在实际恶意。我国的法律虽然没有针对公务人员诽谤的严格要求，但绝不能把对公务人员的诽谤，误以为是危害社会秩序和国家利益的行为。

治理网络舆情，很大一部分是对网络舆论诽谤的治理。据 2016 年 8 月 4 日北京市第三中级人民法院召开的"新媒体环境下审理名誉权纠纷案件情况"新闻通报会上透露，据统计，2013 年 8 月至 2016 年 6 月，该院共审结名誉权纠纷案件 116 件，全部为二审案件，其中通过网络侵害名誉权的案件 70 件，约占案件

---

① 高铭暄、张海梅：《网络诽谤构成诽谤罪之要件——兼评"两高"关于利用信息网络诽谤的解释》，载于《国家检察官学院学报》2015 年第 4 期。
② 《"河南灵宝王帅案"价值多少？》，载于《学习月刊》2009 年第 11 期。

总量的 60.34%。[①] 我们在研究中发现，如果涉及民事关系网络舆论诽谤的，一般都可以借用司法手段来解决当事人的冲突，但如果是涉及掌握公权力的当事人，网络诽谤的司法规制就带来了难度。通过司法手段解决涉及公权力的网络诽谤，关键在于针对新互联网时代的技术，细化网络诽谤的相关条款，使之操作性更强，这样在执法上才能起到更好的法律效果。

第五节　完善舆情治理法律规制的路径

一、树立新互联网思维

自 1994 年中国接入互联网，在 30 多年的时间中，互联网技术逐渐从稚嫩走向成熟，从 Web1.0（1994～1999 年）迈向 Web2.0 转型的时期（2000～2007 年），再到进入 Web2.0 时期（2008 年至今）。[②] 互联网传播的特点随着技术的演进、人们的参与度由浅入深发生了重大变化，互联网治理也迎来更大的困难。出现这种困难是多方面因素综合作用的结果，首先，技术自然是十分重要的因素，随着更多的人们参与到网络信息传播的过程中，自媒体不断冲击着传统信息提供者的主导地位；其次是观念的滞后。为此，在制度构建、形式创新之外，还需要革新观念，树立"新互联网思维"以及不断与时俱进的"批判反思性思维"。

（一）加强"普网"安全教育工作

互联网起步于 1994 年，与 80 后、90 后同步成长，但处于法律与政策制定阶层的国家管理人员多为 60 年代及以前出生的，部分存在固守落后的治理思维、依赖其他领域的治理思路与经验管理互联网活动等问题，这在一定程度上是由于管理者互联网知识匮乏导致。因此要加强互联网知识的普及教育工作，尤其要加强对党政干部的互联网思维培养。相对于普通人群，党政干部具有公权力，能够对互联网管理施加影响。通过定期举办培训班、讲座的形式，为党政干部"充

---

① 李丹、刘晓蕾：《三中院通报新媒体环境下名誉权纠纷案件审理情况》，北京法院网，https://bjgy.chinacourt.gov.cn/article/detail/2016/08/id/2050926.shtml。

② 周俊、毛湛文、任惟：《筑坝与通渠：中国互联网管理二十年（1994 - 2013）》，载于《互联网传播》2014 年第 5 期。

电",养成谨慎、宽容对待互联网创新发展的思维,形成批判性反思的态度,促进互联网的发展。

(二) 推动网络治理理念转变

当前一些部门的网络治理思维仍然沿袭传统治理思维,不能适应互联网治理工作的实践。必须推动"治理者"转变互联网的治理思维,真正做到"该管的管,不该管的不管。"推动"治理者"的网络治理理念转变,推动网络治理工作的科学化、规范化发展,是推动舆情治理法律规制建设的必由之路。

(三) 培育互联网法治观念

转变互联网思维不能沦为话语宣示。培育互联网法治观念需要付诸实践,在依法治国的背景下,更需要培育融合法治思维的互联网治理理念。法治意味着规则治理。依照约瑟夫·拉兹的观点,法治仅是法律的诸多品质之一,法治只有在发挥其功能的基础上才能实现其效用。① 法治并不是要致力于每一次纠纷的处理,它提供纠纷出现时的解决工具,更多的是期冀通过纠纷的解决确定规则意识,通过规则指引人们的行为形成规则治理。互联网治理工作同样如此,必须培育融合法治思维的互联网治理观念。在现行宪法与法律框架下,积极推动互联网立法工作。法治思维强调监督与制约,对网络舆情要加强政府监管,提升政府的管理能力,同时对公权力加强制约监督。

二、以法治网,构建合理的法律体系

现在,网络时代全面到来,互联网已成为社会舆情的重要阵地。舆情在本质上是民众的诉求表达,互联网为民众提供了信息化时代的民主空间。在法律与道德的基础上,民众可以自由发表言论,既可以赞同政府决策,也可以表示反对;政府可以在充分吸收舆情民意的基础上,保障公民的政治参与,促进决策的民主化与科学化。② 但泛化的民意也容易导致集体非理性,群体总是处在一种无意识的状态中,会随时对一切暗示服从,群体失去了批判的能力,变得极端轻信。在群体中,不可能的事情是绝对不存在的。③ 为了防止这种泛滥民意导致的非理性,

---

① [英] 约瑟夫·拉兹:《法律的权威》,朱峰译,法律出版社 2005 年版,第 145 页。
② 刘毅:《网络舆情研究概论》天津人民出版社 2007 年版,第 12 页。
③ [法] 古斯塔夫·勒庞:《乌合之众——大众心理研究》,张好杰译,江苏人民出版社 2011 年版,第 25 ~ 26 页。

以及准确保证民众诉求的合理表达，必须构建合理的框架——"公共理性理想的关键是，公民将在每个人是为政治正义观念的框架内展开其基本讨论"①，这个框架正是法律。

(一) 构建互联网治理法律体系

前些年，互联网空间以及网络舆情方面缺乏相关法律规定，从互联网治理基本法到各类具体规则，近乎缺位运行。近年来，全国人大常委会、国务院以及国家网信办、国务院新闻办、工信部、文化部、公安部、各地方政府等颁布实施了上百部与互联网相关的法律、行政法规、地方性法规、部门规章、司法解释、规范性文件、政策文件，但在效力级别上，仅有《网络安全法》《电子签名法》《关于维护互联网安全的决定》《关于加强网络信息保护的决定》等处于较高位阶，其他如《计算机信息系统安全保护条例》《计算机信息网络国际联网管理暂行规定》等法规规章效力位阶较低。而在其他发达国家，都制定了大量的法律法规，包括许多涉及互联网治理的基本法律，如美国的《计算机犯罪法》《计算机欺诈与滥用法》，韩国的《不当 Internet 站点鉴定标准》《互联网内容过滤法令》，澳大利亚的《电信传输法》《广播服务法》，日本的《电讯事业法》《规范互联网服务商责任法》等法律法规。

首先，需要构建合理的互联网舆情监控法律体系。网络舆情的监控仅靠基本法的制定并不能有效实现，原则性的规定在于提供舆情治理的基本方向，有效的舆情监控还必须构建合理的治理法律体系。这一体系要求舆情监控法律具有位阶化、职能分工化以及综合协调性的特征。层级位阶化要求，舆情监控法律体系要从中央到地方，法律、法规与规章不同层级分别实现特定的位阶价值。职能分工化特征要求舆情监控法律体系合理分工，舆情管理部门不仅有权力机关的立法工作，还有行政机关的管理工作以及司法机关的审判工作；同时，行政机关的管理工作因部门的差异具有不同的职能。综合协调性特征是指舆情监控虽然可以依职能与监控层级进行任务分工，但任务的完成并不是完全切割的，任何一级舆情监控工作都必须在政府的统筹领导下展开。

(二) 依法治理，确认舆情治理部门主体地位

在价值多元的社会中，人们的观念趋向自由。一者，联合国《公民权利和政治权利国际公约》、《欧洲人权公约》、德国《基本法》等法律都规定了表达自由

---

① ［美］詹姆斯·博曼，威廉·雷吉主编：《协商民主：论理性与政治》，陈家刚等译，中央编译出版社 2006 年版，第 68~78 页。

的权利，在比较法的视野中，人们诉诸此类素材支撑自身的诉求。再者，在传统监督空间既定的条件下，人们通过网络寻求诉求表达途径，[①] 监督政府。"互联网已经成为当前无论左派还是右派的民间活动的一种有力的符号和组织工具。"[②] 但自由却不是无限度、无条件的。"人是生而自由的，但无往不在枷锁之中。自以为是其他一切的主人的人，反而比其他一切更是奴隶。"[③] 每一个人的利益（自由）最大化意味着牺牲其他人的利益（自由），为了防止自己的自由不至于陷于困境，进而签订社会契约。[④] 绝对自由必然面临一种囚徒困境或性别之战。[⑤] 法律则不相同，它是基于民意表达机制确立起来的公意，具有民主性与商谈理性的特征。自由必须受到法律的限制，网络自由同样如此。

之所以确立舆情行政管理部门的主体地位，是基于如下考量：利益相对独立性与法律制约性。利益相对独立性是指舆情行政管理部门同互联网服务商、网络用户不同，其利益独立于个体利益，以社会整体利益为依归。互联网服务商基于自身利益以及资本安全的考量，透过舆情的发酵获取自身利益的最大化。舆情行政管理部门则不同，基于社会公共利益的考量，为了维持社会和谐稳定，需要稳定舆情发展，防止舆论非理性化消费。法律制约性是指相对于私权利主体在私权利活动中的隐私性，公权力机关更多地曝光在公众的视野中，将舆情监控交予私权利主体，私权利主体不仅可能因为个体利益的诉求侵害其他主体的权益，更可能侵害整体社会利益。舆情行政管理部门由于公权力机关的身份需要接受法律的制约。公权力机关由于自身的特性受到了法律更严格的限制，而且，人们更多地将目光关注于对公权力的监督与限制上。

在确立舆情行政管理部门的主体地位的同时，还需要强调发挥舆情行政管理部门的协同能力。主体地位意味着舆情行政管理部门在舆情监控过程中处于主导地位，[⑥] 在网络舆情产生、发酵、转换以及消弭的过程中，各方主体具有各自独特的利益，基于自身利益的考量会做出不同的选择。为了有效管控进而消弭舆情的泛滥，必须有效协调各类主体，在信息源、信息传播渠道与舆情爆发场域进行事前、事中与事后多角度监控。

---

① 毕宏音：《诉求表达机制研究》，天津社会科学院出版社 2009 年版，第 67 页。

② Sherry Turtle. Vitality and Its Discontents. New York, 1998：77. 转引自唐汇西《网络信息政府监管法律制度研究》，武汉大学出版社 2015 年版，第 53 页。

③ ［法］卢梭：《社会契约论》，何兆武译，商务印书馆 1980 年版，第 8 页。

④ 徐爱国、李桂林：《西方法律思想史》，北京大学出版社 2009 年版，第 43 页。

⑤ ［美］汤姆·齐格弗里德：《纳什均衡与博弈论：纳什博弈论及对自然法则的研究》，洪雷等译，化学工业出版社 2015 年版，第 29 页。

⑥ 苗国厚：《互联网治理的历史演进与前瞻》，载于《重庆社会科学》2014 年第 11 期。

（三）依据利益衡量、比例原则裁判

"徒法不足以自行。"[①] 制定互联网法律法规之后，并不能保证法律的实现。

通过司法裁判的方式解决舆情引发的案件过程中，必须充分认识到互联网区别于传统领域的特点，不能简单使用传统司法裁判的方法。从现有的国际经验来看，在司法裁判中，涉及个人信息保护、知识产权以及行政监管问题主要采用利益平衡原则与比例原则。

所谓利益平衡原则是指通过法律权威来协调各方面冲突因素，使各方利益在共存和相容的基础上达成合理的优化状态。[②] 这里所陈述的利益冲突主要包括两种：个人利益与公众利益的冲突；个人利益与个人利益的冲突。多元主义背景下，不同人之间的利益出现分歧，基于分歧与自我满足，利益分歧扩大为冲突。为了协调利益冲突，就需要引入利益平衡原则，利益之间又具有位阶和优先性的问题。在充分保证优位性利益的基础上，充分考量其他利益。舆情审判的司法实践中也要坚持这一原则。因为舆情发酵的过程往往表现为公共利益与个人利益之间的冲突或个人利益与个人利益的冲突，任何一方的利益都不能偏废。

比例原则是指在利益平衡原则的基础上对优位利益以外的其他利益的损害以必要为限度，采取同防止损害相适应的手段，即存在一个妥当性的问题。司法审判中，对舆情引发的案件也必须坚持比例原则。在网络社会的法治化治理过程中，可以看到比例原则特别适用，在达到对不适当行为进行适当约束的目的的过程中，要尽量保障公民的相关权利，选择既能够达致目的又给公民权利带来最小损害的方案。[③]

三、多元共治完善法律体系构建

当前网络社会治理存在较多的困境，其中一个急切的问题就是网络法律体系并未建立，同网络治理相关的法律法规规章散乱见于各部门法之中。虽然存在部分互联网专门立法，但各项法律之间空隙较大，衔接存在问题。解决这一问题，不仅需要构建互联网法律体系，还需要有效协调不同互联网法律之间的关系。张弛有度、合理衔接的法律体系才能有效实现互联网治理。

为了实现有效衔接就需要确定基于何种法律体系类型进行建构。当前研究主

---

① 《孟子·离娄章句上·第一节》。

② 陶鑫良、袁真富：《知识产权总论》，知识产权出版社 2005 年版，第 17 页。

③ 孙午生：《网络社会治理法治化研究》，法律出版社 2014 年版，第 111 页。

要分以下几类：第一类依照传统公私法分类，划分为网络法特有制度、网络私法与网络公法；① 第二类则是依据现行存在的法律法规规章零散规定划分为电子签名法、电子商务法、电子政务法、个人信息保护法、网络犯罪的刑事制度等；② 第三类是依据网络功能进行分类，划分为网络基本组成规范、网络信息安全规范、网络信息服务规范与网络知识产权规范及司法救济。③

（一）互联网实体法的"三驾马车"

互联网执法需要综合采用民事、刑事与行政多种手段，这不仅是我国互联网法律设计发展的方向，也是当前存在的问题。我国较多采用行政管理的手段，民事与刑事舆情规制措施较少。④ 一旦出现较严重的刑事问题与程度较轻的民事问题，常常无法可依。尤其是刑事领域，罪刑法定原则要求"法无明文规定不为罪，法无明文规定不处罚"，不存在类推适用的空间。

具体立法工作制定包括网络安全、电子商务、网络著作权、网络信息经营等方面的法律。在具体法律中，充分设置民事与刑事措施。

除此之外，舆情管控工作主要集中在行政管理过程中，舆情监控工作也主要由相关法律规定的行政主体负责完成。目前的法律法规中规定的相关舆情监控主体主要有工信部、文化和旅游部、公安部与网信办等。不同的主体依据不同，负责的任务不同。虽然已有部分法律法规明确了相关的监管主体，但却存在部分缺位或权限重叠的问题，2010 年的"3Q 大战"就是公安部与工信部都有执法权但都未执法⑤。为了实现舆情管控的目的，在高位阶法律如《互联网安全法》的指导下，制定体系协调的舆情监控法律体系，在各法律中，确定舆情监控与治理主体；同时合理分工，划分不同主体的治理权限，实现不同主体执法权之间的有效衔接，防止监控漏洞的出现。

加强互联网刑事立法工作。2013 年 9 月，最高法、最高检发布了《关于办理利用信息网络实施诽谤等刑事案件适用法律若干问题的解释》，同《刑法》第二百四十六条共同负责解决网络诽谤问题。但是，该《解释》没有就网络诽谤的

---

① 张楚主编：《网络法学》，高等教育出版社 2003 年版，第 46 页。
② 刘品新：《网络法学》，中国人民大学出版社 2009 年版，第 25 页。
③ 吴佩江编著：《网络法律》，浙江大学出版社 2009 年版，第 39 页。
④ 刘乙、李长喜：《互联网法律规制模式的探讨》，载于《北京邮电大学学报（社会科学版）》2009 年第 2 期。
⑤ 3Q 大战，指北京奇虎科技有限公司诉腾讯科技（深圳）有限公司、深圳市腾讯计算机系统有限公司滥用市场支配地位纠纷上诉案。参见《2008－2018 年中国法院反垄断民事诉讼 10 大案件案情简介》，中国法院网，https：//www.chinacourt.org/article/detail/2018/11/id/3577648.shtml。《互联网行业监管缺失 3Q 大战不止》，《中国经济时报》2010 年 11 月 11 日第 1 版。

全部问题提出解决方案，而且部分解释内容引发了新的争论。① 以此为例，同舆情监管相关的刑事法律制度不完善，必须加强互联网刑事立法工作。同年，十二届全国人大常委会表决通过了《刑法修正案（九）》，在第十六条规定：在刑法第二百四十六条中增加一款作为第三款："通过信息网络实施第一款规定的行为，被害人向人民法院告诉，但提供证据确有困难的，人民法院可以要求公安机关提供协助。"即使如此，该罪依旧存在问题。在刑法立法技术较为成熟的现在，互联网刑事立法依旧存在问题，不仅有社会发展的原因，还有立法者未能充分认识到互联网领域尤其是现代舆情场域刑事违法问题的特点。这也是民事、行政领域存在的问题，必须加强互联网基础领域的立法，通过不同法律体系之间的沟通有效推动互联网刑事立法。

（二）从实体法到程序法

实体法的目的在于确定互联网领域的权利义务分配，但并不必然保证实体法的必然实现。实体法的实现需要程序法的辅助，程序法还有保障蕴含于实体法之外的价值。

正义要实现，而且要以看得见的方式实现。实体法在于实现正义，程序法则以看得见的方式促进实体法实现正义。实质规定不能无序化执行，必须在具体原则指导下才能达致正义。依照程序法与实体法的划分，网络程序法包括《电子证据法》《网络纠纷解决法》以及网络空间管辖制度等。通过网络程序法，不仅有利于网络实体法的实现，而且可以防止实体法遭到"误解"与"滥用"。尤其是舆情监控行政部门，由于行政权自我膨胀的趋向，常常滥用权力或超越权力的界限损害私权。为防止滥用权力与超越权力的极限，一般要求舆情监控部门在法律规定的范围内、依照法律程序行使权力。

四、强化舆情治理中的网络安全与网络主权地位

近年来，习近平等党和国家领导人多次就网络治理问题先后发表了许多重要论述，分析了互联网发展所带来的国内外格局的变化，阐明了中国由网络大国迈向网络强国的宏观思考、战略部署和方针路径，明确了在国家治理体系和治理能力中，网络治理的具体任务和要求，提出了推进全球互联网治理体系变革、世界各国共同构建网络空间命运共同体的政策主张。②

---

① 张明楷：《网络诽谤的争议问题研究》，载于《中国法学》2015 年第 3 期。
② 参见习近平：《习近平关于网络强国论述摘编》，中央文献出版社 2021 年版。

2016 年 11 月 7 日，第十二届全国人民代表大会常务委员会第二十四次会议通过《中华人民共和国网络安全法》，中华人民共和国主席令第五十三号予以公布，自 2017 年 6 月 1 日起施行。《网络安全法》将"维护网络空间主权和国家安全"作为立法宗旨，制定该法是为了保障网络安全，维护网络空间主权和国家安全、社会公共利益，保护公民、法人和其他组织的合法权益，促进经济社会信息化健康发展；规定在中华人民共和国境内建设、运营、维护和使用网络，以及网络安全的监督管理，适用该法。同时，按照安全与发展并重的原则，设专章对国家网络安全战略和重要领域网络安全规划、促进网络安全的支持措施作了规定（草案第二章）。

不难看出，"网络主权"是中国立法机关在国家主权层面上，基于"互联网 +"的思维所做的新的尝试，以其为核心的"网络主权原则"，将是我国维护国家安全和利益，参与网络国际治理与合作所坚持的重要原则。[①] 网络安全则是网络主权的题中应有之义。为有效保证国家网络主权，就要加强网络安全工作。在网络舆情治理体系中，更要强调网络主权与网络安全的中心地位。

（一）舆情治理中的网络安全

根据国际标准组织（ISO）的界定，网络安全是指："保护计算机网络系统中的硬件、软件和数据资源不因偶然或恶意的原因遭到破坏、更改、泄露，使网络系统连续可靠地正常运行，网络服务正常有序。"网络安全的概念经历了三代变化。第一代强调系统安全与系统内的数据、应用程序安全；第二代强调网络使用安全；第三代则强调以信息技术为起始的整个网络空间安全。[②] ISO 组织的网络安全概念停留在第一代网络安全上，仅将网络安全限缩于知识产权或电信技术，不利于维护互联网安全，更不用说监控舆情。传统的网络安全是指网络的物理安全，是狭义的网络安全。[③] 除此之外，网络安全不同于传统意义上的信息安全，在 20 世纪 90 年代广泛使用的"信息安全"一词，在进入 21 世纪后，已逐步与"网络安全"和"网络空间安全"并用。[④] 所以，在网络舆情监控治理中的网络安全是指网络社会作为一个社会虚拟空间的整体安全，不仅包括软件、硬件以及信息资源的安全，还包括网络空间稳态的运转与安全。在进行互联网立法过程中，必须明确互联网空间安全的内涵，舆情治理必然是指空间范围上的安全，

---

① 车捷、邹毅：《信息网络与高新技术法律前沿》，上海交通大学出版社 2015 年版，第 210 页。

② 郭旨龙：《网络安全的内容体系与法律资源的投放方向》，载于《法学论坛》2014 年第 6 期。

③ 于志刚：《网络安全对公共安全、国家安全的嵌入态势和应对策略》，载于《法学论坛》2014 年第 6 期。

④ 王世伟：《论信息安全、网络安全与网络空间安全》，载于《中国图书馆学报》2015 年第 2 期。

此一空间范围可以是网络空间领域内，也可以是由网络空间内舆情泛化引起的空间范围外的舆情监控问题。

（二）舆情治理中的网络主权

关于网络主权的概念很多。有学者主张网络主权是国家主权在信息网络空间的自然延伸，其主要内容就是国家在网络空间行使管辖权。[1] 在实践维度，欧美部分学者将主权原则在《塔林网络战国际法手册》予以拓展，即将主权原则网络空间化界定为网络主权原则。[2] 亦有学者认为网络主权即网络空间国家主权，是国家在网络空间的自主权，独立权和自卫权，即一国独立自主不受他国干涉地进行网络空间活动、处理网络空间事务并对网络攻击行为实施自卫的权利。[3] 参看《网络安全法（草案）》，当前立法认为网络主权就是国家主权在网络空间的延伸。但网络主权还具有区别于传统主权的特征，即更加明显的相对性与国际性。[4] 但网络空间不具有超越主权的制度属性，其多元性与开放性表现为其内容上的技术依赖性，这种技术依赖性则具有主权性。即使具有跨越性的舆情也仍然超脱不了主权国家的范围。网络空间并非超越国家主权之外，而是深处国家主权管辖之内。[5]

正如前文所述，强调舆情治理过程中的国家主权，是为了应对当前国际社会中出现的一系列问题。主要是为了解决两方面问题：一是主权范围内自我治理活动；二是主权范围边界处的争议问题，希冀与各国合作打击妨害互联网治理的活动。

五、加强协商民主，搭建舆情治理的实施路径

探讨舆情治理的实施路径，是尝试回答"治理应遵循的法律程序"的问题。

（一）弘扬法治精神，构建价值体系

2016 年，中办、国办印发的《关于进一步把社会主义核心价值观融入法治建设的指导意见》明确要求"把社会主义核心价值观的要求体现到宪法法律、法

---

① 李鸿渊：《论网络主权与新的国家安全观》，载于《行政与法》2008 年第 8 期。

② 朱莉欣：《〈塔林网络战国际法手册〉网络主权观评价》，载于《河北法学》2014 年第 10 期。

③ 王舒毅：《网络空间国家主权初探》，载于《保密工作》2012 年第 9 期。

④ 杜志朝、南玉霞：《网络主权与国家主权的关系探析》，载于《西南石油大学学报（社会科学版）》2014 年第 6 期。

⑤ 董青岭：《多元合作主义与网络安全治理》，载于《世界经济与政治》2014 年第 11 期。

规规章和公共政策之中，转化为具有刚性约束力的法律规定"，强调"社会治理要承担起倡导社会主义核心价值观的责任，注重在日常管理中体现鲜明价值导向，使符合社会主义核心价值观的行为得到倡导和鼓励，违背社会主义核心价值观的行为受到制约和惩处"，指出"要加强重点领域立法……加强保障和改善民生、推进社会治理体系创新方面的立法，完善教育、劳动就业、收入分配、社会保障、医疗卫生、扶贫济困、社会救助、婚姻家庭和妇女儿童、老年人、残疾人合法权益保护等方面的法律法规"。2017年，党的十九大报告进一步指出，社会主义核心价值观是当代中国精神的集中体现，凝结着全体人民共同的价值追求。同时要求把社会主义核心价值观融入社会发展各方面，转化为人们的情感认同和行为习惯。可以说，社会主义核心价值观为良法善治提供价值引领，法治为社会主义核心价值观建设提供刚性保障，这是舆情治理的根本遵循。

（二）实现立法、执法、司法、守法良性互动

第一，做好立、改、废工作，确保依法应对。以立法体系构建为主，明确法律的订立、修改、废除程序，并在法律中适当融入规约、道德因素。符合我国国情，较为成熟的法律规范，应予以保留；不适应社会发展，明显滞后于互联网技术现状的规定，应予以修改；对社会舆情管控中的漏洞和空白领域，应制定新的规定；相关管理部门在实践中积累的经验和做法，也可以上升为法律规定的内容。逐步形成由基本法、行政法规、部门规章、司法解释等融合构成的社会舆情管控法律体系。同时，我国在社会舆情立法过程中，还应借鉴国外舆情立法的成功经验，做好与国外舆情规制相关法律的衔接，扩大社会舆情基本法的适用范围。

第二，增强执法规范，建设法治政府。建立健全社会舆情引导和管控机制。对一般性的社会舆情，应以教育、引导为主，依法有效加以规范；对重大社会舆情，要加强对事前、事中和事后的管控，确保出现重大网络舆情时，短时间内能调动整合各方力量，科学有效地应对处置，特殊情况采取关闭互联网等措施；对虚假负面舆情信息，要增强甄别能力，加大打击力度，严格采取法律手段对其进行惩处与制裁。

第三，客观研判舆情，促进司法公正。近年来，一系列案件经过媒体报道后，成为具有标杆意义的影响性诉讼，不仅传递着道德评价，也反映了法律评判，还影响了公众对司法公正的认知。要将重大突发事件社会舆情应对与严格规范司法、提升司法公信力相结合；要利用公安信息化优势建立网络舆情收集、研判机制，建立网络舆情安全预警评估；要推进以审判为中心的诉讼制度改革，化解舆情危机。

完善的舆情立法、科学的舆情引导、规范的舆情管控、公正的司法审判，都是一场场生动的全民法治公开课，有利于实现立法、执法、司法、守法良性互动，这是舆情治理的重要依托。

（三）加强协商民主，推动舆情治理的顺利实施

1. 协商民主制度化奠定了舆情治理的基础

"协商民主"是国际社会公认的公共决策的重要民主形式。在我国，"协商民主"已经从地方性和局部性实践上升为国家战略，从政治领域扩展到经济、社会等各个领域，从一种工作方法上升为制度。[①] 我国《宪法》第二十七条规定，一切国家机关和国家工作人员必须依靠人民的支持，经常保持同人民的密切联系，倾听人民的意见和建议，接受人民的监督，努力为人民服务。2012年11月，党的十八大报告首次明确提出要"健全社会主义协商民主制度""完善协商民主制度和工作机制，推进协商民主广泛、多层、制度化发展"。党的十八届三中全会进一步将"协商民主"定位为"我国社会主义民主政治的特有形式和独特优势，是党的群众路线在政治领域的重要体现"。2014年9月21日，习近平总书记在庆祝中国人民政治协商会议成立65周年大会上的讲话指出，要切实落实推进协商民主广泛多层制度化发展这一战略任务；必须构建程序合理、环节完整的社会主义协商民主体系，确保协商民主有制可依、有规可守、有章可循、有序可遵；要拓宽协商渠道，深入开展多种协商，建立健全多种协商方式，不断提高协商民主的科学性和实效性；人民群众是社会主义协商民主的重点，要按照协商于民、协商为民的要求，大力发展基层协商民主；要推进权力运行公开化、规范化，完善党务公开、政务公开、司法公开和各领域办事公开制度，让人民监督权力，让权力在阳光下运行。[②] 2015年2月9日，中共中央印发了指导社会主义协商民主建设的纲领性文件《关于加强社会主义协商民主建设的意见》，同年，发布了统一战线工作的第一部法规《中国共产党统一战线工作条例（试行）》，还印发了《关于加强政党协商的实施意见》，等等。

从利益角度看，社会变革会带来利益关系的调整；从社会心理的角度看，社会变革会带来社会情绪的变化。[③] 舆情是社会的皮肤，是社会时势的晴雨表，管理者更应从舆情表达中发现和解决社会的深层问题，而不是以"平复"舆论为管

---

① ［美］熊玠：《把协商民主作为国家战略》，载于《学习时报》2016年6月30日。
② 习近平：《在庆祝中国人民政治协商会议成立65周年大会上的讲话（2014年9月21日）》，《人民日报》2014年9月22日第2版。
③ 尚红利：《自媒体时代网络舆情政府治理的困境及其消解》，载于《行政论坛》2016年第2期。

理的唯一旨依。① 这就要正确理解和把握舆情治理和协商民主的辩证关系，舆情治理的实施路径是加强协商民主，良好的社会舆情表达机制是激活协商民主充分发挥作用的重要一环。② 这就要尊重民意，善于通过对话、磋商、讨论、听证、交流、沟通、审议、辩论、争论等倾听群众呼声，因为，改革最大的问题往往不是"被民粹绑架"，而是被"官僚阶层绑架"。③ 这就要通过政党协商、人大协商、政府协商、政协协商、人民团体协商、基层协商、社会组织协商等，化解社会矛盾，疏导社会压力，引导舆情发挥正向能量和积极作用。

2. 舆情治理的关键在于推进政务公开

政务公开是协商民主的基石，它作为一种制度安排，肇始于 20 世纪初的"知情权"运动，近年来逐渐成为各国民主政治中的一个重要方面，④ 在中国的发展令人瞩目。20 世纪 80 年代末，按照中央要求，一些地方开展了政务公开工作试点。在总结经验的基础上，1997 年，党的十五大明确提出："城乡基层政权机关和基层群众性自治组织，都要健全民主选举制度，实行政务和财务公开，让群众参与讨论和决定基层公共事务和公益事业，对干部实行民主监督。"此后发布了《关于在农村普遍实行村务公开和民主管理制度的通知》（1998）、《关于在全国乡镇机关全面推行政务公开制度的通知》（2000）、《全面推进依法行政实施纲要》（2004）、《关于进一步推行政务公开的意见》（2005）等文件，不断推进政务公开。2007 年，国务院颁布《中华人民共和国政府信息公开条例》，标志着政务公开走上法治化轨道。党的十七大进一步强调，"确保权力正确行使，必须让权力在阳光下运行"。2008 年，"推进政务公开"首次写进《国务院工作规则》；2011 年，中办、国办印发《关于深化政务公开加强政务服务的意见》；2014 年，党的十八届四中全会将推进政务公开作为坚持依法行政、建设法治政府的六项任务之一；2016 年，中办、国办印发的《关于全面推进政务公开工作的意见》从 5 个方面对"十三五"时期的全国各级行政机关政务公开工作做出 21 项部署，要求公开内容覆盖权力运行全流程、政务服务全过程。国办印发的《〈关于全面推进政务公开工作的意见〉实施细则》对舆情回应时间、回应主体和政策解读做出了规定，还在全国选取 100 个县（市、区），围绕土地利用规划、拆迁安置、环境治理、扶贫救灾、就业社保等开展政务公开标准化规范化试点，国土资源部、环保部等中央国家机关部委，江苏、贵州、福建、云南等地方政府也出台了相应的实施意见。这进一步增强了政务公开的可操作性。

---

① 喻国明：《网络舆情应对及治理的基本逻辑与规制构建》，载于《探索与争鸣》2016 年第 10 期。
② 于家琦：《舆情表达机制与协商民主实践》，载于《新视野》2015 年第 4 期。
③ 曹林：《如何看待"政府决策被网愤民粹所绑架"？》，载于《中国青年报》2013 年 2 月 26 日。
④ 后向东：《中国为什么需要"政务公开"》，载于《学习时报》2015 年 9 月 28 日。

当前，舆情风险频现，很大程度上是因为重公开执法结果，轻公开执法依据和执法过程；重信息公开的及时性和真实性，轻信息公开的全面性与合法性；重政府单方公开，轻政社互动；重舆情平息，轻矛盾化解。例如，2017 年"泸州太伏中学学生坠亡"事件持续发酵。泸县公安曾发四次公告通报事件进展，但仍阻挡不了这起案件逐渐演变为舆情汹涌。① 重要原因之一是第二份通报中"现有证据排除他人加害死亡"与"具体死亡原因需依法按程序待家属同意后尸体检验确认"之间的矛盾，表面看是未能遵循"以事实为根据，以法律为准绳"的基本原则，在事实未清情况下仓促定论，深层次原因则是政务公开不规范、对群众切身利益关切不够和对知情权保护不力，这难免引发民众"要真相"的强烈呼吁，激发民众对"校园霸凌"的猜测和愤慨，给谣言制造者以可乘之机。

因此，舆情治理要深刻把握推进政务公开的丰富内涵。首先，"政务"涉及国家行政权的运作，包括行政决策、行政立法、行政执法、行政监管的整个过程，不仅包括行政权运作形成的静态信息的公开，还包括了行政权运作全流程、政务服务全过程的动态活动的公开。其次，"公开"不仅是指政府单方公开政务信息，而且还包括政府通过各种形式、途径与行政相对人、社会公众、专家学者以及媒体互动，将政务活动向公众开放，使公众能通过直接参与政务而影响和监督政务。② 最后，"推进"不仅包括政府常规工作的一般性公开，还包括社会舆情事件及其"权利束"相关的针对性政务公开，以疏导群众以理性合法的形式表达利益要求、解决利益矛盾。

3. 创新"表达—调查—回应"三位一体工作机制

国办印发的《〈关于全面推进政务公开工作的意见〉实施细则》规定，对涉及特别重大、重大突发事件的政务舆情，要快速反应，最迟要在 5 小时内发布权威信息，在 24 小时内举行新闻发布会，并根据工作进展情况，持续发布权威信息，有关地方和部门主要负责人要带头主动发声。有些地方进一步要求 1 小时内公布事实信息。③ 这是我国进一步深化政务公开的有效举措，也是舆情治理的实际行动，但是，如何保证发布信息的权威性，如何避免有"发声"没"行动"，就需要逐步构建"表达—调查—回应"三位一体工作机制，以舆情治理制度创新推动协商民主的发展。

第一，畅通"权利束表达"机制。舆情治理普遍比较关注舆情热度和压力指

---

① 余力：《泸州太伏中学学生坠亡续：官方在隐瞒什么事件始末回顾》，中国小康网，http://m.chinaxiaokang.com/wap/news/shehuipindao/shehui/20170407/184219_3.html，2017 - 04 - 07。

② 姜明安：《政务公开不应止于信息公开》，载于《人民日报》2016 年 2 月 23 日。

③ 《广西壮族自治区人民政府办公厅关于实施全面推进政务公开六项行动的通知》（桂政办发〔2017〕62 号）要求，涉及特别重大、重大突发事件的政务舆情，当地的涉事责任部门需 1 小时内公布事实信息，5 小时内发布权威信息，24 小时内召开新闻发布会。

数。舆情热度指标,体现舆情事件受关注度和影响力;舆情压力指数,是综合计算事件的热度和舆论倾向性。[1] 这些指标都很重要,但反映的主体权利及其诉求表达具有间接性。借鉴"美国白宫请愿网"对于真实邮箱、签名表达等要求,[2] 结合我国社会舆情实际,开展"权利束表达"地方政府试点,即:有明确的权利诉求、有实名的表意、且达到一定的量,政府应当在一定时间内做出回应。明确权利诉求是为了避免无的放矢,有实名的表意是对个人言论自由责任和担当要求,达到一定的量是谋求彰显社会共识和群体理性。

第二,动员社会力量开展"协商式民意调查"。2014 年,广州公布差别化停车收费优化调整听证方案,停车费大幅上涨引发争议,民众纷纷质疑。[3] 协商民主这一程序可行性和正当性的重要基础被归结为人的论证本性和自主、平等的论证参与。[4] 流于形式的协商不仅会使公众参与形同虚设,还会极大降低政府公信力,更会破坏民主和秩序。一般的民意调查得出的是"民众对某议题的看法"(what the public think),而协商式民意调查得出的则是"民众将会如何看待某议题"(what the public would think)。[5] 通过政府购买公共服务方式,动员社会力量,特别是行业协会,广泛开展协商式民意调查,有效地倾听民意,提高政府决策科学化水平,这不仅重要,而且必要。

第三,"新闻发言人 + 法律顾问"的专业回应。在国内外舆论环境日趋复杂的今天,做一个"讲政治、懂政策、知情况、会说话、敢担当"的新闻发言人越来越具有挑战性。我国的政府新闻发言人制度建立于 1983 年,已经成为政府管理和服务的必要和有效方式,在政府与公众沟通中发挥着满足公众知情权和引导舆论等积极作用。但是,也有一些新闻发言人言论不当,给政社沟通带来不良影响。有媒体呼吁,领导干部不能把新闻发言人当成舆论"防火墙"、负面舆情的

---

① 舆情热度指标包含报刊、新闻、论坛、博客、微博、微信、App 七类媒介形态,并运用德尔菲法及层次分析法,邀请专家针对七大形态的权重进行赋分。当舆情压力指数为正时,负面舆情占主导,当舆情压力指数为负时,正面舆情占主导。祝华新、潘宇峰、陈晓冉:《人民网舆情监测室发布 2016 年互联网舆情报告》,人民网,http://yuqing.people.com.cn/GB/401915/408999/,2017 – 06 – 29。李培林、陈光金、张翼主编:《2017 中国社会形势分析与预测》,社会科学文献出版社 2017 年版,第 235 页。

② 美国白宫的请愿网(wethepeople),是美国总统奥巴马于 2011 年 9 月 1 日推行的,下属于美国白宫官网的,一项"网络问政"的新功能。在请愿发出后的 30 天内,达到 150 人签名的请愿可在白宫网站上进行搜索查找,在请愿发出 30 天内达到 10 万人签名的请愿,"可得到白宫回复"。

③ "四不"指代表选拔不透明,调价成本不清楚,听证过程不公开,听证结果不强制。新华网:《听证会,为何总成涨价会 再问广州拟大涨停车费》,http://www.xinhuanet.com/photo/2014 – 03/28/c_126328953.htm,2014 – 03 – 21。

④ 钱福臣:《解析阿列克西宪法权利适用的比例原则》,载于《环球法律评论》2011 年第 4 期。

⑤ 詹姆斯·费什金教授曾将"协商式民意调查"(deliberative polling)方法以"民意恳谈"这种公共讨论模式应用于我国浙江温岭治理实践。[美]詹姆斯·S. 费什金:《倾听民意:协商民主与公众咨询》,孙涛、何建宇译,中国社会科学出版社 2015 年版,第 15 ~ 25 页。

"灭火队员"来使用。① 充分发挥制度优势和人才专业特长，将新闻发言人制度和法律顾问制度有机结合，运用法治思维和方式开展舆情治理，具有一定的可行性。党的十八届四中全会明确提出"积极推行政府法律顾问制度"，中办、国办印发的《关于推行法律顾问制度和公职律师公司律师制度的意见》提出，到2017年底前，中央和国家机关各部委，县级以上地方各级党政机关普遍设立法律顾问、公职律师。从"积极推行"到"普遍设立"，为"新闻发言人＋法律顾问"的专业回应创造了条件，值得深入研究。

当然，治标更要治本，回应之后要进一步扎扎实实完善制度。例如，2016年山东非法疫苗案发生后，国务院修订了《疫苗流通和预防接种管理条例》，着力完善第二类疫苗的销售渠道、冷链储运等流通环节法律制度；国家食药监总局相应修改《药品经营质量管理规范》，严格规定了药品采购、储存、销售、运输等环节采取有效的质量控制措施。

据此，舆情治理遵循的法律程序可以表述为：受理"权利束表达"，动员社会力量开展"协商式民意调查"，做出"新闻发言人＋法律顾问"的专业回应，与时俱进完善制度。

综上，笔者认为，舆情治理的前提是权利的相对性，目的是国家行使公权力保障私权利，本质是利益间的衡量取舍，这决定了舆情治理的核心主体是代表国家行使最高公权力的组织体政府，也决定了政府在舆情治理中应以"尊重和保障权利"为目的和宗旨，坚持"权利义务相统一""职权职责相对应""禁止权利（力）滥用"和"法律成长"的原则，遵循"受理'权利束表达'、动员社会力量开展'协商式民意调查'、做出'新闻发言人＋法律顾问'的专业回应、与时俱进完善制度"的实施路径，实现依法治理。

---

① 汪国梁：《新闻发言人不是舆论"防火墙"》，载于《安徽日报》2017年4月25日。

第八章

舆情治理策略

第一节 国家治理现代化视域下的舆情治理

一、国家治理体系现代化新要求

2019 年 10 月，党的十九届四中全会审议通过《中共中央关于坚持和完善中国特色社会主义制度 推进国家治理体系和治理能力现代化若干重大问题的决定》（以下简称《决定》）。这是自 20 世纪五六十年代提出物质或生产力层面的"四个现代化"之后，中央提出的制度或生产关系层面的"第五个现代化"，旨在"使国家的治理体系和治理能力适应现代社会发展的要求"。国家治理现代化包括国家治理体系现代化和国家治理能力现代化，二者是密不可分、相辅相成的有机整体，前者强调"制度"，后者强调"制度执行能力"。《决定》强调"坚持党的领导、人民当家作主、依法治国有机统一"，这是促进形成既充满活力又安定有序的国家政治生活和推进社会主义民主政治制度化、规范化、法治化、程序化的关键，也是推进国家治理现代化的根本要求和总体战略。

实际上，治理理论是西方社会特定条件下的产物，兴起于 20 世纪 90 年代的西方治理理论如今已经形成多个流派，在概念使用和理论研究上呈现出广泛性、多元化的特征。不过，"立足于社会中心主义，主张去除或者弱化政府权威，取向于多中心社会自我治理，是其基本政治主张和倾向。"①

在引入西方治理理论过程中，我们逐渐意识到，需要深入探讨治理理论在中国的适用性问题。有学者指出，用西方治理理念来医治中国的治道困局往往会陷入"现实的错位"，治理理论只有在不断推进本土化的基础上才能实现理想的重塑。② 在中国传统政治思想中，"国家治理"的基本意涵是"治国理政"，即统治者治理国家和处理政务，其本质是政治"统治"。而在马克思主义国家理论话语体系中，"国家治理是国家政治统治与政治管理的有机结合，是国家权力的治理运用，是国家为了实现安全、秩序、效率、合法等价值取向的治理组合。"③

中国共产党领导下的国家治理模式既区别于西方治理理念，也与中国传统政治统治思想不同，它是在汲取中国传统政治文化治国理政的有益精神、扬弃性地批判吸收西方治理理念有益要素的基础上，遵循马克思主义国家理论逻辑，立足中国革命与现代化建设实践，探索符合中国国情的国家治理模式，而不是完全照搬西方治理的概念和逻辑。

二、从舆情应对到舆情治理

（一）"应对"重大突发事件社会舆情的局限性

自 2003 年起，互联网就全面广泛介入中国政治社会和公众生活的方方面面，特别是各类重大突发事件社会舆情便受到了社会各方的普遍关注。传播学者伊丽莎白·诺依曼提出了"舆论是社会的皮肤"的论断，我们也常称舆情是反映社会时势的"晴雨表"。舆情对于个人生活和社会运行具有的指示性作用，提醒舆情治理者应注意从舆情表达中发现和解决舆情潜藏的深层社会问题。

舆论生态演变与社会变革发展息息相关，舆论场的博弈实质上是社会深层矛盾运行和利益博弈的折射。当下社会转型期矛盾频发，多种因素使得社会舆论场空前复杂，一方面，舆论场中不同利益主体各自的合理利益诉求应当被尊重和保护，另一方面，舆论场中的各种深层矛盾和利益博弈也在不断蚕食和撕裂社会认同的共同思想基础。因此，如何研究和运用社会舆情，有效引导重大突发事件社

---

① 王浦劬：《国家治理、政府治理和社会治理的含义及其相互关系》，载于《国家行政学院学报》2014 年第 3 期。

② 吴家庆、王毅：《中国与西方治理理论之比较》，载于《湖南师范大学社会科学学报》2007 年第 2 期。

③ 王浦劬：《国家治理现代化：理论与策论》，人民出版社 2016 年版，第 14 页。

会舆情，已经成为推进国家治理体系和治理能力现代化的新任务。仅仅就舆情论舆情，沿袭单向、被动思维的"应对"模式，已经不能适应融媒体传播环境，也与国家治理现代化总体要求相左。

习近平总书记在 2016 年 4 月 19 日的网络安全和信息化工作座谈会上指出，"信息是国家治理的重要依据""要以信息化推进国家治理体系和治理能力现代化""用信息化手段感知社会态势、畅通沟通渠道、辅助科学决策"。① 可以看到，中央已将舆情治理视为国家治理现代化的重要内容，提升重大突发事件舆情治理能力是国家治理能力的体现。在新形势下，适应融媒体传播环境，必须革新传统的重大突发事件社会舆情应对理念，创新提出社会舆情治理理念。在新的历史方位中，党和国家在全面推进国家治理现代化的情况下，也要求舆情治理的现代化，要站在国家治理现代化的高度来认识和推动舆情治理的现代化，站在弥合社会分歧、谋求社会共识的高度推动舆情治理，这是舆情治理现代化的逻辑起点。②

（二）创新重大突发事件社会舆情治理

5G、大数据、云计算、区块链、人工智能、虚拟现实、增强现实等信息传播技术的发展推动了媒体生态的嬗变，融媒体传播环境使得中国舆论场出现许多新情况、新特征，也给重大突发事件社会舆情治理带来更多的不确定性；不过从另一方面来讲，融媒体传播环境也给社会舆情治理提供了创新手段、拓展宽度、提升精度的契机和条件。

国家治理现代化的总体目标呼唤舆情治理思路创新。传统的"自扫门前雪"式的应对模式已经远远不能适应舆情治理的需要。责任主体必须站在国家治理现代化的高度来认识舆情治理能力现代化，站在弥合社会分歧、谋求社会共识的高度推动舆情治理创新。要立足于中国现实国情土壤和现代传播格局的深刻变化，把握重大突发事件社会舆情发生演变规律，从理念上对舆情应对的内涵重新认知，思路上做出重大转换，构建起新型舆情治理体系，让重大突发事件社会舆情治理成为提升国家治理体系和治理能力现代化的重要组成部分。

具体来讲，重大突发事件舆情应对模式需要向治理模式转变：在主体层面，要实现从单一主体向多元主体转变，政府、企业、媒体、个人或其他群体等各类主体在遵循治理的逻辑下，互为主体和客体，形成相互依存的协同关系。在机制

---

① 习近平：《在网络安全和信息化工作座谈会上的讲话》，载于《人民日报》2016 年 4 月 26 日，第 2 版。

② 唐远清、吴雷：《舆情治理：制度逻辑与行动策略》，载于《学术界》2021 年第 1 期。

层面，要改变注重短期效应思维定势，坚持系统思维，一盘棋布局，着眼长远，探索疏导舆情的长效机制。在手段层面，要杜绝简单粗暴的方式，在科学、民主、依法的框架下采取更为"软性"的措施有效应对。要明确，信息流转是突发公共事件应对的基础，信息的控制实际上是对突发公共事件应对过程和方式的控制。[①] 在向度层面，不仅要注重化解负面舆情还要关注舆情的正向建设性作用，发挥好重大突发事件社会舆情作为"社会的皮肤"和"晴雨表"的功能，履行好舆论监督、守望社会的职责，推进国家治理创新，维护社会安全稳定。总之，舆情治理更加注重在具体情境中审视舆情事件的生成逻辑、舆情治理的动态过程，进而采取适当的行动方法，更加注重从舆情表象以及背后所反映的社会心态、深层的社会结构层面，寻找化解舆情危机、破除舆情治理阻碍的根本路径。

第二节　重大突发事件社会舆情治理的总体目标

在论述如何推进落实全面改革任务时，习近平总书记提出了"四个有利于"的标准，即有利于解放和发展社会生产力，有利于推动经济社会持续健康发展，有利于实现好、维护好、发展好最广大人民根本利益，有利于巩固党的执政基础和执政地位。[②] 作为全面深化改革的总目标，推进国家治理体系和治理能力现代化当然也要将上述四条标准作为指导理念。重大突发事件社会舆情应以此为参照，对治理的价值取向和总体目标进行清晰定位，平衡舆情主体各方利益诉求、凝聚共同思想基础、营造兼顾活力与秩序目标的发展环境、推进全面依法治国、传播和放大正能量。

基于此，在国家治理现代化视域下，重大突发事件社会舆情治理的总体目标，应当坚持如下五个"有利于"，实现从约束管制的应对逻辑向引导疏导的治理逻辑转变。

一、有利于平衡公共利益与个体利益

融媒体传播环境下，重大突发事件舆情传播愈加呈现出涉及人群广、利益关联度大、社会关注度强、社会风险度高的特征。在这个异常复杂的舆论场里，已

---

① 袁建军：《应对突发公共事件中政府与企业互动研究》，广东人民出版社 2014 年版，第 108 页。
② 《中共中央关于全面深化改革若干重大问题的决定》，载于《人民日报》2013 年 11 月 16 日，第 1 版。

经不仅仅表现出公民与政府、社会与国家等矛盾关系的对立与冲突，而是不同利益主体在线上线下的共同作用所呈现的更为复杂的社会关系。

从利益相关者理论的视角来看，我们会发现，重大突发舆情事件中往往牵涉着多元利益主体，包括了与舆情发展有必然关联的政府、企业、媒体、个人或其他群体，而这种主动抑或被动的关联，让舆情利益主体呈现出更为复杂的局面。在重大突发舆情事件中，舆情在现象层面表现为利益主体参与社会事件的舆论汇聚；而在本质上是社情民意在舆论空间的呈现、公众参与政治社会活动的过程和结果，其背后往往潜藏着不同利益主体价值取向的差异。各利益主体总是基于个体的利益诉求和需要，为了实现自身的某种价值目的而进行发言讨论，从而形成舆情，甚至呈现出一种无序而混乱的状态。个体的有限理性和非理性舆论表达，缺乏必要的公共性和正当性，无益于社会共识的达成。

根据罗尔斯的定义，公共理性是指"各种政治主体（包括公民、各类社团和政府组织等）以公正的理念，自由而平等的身份，在政治社会这样一个持久存在的合作体系之中，对重大突发事件进行充分合作，以产生公共的、可以预期的共治效果的能力。"[1] 从国家治理的性质来看，"国家治理是社会公共利益的要求和体现，社会公共性是国家治理的出发点和根本属性。"[2] 治理的目的是"在各种不同的制度关系中运用权力去引导、控制和规范公民的各种活动，以最大限度地增进公共利益。"[3] 因此，在重大突发事件舆情治理中引入公共理性概念，引导舆情利益主体树立公共理性精神，充分发挥公共理性的社会整合功能，引导舆情理性化方向发展，是推进舆情应对能力现代化的应有之义。

事实上，"公共政策必须采取公共利益取向才能对社会稳定与发展产生积极作用"，[4] 因此，我们"不仅要关注并回应舆情事件主体的利益诉求，还应分析舆情事件的价值取向及其演化过程中的价值转向"，[5] 藉此作出正确决策、适时干预，找到利益主体个体利益和公共利益的契合点，从而通过舆情引导凝聚公众共识，有效防控与治理舆情风险，及时化解舆情危机。[6]

舆情治理的价值取向，既要尊重舆情利益主体的个体利益，更要维护代表更

---

① 罗尔斯：《公共理性观念再探》，《公共理性与现代学术》，生活·读书·新知三联书店 2000 年版，第 46 页。

② 王浦劬：《国家治理现代化：理论与策论》，人民出版社 2016 年版，第 20 页。

③ 俞可平：《治理与善治》，社会科学文献出版社 2000 年版，第 5 页。

④ 沈惠平：《公共政策的公共利益取向》，载于《决策借鉴》2002 年第 2 期。

⑤ 房正宏、程晋刚：《网络舆情事件的价值取向及决策启示》，载于《江汉大学学报（社会科学版）》2018 年第 6 期。

⑥ 唐远清、张月月：《从"非对称风险"到"非对称性互惠"：舆情风险治理的新视角》，载于《学术界》2022 年第 6 期。

广大群体的公共利益，使二者得以平衡。在国家治理模式下，公共利益的实现并不以牺牲个体利益为代价，而是基于公共理性建立舆情应对机制，让个体利益主体的价值取向与基于公共利益的舆论目标导向相得益彰，使公众的个体利益和公共利益得以兼顾，避免和化解社会风险。

二、有利于塑造和凝聚社会共识

舆论通过宣传鼓动、扬善抑恶、塑造楷模，对个体产生教育、暗示等作用，从而成为一种有力的约束力量，促使人们从他律走向自律。也就是说，舆论对于约束规范人们的社会行为、凝聚价值共识具有重要作用。近年来，舆论场中意识形态交织、价值观多元、网络空间混沌，各种社会问题在网络空间中频频引发热烈讨论，这背后其实质正是多元价值观的碰撞，同时也反映出用一套正确成熟的价值观引导舆论场中的传播行为尤为必要。

社会主义核心价值观是新时代的产物，它继承和吸取了中华传统文化精华与人类文明优秀成果，与新时代中国的经济基础和社会结构相协调，是得到最广大人民群众普遍认同的"最大公约数"，具有广泛的感召力和持久的引导力，因而具有普遍的指导意义。因此，把社会主义核心价值观要求融入舆情应对，使二者在理念层面相统一、相协调，以社会主义核心价值观为准绳来审视舆情传播行为、正确引导舆情发展，有效监管舆情态势，对于坚守意识形态阵地，营造清朗的舆论空间、稳定社会秩序、促进国家治理具有重要价值。

重大突发事件社会舆情治理应当以社会主义核心价值观为准绳，用正确的价值规范引领舆情，遏制不法言论的扩散，消解不实消息的影响，抵制不良价值观的侵蚀，有利于发挥凝结人心、激励向上的效应，促进社会共识的形成。因此，国家治理现代化视域下的舆情治理要担当"举旗帜、聚民心、育新人、兴文化、展形象"的使命任务，以创新传播进行理性温和的沟通，寻求社会各方利益最大公约数，在塑造全民共同思想基础，巩固和提升全民理想信念、价值理念、道德观念水平上有积极作为。

三、有利于营造兼顾活力与秩序发展环境

对于如何推进社会治理，习近平总书记多次强调社会治理创新"要处理好活力与秩序的关系"①。活力与秩序是辩证统一的关系，两者不可偏废。秩序主要

---

① 习近平：《习近平谈治国理政》，外文出版社2014年版，第148页。

通过法律、制度和道德来约束和规范人们的社会行为，稳定的秩序是抑制与排除各种非稳定因素、营造经济社会持续发展的良好环境、培养和激发社会活力的前提与基础。活力则意味着可以焕发社会生机，激发社会各群体的创造力，发挥个人潜力，调动社会各方积极性参与经济社会建设，它是社会创新的驱动力。处理好活力与秩序的关系，是确保经济社会稳定并持续健康发展的关键。既要着眼于社会的秩序建设，更要注重激发社会的活力，既要着眼全局维护好社会的和谐稳定，还要心系群众注意保护好个体的合法权益。

因此，在重大突发事件社会舆情治理中，要把社会舆情作为体察民意的重要渠道，对舆情背后反映的民意要辩证对待，让网络成为网民缓解压力、释放情绪的新窗口。随着改革进入深水区，多元利益诱惑引发的各种社会矛盾也日趋突出，必须把维护社会稳定和秩序作为首要任务。站在新的历史起点，要实现"四个全面"战略布局和任务，就需要保证决策的统一、法制的统一、政令的统一、市场的统一。因此，在保护好舆情利益主体个体合法权益的基础上，我们非常必要基于维护政治和社会稳定层面，有针对性地进行舆论的监督与引导，灵活采用立法管理、行业规范、公民自律、舆论引导、适当屏蔽等多种应对手段，维护风清气正的舆论空间，营造良好的发展环境。

四、有利于推进全面依法治国

党的十九大把"坚持全面依法治国"作为新时代坚持和发展中国特色社会主义的基本方略，并作出了新的部署。有助于"全面推进依法治国"基本方略的实施，也应该是重大突发事件社会舆情治理的重要目标。

纵观近些年来的重大公共事件和重要热点议题，来自公民的舆论监督在反腐倡廉、扬善除恶、遏制丑恶蔓延、促进信息公开、提供违法违纪线索等诸多方面，都起到了不可替代的作用。同时，不可否认的是，一些杂音、噪音，非理性、不健康的情绪，甚至暴力、肮脏的语言也在很大程度上破坏了舆论生态。面对这样复杂的舆论场，放任自流或过度反应都是有害的，在社会舆情治理上，也出现过不少有违法治精神的过激行为，在一定程度上损伤了政府部门的公信力。

在重大突发事件社会舆情治理中，要树立宪法法律至上、法律面前人人平等的法治理念，依法处置舆情，树立法律权威。法律的实施是一个动态、多维、发展的过程，要确保法律得以全面、及时、准确实施，维护法律的尊严和权威，就需各级政府部门、社会各类组织团体和公民个人都做到遵纪守法。要"以法治的可预期性与可操作性设置社会传播底线"①，以法律保证舆情利益主体合理权益，同时以法律制裁那些不负责任甚至不法的行为，以公正司法维护社会公平正义，推动公民有序政治参与，促进良好舆论生态的形成。

五、有利于传播和放大正能量

习近平指出，"团结稳定鼓劲、正面宣传为主，是党的新闻舆论工作必须遵循的基本方针"。② 在重大突发事件中，舆情治理的首要任务就是稳定民心，尽快将各利益相关方的意愿心声统一到公共权力机构的决策部署上来，多方合力化解危机，传递舆论正能量。舆情引导的方向和目标是希望能更好地促使舆情利益主体以辩证的视角看待事件，在法律和公序良俗的范围内行使表达权、监督权，理性、客观、冷静地思考和表达，以包容的心态展开交流对话，恪守底线、强化自律，形成对言论秩序的自觉认同与内化。同时，在舆论引导的过程中，也要针对舆情热点主动设置议题，集中力量发布信息，变消极为积极，变被动为主动，打出正能量的舆情引导"组合拳"。要通过有组织的顶层设计、策划协调，把个体力量集聚，化点为面，放大并充分发挥正面舆论的社会效应。

当然，传播和放大正能量并不意味着忽视甚至牺牲舆情利益主体的个体合理利益诉求。舆情治理应当注意平衡社会各阶层各方面的利益，听取和考量所有舆情利益主体的声音，尊重甚至主动"打捞"那些沉没的声音，让各方利益的意见和诉求都能得到充分全面的呈现，从中求取"最大公约数"。

第三节　重大突发事件社会舆情治理的基本原则

党的十九届四中全会通过的《中共中央关于坚持和完善中国特色社会主义制度推进国家治理体系和治理能力现代化若干重大问题的决定》指出，"坚持党的领导、人民当家作主、依法治国有机统一"，这是推进国家治理现代化的根本要求和总体战略。所谓国家治理现代化就是中国共产党领导人民遵循科学、民主、依法的执政方式，有效地治国理政。这也为重大突发事件社会舆情治理提供了基本遵循。

---

① 陈端：《国家治理现代化视域下的网络舆情治理研究刍议》，载于《今传媒》2015 年第 5 期。
② 习近平：《习近平谈治国理政　第 2 卷》，外文出版社 2017 年版，第 333 页。

一、坚持党的领导，确保正确政治方向

坚持党的全面领导是党中央一以贯之的指导思想和执政理念。在国家治理体系中，坚持党的全面领导，就是要"健全总揽全局、协调各方的党的领导制度体系，把党的领导落实到国家治理各领域各方面各环节。"[①] 重大突发事件社会舆情治理是一项系统性工作，需要组织化地治理，需要提高系统性能力。

在重大突发事件社会舆情治理中，一方面，党的领导是平衡舆情利益主体合法权益并使得最广大人民根本利益得以实现的根本保证，党的所有主张体现和代表人民根本利益，并通过法治化、程序化的手段有效保证人民根本利益。另一方面，党的领导是推进依法执政、依法舆情治理的根本保证。党领导人民制定有关舆情治理的法律法规，党又自觉在宪法法律范围内活动，党领导立法、保证执法、带头守法，从根本上保证了舆情治理能够在法治的轨道运行。

二、坚持实事求是，尊重事实和传播规律

党的十九届四中全会强调"坚持党的集中统一领导，坚持党的科学理论"。改善和提升党的领导根本在于科学领导，党的全面领导其实是对科学领导、科学决策提出了前所未有的更高要求。具体到重大突发事件社会舆情治理，即要求党领导下的舆情治理方式和体制更加科学，要求舆情治理的效能更加突出，要求党领导下的舆情治理现代化的水平更高、能力更强。

要做到科学治理舆情、提升舆情治理能力现代化水平，需要着力从以下几个方面展开：一是要从新闻传播真实性要求出发，对舆情事件中的每一个具体事实涉及的时间、地点、人物、事情、原因和经过进行认真核对梳理，务必保证舆情研判的基础事实必须合乎客观实际。二是最大限度地遵循实事求是原则，以科学的精神和态度应对舆情，发挥舆情作为社会情绪减压阀的功能。在观念上要抛弃侥幸心理，不要片面追求静态平稳，面对潜在的舆情选择逃避态度或视而不见；要摒弃简单思维，不要抱着"媒体完全可控"的传统观念，采取打压封堵等简单粗暴做法；要避免恐惧心态，不必把舆情视为"洪水猛兽"，把网络舆论推到对立面。三是要尊重新闻传播规律，健全舆情治理制度体系，着力构建良好的社会舆论生态。要允许不同群体在法制框架下充分表达合理诉求，增强主流媒体在多

[①] 《中共中央关于坚持和完善中国特色社会主义制度　推进国家治理体系和治理能力现代化若干重大问题的决定》，载于《人民日报》2019年11月6日，第1版。

元化舆论竞争中公信力和影响力。要加强重大决策的调查研究、科学论证、风险评估，全面提高重大突发事件社会舆情治理能力和水平。

三、坚持人民主体，切实维护合法权益

人民当家作主是社会主义民主政治的本质特征，中国的国家治理必须始终坚持以人民为中心的价值取向，始终把保证人民的主体地位落实到各项国家制度设计和治理体系建设中。

在重大突发事件社会舆情治理中，要着眼保障舆情利益主体的知情权、参与权、表达权、监督权，推动舆情事件中协商民主广泛、多层、制度化落实，保证舆情利益主体真正依法享有并能够切实行使民主参与权利。只有实现了人民的主体地位，才能调动广大人民群众参与司法活动、监督法律实施的积极性，才能保证其在推进依法治理舆情中发挥积极作用，确保良法善治落到实处，从根本上保证最广大人民群众在舆情事件中的根本利益、维护好公民个体合法权益。在我们的国家治理体系中，舆情治理的主体是由执政党中国共产党发挥领导核心作用，党政机关、企事业单位、人民群众和社会团体广泛参与的，这种广泛参与的治理模式，也保证了国家治理的根本即人民的主体性得到最大程度的实现。

四、坚持依法依规，以法治思维谋共赢

在重大突发事件社会舆情治理中要保证人民群众的根本利益、维护舆情利益主体个体合法权益，仅有良好的愿望是不够的。利益诉求多元的舆论空间需要有公众共同遵守的秩序，法律将是纷杂的价值诉求与利益冲突的关键平衡点，法律精神和法治思维是调整舆论场各种诉求的准绳。一般而言，公共事件发端于社会利益与群体诉求的失衡，制度体系的建构与完善能保障群众的利益表达和诉求，是从源头上减少矛盾冲突、预防公共事件发生的治本之策。[①] 社会主义法治以保障人民根本利益为出发点和落脚点，因此，制度化、法律化的手段是人民群众享有平等参与政治社会生活的权利的制度保证，全面推进依法依规治理是舆情治理的基本要求。

具体来讲，一是要全面推进信息治理法律制度体系建设，梳理、规范舆情应对现有的各类法律法规，补充完善互联网信息内容管理、关键信息基础设施保护等法律法规，确保推进舆情治理法治化的各方面都有法可依。二是政府管理部门

---

① 王向民等：《公共事件：缘起与治理》，上海人民出版社 2014 年版，第 184 页。

要提高运用法治思维和法治方式推进改革发展、应对潜在风险、化解社会矛盾、维护社会稳定的能力，摒弃传统管理思维，克服舆情治理的"本领恐慌"。三是要保证规范秩序与保障权利并重，充分发挥法治对引领和规范舆情传播行为的主导性作用，做到既有力打击舆情有害信息，又避免屈从于舆论压力，推动民间舆论场和官方舆论场的良性互动、同频共振，形成多方共赢善治的正和博弈。

第四节　重大突发事件社会舆情治理的主要策略

党的十九届四中全会审议通过的《中共中央关于坚持和完善中国特色社会主义制度　推进国家治理体系和治理能力现代化若干重大问题的决定》指出"构建系统完备、科学规范、运行有效的制度体系，加强系统治理、依法治理、综合治理、源头治理"，这也为制定重大突发事件舆情治理的主要策略提供了指导方向。研究舆情治理策略需要超越以往舆情研究主要依托的新闻传播学单一视角，以跨学科的视野引入公共管理学、社会心理学、政治学、复杂系统科学等多学科理论资源，将舆情治理研究置于国家治理现代化的大系统、大视野中。根据融媒体环境下社会舆情发生、演化及可能引发次生损害等特点，按照上文提出的治理目标和原则，本研究认为，重大突发事件社会舆情的治理策略应从以下诸方面寻求创新突破。

一、广域监测，及时预警

重大突发事件社会舆情治理首先要树立"预防为主""情报主导"理念。预防为主，就是要求对潜在重大突发事件的负主要责任的各类主体定期开展舆情风险排查，对因不可抗力原因或工作薄弱环节可能引发社会舆情的各类重大敏感、热点社会问题进行深入的排查，做到情况明确，底子清楚，并据此修订和完善舆情治理预案，争取把重大突发事件及其舆情隐患消除在萌芽状态。

情报主导，就是要求对潜在重大突发事件的负主要责任的各类主体根据融媒体传播环境的特点，部署全时、全网、全域的社会舆情监测。据国家统计局 2022 年 2 月发布的 2021 年国民经济和社会发展统计公报显示，2021 年我国互联网上网人数 10.32 亿人，其中手机上网人数 10.29 亿人，[①] 报纸、广播、电视、网站的

---

① 《中华人民共和国 2021 年国民经济和社会发展统计公报》，中国政府网，http://www.gov.cn/shu-ju/2022-02/28/content_5676015.htm。

精华内容都已经基本迁徙到移动终端；与此同时，各类手机商业应用、社交软件都具备广泛传播的大众媒体功能。另外，基于高速通信网络的短视频、直播的广泛应用，使得数字移民从图文流量为主的 BAT（即百度、阿里、腾讯）时代向影像流量为主的 TKB（即抖音、快手、B 站）时代大规模迁徙，全民直播、人人拥有短视频电视台的大幕已经拉开。对潜在重大突发事件的负主要责任的各类主体应当充分利用基于大数据和云计算技术的专业舆情监测系统，通过用户群体画像和搜索指数、浏览页面、查询关键词等数据，及时识别、分析重大突发事件相关舆情，提升舆情预警效能。

复盘 2020 年新冠肺炎疫情，各地在应对这一重大突发公共卫生事件时，就有很多经验教训。2021 年，部分地区出现零散病例，实行封闭管理，但部分市民却在社区封闭管理期间遭遇生活物资配送不及时、不到位的问题，在网络上引发广泛关注。经过一年的疫情防控，各地政府本就应该在突发疫情处置、相关社会资源配套等方面积累了重要资源和经验，但一些地方在对信息监测、社会预警方面未能及时跟进，没有做到未雨绸缪，导致疫情防控工作和网络舆情疏导工作面临被动局面。

二、准确评估，研判风险

广域收集的舆情信息汇总后，关键是能否准确做出重大突发事件及其社会舆情的趋势研判，并根据研判的结论立即启动事件应对及舆情治理预案。准确研判的首先需要对社会舆情有全面准确地感知，要搞清楚引发舆情事件的基本情况、引发事件的原因、网民参与的心理动机、分析舆情发展的态势，然后依据事件性质和发展规律对舆情的走势加以准确判断。应当明确的是，重大突发事件社会舆情的研判本身就是事件应急处置的重要组成部分，事件发展与舆情趋势一般呈正相关态势。

可资借鉴的一个重要理论是社会燃烧理论。该理论认为，重大突发事件与自然界的燃烧现象相类似，当社会燃烧物质积聚到一定程度后，在社会心理风险放大效应、社会舆情不当传播等助燃剂的催化以及导火索事件的引燃下，群众集体情绪达到点火温度，导致重大突发事件的爆发。"社会燃烧物质"是引发公众不满情绪的因素，是重大突发事件发生的社会矛盾。对于重大突发事件来说，它是必要非充分的条件，并且其积累的时间较长。一般而言，重大突发事件都是从量变到质变的一个过程，燃烧物质的数量与事件的规模成正比，燃烧物质的数量越多，事件规模可能就越大；"助燃剂"是形形色色的社会舆情，是使重大突发事件发生升级和规模扩大的催化剂；"导火索"是社会不满情绪导致的公众过激言行。通常情况下，公众情绪的满意与否之间有一个转折点，在转折点之前公众情绪处于平稳状态，则不会引发事件，但是一旦出现某些具有影响的社会冲突，使得公众蓄积的不满情绪释放和高涨，就有可能出现过激言行达到点火温度。尽管重大突发事件的发生有突发性，但实质上它有一个潜伏酝酿、发生发展和平息恢复的过程，直接具体的利益冲突往往是引发突发事件发生的导火索。

可见，社会燃烧理论认为社会的无序、失稳及动乱需要具备的三个基本条件，即燃烧材料、助燃剂和点火温度。"人与自然"关系的不协调和"人与人"关系的不和谐引起社会无序的基本动因，构成了社会不稳定的燃烧物质；此外，一些媒体的误导、过分的夸大、无中生有的挑动、舆情的传播、小道消息的流行、敌对势力的恶意攻击、非理性的推断、片面利益的刻意追逐、社会心理的随意放大等，相当于社会动乱中的燃烧"助燃剂"；由此引发的一定规模和影响的突发性事件可以被视作社会动乱中的导火线。其中，社会舆情在社会燃烧中可能发挥"助燃剂"的作用，引发或加剧原有的不稳定、不和谐状态。

在融媒体传播环境下，大数据支撑和模拟预测对于准确研判必不可少，熟悉事件处置业务专家与舆情监测引导专家的联合会商更为重要。通过大数据分析，可以形成舆情热点地图，准确把握受众情绪，准确预判舆情发展趋势，客观评估舆情演化风险，提高重大突发事件处置及其舆情治理的准确性和针对性。

新冠疫情暴发初期，围绕"是否存在人传人"等重要信息研判上，也为我们对相关舆情的分析研判提供警醒。作为一个医学问题，新冠肺炎是否"人传人"必须要有流行病学调查作为依据；作为社会舆情议题，如何研判相关舆情的态势影响，同样需要对网络舆论、社情民意进行细致调查、科学研判，需要我们在充分监测网络舆情、了解民情民意的基础上，准备识别尤其是老百姓反映强烈的焦点问题，将风险化解前置，避免无序膨胀发展，产生爆发式负面影响。

三、分类应对，实体处置

治理重大突发事件社会舆情的根本，仍然在于突发事件实体的处置。因此，得到预警、得出准确研判后的第三个策略，就是与时间赛跑，尽早对舆情集中反应的社会各界对于重大突发事件的核心问题加以处理。

实体处置首先要快速反应，重大突发事件往往严重危害公共利益或者对公共价值构成巨大威胁，责任主体必须闻风而动，第一时间担当责任、控制事态、维护公共利益。第二要分类处置，例如，现场危机类突发事件，先要平息事端，管控现场；自然灾害类突发事件，先要组织救援，减少损失；官民冲突类突发事件，先要查清基本事实，问责官员。第三要实事求是，在人人皆有麦克风、处处都有摄像机的融媒体传播环境下，对重大突发事件处置的任何隐瞒或掩饰都可能成为舆情再度燃烧的起点。第四要依法应对，处置万众瞩目的重大突发事件，最重要的遵循就是法律法规，即便是现行法律没有明确约定的，也要依据党的基本政策和立法精神拿出处置建议。最后，处置重大突发事件还要尽可能符合情理，要特别尊重道德准则，并在可能的情况下展现人道主义关怀。

本次新冠肺炎疫情作为重大突发公共事件，对国家社会带来的冲击远远超出了一般事件，党和国家也迅速认识到事件的严重性与舆情发展的严峻性，果断提升至最高响应级别，为妥善处置事件打下了基础。在具体的防控救治上，国家卫健委、国家中医药管理局联合动态发布多版新型冠状病情肺炎诊疗方案，对相关疫情防控进行分门别类的指导，包括诊断标准、临床分型等，均有指导意见。各地也在国家相关部门的文件指导之下，结合各地疫情发展走势，发布了具有针对性的应对、处置方案。

四、迅速发布，先声夺人

在舆情信息庞杂而过剩的时代，人们的时间、精力有限，对重大突发事件的信息往往来不及反复比较鉴别，容易先入为主。因此，几乎是在启动重大突发事件处置的同时，责任主体必须第一时间发布信息，把事件的基本事实、处理问题的态度、解决问题的做法尽快告知公众，以最大限度压缩不良消息传播空间，释疑解惑、化解矛盾，把公众情绪引导到健康理性轨道上来。

如何定义"第一时间"？2016年国务院办公厅印发《〈关于全面推进政务公开工作的意见〉实施细则》要求：对涉及特别重大、重大突发事件的政务舆情，要快速反应，最迟在5小时内发布权威信息，在24小时内举行新闻发布会，持续发布权威信息，有关地方和部门主要负责人要带头主动发声。实际上，基于重大突发事件事关公众利益，任何亲历、旁观或感受到的个人都可能以现场直播的速度通过社交媒体或自媒体发布信息，责任主体对于"第一时间"的最佳选择应该是"在核对事实无误的前提下，能早一秒是一秒"。只有这样，才能起到先声夺人的舆情治理效果。

迅速发声要求不回避、不失语，但同时要做到的是"不妄语"。责任主体第一时间发声的前提是准确表述，鉴于有的重大突发事件情况复杂，了解事件前因后果、确定责任人员等可能需要较长时间，因此，迅速发布同时必须遵循"速报事实，慎报原因"。

本轮新冠肺炎疫情中，各地不断吸取经验教训，在涉疫信息的及时权威发布上，逐渐摸索出快速、动态、权威、多渠道、广覆盖的综合信息发布路径。

五、持续发声，靶向供给

习近平总书记在 2013 年全国宣传思想工作会议上指出，做好舆论引导工作，关键是要提高质量和水平，把握好时、度、效，"明者因时而变，知者随世而制"。① 在重大突发事件社会舆情的发展期，责任主体必须保持对舆情的全面监测，准确研判舆情发展态势，持续发布重要信息，有效回应公众关切。

"靶向治疗"是指在治疗的过程中有目的地针对某一些特定的目标或部位，如细胞受体、关键基因和调控分子为靶点的治疗。它具有特异性强、精准定位、副作用小等特点。重大突发事件舆情回应的靶向定位是指在舆情回应过程中，能够针对公众关心的、事关社会公共利益的、担当社会痛点的"靶点"。也就是公众心存疑虑，亟待政府等信息所有者提供信息供应的关键问题。

重大突发事件持续发布也需要"对症下药、精准滴灌、靶向治疗"。突发事件社会舆情回应要定准靶向，找准靶源，切准靶点，针对公众关心的社会热点与现实问题实施靶向消融。具体而言，就是在重大突发事件中，注重信息需求与信息供应的匹配，并辅之以行动改变态度的认知模型的实践。除了在舆论场上满足公众的信息需求，还要在突发事件爆发后以及时有效的救助、调查等行动支持舆情回应系统。在重大突发事件中，责任主体如果不能及时精准供给重要信息，就会造成信息黑洞，靶向效应就会失效，公众不能及时获得足够的信息，只能用想象或臆测来增补信息真空，就可能导致重大突发事件社会舆情的反复。

网络舆论的衰变规律为我们通过"议题设置"和"议题管理"治理重大突发事件社会舆论提供了依据。在热点事件发酵之初，参与者、围观者对事件背景和性质的解读思考是自由发散的，如果责任主体设置的议题能引发网民的心理共鸣，则可以对社会起到思维聚焦的作用。在重大突发事件舆情治理中，在事件实体得到妥善处置、公众知情权得到充分保障前提下，责任主体也可以主动设置新的"议题"，通过"热点转移"，逐渐转移公众的关注视角，把公众的注意力转移到重大突发事件之外的议题上。

新冠疫情发生以来，北京在应对疫情、疏导网络舆情方面做了大量工作。截至 2020 年 12 月 31 日，北京市政府新闻办共召开了 197 场疫情防控例行新闻发布会，介绍有关情况并答记者问。在新闻发布会上，北京市相关部门不仅通报病例情况、流调结果，还就公众关注的生活物资供给、复工复产安排、学校线上线下教学安排等做出明确、具体、针对性的回答。

---

① 习近平：《论党的宣传思想工作》，中央文献出版社 2020 年版，第 16 页。

六、权威站台，强势引领

在重大突发事件的舆情治理中，不仅要主动发声、正面发声、权威发声，还要增加发声频率和幅度，促进主流舆论在交流碰撞中不断壮大，引起社会共鸣唱和，挤压负面声音的传播和生存空间，引导社会成员参与壮大主流舆论。舆论引导不仅仅是要求政府部门和主流新闻媒体要发声，还应当吸纳社会各方力量汇聚到发出及应和主流声音的进程中来。只有社会共同参与，形成多方合唱的阵势，主流声音才能传得更远。

责任主体最高层级官员发声具有重要意义。妥善处置和应对重大突发事件事关公共利益，也是各级党政机关职责所在。责任主体最高层级官员发声，不仅有助于澄清可能存在的模糊认识，而且有助于增强民众信心。

与此同时，与重大突发事件相关的研究机构、行业协会、业内专家发声也至关重要。处置重大突发事件往往需要专业力量参与，也往往涉及复杂的法律关系，在涉及专业知识和法律责任等问题时，研究机构的报告、专家的声音比公共权力机构更具可信度、更有说服力。另外，重大突发事件的亲历者、旁观者的声音也具有独特的价值。因此，要在各种场合、借各种渠道、以各种方式予以支持，让代表主流价值观的声音壮大、强大。

新冠肺炎疫情防控中，各级政府也充分依靠各位行业专家疏导公众情绪、引导社会舆情，取得了积极效果。比如中医药在疫情防控中的功效，不少网友存在疑虑，张伯礼院士等一大批医务工作者发布的临床治疗实效，有力回应了误解和质疑。

七、社交传播，润物无声

融媒体传播环境下，传统媒体向新媒体转移、PC 端向移动端转移，主流媒体的"舆论主场"变为众多跨界者共同参与的"舆论广场"。针对全程媒体、全息媒体、全员媒体、全效媒体这些新的特点，重大突发事件舆情治理中的主动传播需要从内容、形式、渠道等方面适应社交传播趋势。

内容方面，责任主体发布的任何信息应当适应移动终端、图示化、短视频化等趋势。应当对发布的各类信息进行深加工，使其不仅适合在报纸、电视刊播，而且适合在微信、今日头条、抖音甚至部分流量较大的商业应用上传播。

形式方面，舆情治理发布也需要拥抱"全息媒体"。全息媒体以大数据、云计算、人工智能技术等为依托，不仅是过去的纯文字图片、纯音频、纯视频，现

285

在已经发展到虚拟现实、增强现实合成视频，发展到无人机视频、H5 多媒体合成页面、互动游戏等，具有形态全、体验深、精度高等特点，能够给受众带来更好的传播体验。责任主体可以利用人工智能技术还原重大突发事件的相关场景，利用短视频、可视化图表等全面呈现事件的来龙去脉，消除舆论的"盲人摸象"效应，实现正向的舆论引导。

渠道方面，舆情责任主体不必坚持"为我所有"，而要重视是否能"为我所用"。可以通过媒体聚合平台影响、引导单个媒体的推送，把主流声音送达各个圈层的受众。可根据"全员媒体"特点，建立起文字、短视频等不同类型的媒体聚合、推送平台，当发生重大舆情的时候，在平台上率先发出权威声音。同时，通过内容审核和调整机制，发挥聚合平台传播分众化、个性化的特点，引导各自媒体传播正确观点，实现主流声音多渠道、精准化传播。

在疫情防控和舆论引导实践中，地方政府用好媒体融合基础设施建设，逐渐实现了全媒体覆盖、多形态传播。具体表现在信息发布不仅仅依赖传统权威媒体，还纷纷覆盖微博、微信、新闻客户端以及包括快手、抖音等在内的音视频平台，社交平台的裂变传播使得地方防疫信息快速准确传达。另外，在信息可视化、精确新闻传播方面，各地也多有尝试，部分权威媒体采纳了 B 站等社会化平台热播的科普视频、模拟动画辅助进行防疫宣传，在劝导大家避免聚集、就地过年等方面收获明显成效。

八、精准管控，重疏轻堵

在主动开展重大突发事件信息发布的同时，也要时刻关注网民对热点议题的关注度，回帖内容以及转载数量。应发挥网监部门职能优势，加强信息主题关键词检索，拓展敏感词库和词源，及时清除不符合法律规定的有害信息。同时要加强对网民引导，对肆意捏造事实、发布不实信息的，要追究相应法律责任。

在融媒体传播时代，除了个别基于不同政见或别有用心的网民可能发布不良信息之外，商业利益驱动的"蹭热点"传播能力也不可小觑。与重大突发事件相关的新闻、综述或评论，都是社会各界高度关注的信息，也是最容易博取公众注意力的资讯。正是由于此类信息具备高导流特征，一些自媒体、商业应用社交软件想方设法用"标题党"手法甚至捏造事实发布不良信息，其目的是实现自媒体粉丝量增长或吸引商业应用注册用户。对于这类新型的"蹭热点"传播，要严格依据法规强化治理，压实自媒体平台和商业应用软件机构的责任。

如果必须运用封堵删等手段治理重大突发事件社会舆情，必须坚持依法处理和精准管控两个原则。依法处理是指重大突发事件责任主体要求封堵的不良信息必须是于法有据、证据确凿的；精准管控是指运用禁止性手段的领域和频率都是严格受限的，必须防止屏蔽有益声音。总体而言，在重大突发事件社会舆情治理中，要防止陷入堵多于疏的陷阱。要让网民公众的话语尽可能地反映到相关责任部门，对重大突发事件的应对处置要禁得住公众的质疑和评论，只有这样才能凝聚公众的智慧，共同妥善化解重大突发事件。

新冠疫情暴发以来，也发生了不少故意编造谣言、为博眼球篡改核酸结果等事件。面对恶意制造、传播谣言，带来负面影响的案例，相关部门果断出手，依法进行处置。2020 年 12 月，成都确诊病例之一赵某的个人隐私信息在多个社交平台上被转发，涉及姓名、身份证号、行动轨迹等信息。当事人隐私全无，甚至遭遇"网暴"。公安机关及时介入，经调查，嫌疑人对散布泄露他人隐私的行为供认不讳，并深刻认识到自己的错误。嫌疑人也因违反《治安管理处罚法》相关规定被依法予以行政处罚。[①] 这一案例中，依法处置、精准管控的做法值得肯定。在疫情期间，也出现个别地方"一刀切"的信息管理，无视舆情传播的客观规律，甚至违背国家相关法律规制滥用封堵措施，需要深刻反思。

[①] 《成都一男子泄露新冠患者赵某某隐私，被行政处罚》，澎湃新闻，https：//m. thepaper. cn/baijia-hao_10331163。

第九章

舆情协同治理

随着新互联网时代的到来，舆情逐渐呈现出诸多新特点，以移动互联网、大数据、云计算、物联网以及定位技术为主要支撑的舆情治理工作日益复杂，"政府包办"模式已经不再能满足舆情治理的实际需要。重大突发事件的发展和处置过程也是一个社会舆情的治理过程，舆情传播使得普通事件演变为重大突发事件的风险显著增加，并可能推动重大突发事件迅速发展至高潮，最后又因舆情的有效治理趋向平静。合理引导和治理舆情问题是预防重大突发事件发生、妥善处理冲突、维护社会稳定的关键环节。

做好党的新闻舆论工作，营造良好舆论环境，是治国理政、定国安邦的大事。党的十八大以来，习近平总书记高度重视新闻舆论工作，曾在多个场合发表重要讲话，深刻阐述了做好新闻舆论工作的重大意义、职责使命、方针原则、创新发展等一系列问题，体现了重大突发事件社会舆情协同治理的重要性，也为相关研究向纵深发展提供了基本的方法遵循。

本子课题从多元主体的角度探索重大突发事件社会舆情的协同治理体系与机制研究。首先，在重大突发事件社会舆情风险及协同治理的研究综述中，基于协同论、治理理论，分析重大突发事件社会舆情协同治理的理论架构，为本子课题构建坚实的理论基础，并在总结其研究不足的基础上提出研究思路与方法。其次，对其应用于重大突发事件社会舆情治理的可行性与必要性进行探讨。基于理论指导构建了重大突发事件社会舆情的协同治理主体的"静态"关系结构，其具体的内在逻辑是在重大突发事件社会舆情治理主体角色分化的前提下，构建相互依赖的网络关系，促进主体之间功能和优势互补。再次，"理论联系实际"。通过

288

两个实际案例的分析、比较，一方面与理论对话，验证理论指导下协同治理主体"静态"关系的合理性，并进一步分析重大突发事件的社会舆情治理中，舆情演变阶段性特征对于各主体功能发挥的影响；另一方面对重大突发事件社会舆情协同治理面临的现实困境进行探析。最后，进一步研究重大突发事件社会舆情协同治理的机制构建；并从"多元主体参与舆情治理，强化协同意识""舆情风险协同治理主体的能力提升和责任培育""促进重大突发事件社会舆情协同治理的法律与制度建设"三个大方面提出优化策略，以期为重大突发事件社会舆情的有效治理，为减少和缓解重大突发事件冲突，创造和谐有序的社会环境，促进社会治理现代化做出贡献。

第一节 研究背景和研究综述

一、研究背景及意义

首先，重大突发事件社会舆情的协同治理体系的研究具有理论意义。国内学界目前关于协同治理、社会治理和舆情治理都有相应探讨，但是缺少从多元共治视角来探讨舆情风险治理过程中的各主体协同机制问题。本课题研究力图在界定协同治理和舆情治理基本范畴的基础上，构建重大突发事件社会舆情风险控制的理论框架。尝试提出多元主体在舆情治理中的理想关系模式，进一步深化协同治理理论在重大突发事件社会舆情治理中的适用性。

其次，探索重大突发事件社会舆情治理模式的转变具有现实意义。随着改革开放持续推进，转型期的社会经济结构与价值观念发生急速的变化，随之产生的各类社会风险不断累积，我国进入突发事件高发频发的时期。国内目前重大突发事件社会舆情治理主要是政府单一主体的管控模式。互联网和自媒体时代对这种单一模式提出了巨大挑战。与时代相适应，舆情治理模式必须实现从单一主体到多元共治模式的转变。课题研究力图基于坚实的理论框架，构建多元主体合作机制，采用案例分析和比较分析的研究方法，对不同合作机制在现实舆情事件演变中所起到的不同效果做出分析。试图提供具有一定可操作性的符合当代舆情演变特征的治理模式。

二、理论架构及研究综述

通过梳理和分析目前重大突发事件社会舆情风险及协同治理的相关研究，可较为清晰地构建出舆情风险及协同治理的理论框架和相关研究成果。

（一）核心范畴界定及相关理论框架

1. 重大突发事件

国内学者对重大突发事件有群体事件、群众性、聚众、聚群、集体行为等诸多称谓，在西方文献中，将重大突发事件称为集群行为（collective behavior）、抗争性政治（contentious polities）、社会骚乱（social unrest）等。有学者提出，"重大突发事件是指有一定人数参加的，通过没有法定依据的行为对社会秩序产生一定影响的事件"，[①] 这里包含三个层面：强调了重大突发事件的规模，5 人以上即可形成一定的耦合群体；同时这种突发性、群体性的聚集通常是法律所禁止的；事件对社会生产、生活秩序产生了一定的影响，为社会治理带来了一定的难度。重大突发事件通常也被认为是一种制度外的集体政治行为，它通常具有一定的政治诉求，但是明显不同于选举、政府会议等制度内的政治行为，因此需要通过一定的引导和规范来管理，从而减少其带来的负面影响。

2. 舆情与舆情风险

舆情有时被称为社会舆情，舆情的主要构成要素，包括作为舆情主体的民众、作为舆情客体的国家管理者、中介性的社会事件和舆情空间等，[②] 具有鲜明的突发性、群体性和社会性。从概念上来讲，广义的"舆情"是指个人以及公众基于自身利益和核心诉求对公共事务所持有的多重看法、态度和情感交错。[③] 狭义的"舆情"是指民众的一种社会政治态度，这种态度是受到一定中介性的社会事项或者突发事件影响产生的。[④] 从情感色彩上来看，广义的舆情是一个中性词，只是反映了公众的情绪、意见和态度，没有好坏之分；而狭义的舆情，尽管只是强调了民众的一种社会政治态度，但是这种政治态度与国家政策、政府执政水平和公共事务息息相关，当社会政策、政府执政水平符合公众期待时，舆情信息就会较为积极、理性，但是当社会矛盾不断激化，政府政策和执政水平不能满足公

---

① 于建嵘：《当前我国群体性事件的主要类型及其基本特征》，载于《中国政法大学学报》2009 年第 6 期。

② 陈月生：《群体性事件与舆情》，社会科学院出版社 2005 年版，第 34 页。

③ 刘毅：《略论网络舆情的概念、特点、表达与传播》，载于《理论界》2007 年第 1 期。

④ 王来华：《舆情的主客体关系与突发性群体事件》，载于《社科纵横》2003 年第 4 期。

众期待时，舆情通常表现为民众不满情绪的爆发、认知的扭曲以及行为倾向的非健康和非理性，[①] 在不少时候还会表现为与国家管理者之间的态度对立甚至对抗，并伴随着一定量的不实言论和谣言。因此也有学者将这种狭义的舆情概念理解为"舆情风险"。从研究内容和研究目标来看，更倾向于采用舆情的狭义概念。

3. 重大突发事件舆情

本研究认为重大突发事件与舆情具有如下关系：一方面，舆情的长期累积是重大突发事件的前奏。即公众在长期的对于某些社会问题、政府执政能力和水平以及社会政策的不满中积累的极端、非理性情绪，受到一定中介社会事项的刺激，在没有有效纾解的情况下，演变成一场既包含观点冲突又包含行动冲突的重大突发事件。另一方面，重大突发事件冲突的产生，使得原本的舆情信息在更大的范围内演化和传播，舆情进入爆发阶段并引发次一级的舆情风险，产生大量的不实言论，危害社会稳定，反过来激化重大突发事件冲突。这两者之间是密切联系，相辅相成的。因此探讨重大突发事件社会舆情的协同治理，首先要着眼于舆情演变的整个阶段，结合舆情演变的规律，在舆情风险萌芽阶段采取有效措施，及时发现并解决舆情危机，尽可能控制负面舆情传播，降低重大突发事件发生的可能性；其次，在重大突发事件发生时或者发生后，最大可能控制负面舆情在网络中的扩散和蔓延，尽快引导舆论走向，防止其反过来激化事件矛盾，加重事件冲突。

另外，需要强调的是，本研究所说的舆情治理，并不是指管制或者完全限制舆论，而是在尊重舆论自由的基础上，为了阻止或者缓解重大突发事件冲突，化解社会治理矛盾，对有利于防止重大突发事件发生和促进事件有效解决的舆情进行合理引导和宣传，营造和谐、理性的舆论氛围，助力正面言论和积极情绪的传播，对于不实言论、非理性、极端情绪化的谣言，一方面通过澄清真相等方式进行引导，另一方面通过制度规范和惩罚手段进行管理。

4. 协同论

1971 年德国理论物理学家赫尔曼·哈肯基于物理学现象，最早提出了协同论。[②] "协同"有"协调与合作"的意思。[③] 协同论是一门研究集体行为的科学，基于普遍规律，关注集体有序的、结构井然的自我组织行为。协同论不仅被用于自然科学研究，对社会科学领域也带来很多启发。协同论主要包括以下五个基本原理。

---

① ［美］沃尔特·李普：《公众舆论》，阎克文、江红译，上海世纪出版集团 2006 年版，第 253 页。

② ［德］赫尔曼·哈肯：《高等协同学》，郭治安译，科学出版社 1989 年版，第 9 页。

③ ［德］赫尔曼·哈肯：《协同学——大自然构成的奥秘》，凌复华译，上海译文出版社 2005 年版，第 5 页。

协同论是一种开放系统理论。协同论是复杂的，所有的研究对象构成一个完整的系统，这些系统由内部众多的子系统组成，同时子系统本身也是一个完整的系统，内部还可以划分出无数个更小的系统，可以说任何事物都存在于系统之中，这些系统是开放的，通过不断地与外界进行能量交换保持活力。[①]

协同效应是系统有序、和谐运转的内部驱动。系统有序、合理的整体结构，来源于内部各个子系统或者说各个部分的相互作用、相互合作，尽管各个子系统都具有一定的差异，但是他们通过信息、能源、物资的交换形成默契，呈现整体的协同效应，[②] 简单来说，协同效应是具有差异的各个子系统之间相互妥协的结果。

自组织是系统呈现协同效应的关键。自组织指的是在没有外界干预和影响的情况下，仅仅通过组织内部成员的特定默契，自行组织、自行演化，通过相互合作、相互妥协，使得整体从无序变为有序，形成和谐、稳定的活的结构的组织。[③]系统的自主性、自发性是整个自组织系统保持活力的根本，是整体从无序向有序转变的内在驱动力，自组织功能使得整个系统保持活力，形成整体的协同效应。因此要真正发挥系统的整体作用，就要在坚持其开放性的基础上，发挥内部子系统的自主性，提高自主能力，加强各系统与子系统之间的协同合作，使整体活动协同有序进行。

序参量是协同行为产生的关键变量。哈肯认为，在无序到有序的系统变化过程中，有无数变量对系统产生影响，但是其影响力大小是不同的。在这一过程中，有两种变量，一种是快变量，另一种是慢变量，慢变量在系统演变的全过程中，都起着影响作用，直到新的稳定状态，也就是主宰系统的变化过程，这种慢变量也被称为序参量。[④] 序参量是系统的子系统或诸要素集体运动的产物，是各系统间竞争与协同的表征与度量，是影响系统从无序到有序的关键变量。

5. 治理理论

一些学者认为，治理活动本身并不具备强制性。治理是"在活动领域内，一系列没有得到授权的，但可以发挥作用的管理机制"。治理与统治有很大区别，统治是有正式的权力和警察力量支持的，具有强制作用，而治理则由共同目标为支撑，并不依靠强制力量使人服从。[⑤] 治理具有四个主要特征：其一是组织之间是相互依赖的；其二是内部成员通过持续互动，不断交换资源，并就共同目的进

---

① ③ 王贵友：《从混沌到有序——协同学简介》，湖北人民出版社 1987 年版，第 13 页、16 页。

② 参见郭治安等：《协同学入门》，四川人民出版社 1988 年版。

④ ［德］赫尔曼·哈肯：《高等协同学》，郭治安译，科学出版社 1989 年版，第 14 页。

⑤ ［美］詹姆斯·N. 罗西瑙：《没有政府的治理》，张胜军、刘小林等译，江西人民出版社 2001 年版，第 4～5 页。

行协商；其三是内部成员以信任为基础，并通过共同认可的规则来进行调节和互相约束；其四是相对于国家或者政府机构而言，它们是相对独立自主的，具有自组织性。① 治理需要各个行为体的通力合作，这些主体通过互动在信任和共同规则的基础上，形成自组织，从而促进社会系统的有序发展。② 而根据全球治理委员会做出的界定，治理是个人和机构所采取的管理社会公共事务的方式总和，治理的过程是协同不同利益，调节相互冲突，从而实现联合行动的过程，这个过程中既有正式制度，也有非正式的制度安排。

国内学者也结合国情对治理理论进行了阐释。俞可平认为，治理一词的基本含义是在运用公共权威的情况下，广泛的或者民间的公共管理组织在一定范围内维持社会秩序，为公众的需要而努力的过程。③ 陈振明将复杂的治理理论内涵阐述为政府管理、公民社会、合作网络三个方面，他认为治理的对象是合作网络，也可称之为网络治理，是政府部门在非政府部门如社会组织等的协助下，通过互相合作，互相依存，为实现公共利益目标而共同管理公共事务的过程。④

协同论和治理理论有一些共通之处：第一，两者都具有一定的系统观，协同论将世间万物看作一个开放的系统，而治理理论存在的前提就是有一个开放的复杂的社会系统；第二，多元主体是关键，多元主体通过交流、互动，在信任的基础上形成协作关系；第三，两种理论都强调自组织，协同论认为自组织是系统的根本动力，而治理理论同样强调，在社会系统中，多元主体在竞争与协作的过程中，形成相对于国家或者政府机构而言较为独立的自组织网络，并成为社会治理中的一个关键部分；第四，无论是协同论还是治理理论，都认为多元主体竞争与协作的过程不仅仅是一种简单的信息交流和资源分配的过程，其根本目标是形成某种平衡的结构，促进集体利益的最大化。可以说，这种共性，是协同论在治理领域的具体应用，是一种方法论意义上的启示，告诉我们从协同论角度思考治理及其机制的可能性。

6. 协同治理

公共管理领域的协同治理是以上两种理论的结合，是两种经典理论主要观点的耦合，但它并不是两种理论的简单叠加，而是从治理多元化到治理协同观的转变，是协同学在治理领域的具体应用，可以说协同治理来源于对治理理论的重新检视，而检视过程所需要的理念依据和方法则是由协同理论提供的。⑤ 协同治理

---

① ［英］罗伯特·罗茨：《新的治理》，木易编译，社会科学文献出版社2000年版，第95页。

② 李汉卿：《协同治理理论探析》，载于《社会经纬》2014年第1期。

③ 俞可平：《全球治理引论》，载于《马克思主义与现实》2002年第1期。

④ 陈振明：《公共管理学——一种不同于传统行政学的研究途径》，中国人民大学出版社2003年版，第87页。

⑤ 田培杰：《协同治理：理论研究框架与分析模型》，上海交通大学博士学位论文，2013年。

为实现"善治"提供了新的思考角度和关键方法，协同治理的过程是探寻有序、稳定的治理结构的过程，这个过程在强调主体多元的基础上，更重视主体之间和谐有序关系的形成，追求整体大于部分之和的协作效果，正如美国哈佛大学学者 Donahue 教授，在 2004 年一篇名为《关于协同治理》（*On Collaborative Governance*）的文章中表述的。① 公共管理领域的"协同治理"可以概括为处于同一社会治理网络中的多元主体间通过协调合作、共同策划并行动，形成彼此耦合、相互依存的局面，产生有序的社会治理结构，从而实现协同目标的过程。② 综合以往研究所得，本研究认为公共管理领域的协同治理应该具有以下内涵：

一是治理主体多元化。这是本理论的关键内涵，强调政府以外的其他主体，如企业、家庭与个人等都在社会公共治理中发挥作用。③ 这些主体具有不同的功能优势和资源条件，也具有不同的利益诉求，他们在社会治理过程中保持着竞争与合作两种关系，在不断磨合的过程中，推进社会进步。

二是治理系统具有开放性。协同论强调所有事物本身都是一个系统，这个系统应该是开放的，并通过不断地与外界进行交流和资源交换，使得系统呈现出井然有序的状态，使整体效能达到最大化。④ 因此，治理系统具有开放性，并通过与外界环境的不断交流，从环境中获得新的有序结构维持所必需的物质、能量和信息，是协同治理有序运行的关键。

三是重视各主体之间的协同有序。这也是对协同论的引入和吸收，协同治理不同于以往治理理论的特点就在于，它不仅仅强调治理主体的多元化，更强调主体之间形成有序的合作关系即主体多元只是一个基本要求，主体关系的协同性才是重点。⑤ 在传统的治理结构中，政府处于绝对权威的地位，其他主体不能发挥作用，主体合作具有重重阻力，政府和其他社会主体常处于压制与被压制的关系之中，协同效应的实现更是无从谈起。但是在协同治理关系中，尽管政府在一定程度上依然处于主导地位，但是这种主导并不是以单方面发号施令的形式，而是在给予其他主体一定自主性的基础上，通过互相交流、相互协商、开放对话等方式建立起团结、平等的合作关系，实现共同的社会治理目标。⑥

四是秩序形成具有自组织性。在传统的治理系统中，整体的治理秩序主要通过制度和规则的强制约束来实现。在协同治理结构中，每个主体都是相对独立和

①③ 田培杰：《协同治理概念考辨》，载于《上海大学学报（社会科学版）》2014 年第 1 期。

② 郑巧、肖文涛：《协同治理：服务型政府的治道逻辑》，载于《中国行政管理》2008 年第 7 期。

④ Johanson J，Mattsson L G. Interorganizational relations in industrial systems：A network approach compared with the transaction cost approach. *International Studies of Management & Organization*，1987（1）：34 – 48.

⑤ 孙国强：《关系互动与协同：网络组织的治道逻辑》，载于《中国工业经济》2003 年第 11 期。

⑥ Erik Johnston，Darrin Hicks，Ning Nan，Jennifer Claire Auer. Managing the Inclusion Process in Collaborative Governance. *Public Administration Research and Theory*，2011（21）：699 – 721.

平等的，他们拥有较高的自由度，但是并不会出现一片混乱的情况，这是因为在协同治理结构中，各方为了实现互利和共同目标具备提高各自能力的意愿，帮助其他组织达到自身的最佳状态。① 在协同关系中，各方共担风险和责任，共享收益，投入足够多的时间，具备很高程度的信任。这种秩序形成的自组织性，使得整个治理结构，能够在复杂多变的外部环境下进行及时有效的调整，极大地提高了行动力和适应性。②

（二）重大突发事件社会舆情与协同治理：适用性分析

1. 可行性分析

协同治理具有普遍性。协同治理理论主要吸收了哈肯协同论的内容和精华，哈肯通过将研究视角从物理学现象拓展到其他自然现象乃至社会领域，发现了诸多学科背后的一致性，无论在无生命自然界还是有生命自然界中都具有普遍的适用性。③ 同样的，以协同论为重要基础的协同治理理论也具有这一特点，协同治理理论的普遍性可能并不在于发现了纷繁复杂现象背后的规律，而在于其所能应用的领域和范围。如社会科学研究领域中舆论的形成、政府、大众传播媒介与舆论之间的相互关系、社会体制的变革以及预测革命的爆发等。④ 协同治理理论的广泛适用性是显而易见的，也为我们研究重大突发事件社会舆情的治理机制和模式提供了新的思维方式与理论视角。在舆情风险治理中引入协同治理理论，可以对形成更加完善的治理体系和机制，充分发挥各主体优势和职能以及对有效解决重大突发事件社会舆情治理过程中的现存问题产生较大的启迪意义。

重大突发事件社会舆情治理过程是复杂且开放的，具体如下：

一方面，舆情治理过程具有复杂性。正如协同治理理论的研究对象和主体具有复杂性，重大突发事件社会舆情治理过程也是复杂的。这种复杂性，一方面是由重大突发事件社会舆情演变特征决定的，根据以往的研究结果，学者多将重大突发事件社会舆情尤其是网络舆情的演变划分为 4~5 个阶段，不同阶段的舆情都具有不同的特点：如有学者根据生命周期理论，将舆情演变过程划分为"产生、传播、变化和消亡"等维度。不同阶段的舆情具有不同的特征，也意味着需要采取不同的应对态度和应对措施，各个主体就需要根据舆情演变特点及时调整

---

① Simon Zadek. *The Logic of Collaboration Governance：Corporate Responsibility，Accountability，and the Social Contract.* Cambridge，Harvard University，2006（3）：7 - 14.

② Kirk Emerson，Tina Nabatchi，Stephen Balogh. An Integrative Framework for Collaborative Governance. *Public Administration Research and Theory*，2011（22）：1 - 29.

③ 潘开灵等：《管理协同理论及其应用》，经济管理出版社 2006 年版，第 59 页。

④ 参见高轩：《当代中国政府组织协同问题研究》，上海三联书店 2015 年版。

自己的治理手段同时还需兼顾整个系统的有序性和协调性，因此具有一定的复杂性和多变性；同时，舆情治理过程中的个体是多样的，每个个体的利益并不完全一致，在舆情治理过程中的立场和目标有时具有一定的差异，需要进行协调；再次，从每个个体的能力来看，在舆情治理过程中，不同主体的职能以及掌握的信息、技术水平和认识水平都有不同，单单依靠某一个主体是不可能的，只有所有主体通力合作，互相配合，才能使得治理舆情风险的整体性得到体现。

另一方面，舆情治理过程具有开放性。重大突发事件社会舆情的协同治理过程是开放的，重大突发事件的舆情治理过程就是一个复杂的开放系统，舆情演变是一个千变万化的过程，要及时应对舆情危机，单靠某一个子系统，无论是单一的政府部门抑或是单一的媒体机构都是不可能实现的，需要在开放性思维指导下与其他子系统进行合作和沟通。只有具有开放性的舆情治理机制，才能不断提高协同性和有序性，消除舆情治理过程中的不足与弊端，使应对体系不断趋于完善，呈现出舆情危机应对的和谐有序状态。

2. 必要性分析

协同是组织发挥其功能的关键。内部的协同有序是每一个组织发挥其功能的关键。协同治理理论认为，整体的有序性是由内部各个部分之间的关系所决定的，如果内部的各个主体和部分相互协调配合，围绕共同目标协同运作，就能化解或者抵消因相互抵触和竞争而产生的矛盾与冲突，促使组织实现从无序到有序的转变，实现"1 + 1 > 2"的整体效应。相反，如果相互斗争、互相掣肘、互相牵制，就会使得内耗增加，不仅影响各部分原有功能的发挥，甚至使整个组织处于混沌无序的状态，无法形成合力。重大突发事件社会舆情的协同治理过程同样也是一个完整的组织（系统），其功能的良好发挥必须要走"协同合作"的道路，因为其内部主体众多，如果不能形成有序的协同关系，就会造成矛盾冲突增加，内斗加剧，不仅不能有效解决重大突发事件引起的舆情危机，反而可能会加剧舆情动荡，将事件的负面影响扩大化。

自组织是组织自我完善的途径。协同治理的自组织理论认为，组织从无序向有序演化并实现协同效应的过程，本质上是内部各个部分进行自组织的过程。也就是说，组织要实现从无序的不稳定状态向有序的稳定状态发展，就需要采取自组织这一根本途径，这种途径就是大系统或者是上一层系统需要让其所包含的子系统拥有充分的自组织性，形成自组织。结合重大突发事件社会舆情的治理过程来看，要形成稳定有序的治理机制，各个应对主体应该具有一定的自主性，政府这一子系统可以处于主导地位，但是不能限制其他子系统功能的发挥，要适当地发挥灵活性和自组织性，借此形成重大突发事件舆情风险的有序治理结构。

（三） 重大突发事件社会舆情风险及形成机制研究

网络的"虚拟性"与"交互性"为网民提供自由交流的平台，同时也可能成为孕育暴力的土壤。重大突发事件所导致的网络舆论暴力异化了网络的自由表达，催生了网络民粹主义，长期来看将不利于社会主义和谐社会的构建。纵观有关"重大突发事件社会舆情形成机制"研究的文献，发现以下几个致因。

1. 网络特性：权利与责任失衡

"虚拟性"与"匿名性"特质弱化了网民法律意识与道德责任感。网络舆论是一个公共领域，门槛低且公共性强，它打破了传统阶级观念与地域差别，使得不同地域、不同年龄、不同性别、不同职业的网民能在自由而平等的平台上表达自己的观点。陈代波通过总结学术界对网络暴力形成原因的文献发现网络的"虚拟性、高自由度和群体导向功能"是网络暴力形成的关键因素与诱发条件;[①] 王满荣认为网络自身的虚拟性、匿名性特质有利于思想与言论的自由交流与互动，同时也容纳了观点的碰撞与冲突，增大社会风险程度;[②] 陈亚玲提到网络舆论的匿名性使得人们解构了原有的道德律，降低了网民言行的风险性与责任性。[③] 因此，网络的虚拟性与匿名性在保护人们隐私权、自由发言权的同时也成为舆论暴力追责的"保护层"，这与网络舆情的传播特性息息相关。

2. 网民结构：低学历与低龄化

网络群体呈现出相对低龄化、低学历的结构。传统信息传播方式为"自上而下"的垂直传播，有利于信息的稳定性，但网络信息的传播偏向多元性，网民信息素质鸿沟[④]对网络信息传播的理性程度产生的直接的影响。据 2019 年第 44 次 CNNIC《中国互联网络发展状况统计报告》,[⑤] 我国网民以 10～39 岁群体为主（总占比 65.1%），其中 20～29 岁网民占比 24.6%，10～19 岁网民占比 16.9%；我国网民学历以初中群体为主（38.1%），高中/中专/技校学历的网民群体（23.8%）位居第二。据第一调查数据显示，"认为暴力性群体事件更容易出现的群体"中认为"未完成义务教育"的群体占 33.81%（191 人），认为"高中生"的群体占 24.96%（141 人），两者位居前两名，低学历的网民言论更具非理

---

① 陈代波：《从网络暴力事件参与者的不同层次看网络治理》，载于《毛泽东邓小平理论研究》2015 年第 4 期。

② 王满荣：《网络暴力的形成机制及治理对策探究》，载于《兰州学刊》2009 年第 11 期。

③ 陈亚玲：《网络暴力的形成、危害及对策》，载于《发展》2009 年第 11 期。

④ 信息素质鸿沟：网民在信息的收集、分析、处理、传播中所展现的素质，素质差异对网络舆情的秩序与发展产生影响。

⑤ CNNIC.《2019 年第 44 次中国互联网络发展状况统计报告》，http：//www.cnnic.net.cn/hlwfzyj/hlwxzbg/hlwtjbg/201908/t20190830_70800.htm，2019－08－30。

性因子，更易诱发的突发性、群体性暴力事件。[①]

3. 风险要素：网络公权与社会风险

网络群体"网络公权"的滥用易导致社会风险转化为网络风险。郑永晓、汤俏认为网络舆论的适度"舒张"有利于解决一些潜存的社会问题或表达民意，但超越言论的边界很可能导致网络的无序性。[②] 网民的群体力量形成一种"网络公权"，这种权力若缺乏有效的监管与制衡会导致滥用、误用，甚至成为谋取私利的利器。姜方炳运用风险社会理论，[③] 认为网络暴力是网络技术风险与转型社会风险经由网民不断发生共振与扩散的行为，涉及网民群体结构（年轻化与泛道德化）、网络技术发展（潜在根本因素）及社会急剧转型（吉登斯"失控的世界"）三个风险源。邓榕指出还存在一种"意识形态式的社会风险"，她认为反权威、反精英的"网络民粹主义"促进了网络舆论的极端化发展。[④] 由此可见，多层次、多领域的社会风险与网络主体的观点共振与行为扩散是网络风险的基本来源。

4. 构成要素：阶段特点与群体特征

差异化群体与变化性阶段是突发性、群体性舆情事件重要构成。罗昕运用格拉德威尔的"引爆原理"发现网络舆论暴力的特点呈现"三法则"：一是人物因素，即在网络舆论暴力中承担不同角色的群体，如传播者、意见领袖、大众媒体等；二是附着力因素，即新生物能够给人难以忘记的力量；三是环境因素，强调环境的可允许度与释放空间。她认为网络舆论暴力的形成机制与网络舆论相同，分为潜伏期、上升期、高潮期与衰退期四阶段。[⑤] 陈代波将网络舆论暴力"关键群体"划分为四个群体：意见领袖、网络推手（含网络水军）、信息首发者与人肉搜索者。[⑥]

无论是网络群体，还是舆情发展阶段，都存在一定的规律与特点，也是重大突发性网络舆情事件的关键性构成要素。按照目的与结果，王彬彬将舆情重大突发事件中的暴力者分为三类：一是个体攻击型：带有很强群众娱乐性特征，牵动

[①] 《网络暴力的调查》，http://survey.1diaocha.com/Survey/_SurveyDetails_depth_53237124108451.html，发布时间：2017-02-02。

[②] 郑永晓、汤俏：《"网络暴力"喧嚣背后的政治与文化——兼论近年来网络文化的监管与疏导》，载于《西北师大学报（社会科学版）》2009年第6期。

[③] 风险社会理论：由德国著名社会学家乌尔里希·贝克（Ulrich Beck）1986年提出，认为科学技术推动的现代社会风险性已完全不同于传统社会冲突，因此已有的治理对策、应对方案、社会技术已不能承载现有社会的风险因素。

[④] 邓榕：《多元文化视阈下网络暴力的本质、成因与文化对策》，载于《求索》2015年第5期。

[⑤] 罗昕：《网络舆论暴力的形成机制探究》，载于《当代传播》2008年第4期。

[⑥] 陈代波：《从网络暴力事件参与者的不同层次看网络治理》，载于《毛泽东邓小平理论研究》2015年第4期。

网民"盲从"心理；二是报复社会型：由于社会正义失衡而出现的报复性言论，危害社会秩序；三是结构权威型：利用政治、政党等制造群体极化，对主流权威构成一定挑战。不同类型的群体类别、群体目的、发展阶段构成了网络舆论暴力基本框架。[①]

5. 群体激化：群体极化与硬约束缺失

缺乏法律"硬约束"的网络舆论易在群体发酵中滋生暴力元素。勒庞在《乌合之众：群众心理研究》中曾分析称，群体心理往往会削弱个体智慧与特性，使群体观点不断极端化发展；[②] 陈秀丽认为当个体的行动与目标被群体所同化，个体将会进入"去个性化"状态，继而淡化自我理性认知与辨别标准，降低道德与法律"束缚感"；[③] 李光明也提到法律约束的缺位助长了网民"法不责众"的侥幸心理；[④] 宋宗宇等认为网络言语暴力是滥用言论自由权的表现，世界各国通过行业自律、社会监督、网络实名制等途径来维护网络正向发展，而我国有关网络隐私权保护的法律缺位为网络舆论暴力提供了"可乘之机"。[⑤] 网络极端化的趋势的治理不仅需要道德与自我的"软约束"，更需要法律与制度的"硬约束"，而我国网络立法与规范明显落后于互联网的蓬勃发展，网络的匿名性与虚拟性使得责任主体难以明确，仅凭道德与自我的"软约束"难以维持网络舆论的正向发展。目前相关法律法规已经对互联网行为进行了有效的规范治理，包括《互联网新闻信息服务管理规定》《移动互联网应用程序信息服务管理规定》《网络信息内容生态治理规定》等法律法规的推出，一定程度上可以对网络行为实行"硬约束"。

（四）重大突发事件社会舆情协同治理研究

1. 重大突发事件社会舆情治理框架

21 世纪初，各国纷纷出台法律来规制暴力的主体、服务者，明确监管对象并配套相应的管理措施。德国在 1997 年率先在互联网规范方面立法，推出规范网络秩序与保护公民权利的《多媒体法》；韩国率先出台推行网络实名制的《促进使用信息通信网络及信息保护关联法》与保护个人信息的《个人信息保护

---

① 王彬彬：《网络暴力言论治理的国际经验及其借鉴》，载于《行政与法》2014 年第 1 期。

② 参见 ［法］古斯塔夫·勒庞：《乌合之众——大众心理研究》，戴光年译，新世纪出版社 2010 年版。

③ 陈秀丽：《网络暴力现象内涵及原因分析》，载于《成都大学学报（社会科学版）》2007 年第 5 期。

④ 李光明：《"网络暴力"背后实为"网络暴利"》，载于《法制日报》2010 年 4 月 16 日。

⑤ 宋宗宇、李廷浩：《网络言语暴力及其法律控制——兼评我国〈侵权责任法〉第 36 条》，载于《西南民族大学学报（人文社会科学版）》2011 年第 1 期。

法》；美国针对互联网治理出台了《计算机安全法》《域名注册规则》《儿童互联网保护法》等系列法律；新加坡于 1996 年出台国际化互联网分类许可管理制度的《国际互联网法规》并明确广播管理局（SBA）的管制义务；我国全国人大常委会于 2016 年 11 月通过《网络安全法》，从专业角度规定了网民的权利与义务。

我国规范网络舆论暴力的法律缺乏配套政策与法律执行。徐才淇认为我国《刑法》所涉及的网络暴力中侵犯他人隐私权、名誉权等行为的规定操作性较差，原因有三：一是责任主体难以界定；二是侵犯证据难以收集；三是危害程度难以区分，因此他认为应当在我国《刑法》中增加网络暴力的专项罪名，并完善相关的配套法律与司法解释，必要时出台单行法。① 宋宗宇等学者认为我国应当将立法形式作为隐私权保护的最低保障，不断推进网络实名制，构建网络暴力法律治理框架。孙健、许祖迎提出制定《网络监督法》的建议，强调政府网络舆论监督的限度，在保护公民言论自由权的同时防止权力的滥用与误用。② 由此可见，在网络舆论暴力的法律约束中，我国法律应更加关注网民的隐形权利与匹配义务。

建立绿色舆论空间与网络舆情"硬约束"构成互补。姜方炳认为政府不仅应反思制度设置的合理性，保证社会风险的有序释放，还应注重舆情的疏导与监管，预防信息的异化与变质；社会层面营造以学校、家庭为主体，以学术界与新闻界为联动机制的舆论环境；同时应提升网民"网络素质"，加强网民风险防范意识。③ 邓榕认为网络舆论暴力是民粹主义、网络文化等多元文化相互冲击交融的结果，需要通过弘扬"仁、义、礼、智、信"文化来规制群体性暴力的源头，构建和谐的网络文化环境，④ 形成排斥恶导向、具备自愈性的绿色网络空间。

2. 重大突发事件社会舆情治理主体

在重大突发事件社会舆情治理主体的研究中，以往学者多分别以政府、媒体、社会公众包括普通网民等主体为切入点，研究舆情治理方案，并探讨某个单一主体的功能，以及提高该主体治理舆情能力的途径和方法。

政府部门的重大突发事件社会舆情治理研究。张玉亮通过深入研究重大突发事件网络舆情产生原因及其内在机理，为政府部门有效治理重大突发事件社会舆情风险提出建议，包括建立健全快速响应和安全恢复机制、通过社会政策进一步

---

① 徐才淇：《论网络暴力的刑法规制》，载于《山东师范大学学报（人文社会科学版）》2016 年第 3 期。

② 宋宗宇、李廷浩：《网络言论暴力及其法律控制——兼评我国〈侵权责任法〉第 36 条》，载于《西南民族大学学报（人文社会科学版）》2011 年第 1 期。

③ 姜方炳：《"网络暴力"：概念、根源及其应对——基于风险社会的分析视角》，载于《浙江学刊》2011 年第 6 期。

④ 邓榕：《多元文化视阈下网络暴力的本质、成因与文化对策》，载于《求索》2015 年第 5 期。

完善社会利益平衡和公众心理调节机制以及创新舆情事件中关键主体的成长和监管机制。① 叶奕从提升政府能力的角度，提出的应对策略包括：一是完善组织架构，健全联动机制；二是健全预警机制，加强舆情研判；三是健全处置机制，有效应对舆情；四是健全引导机制，占据舆论高点；五是健全管理体制，夯实管理基础等五种策略分析。②

媒体参与重大突发事件社会舆情治理研究。赵路平、张志昂重点强调了大众传媒的重要作用，认为其是群众了解信息的重要渠道，是政府和公众之间沟通的中介与桥梁，也是社会舆论的重要引导者，在处理重大突发事件社会舆情问题的过程中，大众传媒不仅仅是信息公开的窗口、利益诉求的通道，更是有效应对舆论冲突和重大突发事件的安全阀、减压器。③ 也有学者从新兴起的自媒体角度来探讨重大突发事件的舆情问题，更加倾向于研究网络媒体对重大突发事件的影响，并强调政府应作为网络媒体的主导，以纸媒、广播、电视等为主要渠道的传统媒体和以互联网为主要平台的新媒体理应在重大突发事件社会舆情治理过程中起到积极作用。

社会公众特别是网民和意见领袖等参与重大突发事件社会舆情治理研究。社会公众是重大突发事件的直接参与者和社会舆情的传播者，随着新互联网时代的到来，社会公众尤其是网民已经成长为一股不容忽视的力量。常锐通过对重大突发事件社会舆情特点及其治理机制的研究，认为政府与公民合作治理的模式是当前我国政府治理的主要方式，在应对社会舆情的过程中，应该是政府发挥主导作用，社会公众特别是广大网民起到参与、辅助、配合和监督的作用。④

意见领袖的态度和言论直接影响着网民的判断，进而影响了舆论走向。意见领袖已成为舆情治理中的重要力量，如果正确引导其发挥作用就可以成为社会治理的重要助力，成为政府有效治理舆情风险的战线同盟。⑤ 谢耘耕等学者认为意见领袖是关键的"第三方信息源"，如果正确发挥其作用，加强与这一群体的沟通合作，畅通交流渠道，对于舆情治理意义重大，同时强调政府部门应该重视培养自己的意见领袖。⑥

①　张玉亮：《突发事件网络舆情的生成原因与导控策略——基于网络舆情主体心理的分析视阈》，载于《情报杂志》2012 年第 4 期。

②　叶奕：《政府危机突发事件网络舆情应对的问题及对策》，载于《湖南警察学院学报》2014 年第 5 期。

③　赵路平、张志昂：《论媒体在处理群体性事件中的作用》，载于《江淮论坛》2006 年第 5 期。

④　常锐：《群体性事件的网络舆情及其治理模式与机制研究》，吉林大学博士学位论文，2012 年。

⑤　赵洁莉：《网络群体性事件协同治理研究》，中共广东省委党校学位论文，2017 年。

⑥　谢耘耕、刘锐、徐颖：《当前互联网管理和舆论引导工作存在的问题及对策建议》，载于《科学发展》2012 年第 8 期。

3. 重大突发事件社会舆情的环节控制

在关键阶段构建暴力的制衡性因素，是促进网络舆论发展的有效举措。据《2019 年中国网络社会舆情分析报告》分析，网络治理、企业预期、教育话题、网络消费、出行安全、上网健康、食品药品安全等是 2019 年网络舆论场聚焦的主要议题。① 库尔特·卢因在 1947 年提出"把关人"理论，他认为群体传播中存在承担筛选与监管功能的"把关人"。陈秀丽提出培育正向的意见领袖，即"把关人"的角色，引导网络舆情的正向发展。② 王彬彬认为应加强网络的"把关人"作用，如一些网络大 V 所信奉的"七条底线"：法律法规、公民合法权益、社会主义制度、道德风尚、信息真实性、国家利益、社会公共秩序。陈代波认为应把握网络舆论暴力事件发生的关键环节与人物动向，关注信息首发者、意见领袖、人肉搜索者与网络推手等关键人群。③

解决社会中的不平等、不公平等问题、缓解社会差距与贫富差距等矛盾，以及做好重大突发性事件的应急预案工作是解决重大突发性暴力事件的根本途径，应立足于"虚拟存在"与"现实相依"网络治理观。大部分研究认为，网络作为公民言论传播的重要渠道，兼具"社会晴雨表"的预测作用与"社会安全阀"的疏导作用，政府应由原来的单向"网络监管"向多元"网络治理"转变，从而实现由"堵"到"疏"的转变。例如，张健挺认为网络舆论暴力是社会压力的"缓解剂"，解决关键不在于简单的法律与行政手段，而是对暴力势能积累的缓解、清除与更新。④ 显现的网络暴力问题事实上反映了隐性的社会问题，如经济发展过程中的环境问题、贫富差距、就业困难、道德缺失等。

4. 重大突发事件社会舆情的多元治理

除了讨论单一主体在重大突发事件社会舆情治理中的作用以外，更多的学者注意到了多元主体共同参与舆情治理的重要作用，且对各个主体之间的互动关系进行了深入研究，体现了多元协同的治理理念。郑昌兴等从利益相关者理论的视域将重大突发事件社会舆情的相关主体划分为确定型利益相关者、预期型利益相关者和潜在型利益相关者，分析了各类主体在舆情演变中的作用，并提出不同类

---

① 参见支庭荣、罗昕：《中国网络社会治理研究报告（2019）》，社会科学文献出版社 2019 年版。

② 陈秀丽：《网络暴力现象内涵及原因分析》，载于《成都大学学报（社会科学版）》2007 年第 5 期。

③ 陈代波：《从网络暴力事件参与者的不同层次看网络治理》，载于《毛泽东邓小平理论研究》2015 年第 4 期。

④ 张健挺：《网络暴力、信息自由与控制——传播速度的视角》，载于《中国地质大学学报（社会科学版）》2009 年第 5 期。

型利益相关者的舆情治理措施。[①] 李淼从网络重大突发事件及其舆情治理的多元主体互动角度出发，探讨了政府、企业和公众等多元主体的职责，并为了优化多元主体的互动结构，从动态的角度构筑了多元主体互动的新型关系。[②] 杨建武则是构建了以政府、媒体组织和社会公众为重要主体的网络谣言协同治理机制，明确了与重大突发事件等社会公共突发事件相关的网络谣言的治理框架，从动力机制、合作机制、支撑机制等方面，构建了网络谣言的协同治理体系。[③] 贾坤更是结合以重大突发事件为代表的突发公共事件舆情演变规律，提出了舆情演变的不同阶段，各主体应该承担的责任，[④] 提倡形成多元主体共同配合的舆情治理体系。

可见，在以往的研究中，部分学者已经认识到重大突发事件社会舆情治理，不仅仅要考虑某一单一主体的作用，更要调动多元社会力量，形成合力，从而减轻重大突发事件及其舆情危机带来的负面影响，减轻政府负担。同时，网络治理应当遵循"正向保留，负向抑制"的原则：一方面，网络特性中自由、开放、便利、惠民的一面应被保留，网络空间对于社会不良情绪的排解作用可被利用，网络言论对于社会问题的预知功能可以被放大；另一方面，应将网民人身权利与财产权利规定于法律框架下，将网络中的民粹主义与群体极化束缚在绿色舆论环境中。

三、现有研究的不足及研究的创新空间

通过对相关研究进行梳理，可以看出重大突发事件及其舆情治理问题已经引起了一部分学者的关注，但是仍存在一定的局限性。

首先，从数量上看，多数学者都对重大突发事件中舆情，特别是网络舆情的特征、传播原则、传播模式等进行了深入的探讨，但是有关舆情应对机制和策略的研究相对不足；从质量上来看，在谈到重大突发事件社会舆情治理问题时，多数已有应对策略仍然立足"政府包办"的单一视角，缺乏对重大突发事件社会舆情治理体系的构建，未能遵照互联互通共享共治的精神，用多元主体、协商共治的思路开展应对工作。

其次，在探讨重大突发事件社会舆情治理策略和措施时，多数学者并未将舆

---

① 郑昌兴、苏新宁、刘喜文：《突发事件网络舆情分析模型构建——基于利益相关者视阈》，载于《情报杂志》2015 年第 4 期。

② 李淼：《网络群体性事件治理的多元主体互动研究》，电子科技大学硕士学位论文，2013 年。

③ 谭九生、杨建武：《网络谣言的社会协同治理机制构建及实现》，载于《甘肃社会科学》2013 年第 6 期。

④ 贾坤、胡诗妍：《突发事件网络舆情管控原则及"五位一体"对策研究》，载于《领导科学》2014 年第 20 期。

情演变传播的基本规律和相应的应对策略联系起来，呈现出"就传播谈传播，就治理谈治理"的局限性。事实上，在舆情演变的不同阶段，各主体承担的作用是不尽相同的。

最后，虽然部分研究者运用到了协同治理的概念，来构建舆情治理体系，但是对协同治理相关理论内涵的剖析有待进一步深入。

因此，本研究的创新之处在于，将在总结以往研究成果的基础上，采取跨学科视角，一方面深入解读协同治理理论内涵，构建理论框架；另一方面，基于理论支撑并结合重大突发事件社会舆情演变规律，加强对舆情风险协同治理主体的能力提升和责任培育，进一步优化重大突发事件社会舆情协同治理体系和机制。

四、研究思路与研究方法

（一）研究思路

本研究将从以下几个方面着手：首先，基本概念界定并分析协同治理理论内涵、理论框架及其应用于重大突发事件社会舆情治理的适用性，为研究提供理论依据；其次，依据理论支撑构建重大突发事件社会舆情协同治理的解释框架，对各主体协同治理的静态关系进行建构；再次，通过案例对比得出结论，与理论进行对话，发现重大突发事件社会舆情协同治理面临的现实困境；最后，构建重大突发事件社会舆情协同治理的动态机制，并为促进重大突发事件社会舆情协同治理提供相应策略。

（二）研究方法

文献研究法。首先，对于与本研究相关的国内外期刊文章、著作、研究报告等进行梳理和总结，发现以往研究中存在的空缺，明确本研究的关键突破点；其次对本研究所需相关理论进行归纳，为本研究寻找坚实的理论支撑；最后对研究案例所需资料、数据、官方通报等进行收集和整理，为案例分析提供依据和参考。

案例分析法。本研究选取"泸县事件"[①] 和 "什邡事件"[②] 为主要案例，通

---

① 《"泸县太伏中学学生死亡事件"调查》，新华网，http：//www.xinhuanet.com//2017－04/07/c_1120771360.htm。

② 《四川什邡市政府称今后不再建设钼铜项目》，中新网，https://www.chinanews.com.cn/gn/2012/07－03/4005557.shtml。

过对事件发展及其相关舆情的演变情况进行梳理，对比分析两起案例中各主体的协同治理表现，一方面通过实际案例的分析得出结论，并与理论对话，为重大突发事件社会舆情治理优化提供思路，另一方面探索重大突发事件社会舆情治理实现"协同"面临的现实困境，为提出相应实现策略打下基础。[①] 本研究在对案例中各主体表现及其态度倾向性进行分析的过程中，通过对主体言论进行分类统计，明确重大突发事件社会舆情传播中各主体不同态度倾向，分析其对于协同治理过程与结果的影响，从而发现激发主体协同意愿、提高其协同治理能力，优化重大突发事件社会舆情协同治理结构的基本路径。

第二节　重大突发事件社会舆情协同治理的主体

一、重大突发事件社会舆情协同治理主体

治理主体多元化是协同治理理论的核心内涵，强调政府以外的其他主体在社会治理中发挥作用，因此依据理论指导，重大突发事件社会舆情治理也应该有政府以外的其他主体发挥作用，彰显其角色功能。

在网络的出现阶段，无政府主义曾弥漫整个网络，"放宽管制、言论自由"在部分国家网络实践中呼声渐长。这一现象抑制了政府的有效规制，导致话语权与注意力资源的无序利用与浪费，此时出现两种方案：一是公有资源私有化，放任自流；二是政府介入，征税整治，偏向于管制与非管制的两个极端。随后艾莉诺·奥斯特罗姆（Elinor Ostrom）提出"多中心自主治理"管理思路：多权力中心管理公共资源，政府承担主导与辅助职能，社会团体进行实践性治理。随着互联网发展，政府、社会组织、媒体等多元主体的协同治理思路越来越被看重。一些学者认为，政府向社会提供网络资源的支持与网络权力的支撑，通过社会机构与网民收集分散信息与意见并及时作出决策，同时将网络治理权渐渐回归于社会，唤醒网民与社会机构对于暴力的应对能力与自愈功能，这种模式有利于及时、高效地融合矛盾。

---

① ［美］里夫、赖斯、菲克：《内容分析法——媒介信息量化研究技巧》，嵇美云译，清华大学出版社 2010 年版，第 10 页。

（一）政府

协同治理理论显示，在协同开始以及发展的过程中，强有力的领导主体发挥着至关重要的作用。由于重大突发事件社会舆情的协同治理主体背景不同，代表的利益群体不同，利益诉求更是存在较大差异，因此政府发挥主导作用才能实现对其他主体强有力的领导，规范协同行为，统一协同目标，才能取得各参与方的信任和认可。[①] 同时，需要强调的是，在重大突发事件社会舆情风险的协同治理中，政府在保持主导地位的前提下，其具体角色需要从控制转变为合作。在协同的参与各方利益诉求出现冲突时，政府积极协调各方利益，促进协同结构内部的平衡和稳定，必要情况下通过发起协商会议，制定行动准则，帮助各个主体不断提高自身能力，赋予协同主体自主性。[②]

（二）媒体

随着新互联网时代的到来，除了以报刊、通信、广播、电视为主的传统媒体外，以网络媒体、手机媒体、数字电视等为主要表现形式的新媒体大量涌现，尤其是以微博、微信等为主的自媒体平台，产生了海量的舆情信息，成为政府部门以外的第二大信息源，在舆情监测、舆情传播和舆情引导中都可以发挥重要的作用。

（三）意见领袖

意见领袖并不是某一个具体组织中的领导，它是在舆情扩散中处于中枢地位的角色，[③] 改变了政府对信息单方面垄断和控制的局面，在重大突发事件社会舆情传播过程中，特别是以 BBS、网站、微博等为载体的网络民意中，可能成为重大突发事件相关信息的直接发布者和传递者，也能通过自身强大的社会影响力和粉丝数量，影响诸多网民对于事件的看法。[④] 可以说意见领袖是在重大突发事件社会舆情治理中的关键主体，是不容忽视的存在，他们在网络上"一呼百万应"，对重大突发事件社会舆情传播和治理都有着举足轻重的影响。[⑤]

[①] 参见［德］赫尔曼·哈肯：《高等协同学》，郭治安译，科学出版社 1989 年版。

[②] 喻国明：《社会化媒体崛起背景下政府角色的转型及行动逻辑》，载于《新闻记者》2012 年第 4 期。

[③] 谢新洲、安静：《网络意见领袖的多维视角分析》，载于《网络媒体》2013 年第 9 期。

[④] 张良荣、张莹：《新意见领袖论》，载于《现代传播》2012 年第 6 期。

[⑤] 周可达：《试论新意见阶层》，载于《学术论坛》2011 年第 8 期。

（四）公众

公众，即普通群众，尤其是网民，是所有治理主体中，数量最为庞大，最为基本的治理主体。在重大突发事件社会舆情治理过程中，政府、媒体、意见领袖等主体的影响力往往需要借助公众进行有效发挥，因此，以网民为主的公众是最为基础也起着关键作用的主体。在重大突发事件社会舆情传播和治理中，广大网民和社会公众的群体聚集效应，使得重大突发事件社会舆情不断传播、叠加、蔓延，并在媒体和意见领袖的进一步作用下对舆情状况产生较大的影响力。

二、重大突发事件社会舆情治理主体"协同"关系建构

协同治理不仅仅强调治理主体的多元化，更强调主体之间形成有序的合作关系。即主体多元只是一个基本要求，主体关系的协同性才是重点，需要了解舆情风险，构建一个比较科学的舆情风险决策与行动协同模型。同时，在协同治理结构中，每个主体都具有一定的自主性，主体之间是相对平等的，它们是互相影响、互相依存、共担风险，形成有序的自组织结构，在这个结构中，各主体又有着各自的功能与定位，好的协同关系结构有助于使重大突发事件社会舆情处理有章可循。因此对重大突发事件社会舆情治理中多元主体关系进行建构和梳理，是实现协同的重要步骤。

（一）舆情风险决策与行动协同模型构建

重大突发事件社会舆情风险治理涉及政府、媒体、社会组织、意见领袖和公众等多元主体，各个主体具有不同的利益取向，承担着不同的责任，只有相互合作，协同配合，才能有效整合社会资源，形成优势互补的良性治理格局。总体而言，其内在逻辑和基本程式几乎涵盖了风险识别、风险评估、风险决策、风险行动等环节。[①] 协同是两个或多个主体为了一个共同的目标或任务而自适应并互相依赖的动态的交互过程，每个主体都拥有某些独特的对有效决策以及任务成功至关重要的信息、知识、经验且与其他主体共享。协同能够增进决策与执行之间的联系，有效的协同将形成更加灵活的组织，从而在复杂的环境中更加有效地展开行动。同时，协同也能使由多元主体构成的团队更加井然有序，形成协同优势，

---

① 蒋瑛：《突发事件舆情导控中风险决策和行动协同模型建构》，载于《行政与法》2018年第11期。

即通过主体间的协同行为达成个体难以独立实现的目标。① 其中，重大突发事件社会舆情风险治理的过程就是舆情导控的过程，因而构建舆情风险决策与行动协同在舆情风险治理中的作用至关重要。在突发事件舆情导控中实行协同决策和行动，就是在共同的导控目标愿景下，按照协商好的协同机制和规则，通过会商进行群体决策，在各个主体对舆情态势的认知达成一致的基础上，制定导控决策方案，并在分工明确、权责清晰的机制下展开高度配合、协调一致的导控行动，以加强对风险的导控。

具体来说，重大突发事件社会舆情的风险决策和协同行动过程主要包括几个流程（见图 9 – 1）：在一致的导控目标和协同规则下，从设定协同关联、设定协同级别、开展协同会商、评估协同方案、线上线下协同行动和反馈协同效果几个环节来对其整体架构。

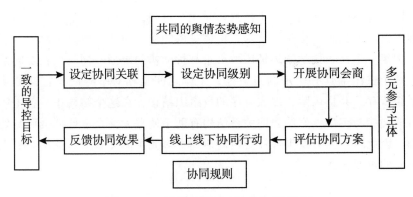

图 9 – 1　风险决策与行动协同模型

其中，设定协同关联指的是决策者根据突发事件舆情处置预案，结合导控目标，分析和权衡利弊，设定各要素关联，最大限度发挥职能优势。一般来说，包括预案中明确需要建立协同关系的预置型协同关联，如明确的上下级协同关系；"预案中没出现"指预案中未出现，但决策者认为需要建立链接关系的关联型协同关系；某些主体之间的交互会对导控造成较大影响而被限定关系的限制型协同关系，如层级跨度大且领域不相关的协同关系。设定协同级别有三种：第一，根据协同行动对象的影响力大小分清协同行动的主次顺序；第二，基于协同行动对全局的影响程度和效果判断协同行动的轻重；第三，根据协同行动的时间和效率，区分行动的急缓。开展协同会商即围绕目标采用多种形式开展线上线下综合会商，提出备选决策方案。包含两种情况：一是预置型协同主体根据任务目标会

---

① 赵欣：《目标、权力与领导力：社区建设协同机制的三维向度》，载于《天津社会科学》2016 年第 6 期。

商行动细节，制定备选决策方案；二是政府根据舆情发展情况在原有方案实施不畅或出现其他有利时机时，重新发起会商，制定新的备选方案。决策方案包括具体的处置方式、资源配置与调度计划以及宏观层面的策略制定等。评估确定协同方案，主要通过仿真模拟各备选方案执行情景，预估实施效果，从而筛选备选方案，确定最终的决策方案。在此过程中，需及时关注共享信息的更新，一旦方案未能通过评估，则反馈给各协同主体重新会商进行修改，这是一个动态的方案校正过程，一般需经过多轮会商后才能形成最终方案，继而需要采用线上线下协同行动，实时跟踪监控各条行动线的任务进展情况。① 线上行动不仅包括信息公开、意见领袖发声、主流媒体宣传、网络对话等引导手段，还包括通过技术实现的管控手段；线下行动包括事件处理、司法救助、赔偿、意见领袖谈话、提供服务等多种手段。最后，反馈协同效果。线上线下协同行动过程中，各个主体要及时反馈行动效果，以便与仿真模拟态势进行比对，找出行动偏差，这有助于协同主体适时、合理地调整方案并实施矫正行动，以达成既定目标。协同过程的开展依托框架中各种要素的支撑并与目标交互，构成了一个动态闭环系统。决策方案包括具体的处置方式、资源配置与调度计划以及宏观层面的策略制定。

（二）协同治理主体"三棱锥"式的关系结构

主体之间协同关系的建构是协同治理的关键，厘清协同主体之间的关系，明确各主体在重大突发事件社会舆情协同治理中的具体功能和地位，有利于形成一个彼此依赖、相互配合、上下联动的舆情治理网络。② 在重大突发事件社会舆情协同治理的过程中，政府和其他社会主体不应该成为非此即彼的对立关系。如果主体间形成彼此竞争博弈的状态，则无法适应重大突发事件社会舆情风险的治理要求，因此寻求一个能够更好反映各主体之间相互依赖关系的结构，就成为促进协同治理的必要选择。③ 基于重大突发事件社会舆情治理的相关研究和理论成果，笔者认为，在重大突发事件社会舆情协同治理过程中，各主体关系呈现出"三棱锥"式的结构（见图 9-2）。

---

① 蒋瑛：《突发事件舆情导控中风险决策和行动协同模型建构》，载于《行政与法》2018 年第 11 期。

② 王坤：《公共危机管理的多元共治模式研究》，河北大学硕士学位论文，2013 年。

③ 曹现强、赵宁：《危机管理中多元参与主体的权责机制分析》，载于《中国行政管理》2004 年第 7 期。

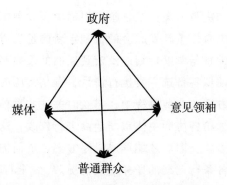

图 9 - 2 "三棱锥"关系示意图

首先，这种"三棱锥"式的结构，形象地表达出了协同治理各主体之间互相影响、互相依赖、互相依存的关系模式。在这一结构中，政府、媒体、意见领袖和以网民为主的公众共同构成了重大突发事件社会舆情协同治理的重要主体，分别位于"三棱锥"的四个顶点，在相互支撑下形成了一个点、线、面相结合的治理体系。

其次，政府位于整个关系的顶点，处于重大突发事件社会舆情治理的主导地位，这种立体化的结构方式，反映了政府和其他社会主体是"相对平等"但不是"绝对平等"的，政府角色和功能决定了其在重大突发事件社会舆情治理中必须发挥主导作用。

再次，图中的"双向箭头"体现了位于各个顶点处主体之间的互相作用，这种互动方式不再是传统单一权力中心自上而下的单向运动，而是上下左右的多项联动，① 任何主体都不再仅仅是"被影响"的一方，同时也可以成为"施加影响"的一方，互动方式不再是传统的命令、服从，更多的是相互间的交流与协调，每个主体通过发挥作用形成联动关系和协同效应。

最后，在这种协同治理结构下，各个主体的互动使得每一合作方都能够在信息传输与接收、决策制定与执行、权力的分配与平衡的过程中做出相应的回应或调整，从而提高整体的适应性和反应力。②

（三）"三棱锥"结构中各主体的功能与定位

政府部门是"掌舵者"。把握协同治理结构的运转方向、引导其他社会主体

---

① ［美］诺曼·R. 奥古斯丁等：《危机管理》，北京新华信商业风险管理有限责任公司译，中国人民大学出版社 2001 年版，第 5 页。

② 郁建兴、任泽涛：《当代中国社会建设中的协同治理——一个分析框架》，载于《学术月刊》2012年第 4 期。

建立和谐稳固的协同关系，为整体目标而努力是政府部门的重要任务。政府部门的主导作用通过两方面予以体现：一种是政府的"刚性"措施，即政府部门通过法律法规和制度规范，明确各主体的职责和义务，厘清协同团体各部分的功能，建立明确的舆情治理体系与机制，在保证各个主体相对独立、自主的情况下，减少各主体行为失范现象。如对于媒体组织，通过颁布《新闻工作者职业道德准则》等条文规范媒体行为；对于意见领袖、公众、网民，颁布《网络安全法》等对相关网络行为进行规范，引导意见领袖正确发挥其舆论引导作用，① 规范网民行为，维护舆情传播秩序；另一种是政府的"柔性"措施，即政府通过建立常态化的沟通机制，激励和引导多元主体参与舆情治理。如针对媒体，强化其社会责任感，加强媒体从业人员的职业道德教育；对于意见领袖，鼓励其发挥自身社会影响力，在合理的范围内引导舆论走向；对于公众，畅通表达渠道，倾听群众利益诉求，并引导群众遵守社会道德准则。②

媒体是影响和决定舆情治理效果的"把关人"。从与政府关系的角度来讲，媒体是政府舆情治理的协助者和监督者。一方面，媒体通过发挥其舆情监测功能及时发现潜在的舆情风险，及时向政府报送，减少重大突发事件发生几率，并通过充当政府的"发言人"及时传递政府消息，通报政府治理措施，向群众及时传递事件信息和治理效果，安抚情绪，促使重大突发性群体性事件舆情事件向好的方向转化，③ 最大限度地减轻负面舆情造成的影响及损失；另一方面，媒体通过及时收集舆情信息，评估政府舆情治理效果，发现政府舆情治理中不规范、不合理的地方，发挥舆论监督的角色功能，对政府行为起到监督和促进作用。

对公众而言，媒体是舆情信息的传递者，更是公众利益表达的平台。一方面，媒体通过及时传递事件真实信息和有效的信息沟通，让公众了解事态进程，在保证公众信息需求、满足其知情权的前提下，创造利于重大突发事件解决的舆论环境，有效控制事件发展及其舆情演变状况；另一方面，媒体为公众提供了利益陈述、观点传播和情绪表达的平台。畅通的利益表达机制是释放民怨的解压阀。通过微博、微信、论坛等自媒体平台，为弱势群体、社会公众、广大网民提供一个信息空间和话语空间，能够避免他们通过极端的形式、手段来表达与发泄不满。④

对于意见领袖来说，媒体也是信息和观点的传递渠道。根据"两级传播"理论，信息的流动方向一般是媒体信息通过意见领袖传播给社会公众。因此，尽管

---

① 叶皓：《政府在突发事件处置中的舆论引导》，载于《现代传播》2007年第4期。
② 马荔：《突发事件网络舆情政府治理研究》，北京邮电大学硕士学位论文，2010年。
③ 赵路平：《公共危机传播中的政府、媒体、公众关系研究》，复旦大学硕士学位论文，2007年。
④ 李淼：《网络群体性事件治理的多元主体互动研究》，电子科技大学硕士学位论文，2013年。

意见领袖往往具备某一领域的专业知识也拥有一定的社会影响力，但是在重大突发事件中，意见领袖对于相关信息的认知和解读，需要建立在媒体报道的基础上，特别是官方媒体的报道；其次，媒体的报道和言论会在一定程度上影响意见领袖的判断以及对事件性质的判断，媒体客观、积极的舆情传递，会使得意见领袖对事件解决充满信心，产生较为乐观的言论，从而引导舆情向有利于重大突发事件解决的方向演变。

意见领袖是影响和决定舆情治理效果的"决胜者"。意见领袖依托于自身在网络中的名望以及现实社会中的影响力，根据媒体报道和政府信息发布或亲身调查来实现话语影响力。意见领袖往往以公众利益代言人的身份进行意见表达。当意见领袖与政府部门意见相左的时候，他们通过发出质疑，督促政府尽快回应公众需求，采取有效行动，积极应对舆情风险，避免政府陷入"塔西佗陷阱"，进一步丧失公信力；当两者意见一致的时候，意见领袖通过自身专业解读，传达政府治理措施和工作进度，树立公众信心，为重大突发事件社会舆情的有效治理和冲突解决创造条件。意见领袖的合理表达和有效监督，能够促进其与政府之间的理性对话。

意见领袖与媒体角色较为相近，都是舆情的引导者、具有话语影响力、都能监督政府，具有议程设置的功能。在媒体的公信力和权威性受到质疑的时候，意见领袖的人际传播优势使之成为舆情传播和引导的另一关键力量；同时意见领袖基于专业知识、公众利益诉求等视角对事件进行的多元解读为媒体提供了丰富的线索和开放的意见指向，对媒体的舆情传播和引导提供了有效的补充，及时帮助媒体纠正报道中的问题和错误。两者合作有效地推动了重大突发事件及其舆情风险的解决。

对公众而言，意见领袖是公众利益的代言人，在公众利益表达受阻的时候，意见领袖借助自身影响力，将公众的呼声传达给政府部门，促进舆情的双向传递；同时意见领袖的意见表达为公众提供了舆论话题和思考的方向，在公众对于事件真相存在疑问的时候，意见领袖的发言成为公众的重要参考和依据以及相关舆情演变的重要指向，两者的良性互动，有利于形成理性的舆情氛围。

以网民为代表的公众是"基础治理者"。广大公众良好的社会道德、正确的价值取向，是重大突发事件社会舆情合理演变的保障，公众正确辨别信息真伪，不盲目跟从别人的言论，保持客观理性，是控制重大突发事件社会舆情风险的强大助力。对政府而言，在重大突发事件发生前后，广大公众是舆情信息的直接接触者和传递者，不同职业的群体覆盖社会的各个阶层，作为危机的直接威胁对象，其对危机的情况较为了解，他们所提供的舆论信息往往更为及时和真实，是政府及时发现并解决舆情风险的重要参考；同时，公众在舆情演变不同阶段的利益诉求是政府及时调整治理措施的依据，公众的反应和其舆论内容是对政府事件治理效果的直接反馈，对于政府优化舆情和事件治理措施具有监督和促进作用。

意见领袖源于公众，是社会公众的一员，公众的认可和支持是意见领袖存在的基础，公众对于重大突发事件具体信息的需求以及自身的利益诉求是意见领袖参与舆情治理的重要动力来源，公众的评价和认可对于规范意见领袖行为，促使其发挥正确的舆情引导作用，具有直接影响。与意见领袖相似，随着互联网时代的深入发展，自媒体平台的不断涌现，以网民为主的广大公众可以通过多种渠道获取信息，对媒体的依赖度降低，媒体机构要维护其舆情引导者、信息传递者的地位与权威，就要通过其新闻的有效性、真实性赢得群众认可；在重大突发事件中，公众对于事件真实信息的渴望，决定了媒体及时公布事实真相，满足公众知情权是有效防止公众产生极端情绪，控制谣言滋生的关键；最后，广大公众对于媒体报道内容的反应和评价，可以有效地规范媒体行为，督促媒体在遵守职业道德和行业准则的前提下，客观真实地传递舆情信息，促进重大突发事件社会舆情风险有效治理。

综上，本研究对重大突发事件社会舆情协同治理主体的"三棱锥"结构关系以及在此结构中主体之间相互影响、相互依存、互为导向、互相促进的协同关系进行了具体描述和梳理。总体来讲，在重大突发事件社会舆情协同治理的静态结构中，政府、媒体、意见领袖和公众，通过发挥自身优势和功能，形成稳固的协同关系，共同促进重大突发事件社会舆情协同治理目标的实现。见图 9 - 3。

政府（掌舵者）："刚柔并济"，规范协同主体行为、把握协同方向、强化协同关系

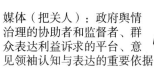

媒体（把关人）：政府舆情治理的协助者和监督者、群众表达利益诉求的平台、意见领袖认知与表达的重要依据

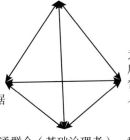

意见领袖（决胜者）：政府舆情治理的协助者和监督者、公众利益的代言人、媒体功能的重要补充

普通群众（基础治理者）：群众的利益诉求是协同治理的动力源泉、群众的认可与支持是协同治理的努力方向；政府、媒体、意见领袖的角色功能通过广大群众有效发挥

图 9 - 3 "三棱锥"关系中协同治理主体及功能

综上可见，政府部门应该是舆情协同治理的掌舵者，主导整个治理过程；媒体是重大突发事件社会舆情治理的把关人，是政府的监督者和协助者，也是其他社会主体的信息通道；意见领袖通过专业技能发挥舆情传递和舆情引导的关键作用，是协助完成协同治理的决胜者；以网民为代表的公众是基础而又至为关键的

治理主体，是协同效应有效发挥的重要环节。

但是，重大突发事件社会舆情演变是一个动态的过程，可以划分为潜伏期、扩散期、爆发期和消失期四个阶段。而且从协同治理理论内涵出发，协同治理是一个开放的系统理论，内部通过与外界不断的信息沟通与物质交换保持系统的协同性和有效性，因此，根据所处的不同背景和阶段，协同治理结构会进行不断的调整，协同主体的具体功能和角色也相应地发生变动，从而形成动态化的、更加具有针对性的治理结构。可见，仅仅从整体和静态的角度构建重大突发事件社会舆情协同治理主体的关系结构是远远不够的，从协同治理理论开放性的特点出发并结合重大突发事件社会舆情演变的基本规律与特征，分析各个主体在不同时期的主要作用，发挥其动态化的角色与功能，是构建更加具有针对性的协同治理结构，突破以往研究"就传播谈传播，就治理谈治理"局限的重要选择。

因此在之后的章节中，本研究将通过分析现实案例，理论联系实践，进一步探讨重大突发事件社会舆情协同治理主体在舆情演变不同阶段的功能，为构建更加完善、动态化的舆情治理结构作出努力。

第三节　重大突发事件社会舆情协同治理案例分析①

在前文重大突发事件社会舆情协同治理理论的基础上，通过案例分析重大突发事件社会舆情协同治理在实践中的具体体现，借助对比案例，一方面为构建更加完善、动态化的舆情治理结构作出努力，另一方面发现重大突发事件协同治理实践中面临的现实困境，为今后落实和完善重大突发事件社会舆情协同治理的具体操作提供方向。

一、案例一：2017 年泸县事件

（一）2017 年泸县事件回顾

1. 事件概况及时间线梳理

2017 年 4 月 1 日，泸州市泸县太伏中学的一名男性同学赵某在宿舍楼外死亡②，

---

① 本节案例收录的相关数据，除注明外，均为课题组舆情监测所得。

② 《"泸县太伏中学学生死亡事件"调查》，新华网，http：//www.xinhuanet.com//2017 - 04/07/c_
1120771360.htm。

随后与之相关的一些猜测信息和言论开始通过网络传播，有关该事件的谣言和讨论逐渐偏离正轨，网络中的舆论风暴和现实中学生家长、相关公众与政府的群体冲突不断酝酿，进入了舆情爆发的关键时期（表9-1）。政府部门及其他社会主体采取一系列治理措施，及时地将舆情状况引向正轨，树立了政府公信力，为重大突发事件社会舆情在初始阶段的控制和治理提供了范本。

表9-1   2017年泸县事件时间轴

时间	事件进程
4月1日	太伏中学一男性学生被人发现死在宿舍楼外，8小时后泸州市官微"泸州发布"立即对这一消息进行了确认和发布，同日泸州新闻对此事进行进一步报道
4月2日	官微、官博再发声明表示："死亡学生赵某损伤符合高坠伤特征，现有证据排除他人加害死亡"
4月3日	官微、官博连续发布通报表示："尸表检验和实地调查显示，没有发现死者被人加害的相关证据，且尸检证明死者符合高坠身亡的特征"
4月4日	家属同意尸检并全面启动尸检程序，个别网民造谣"5名学生打死同学"，不少当地群众和死者家属聚众抗议，并造成道路拥堵
4月5日	泸州市公安局发声对证据收集、痕迹检验鉴定等工作进行详细披露，依然有不少群众聚集在县政府门前讨说法
4月6日	警方官博发布声明对事件相关谣言进行专门辟谣，对网络上流传的所谓死前被殴视频进行澄清
4月7日	市委市政府召开媒体见面会并通过官方微博，详细通报事件调查结论："死者损伤为高坠伤，无其他暴力加害形成的损伤，可以排除他杀"，同时，通报称调查中没有发现死者有被欺凌的事情发生

资料来源：课题组根据相关资料整理。

2. 事件舆情演变情况

本次事件在"泸州发布"报道之后，立即引发了一定的舆论热潮和网民关注，随后，华西都市报、澎湃新闻网、中国新闻网等媒体不断跟进报道。在此期间，"泸州发布"作为政府喉舌，持续发声通报事件调查情况。以事件过程中网民所发布、转载的微博数量来看，可以大致描绘出短短8天内，事件舆情的演变情况（图9-4）。

（万条）

图9-4　2017年泸县事件相关微博数走势

4月1日，事件发生，随后引发了诸多新闻媒体的跟踪报道，直到4月2日，媒体报道重点依然是事件通报，如澎湃新闻、华西都市报等，都以"四川一中学生在校内死亡，警方：初步排除他杀"等类似标题对事件信息进行报道、传播，此时舆情信息都比较正常且客观。4月4日前后，一些网民开始在网络中传播虚假谣言，相关不实猜测也在当地群众中间传播，事件舆论热度开始上升，两段与此次事件无关的暴力视频被人恶意嫁接到这起事件上，企图煽动当地群众聚众闹事。随后当地公安局立即开始打击网上造谣、传谣行为，对传播网络谣言的相关人员进行处罚，并对网传不实视频进行澄清。4月5~6日，由于公安机关集中调查取证，在没有确切消息的情况下，网民和当地群众开始新的一轮激烈讨论及信息传播，此时新闻媒体和部分网民都呼吁当地政府尽快公布事件真相。新华社发文《拿出澄清谣言的事实需要多久，三问四川泸县校园死亡事件》，随后当地公安机关立即通过官方渠道再次公布调查进度，对收集到的部分物证、人证进行详细披露。在4月7日，通过"四川公安"官方微博，对事件基本情况、调查过程、证物信息、调查结果等进行完整说明，这一公告在网络中引发了短时间内的激烈讨论，但是此时舆情信息多表现得较为乐观，网民群众对于政府的调查结果多予以认可，随后该事件相关舆情得到有效控制，舆情热度逐渐消退。

（二）泸县事件舆情治理情况分析

在此次事件中，除了政府部门及时信息公开进行舆情引导之外，一些社会主体，如官方媒体和部分主流媒体、意见领袖以及部分网民群众，都在舆情有效治理过程中发挥了重要的作用。

在事件舆情的潜伏期，当地政府及公安部门迅速掌握了突发案件的相关情况并研判其可能引发的舆论争端，最先发声对案件的基本情况和初步调查结果进行通报，牢牢掌握了舆情引导的主导权；当地官媒扮演了政府喉舌的角色，泸县发布、平安泸州作为官方声音来源，对政府通报进行转载和解读，使得当地群众及时了解了相关信息，做到了信息的公开和透明。

在事件相关舆情逐渐扩散，群众质疑增加的时候，当地官微多次发布消息公布事件调查进展，平安泸州作为当地政府的官方微博，在 4 月 3 日对初步调查情况进行公布，并对公安部门下一步的尸检等计划进行了说明。同时，当地媒体泸州新闻以及主流媒体华西都市报、澎湃新闻、四川新闻网等也开始通过封面新闻、热点要闻等板块对事件进行播报，如华西都市报在其封面发布题为"四川一中学生在校内死亡，警方：初步排除他杀"的报道。同日四川新闻网发文称"事件发生后，该县县委、县政府立即启动应急预案，多部门赶赴事发现场调查处置该事件。目前，死者善后工作正在有序开展，事件发生原因正在调查"，进一步重申案件真相和政府工作进度，为安抚群众情绪、控制负面舆情传播提供助力。

当事件舆情进入全面爆发阶段，谣言开始广泛传播。首先，当地县级公安部门迅速开始打击网上造谣、传谣行为，对造谣人员进行处罚，并发布声明对网传谣言进行澄清。随后，泸州市公安局发声表示"目前省市县三级公安刑侦部门正在开展调查，相关书证、证人证言等证据的收集工作和相关物证、痕迹的检验鉴定工作正在全面开展"。一些媒体如澎湃新闻、重庆晚报均有记者赴当地进行实地调查，并对现场情况进行同步播报，也从侧面对"当地发生流血冲突"以及网传警民斗争图片等谣言进行了澄清，其中四川日报发文《网警辟谣丨网传的这些所谓泸县太伏事件视频都是谣言》，协助政府引导舆论。其次，这个阶段，以知名学者、网络大 V 等为代表的意见领袖也开始纷纷发言，对事件提出自己的见解。在谣言开始在网络中传播的时候，微博大 V "法医秦明"，结合自身多年的法医专业知识，及时对此类谣言进行澄清，对不实言论进行了有效澄清。同时以中国政法大学教授杨玉圣为代表的学者，及时倾听群众呼声，明确群众的关注点，并通过微博等方式督促当地政府尽快调查事实真相，并提出公安部派工作组到当地督办案件等建议。最后，早期部分推特、微博用户对谣言进行了发布和传播，为舆情治理带来困难，但是更多的网民和公众都保持了理智和冷静。

事件后期，当地政府和公安部门集体召开媒体见面会，对案件详细调查情况进行了公布，并回答记者提问。同时官方微博"泸州发布"也发布警方通报，将事件的调查进展向社会进行公开。这篇 4 103 字，分为 5 大部分的官方通报，逻辑清晰、用词考究、内容完善，从案件背景到调查结论以及谣言澄清，详细地说明了事件的真相，对群众和网上的质疑意义进行回应，并重申"死者是自杀身亡"的客观事实，有效地回应了谣言，迅速平息了当地的群体性、突发性聚集，事件舆情热度逐渐下降。在政府发布官方通报之后，搜狐新闻通过题为"泸县学生坠亡事件：用事实为逝去的孩子点亮明灯"，为舆情热度的尽快减退提供助力。《北京青年报》时政评论微博账号"团结湖参考"也随之发文，称"当地政府部门公布的调查报告篇幅很长，很细致也很扎实，看得出来下了很大的功夫……谣言不可轻信，真相必能浮出水面，在此之前，我们需要的只是耐心"，对政府部门做法予以肯定，并警醒群众不要轻信流言。网民的相关评论也逐渐由愤怒转为理智，诸多网民开始为死者哀悼，停止质疑政府说辞和转发不实言论。

二、案例二：2012 年什邡事件

（一）2012 年什邡事件回顾

1. 事件概况及时间线梳理

"什邡事件"是指 2012 年 6 月 29 日 – 7 月 3 日，四川什邡市群众因反对政府在什邡市经济开发区建设钼铜项目而产生的重大突发事件（见表 9 – 2）。该事件由于引发了激烈的冲突以及强烈的舆论反响，被南方周末称为"这是整个国家的困惑"①。

表 9 – 2　　　　　　　　　　2012 年什邡事件时间轴

时间	事件进程
6 月 29 日	什邡市钼铜项目举行开工仪式，此前数天已经有群众向政府提出对于该项目环保评估结果的质疑，有群众通过政府官网"什邡之窗"提问，但没有获得回应，当天开工仪式之后，更多市民借助微博、论坛等平台，表达自己的疑问和对项目的反对
6 月 30 日	上午有十几名群众到什邡市政府讨说法，要求政府正面回应，当地政府没有公开的说明和公告
7 月 1 日	上访群众规模达到上百名，不仅有普通市民还有当地的一些学生，他们手拉横幅在政府门前要求政府放弃继续建设钼铜项目

① 《什邡后遗症　"这是整个国家的困惑"》，南方周末网站，http://www.infzm.com/contents/105194。

时间	事件进程
7月2日	群体性冲突开始走向极端化，群众与市委办公室的工作人员产生激烈的冲突，而政府部门通过强硬手段，企图将冲突镇压下来，反而更加激化了政民冲突，使得更大的舆论风险开始在网络中蔓延，更多的当地市民加入游行示威的队伍中去，局部性的冲突演变成一起大型的群体性冲突事件
7月3日	什邡市委、市政府正式公告称只要群众不同意，今后绝对不再建设钼铜项目
7月4日	凌晨，什邡市新闻办发布信息说明了重大突发事件的解决情况，回应了群众要求公开伤亡情况，以及释放被拘人员的要求，称所有受伤人员已经安排在医院接受检查，状况良好，并随后公布了被拘人员的处理结果，除6人被依法刑拘之外，其余人员全部释放

资料来源：课题组根据相关资料整理。

2. 事件舆情演变情况

整个事件的舆情演变呈现出初始阶段较为平稳，中期热度急剧增加，后期逐渐降低的特点（图9-5）。同上一案例，本研究依然选用了民众发表、转载的微博数，作为观察此次事件舆情变化情况的主要指标。

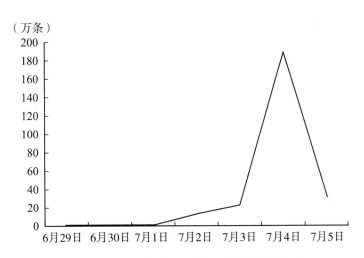

图9-5 2012年什邡事件相关微博数走势

6月29日~7月1日，什邡地方论坛中，已经开始有群众质疑钼铜项目的安全性和环保性，一篇名为《什邡，不久的将来或是全球最大的癌症县》的文章，已经在天涯论坛被小范围转载和分享，文称"项目投产后，下风向居住人口的癌症患者较投产前增加470%！"，但从整体上来看，舆情热度尚处在较为平稳的阶段，此时采取舆情治理措施，还可以将舆情风险控制在较低水平。7月1日晚到7月2日，由于群众要求停止建设钼铜项目的呼声没有得到回应，近百名群众和学生到政府门前抗议，当地政府此时采取了强硬的手段，瞬间激化了舆论冲突。舆情热度在7月2日晚~7月3日急剧攀升，同时，随着事件相关言论在网络上的传播，以韩寒、李承鹏为代表的意见领袖开始加入舆情传播，韩寒发布题为《什邡的释放》的博文引发网友热议，同时，李承鹏与微博网友"宋祖法言"同行前往什邡，并将自己的所见所闻同步给全国网友，使得事件关注度持续攀升，舆情状态呈现出高风险态势，并在7月4日达到高潮。随后，当地政府部门发文宣布彻底停止钼铜项目，并对事件相关处理情况进行通报，7月5日事件舆情热度迅速下降，并逐渐趋于平静。

（二）什邡事件舆情治理情况分析

此次事件舆情的潜伏期为6月29日项目宣布开工前数日至7月1日十几名群众到当地政府上访。此间，当地政府对已经存在的质疑和舆情变化没有回应，使得负面舆情迅速滋生。而当地媒体无论是官媒还是主流媒体，对于此项目没有任何的说明和报道，对于群众咨询也没有回应，使得群众怒气不断积累。当地群众和一些网民，在得不到回应的情况下，开始在论坛、空间、博客中转载文章《什邡，不久的将来或是全球最大的癌症县》，该文章数日内被转载上万次，分享三千多次。

在事件不断攀升，舆情持续扩散的阶段，面对7月1日开始的群众示威游行，当地政府终于开始回应相关质疑，通过官网"什邡之窗"发布文章《冷静，是我们幸福的需要》，但是对于钼铜项目环保评估细节和群众关心的致癌性问题，没有回应。当地部分媒体和搜狐新闻腾讯网等，对于这篇文章进行了转载和报道，舆情热度不仅没有降低，反而开始持续上升，相关谣言不断滋生。

7月2~3日，事件舆情热度逐渐接近顶峰，群体性、突发性冲突不断激化。网络中对当地政府的不满和声讨迅速增加，部分虚假传言肆意蔓延；人民网新浪网对此次冲突进行报道，并批评政府"带来一个多输的局面"；诸多意见领袖也开始发声，不断将舆情热潮推向高点。李承鹏在7月3日和4日下午分别发表微博对此次事件进行解读，两篇文章总共被阅读837 000余次，评论约9 500次，其中《一次路西法效应实验——什邡小调查》更是引发极大关注，与之相关的微博搜索结果有超过20万个；[①] 韩寒也对此次事件进行了评论，他的文章《什邡

---

① 黄清源、王毅萍：《社交媒体在突发性群体事件中的作用分析——以什邡事件为例》，载于《湖北社会科学》2013年第1期。

的释放》《已来的主人翁》分别获得 155 万次和 116 万次阅读；拥有 122 万粉丝数量，在新浪微博名人堂排名第四的任志强发表了 5 篇微博力挺什邡市民。拥有 722 万粉丝量的薛蛮子，也在同一时间发表了 6 篇微博力挺市民。专门研究突发性群体事件的学者，中国社科院教授于建嵘，也通过一篇微博对此次事件进行了分析[①]。

7 月 4 日，在事件舆情演化到失控局面的情况下，当地政府通过官方微博"活力什邡"发布公告，并由市长、常务副市长当面向聚集群众就宏达钼铜项目相关建设问题作出明确答复，"责成企业从即日起停止施工，如大多数群众不理解、不支持项目建设就不开工"，并对冲突中受伤群众情况进行通报，称"全部伤员已安排至医院救治"；当地媒体《什邡日报》迅速转发此消息，事件舆情治理开始起效，事件热度迅速下降。

三、两个案例对比分析

以上两起案例在事件舆情治理过程中，各主体之间的"协同性"以及舆情演变不同阶段的治理态度和手段有所差别，从而产生了完全不同的舆情治理效果，基于前文理论，本部分从各主体参与及表现情况入手对两起案例进行比较。

（一）政府治理情况对比

首先，从当地政府的反应速度上来看，在"泸县事件"中，从死者被发现到当地政府通过官微发布相关消息，只经过了不到 8 个小时，发声迅速，反应及时，占据了舆论主导权；而在"什邡事件"中，项目开工到政府发布正式的回应消息，用了两天时间，对于初期舆情的反应速度具有比较大的差别；

其次，从政府回应数量上来看，泸县政府在 5 天内连续发布 24 条微博和 4 条微信推送，对事件消息进行持续的回应，而什邡市政府在事件全过程中，前期只发布了 3 条微博，后期在舆情热度持续走高，各方关注的情况下，发布微博和微信推送数量才开始有所增加，在 7 月 2～4 日发布 7 条微博宣布停止项目建设，并对事件善后情况进行说明。两个案例在事件发展过程中对于舆情的态度和回应频次，对事件舆情演变态势产生了一定的影响。

再次，从政府通报内容上来看，在泸县事件中，通过对其当地政府官方微博以及官微推送消息内容的梳理，发现其用词更为客观、严谨，除了对于事件调查进展的常规公布之外，也及时地对谣言进行澄清，并能兼顾群众情绪，满足群众

---

① 朱明刚：《什邡事件舆情分析》，案例来源：人民网舆情监测室，2012 年。

对事件细节的信息需求，如 2017 年 4 月 7 日泸县警方通报中写道："目前，根据已经明确掌握的情况，有关证据、证人证言已经可以充分印证死者赵某绝非网传所谓遭受校园欺凌或收保护费或被他人谋害，更不存在所谓'五大当地高官之子所组成的校霸团伙'，这些事实的调查在始终有序进行，同时我们也注意到，事件之所以引起诸多猜疑和不稳定因素，有很大程度在于信息发布不够透明、不够公开、不够全面……需要我们反思并不断提高社会治理水平……"

而在什邡事件中，前期政府部门对舆情风险评估不足，不仅没有及时回应群众需求，反而发文影射部分群众蓄意闹事，措辞严厉，激起舆论反弹。

（二）媒体参与应对情况对比

从当地媒体和外界媒体的整体报道来看，在泸县事件中，所有媒体关于"四川泸县中学生死亡事件"的新闻报道约 1 480 篇，报道的主要媒体有四川新闻网、四川日报、北京青年报、人民日报等。什邡事件从 6 月 29 日~7 月 5 日，共有约 2 380 篇新闻报道。将两起事件的新闻报道数量和走势进行梳理（图 9 - 6），发现在泸县事件中，新闻报道较为及时，事件信息传递迅速，满足了群众的信息需求，并且在事件整个过程中对于政府公告进行了相应的报道和解读，并积极澄清谣言，创造良好的舆论氛围，如："这些天，一起发生在泸州泸县太伏中学的学生死亡事件，在网络上引起了关注。有些别有用心之人，将非本事件视频移花接木，硬是要扯上关系。让我们来戳穿这些视频谣言………"

而什邡事件中，地方官媒和主流媒体在舆情萌芽阶段的持续性失语使得后期舆情热度迅速攀升，舆情治理难度增加。

另外从整体上来看（见图 9 - 7），通过对人民网舆情监测室监测内容进行分析，并结合关键词检索、信息抽取手段，从两起事件的相关新闻报道中各随机抽取 200 条新闻，并将其分为四类："对事件信息或者政府通告进行直接转发（无评论解读）""对政府通报进行解读或者澄清谣言（对政府起协助作用）""对政府通报或相关措施进行批判""对事件进展进行不良揣测或直接传递谣言"，可以发现两起事件在媒体报道内容倾向上，也具有一定的差异。泸县事件中，有 37% 的媒体是对事件消息进行直接发布，没有相应的解读和评论，有 40% 是通过视频、文章等形式对事件衍生谣言进行澄清，以及对于政府官方通报的转发和解读，约 20% 是表达对政府调查进展以及治理措施的不满，只有 3% 是对于相关谣言的转发与传播或者是对事件不良揣测。而什邡事件中，由于政府和官方渠道迟迟没有发声以及不合理的应对措施，有将近 50% 的报道均集中于对当地政府的指责和声讨，对当地群众维护自身权益的行为进行声援，另外有 18% 的报道涉及对于事件不实传言的传播以及事件冲突的夸大，包括前期对于项目建设危害性的渲染，以及后期对于"暴力冲突造成多人死亡"等言论的传播，为舆情治理带来较大难度。

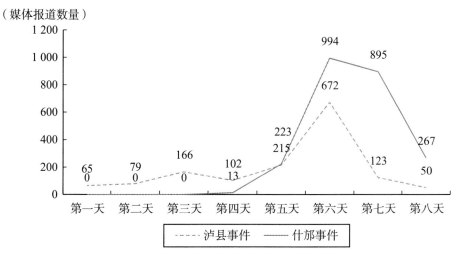

图 9－6　两起事件新闻报道数量及其走势图

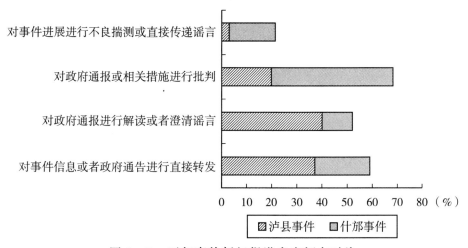

图 9－7　两起事件新闻报道内容倾向对比

（三）意见领袖参与情况对比

在两起事件中，意见领袖都发挥了舆情引导和舆情传递的重要功能，本部分主要借助新浪微博，分别对参与事件讨论且粉丝数量在前十位的意见领袖，包括资深媒体人蒋勇、中国政法大学教授杨玉圣等发布的微博内容进行解读和分析，发现在泸县事件中，意见领袖的关注点多在于对于死者是否为自杀这一问题的讨

323

论，以及对于当地政府以及公安部门调查进展的督促。就像在事件相关谣言在网络中持续发酵，"他杀论""校园霸凌"等不实猜测不断蔓延的阶段，微博大V"法医秦明"发布微博称"从照片来看死者确实符合高空坠的条件，其背后大片的紫红色是尸斑而非淤青，条形痕迹应该是死后形成的压痕，而不是'棍棒伤'"。

同样地，中国政法大学教授杨玉圣通过其个人微博，对当地政府尽快解决此次事件争端提出建议："鉴于近年校园暴力频仍，此案具有风向标意义，为了法治清明，为了在校学生的生命安全，也为了政府的公信力，公安部可派工作组到当地督办此案……"

意见领袖利用其专业知识，对于谣言进行了有利的回应，充分协助政府部门控制舆论风险。而在什邡事件发生之后，众多网络中的意见领袖，成为推动舆论走向的重要力量，但较为不同的是，意见领袖的关注点多在于对当地群众行为的鼓励和声援，以及对事件中90后参与的赞美。如韩寒在他的微博文章《已来的主人翁》中说："什邡有难，八方支援，年轻的90后很了不起……另外有消息说，什邡维权的源头就是因为一些90后的学生去政府门口请愿……很多人都说因为汶川地震改变了对80后的看法，那什邡则让很多人改变了对90后的看法。"

可以说，在此次事件中，以韩寒、李承鹏等为首的意见领袖通过对当地群众的肯定和对90后维权的鼓励，使得舆情演变逐渐脱离对于事件本身的讨论，网民群众对于政府的不满反而加剧，舆情治理难度上升。

（四）公众参与情况对比

两起事件中，以网民为主要代表的公众，在当地政府、媒体、意见领袖的影响下，在舆情治理中，也呈现出不同的表现。借助人民网舆情监测中心的监测内容，从参与事件讨论的网民言论中各随机抽取500条，并对其进行解读，可以将网民话题分为以下四类（图9-8）："直接传播事件信息、政府通报（无评论解读）""呼吁勿传播事件谣言、保持理智""表达对政府处理的不满或批判""对事件进行不良揣测、传播谣言"。通过整理，我们可以看出在泸县事件中，以网民为代表的群众，整体较为理智，而在什邡事件中，由于政府和媒体等信息主要来源的影响以及意见领袖的倾向性解读，网民群体对政府部门的不满更强，且传播谣言的现象更为突出，也是造成此次事件舆情治理困难的重要因素。

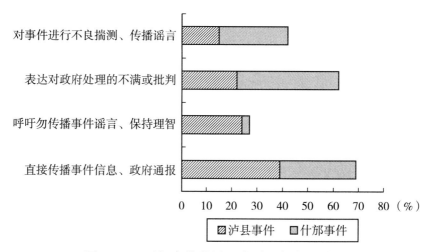

图 9 - 8　两起事件微博用户话题倾向性分析

（五）两个案例舆情治理"协同性"对比

在泸县事件中，政府部门从始至终都在舆论引导中发挥着重要作用，先是在事件发生之时，进行第一时间的信息发布，并充分借助线上和线下渠道，特别是官微"平安泸州"和官博"泸州发布"。多次公布事件调查进度和发现，满足群众对事件的信息需求和疑问回应；在谣言广泛传播的时候，及时发布通报，打击网络造谣行为，对造谣人员进行处理，"软硬兼施"最大限度地控制了舆情的进一步恶化，也缓解了现实的群体性冲突；最后更是给出了一个堪为范本的事件调查通报，没有任何遮掩和欺骗，将事件真实完整地还原给了社会公众，很好地扮演了舆情治理"掌舵者"的角色；而其他社会主体，也在舆情治理中充分发挥了自己的优势，对政府起到了较好的协助作用，其中当地媒体泸州新闻紧跟政府步伐，持续转发、解读政府公告，一些媒体如澎湃新闻、华西都市报在记者实地调查和尊重客观事实的前提下，对相关谣言进行及时澄清，发挥舆情引导作用。网络意见领袖"法医秦明"等，敢于正视网络谣言和网民的质疑，运用自己的专业知识和社会影响力，及时矫正舆情方向，充分发挥了舆情引导作用。最后，在此次事件中，尽管有一些网民为了炒作自己，或出于其他目的，别有用心地制造并传播谣言，或通过制作虚假视频增加关注度，赢取私利，但是大部分网民还是保持了一定的客观和理智，对事件中存在的疑点提出合理质询，呼吁当地政府尽快调查并公布真相，还呼吁大家不信谣不传谣，为创造良好的舆论环境，降低舆情风险，协助解决群体性、突发性矛盾做出了贡献。

从协同治理的开始时间来看，在案件发生当天，事件舆情尚处于潜伏期的时候，政府就第一时间进行了通报，并给出了初步的调查结果，随后当地媒体进行了即时报道，将事件信息第一时间通知给当地群众，并通过官微、官博在网络上进行了说明。尽管后期，事件相关舆情依然在网络上蔓延，谣言得到滋生，但是政府和当地媒体及时的协同反应，还是为后期舆情治理打下了良好的基础，没有因为政府和媒体的失声，引发更多的猜疑，为争取其他主流媒体、意见领袖以及部分网民群众的信任夺得先机。

在什邡事件中，舆情治理的"协同性"明显不足，政府在舆情潜伏阶段处于失声状态，后期虽然开始有所回应并采取了一定的治理手段，但是不具有说服力，治理措施更是激化了政民矛盾。当地媒体也没有扮演好舆情治理"把关人"的角色，在信息传递和舆情引导方面表现欠佳，权威媒体《什邡日报》等更是在舆情冲突不可控的阶段才开始发声，但是过度依赖政府声明，引发公众质疑。从意见领袖角度来看，韩寒、李承鹏等都对于当地群众的行动进行了声援，但是一些人并没有对该项目进行深入了解和研究，不免会加深公众和政府部门之间的矛盾，使得舆情风险更加难以有效控制和解决。最后，当地以及网络中的诸多公众具有维护自身权益、争取话语权的巨大愿望，民主意识鲜明而强烈，现实中他们不相信政府的解释和言论，也认为项目的建设会危害环境，所谓的环保评定只是一场骗局，缺乏一定的判断力和自主意识。特别是网络上有关于政府的谣言广泛传播时，更是缺乏理智，做出更为激烈的行为。

总体上来看，虽然两个案例中，除了政府以外的其他社会主体都在一定程度上参与了事件相关信息传播，对于舆情治理起到一定作用，但是两个案例中主体之间的协作程度是不同的。在泸县案例中，尽管部分治理主体在舆情引导及控制谣言传播中发挥了负面影响，但是整体上来说，各个主体之间的配合更为密切，且治理目标具有一致性，使得舆情治理的主体参与度和主体协同性更高，将事件现实冲突控制在了小范围内，产生了较为良好的治理效果；而在什邡案例中，尽管事件冲突及舆情热度在后期得到了较为迅速的控制和解决，但是其中各个治理主体之间的协作性不高、言论不统一、目标不明确等问题使得事件舆情治理难度较大，现实群体冲突也因此愈演愈烈（见表9-3）。

表9-3　　　　　　　　两个案例舆情治理协同性的对比

对比		2017年泸县事件	2012年什邡事件
协同表现	政府	较好地发挥了主导作用；发声迅速；借助官微、官博及时的信息公开；多次发布通告澄清谣言	前期反应迟钝，不重视信息公开和舆论影响；中期治理措施激进，激起民愤；后期态度转变，积极应对
	媒体	官方媒体反应迅速；主流媒体主动调查，报道真实客观；发挥舆情治理协助作用	官方媒体失声，过度依赖政府通告；部分主流媒体未经调查传播不实言论

续表

对比		2017 年泸县事件	2012 年什邡事件
协同表现	意见领袖	积极澄清谣言；安抚群众情绪，督促政府工作，提出建设性意见	声援群众的群体性活动；但激化了政民矛盾，增加了舆情治理难度
	群众	较为理智	盲目跟风，缺乏理智
协同时间		舆情风险刚刚萌芽时期，政府和官方媒体迅速发声，占据舆论主导权，为舆情治理提供了良好的先决条件	舆情萌芽阶段，政府和主流媒体等各方主体处于持续失语状态，错过舆情处置最佳时期
协同结果		舆情风险与现实冲突处于可控范围，事件负面影响相对较小，政府治理得到肯定	引发较为恶劣的社会影响，危害社会稳定

四、案例对比分析的发现

（一）与理论对话

首先，主体多元化是协同治理理论的首要前提和关键内涵。在重大突发事件社会舆情实际应对过程中，政府部门、意见领袖、媒体和社会公众，都是舆情演变的重要推手和舆情治理的重要参与主体，不同主体角色功能的发挥，对重大突发事件社会舆情治理效果具有关键影响。其中，政府部门是舆情治理的主导者，媒体和意见领袖是舆情信息的传播者，也是舆情引导的关键力量，以网民为主的群众是舆情治理的基础。

其次，正如协同治理理论强调多元主体协同有序的关系及自组织结构的形成是协同治理的核心，在重大突发事件社会舆情治理过程中，多元主体积极参与，且建立较为紧密的合作关系，共同向着一个目标努力，有利于重大突发事件社会舆情的有效引导。

最后，协同治理理论是一个开放的系统理论，根据所处的不同背景和阶段，协同治理结构会不断地调整，协同主体的具体功能和角色也相应地发生变动，从而形成动态化的、更加具有针对性的治理结构。案例亦显示，在舆情演变的不同时期，多元主体采取的治理手段是有所区别的。可见，根据重大突发事件社会舆情演变的阶段性规律，采取具有针对性的协同治理手段，对于有效把握各个时期舆情演变特征，预测舆情演变方向，以及控制舆情风险的持续蔓延具有直接作用。同时，在舆情演变初期，也就是舆情的潜伏阶段及时发现并对潜在的舆情风险进行治理，是有效把控舆情治理的整体节奏，最大化地降低舆情负面影响，遏

327

制或缓解重大突发事件冲突的重要选择，而忽视舆情演变的基本规律，采取不合时宜的治理措施，反而会增加治理难度。

（二）重大突发事件社会舆情协同治理的现实困境

通过以上分析，发现要实现重大突发事件社会舆情的协同治理，依然存在着一定的阻碍，对这些现实困难进行总结，是优化重大突发事件社会舆情协同治理结构的前提。

1. 各主体的协同意识尚需加强

尽管在一些事件中，政府和媒体、意见领袖等主体能够为了一致的目标，参与舆情的协同治理，但是从整体上来看，在重大突发事件社会舆情治理实践中，依然呈现着政府包办，其他主体参与较少或者主体之间行动不一致的问题。就像"什邡事件"中，意见领袖参与回应舆情问题的热情较高，但是由于与政府部门之间缺乏沟通，没有建立一致的目标导向，因此尽管他们发挥了自身公众利益代言人的角色功能，但是在声援群众抗议行动的同时，也为舆情治理带来了困难，同时，在重大突发事件社会舆情治理中，部分媒体和意见领袖往往在舆情热度到达最高峰的时候才参与到舆情治理中来，通过自身影响力引导舆论，但是这个时候较大的舆情波动和群体性冲突已经发生，如果能在舆情风险萌芽阶段或者初步扩散的时候发挥其功能，就能有效地降低舆情风险，缓解群体性冲突。

2. 各主体间缺乏完善的信息沟通机制

缺乏信息沟通机制是协同治理舆情的最大障碍，一些事件中，政府信息不公开、不透明，地方官媒和部分主流媒体失语，对事件信息传递不及时或不准确，造成严重的信息不对称，引发群众猜疑和不实言论的滋生。一些地方政府在危机信息披露方面会陷入被动。同时，政府对网民或者其他组织传递的信息不信任，主流媒体面对风险舆情或者危机事件时没有及时跟进客观公正的报道，有集体失语现象，造成信息真空，舆论监督缺位，成为不实信息的追随者，导致其丧失权威性。

3. 相关法律和制度规范不健全

立法层级低，上位法欠缺。我国网络安全专门立法少，立法层级较低。截止到 2020 年 3 月，通过中华人民共和国司法部法律法规数据库搜索到正文提及网络安全相关的法律及决定 421 件，行政法规 824 条（按正文检索），专门性的网络安全立法有 4 件：《电子签名法》（2004）、《全国人民大会常务委员会关于维护互联网安全的决定》（2000）、《全国人民大会常务委员会关于加强网络信息保护的决定》（2012）、《网络安全法》（2016）。其中全国人大常委会针对网络安全问题通过的两个决定内容比较简单，前者仅有 7 条条款，后者也只有 12 条条款。

虽然从数量上看网络安全立法增长较快，但大部分是部门规章以及地方性法规，立法层级有待增加，相关法律体系有待进一步完善。

立法主体分散，法出多门。目前，我国针对互联网安全的管理采取的是"多头管理""九龙治水"模式，在"互联网＋"时代，互联网已经涉及了所有的政府管理部门。这些管理部门为了履行管理职责，出台了大量的管理性规章。由于缺乏上位法的统领，立法分散，规章之间缺乏统一性和协调性。随着互联网的快速发展以及互联网与传统产业的融合，实践中会出现相关管理职责边界不清、权限不明的问题，导致管理体系庞杂、交叉管理、权责不明、各自为政的情况。这种凌乱的立法现象，致使规范网络的规则散落于不同的决定、条例、办法之中，既难以"知法"，更难以执法。

4. 立法内容滞后，法规重复、冲突并存

我国当前网络安全法规内容明显滞后，已不能适应网络社会的发展和变革。法规内容重复现象多有发生。例如，不得利用互联网制作、复制、发布、传播的9项非法信息，俗称"九不准"，最早在1997年的《计算机信息网络国际联网安全保护管理办法》中确立，之后相同或类似内容大量在其他行政法规和规章中反复出现，如《互联网信息服务管理办法》《电信条例》等10余部行政法规均作了几乎相同的规定。

不同部门制定的规章之间存在互相矛盾。在网络安全的管理部门方面，《计算机信息网络国际互联网管理暂行规定》《计算机信息系统安全保护条例》及《计算机信息网络国际联网安全保护管理办法》都规定由公安机关负责管理和执法。而《电信条例》和《互联网信息服务管理办法》则规定主要由电信管理部门负责同类相关事务。

5. 立法原则简单抽象，缺乏可操作性

目前网络安全立法多是被动式、应急性的，立法过程比较仓促。立法内容简单抽象，宣示性条款过多，详细程度差，可操作性差，不利于有效实施。我国关于互联网信息内容的管理多为原则性规定，缺乏具体的判断和执行标准。根据《互联网信息服务管理办法》和《互联网用户账号名称管理规定》规定，互联网信息、用户账号名称中不得含有"损害国家荣誉和利益的""损害公共利益的"内容，但事实上何谓"国家荣誉和利益"及"公共利益"，谁来界定"国家荣誉和利益"及"公共利益"，对于这些问题，法律没有明确解释或细则规定。执法缺乏依据，执行难度增大。

6. 多元主体协作受阻，缺乏网络治理框架

首先，意见领袖、媒体等主体参与治理是控制重大突发事件社会舆情风险、解决群体性冲突的有效途径，但是在实际的治理过程中，一方面，这些主体参与

重大突发事件社会舆情治理并不能"名正言顺",因为并没有明确的法律或规章制度对这些主体的身份进行界定,这些主体在重大突发事件社会舆情治理中应该充当什么样的角色、具有哪些权利、参与治理的途径和范围是什么都没有法律依据和制度支撑,使得这些主体处于尴尬地位,不仅挫伤其参与舆情治理的积极性,更重要的是在舆情治理中不能获得公众的认可,不能有效发挥主体的优势作用。另一方面,由于没有具体的法律和制度对各个主体的行为进行规范,也缺乏相应的问责机制和惩罚机制,因此在重大突发事件社会舆情的实际治理过程中,不乏一些主体出于私心损害集体利益的现象。

其次,缺乏完善的网络监管和惩罚机制,网络传播是重大突发事件社会舆情传播的主要途径,在新互联网时代背景下,舆情治理的重点和难点依旧是对于网络舆情的引导,由于现实生活中的道德约束机制在网络匿名制下被逐渐忽视和淡化,同时也没有明确的法律和规章制度来规范网民的上网行为,网民在网络中的发言和信息传播少了许多限制和约束,这就使得重大突发事件的相关舆情在网络中传播时容易被演绎成不同版本,一方面,增加了网民辨别虚假信息的难度,也增加了重大突发事件社会舆情治理难度;另一方面,不实言论和虚假猜测的广泛传播,为现实中重大突发事件冲突的平息带来更多阻碍。

第四节　重大突发事件社会舆情协同治理的机制完善

一、构建重大突发事件社会舆情协同治理的动态运行机制

学界一般将重大突发事件社会舆情的演变阶段,划分为潜伏期、扩散期、爆发期和消失期四个阶段,本部分照此对各阶段中协同治理主体的动态关系进行建构。

(一) 重大突发事件社会舆情潜伏期

潜伏期多在重大突发事件爆发之前,人们对于社会事务、政府行为产生的不满以及一些社会政治态度开始产生,相关舆情风险开始露出苗头。这一阶段是重大突发事件社会舆情治理主体协同的启动阶段,也是控制舆情风险的关键时期,如果处理得当,就可以有效地控制舆情恶化趋势,甚至可以通过舆情治理将重大突发事件冲突扼杀在摇篮中。在这一阶段舆情的协同治理应该以预防和减缓重大

突发事件发生为主，通过主体的协同合作及时察觉可能引发重大突发事件的潜在舆情风险，并对舆情风险态势进行评估（图9-9）。[①]

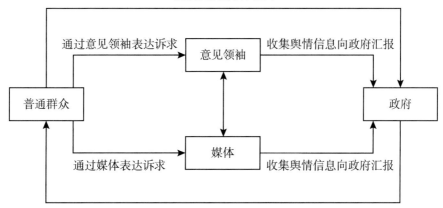

图9-9　潜伏期各主体之间的协同关系

　　在这个时期，其他社会主体如媒体、意见领袖与政府部门相比，在察觉舆情变化，感知舆情风险方面具有更大的优势，因此就需要在给予其他主体充分自主性的基础上，发挥其角色功能。其中媒体发挥对舆情变化情况敏锐的感知度，在广泛的信息搜索、深入考察的前提下，及时收集公众诉求，并通过即时播报、热点要闻等形式及时向地方政府汇报异常舆情；在舆情研究方面具有深入造诣的专家学者则可以借助专业判断，通过倾听公众声音，察觉可能的舆情风险，将可能演化为冲突事件的相关舆情及时汇报给当地政府部门；拥有大量粉丝的微博大V和名人，则通过与粉丝的互动交流观察舆论情况，发现关键敏感点，为将舆情风险遏制在最初阶段，发挥其功能；广大公众，发挥其社会责任感，通过正确的渠道向政府反映自身诉求，并及时关注社会热点；政府部门尤其是地方政府在及时收集舆情信息，汇总各方情况的同时，迅速启动反应机制，重点关注异常舆情，与其他主体一道控制舆情进一步扩散，同时收集不同渠道的相关舆情信息并对其进行分析，判断舆情态势，了解大部分相关群体的利益要求，尽快解决关键问题。

①　黄茜、王书勤：《新传媒环境下社会突发事件的舆情传播分析及引导对策讨论》，载于《新闻研究导刊》2014年第13期。

（二）重大突发事件社会舆情扩散期与爆发期

这一阶段重大突发事件社会舆情治理主体协同关系更加紧密，群体性冲突可能已经发生，相关舆情开始在网络和现实社会中大范围蔓延，公众的不满情绪持续积累，舆情信息呈现出井喷状态，虚假谣言和极端言论充斥于网络空间，协同团体需要迅速采取正确的治理手段，将舆情引导作为工作重点，避免激化更深层次的社会矛盾（图 9 – 10）。

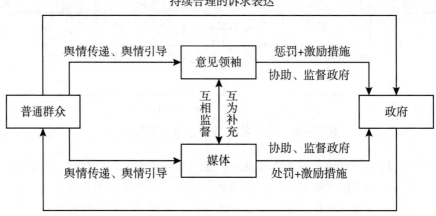

图 9 – 10　扩散期与爆发期各主体之间的协同关系

此时，政府充分发挥协同治理"掌舵者"的功能，一方面及时对舆情演变态势进行评估，并通过事件事实调查和全面的信息公开，向公众及时通报并传递积极的舆情信息，回应广泛质疑；另一方面刚柔并济，通过惩罚—激励手段，对其他社会主体的失范行为进行规范，把握协同治理的正确方向。媒体对事件情况进行同步跟踪报道，在发挥其舆情传递和舆情引导功能的同时，通过宣传政府相关治理举措，表达政府的工作进度与决心，在保持公众理性的情况下，维护政府及整个协同组织的形象。而意见领袖利用其社会影响力及专业权威性，通过微博、微信、视频等形式，对重大突发事件进行合理、客观的评论，引导舆情向积极方向演变；重大突发事件的当事群众和网民，避免盲从，在尊重事实的基础上对不实言论进行辨别，并对协同团体保持信心。

（三）重大突发事件社会舆情消失期

消失期是重大突发事件社会舆情治理主体协同关系的缓和阶段，重大突发事件相关舆情信息数量迅速减少，谣言得到澄清，事件冲突基本解决，社会运转开始步入正确轨道。但是由于舆情的"转移性"和"潜伏性"，它们可能只是暂时得到消解，为了防止部分谣言和具有煽动性的舆情信息反复，协同团体依然要发挥协同效应，将舆情治理常态化（图9-11）。[1]

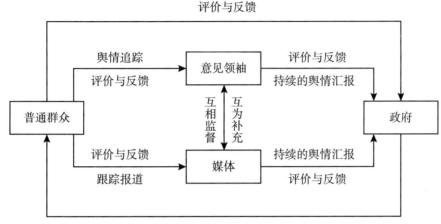

图 9-11　消失期各主体之间的协同关系

相关政府部门主导建立舆情信息的持续追踪和监测机制，对于遗留问题和隐患进行及时解决，杜绝舆情风险卷土重来，同时，对协同治理舆情风险的整个过程进行总结，进一步优化协同结构；各大媒体也同步报道事件后续消息，继续树立公众信心，稳定公众情绪，并代替政府部门就某些问题回答公众疑问；意见领袖一方面肯定政府治理效果，为公众树立对政府的信心，另一方面加强粉丝互动，澄清误解，防止舆情反复；最后，公众对于各个主体在重大突发事件社会舆情协同治理中各主体功能的有效发挥给予肯定，进一步提高自身参与意识、责任意识、权利意识，提高舆情辨别和治理能力，通过与其他主体的良性互动，在重大突发事件社会舆情协同治理中进一步发挥作用。

二、构建重大突发事件社会舆情风险治理的协同联动机制

（一）舆情风险治理评估与决策中的利益协同

重大突发事件社会舆情的发生往往"牵一发而动全身"，涉及相关多元主体

---

① 王来华：《群体性突发事件中的舆情处理》，载于《领导力》2007年第2期。

的利益，整体而言，最大化降低其舆情风险，将损失降到最小，并能够采取积极应对措施引导事态及舆情良性发展是宗旨所在。因而舆情风险治理评估与决策中的利益协同十分重要。整体来说，利益协同主要处理好舆情风险治理中政府、媒体、社会、网民等主体之间的利益协调与维护。各参与主体在决策与执行参与上都有不可忽视的作用，应在尊重各参与主体利益需求的前提下，权衡各参与主体之间的利益关系，遵循基本的社会运行秩序，并提供合理的激励制度，根据各主体以及系统内部的运行特征建立激励制度，以满足多元参与者的利益诉求。

舆情风险治理决策过程需要考虑三个阶段：第一阶段是在评估重大突发事件社会舆情风险时，政府及相关部门要转变治理理念，做好舆情风险治理决策的顶层设计，将自身视作与人民同呼吸、共命运的一分子，做到从人民的根本利益出发，以大局为重，主动联系企业、网民、网络非政府组织代表等进行"会谈"，对重大突发事件社会舆情风险治理进行客观评估，做好应急预案和应对措施。第二阶段是预测在舆情风险治理过程中的做法，政府及相关部门、媒体要及时做到信息透明公开、科学准确决策，及时更新信息，对谣言进行辟谣，对正确真实信息跟踪发布，积极采用科学有效手段，及时降低重大突发事件潜在的负面影响。在符合整体治理目标和公共利益的框架内，政府主体应为各主体利益诉求寻找共同点，避免因利益对抗影响协同治理的效果，尤其要预防谣言的发生，对散播谣言的部门及个人给予及时的法律惩罚，有效保障突发事件社会舆情治理中各主体的利益及目标的实现。第三阶段是在预判协同治理效果上，需要从多方面权衡：是否有充足资金支持、是否有足够的人力支持、是否有高效能技术支持成为关键，而资金、人力与技术本质上属于各参与主体的"产权"范围，是否解决了实际问题，建立协调各方动机和利益的制度，构建各协同参与主体的沟通交流机制，建立信任合作的有效机制，提高资源贡献度，尽可能地利用资源、价值趋同优势提高行动优势，来维护利益协同。只有在利益协同共识的基础之上，政府、企业、网民、网络非政府组织、媒体、社会等多元主体才能以平等的网络舆情建设者的身份共同参与到网络舆情的治理工作中来。这样，政府才能更好地以亲和民众的形象、为民谋利的心态、对人民负责的态度，消解与其他网络舆情治理主体"利益对抗"的情况。

（二）舆情风险治理决策与执行过程中的资源协同

重大突发事件社会舆情风险治理在决策与执行过程中需要资源协调，资源涉及政府、媒体、社会、网民、企业等各类组织与个人。其中，政府是主导力量，是舆情应对政策和规范的"吹哨人"，是整合、协调和分配各项资源的权力机关单位。在网络舆情治理决策与执行中，资源协同起着重要作用，它包括线上的数据资源、技术资源、媒体资源等，线下的人力资源、资金资源等，这是显性资源，还包括时间、空间、执行力、权力等隐性资源。这些资源是协同行动所必须具备的，通过整合调度、合理分配为各个主体带来利益。资源协同可促进多元主体的内部互动，多元主体协同治理方式是以人力资源为基础，以相关制度为保障，以电子政务为技术支持，以促进各主体间信息资源的沟通交流为目的。通过加强沟通交流，建立信任合作的有效机制，提高各个主体的资源贡献度，尽可能地利用资源优势来确保行动的有效实施，显著提高多元主体横向和纵向汲取社会资源的能力。

从人力资源的视角来看，政府、企业、网民、网络非政府组织是处于动态利益均衡的关系中，意见领袖在网络人际关系中起着示范作用，综合各项资源，科学决策后，可通过有效管理人际关系网络、利用熟人关系和资源开展网络舆情治理工作，逐渐形成"政府＋社会"或"政府＋行业＋用户"的合作舆情监管与治理模式，以政府为主导，调动各界资源，发布权威信息，维护社会稳定。从信息资源的角度来看，首先要保证信息资源的公开透明，使企业、网民和网络民间组织能够及时了解相关信息资源；同时也要保证信息资源的畅通和有效性信息资源的流动，从而保证各协同主体能够及时掌握有效信息。网络舆情治理决策实施中的资源协同，是将纵向的制度政策信息资源和横向系统的人力、技术、财力资源在纵向和横向上交叉使用，使纵向和横向资源都能用于网络舆情治理。网络舆情治理的决策与实施协调，不仅可以发挥政府的主导作用，还可以有效发挥网络企业、网民、网络非政治资源和政府组织的力量，真正形成优势互补、资源共享、健康联动的网络舆情协同治理新局面。

（三）舆情治理实效保障中的政策协同

重大突发事件社会舆情治理，目前的重点领域在对网络社会舆情的治理，其治理实效的保障需要国家政府及相关部门的政策协同来实现，政策协同是指为了保障网络舆情治理实效，在网络社会舆情治理中采取的一系列政策与措施。保障政策协同方式既包括保障社会团体组织、网络企业、网民、网络非政府组织等的网络舆论话语协同，又包括促进网络舆情健康发展和社会稳定，还包括一些已经出台但不能通过公开途径获取的网络舆情治理政策文件等内容。[1] 网络舆情治理实效保障的政策协同有利于整合网络资源，推动网络社会的良性健康发展，严格执行网络言论工作者的职业资格审核制度，以制度的形式确定网络言论的发布事宜。政策协同有利于加强网络舆情传播秩序的规范管理，更为重视网络舆情的引导。

---

[1] 张佳慧：《中国政府网络舆情治理政策研究：态势与走向》，载于《情报杂志》2015 年第 5 期。

网络舆情治理是一项系统工程，多元主体协同治理方式意味着权利与责任的共享、共担，政府作为权力部门在制定网络舆情治理后期的政策时应鼓励网民、民间组织、网络服务企业等的积极参与。网络舆情治理中的决策制定、决策执行、实效保障应是参与主体间基于不同的利益、价值和具体目标进行博弈的过程。一般来说，保障重大突发事件网络社会舆情治理实效的政策协同需要各级政府依次按照层级顺序上传下达，依次贯彻，分步进行处理。但基于重大突发事件网络社会舆情大多偏向于负面舆情，具有影响力大、重要性高、传播速度快、后续影响也大的特点，因而各级政府在保障其治理实效的政策协同时也需要具体问题具体分析，视情况考虑是否先自行颁布保障舆情治理实效的政策并予以协同。比如在类似于重大疫情、灾难性突发事件中，如果问题首先出在某块地区，备受影响最大的也是该地区，因为未及时处理得当造成网络舆情治理危机出现，此时当地政府应及时颁布相关政策来补救与保障网络舆情的发现、处理均在可控范围内，及时捕捉舆情动态，及时上报，进行政策协同。从后续决策到执行的过程中，应协调好多元主体的动态利益关系，保障舆情风险治理的实效。推动多主体妥善处理网络舆情治理中的矛盾和问题，顺利开展网络舆情治理，促进国家治理的完整性、系统性和协调性，保持互联网社会和现实社会的稳定发展，带动社会劳动、技术知识、资金和管理活力的迸发，促进经济健康稳定发展，进一步促进形成经济繁荣、社会和谐、政治民主的良好局面，先进文化和生态文明，以网络舆论治理改革的成果造福全社会。

三、构建重大突发事件社会舆情协同治理的资源共建共享机制

（一）打造数据资源平台共建

重大突发事件带来的舆情影响比较大，且往往伴有次生舆情。因而需要全力共建信息数据资源的集中化管理平台，由政府主导，自媒体平台和互联网企业协助，实时高效的舆情捕捉技术和分析平台进行收集和分析，实现对信息资源的全面收集和管理。在政府政策支持下，互联网技术不断发展并应用服务于政府、企业等。因为政府在信息获取中具有独特的角色优势，掌握着最大量的信息资源，这是其他社会主体难以实现的，在现实情况下，这些资源对普通用户来说具有相当大的获取难度，同时也有很多信息掌握在媒体和社会组织手中，使得公众获取信息的途径复杂且没有统一的规范，因此需要将诸多内容和来源较为复杂的信息资源，集中在统一的信息资源管理平台，通过专业化的技术手段，降低政府、社

会组织、媒体等主体信息集合的复杂程度，促进信息资源整合系统的共建共享。

举例来说，在面对重大突发事件传播中的谣言时，互联网平台纷纷开通辟谣功能，依托大数据技术实现信息共享、快速查询，给全社会提供了大量数据支撑，可使百姓在鱼龙混杂的信息中甄别谣言回归理性，让众多媒体主动发布新闻，通过网站、App 让权威信息跑在谣言前面，及时安抚公众恐慌情绪遏制次生舆情蔓延。比如 12306 票务平台利用实名制售票的大数据优势，即时大数据技术除了可以提供研判预警舆情之外，在筛查、追踪相关涉事人员从而阻断负面事件和舆情传播路径等方面亦发挥着高效的作用。

（二）完善信息资源共享

信息资源是重大突发事件社会舆情协同治理过程中的关键资源，信息资源的掌握是否丰富，对信息变化是否具有较高的敏锐度，决定了协同团体对舆情演变情况的掌握程度以及相应治理措施的及时性。因而要构建信息资源共享机制，重大突发事件社会舆情协同治理能否实现，很大程度上取决于各个主体所掌握的信息资源是否一致且有效，但是构建信息资源的共享机制，要克服私有产权观念、信息管理与体制不健全、技术手段不成熟等障碍，单纯依靠强制性手段是无法实现的，需要在社会协调前提下，以政府主导为关键，以一定量的市场机制为协助，实现对信息资源合理分配。

政府信息公开程度，直接影响了重大突发事件的产生和发展，也决定了舆情演变的性质和走向。一是要充分认识政府信息公开的重要性，完善政府信息发布的管理制度和条例，保证规范化权威性；建立完善的政务信息内容发布机制、责任追究和纠错机制，提高政府工作人员的职业道德培训，保证信息发布的及时性和真实性。二是积极拓宽政府信息发布渠道，以政府门户网站为基础，构建包括政府官微、官方微博、官方论坛等多种渠道，涉及社会管理、政策公布、危机事件管理等多种内容的信息发布通道，确保政府信息公开内容的真实、准确、迅速、有效。最后，要继续加强相关制度条例建设，在 2007 年公布的《政府信息公开条例》的基础上，出台更加细化及有针对性，不单单只限于行政事务信息公开，而是涉及突发事件、公共安全事件以及重大突发事件相关信息的公开条例，针对性地解决由此引发的舆情危机和谣言传播。

（三）鼓励技术交流和创新

考虑到重大突发事件社会舆情主要通过网络途径进行传播的现实状况，其舆情萌芽、扩散、爆发直至消退的整个阶段都在网络平台中表现出不同的特征和走势，大数据监测和分析处理技术的实现前提是不断进行互联网技术创新。

因此，协同团体具备高精尖的先进网络技术装备和监测技术，是随时监控舆情演变情况和态势的硬件保障，尽管政府掌握了大量的技术资源和科研人才，且具有充分的资金作为保证，但是政府之外的社会组织，特别是自媒体以及部分互联网公司，往往拥有最新的技术手段，因此应该建立以政府为主导和中心的技术交流机制，一方面通过政府补贴和奖励的方式，鼓励技术创新，激发技术人员的积极性，另一方面，要为技术创新创造良好的社会氛围，形成创新型社会文化。最后，由政府牵头，引进先进互联网技术，建立统一的共享的全国性的技术交流平台，全面促进舆情监测和舆情应对技术的蓬勃发展。为重大突发事件社会舆情监测和舆情治理提供配套措施，以便协同各主体尽快制定出相应的舆情治理方案。

第五节　重大突发事件社会舆情协同治理的优化策略

重大突发事件社会舆情面临的风险源是复杂多维的，在新媒体时代下呈现出更加难以掌控的演变趋势，目前政府及公共机关部门应对能力和方法还有待提高和完善。目前尚存在综合干预重大突发事件社会舆情的正当性、合理性阐释不够；应对重大突发事件社会舆情的价值预设、总体目标和效果指向不明确；舆情应对存在随意性强、回应热点问题不及时等亟待解决的问题；应对策略仍然立足"政府包办"的单一视角，未能遵照互联互通共享共治的精神，用多元主体、协商共治的思路开展应对工作等一系列问题。针对诸如此类问题本研究提出重大突发事件社会舆情协同治理的优化策略。

一、鼓励多元主体参与舆情治理，强化协同意识

（一）政府转变治理理念，鼓励多元主体参与

多元主体是重大突发事件社会舆情协同治理的基础和前提，重大突发事件社会舆情治理不仅仅需要发挥政府主导作用，更要积极鼓励多元主体共同参与。这不仅仅是有效治理重大突发事件社会舆情风险，化解重大突发事件冲突的要求，也是维护社会秩序的必然选择。因为突发公共事件中蕴含的冲突无疑都具有公共性，而这意味着卷入冲突的社会主体已具有普遍的社会影响力，能干扰一定空间

内的社会秩序，政府应对的目的在于缓解和解决冲突，恢复秩序，重建规则。①这仅凭政府一方的努力很难取得切实成效。

为此，政府要转变治理理念，积极鼓励多元主体参与舆情治理。一方面，政府要解放思想，加大改革力度，转变治理理念，认可和接纳社会组织等主体在重大突发事件社会舆情治理中的作用；另一方面，要主动为多元主体参与舆情治理提供便利，通过制度激励等形式，激发多元主体参与舆情治理的热情。

（二）动员社会参与，提升舆情治理时度效

动员社会参与，促进协同共治，提升舆情治理时度效，降低治理成本。互联网使用者既是网络安全保护的对象，也应该是网络安全的维护者。互联网治理，是指"国家、私营企业和公民社会各自按照自己的角色制定和应用互联网的发展和使用过程中的原则、标准、规范、决策步骤和共同规划。"政府、企业和社会公众共同参与，共享共治，是互联网治理的应有之义。我国目前的网络立法大多侧重规定管理部门的职权、管理方式以及处罚措施等内容，在管理方式上以市场准入和行政处罚为主，在管理内容上以禁止性规范为主，激励性规范欠缺。

目前我国社会力量参与网络安全秩序维护不充分。单纯依靠公权力维护和管理网络秩序有很多弊端。一方面对私权利的忽略会引发抵触情绪，另一方面缺少公众支持和参与会加大执法成本。激发公众主动参与网络安全建设的前提是其私权利在网络中得到了切实保护。个人信息权利是网络时代公民的基本权利之一，国家应当在法律层面对此予以确认和保护，系统性规定在信息收集、存储、处理、利用和传输等环节相应主体的权利、义务和责任。特别是在民事保护难以发挥作用的情况下，需要通过立法建立起有效的个人信息行政保护机制，及时制止侵犯个人信息权利行为的蔓延，维护网民对互联网的信心。美国在2009年颁布的《网络安全法案》中提出，应制定并开展一场国家网络安全意识运动，以提高公众对网络安全问题的关切和认识，告知政府在维护互联网安全和自由、保护公民隐私方面的作用，利用公共和私营部门手段向公众提供所需信息。中国互联网违法和不良信息举报中心是我国专门设立的接受网民举报网络违法现象的公共平台。但该平台知名度小，参与度低，调查显示78%的网民不清楚平台功能也从未主动举报。诸如此类平台应该加强宣传和普及，吸引公众参与，降低执法成本，提升秩序水平。中国在2017年也正式实行了《网络安全法》，从运行安全、信息安全和事件应对三个维度立体化、全方位保护网络安全。

---

① 袁建军：《应对突发公共事件中政府与企业互动研究》，广东人民出版社2014年版。

（三）明确相关主体行为，落实问责机制

通过相关法律和制度规范明确主体行为。明确的法律规定和制度规范，对于界定协同治理各个参与主体的职能、权利、义务具有重要作用，是使得多元主体参与有法可依、有据可循，保证主体权益，促进其功能发挥的关键举措，不仅可有效明确和规范政府的行政权力边界，还可为协同各方提供法律和制度依据。我国目前的法律和制度对于政府在突发事件处置和舆情治理进行了相关规定，但是对于媒体、网民等组织群体的权限并无明确规定，因此需要通过完善相关法律框架和制度建设，明确协同治理各参与主体的职能、责任和义务。

政府在重大突发事件社会舆情治理中发挥主导作用这是毋庸置疑的，在保证这一前提的情况下，对其他主体在参与方式、参与途径、权限范围、法律地位等方面作出具体规定。对社会组织而言，对其创建、组织和运转的各个方面作出具体规定：第一，在一定法律和制度规范的保障下，明确社会组织参与重大突发事件社会舆情治理的具体功能、角色和权责范围；第二，通过建立健全相关法律，明确社会组织创建、运转的具体规则、社会组织在社会治理中的作用和具体角色，以及其与政府的关系。对媒体组织而言，首先，通过出台《新闻法》等相关法律法规，进一步在更高的法律层次上规范重大突发事件社会舆情风险治理中的媒体行为，鼓励媒体在促进社会稳定的目标下，通过调查将真实的重大突发事件社会舆情传播给社会公众等；其次，对媒体、社会组织等主体危害协同团体利益、阻碍整体目标实现，在团体中消极懈怠，依然专注于个人私利的行为进行明令禁止，并作出具体的惩罚规定，比如出现媒体为了增加热度、获取私利，采用不实报道、传递谣言的方式传递舆情，向公众错误传达政府决策的行文；以及意见领袖为博取热度，歪曲事实真相，错误解读政府措施的做法，都需要依法依规进行处理。

二、舆情风险协同治理主体的能力提升和责任培育

（一）培育多元主体的社会责任感和合作意识

各主体的社会责任感是协同合作得以实现的基本动力，是健康协同环境形成的关键因素。重大突发事件社会舆情本身的复杂性和应对难度，使得以政府为主导的治理方式遭到质疑，社会责任感的强化和培育，将有助于吸引多元主体主动积极地参与到重大突发事件社会舆情危机的协同治理过程中。在治理实践中，以

政府为引导、媒体监督、社会和网民共同参与的舆情治理模式必将成为主流。首先，作为社会重要构成要素的民众，在自身社会责任感的有效引导下，与其他社会利益相关者积极配合治理制度执行、积极参与对话与商讨，将解决舆情风险视为自身的义务与责任，同时提升个人媒介素养，做到不传谣、不信谣，而不是"搭便车"与袖手旁观。其次，具有专业性与知识性等特性的媒体组织和意见领袖，履行相应的社会责任，面对群体事件及其舆情风险，它们已不仅仅是经济活动的践行者，而且还视参与社会治理为自身责任之所在，利用自身专业知识与资源获取优势，为治理负面舆论和谣言提供条件。再有，政府各部门践行为人民服务的基本行政准则，摒弃腐朽官僚气息，积极把握舆情、公开信息，积极应对，更加注重维护公共利益、倍加信任其他社会治理主体，将实现社会公平正义、践行公共服务精神作为己任。同时，还要培育多元主体的合作意识，各社会组织及企业、媒体及个人需要自觉遵守社会秩序，主动配合政府主控力量，共同为构建良好稳定的重大突发事件社会舆情努力。

（二）提升政府社会舆情应对和公共服务能力

政府作为重大突发社会舆情治理的重要主体，对于网络舆情的产生阶段起着监控和预警作用。在新技术重塑的社会环境下，首先，需要转变舆情应对与治理理念，树立高度的主人公意识，通过推出舆论领袖，及时对网络舆情做出回应，及时回应社会关切，认真落实《国务院办公厅关于在政务公开工作中进一步做好政务舆情回应的通知》要求，建立健全义务教育领域政务舆情收集、研判、处置和回应机制，明确责任分工，全面监测舆情，加强研判处置，提升回应效果。对涉及特别重大、重大突发事件的政务舆情，要快速反应，遵循"黄金四小时"原则，发布权威信息，在24小时内举行新闻发布会，表明态度观点，通报进展情况，说清政策举措，针对问题提出解决措施，引导网络舆情的传播和消亡。其次，需要重置高层级机构及相应权限，优化应对处置流程。最后，政府需要利用舆情监测和分析的新技术和大数据系统来及时捕捉舆情数据，运用大数据理念和创新决策机制，用数据说话，由数据驱动决策，处理和分析舆情数据。此外，公共服务能力是增强地方政府回应能力和扩大公众基础的重要途径，不仅是贯彻落实服务型政府的时代要求，体现了政府构建和谐社会、落实科学发展观的需要，也是地方政府实现公共服务职能的需要。因而需要提升地方政府公共服务能力，避免陷入"塔西佗陷阱"，政府第一时间掌握有效数据，可以全面了解、分析预测服务对象的基本需求，可以掌握和了解各个层次的服务需求，从而提供更加人性化和个性化的公共服务。尤其在重大公共卫生安全事件中，大数据使按需分配的公共服务成为现实。政府通过应用大数据技术对公众日常生活交易的数据、网络上公众的意见表达等信息化足迹进行分析，准确把握服务对象对于公共服务种类以及质和量等方面的需求，经过科学分析合理配置，提供公众真正需要的公共服务。例如，应用大数据技术来深度分析重大疫情事件中人口流动数据、感染人口数据、人口各类型数据以及公共服务机构和医疗设施分布数据、医疗物资供需数据等，借此政府可明确哪个地方公共医疗服务资源过于集中，哪个地方相对缺乏，有助于政府将公共医疗服务资源向紧缺地区、欠发达区域以及困难群体重点倾斜，从而实现公共医疗服务资源的最优配置。政府在践行系列管理改革的基础上，最终将形成崭新的"互联共治、整合服务"的治理模式，其治理模式为构建"整体政府、开放式政府"达成"善治"提供了实现途径。①

（三）强化社会组织和企业的公共责任和行为规范

重大突发事件的发生、发展变化往往影响社会的各个层面，政府的任何决策都关乎着公众的利益，政府与网民之间需要第三方机构起一个"监督人"的作用，建立第三方公共传播专业评级机构。第三方机构包括社会组织、媒体及企业等独立组织机构。在此过程中，媒体在风险传播过程中扮演着重要角色，发挥着正确舆论导向的重要作用，媒体机构应该回归专业主义，这就要求媒体尤其是主流媒体在报道重大突发事件时，要遵循一定的原则，切实承担起媒体的社会责任，提高自身对重大突发事件的认知、判断能力，在真实、客观的原则下，做到科学准确地报道。在遇到谣言传播时，要发挥专业主义精神，让谣言止于及时公开，联合官方信息及时公开，最大化降低谣言传播风险。同时，媒体在报道重大突发事件和面对舆情时，应把握"有度"原则和媒介安全。其实质是处理好信息公开与风险放大之间的关系，既不杜绝信息公开造成"媒介失声"，也不强调信息过度公开而带来"媒介恐慌"。此外，社会组织、各企业也是舆情协同治理中的重要成员，应各司其职。各社会组织应遵循专业优先、充分利用人才等资源优势的原则，加强宣传突发事件的科学应对知识，自觉做好自我管理和集体管理工作，做好基本社会公共服务工作。同时，企业应加强行业自律，严格遵守职业伦理，加强市场行业自我规范和约束，支持政府和相关部门共同做好重大突发事件社会舆情的应对与治理工作，渡过重大突发事件非常时期。

（四）提高公众社会舆情应对的素养和能力

网络新媒体环境下，网民既是网络信息的接受者，又扮演着制造者、发布者、传播者角色，其网络素养的高低，影响着网络舆情的发展和治理效果。一方

---

① 孟庆国：《政府 2.0——电子政务服务创新的趋势》，载于《电子政务》2012 年第 11 期。

面，应该加强公众网络道德理论建设和网络媒介知识的宣传和科普，提升公众接收、识别、传播舆情信息的素养及政治素质，积极引导公众理性应对重大突发事件，仔细辨别网络信息，避免"群体极化"和舆论失控现象。另一方面，网络大 V 等"意见领袖"应在主流媒体和社交媒体平台理性发声，及时发布正确科学、具有引导性的信息，积极引导粉丝公众，做到不传谣、不信谣。另外，政府内部的"大 V"应及时公开更新重大突发事件最新发展动态，避免隐瞒真相的"鸵鸟"心态，让网民在了解真相的基础上相信政府，从而提高自身理性应对官方发布的信息，积极配合政府及相关部门的政策和举措的素养及能力。

三、促进重大突发事件社会舆情协同治理的法律和制度建设

为了促进重突发事件社会舆情协同治理的法律和制度建设，进一步完善我国网络安全法律体系，需要从立法、监管、综合治理等几个层面工作来努力。

（一）加强网络安全立法顶层设计，出台和完善相关法律

统筹网络安全治理职能，加强网络安全立法顶层设计是预防重大突发事件社会舆情负面发展的关键一环。我国目前网络安全法规制定最大的问题就是由于监管职能分散导致的法规制定的封闭性和内容的碎片化。各部门、各地方缺乏协同机制，缺乏系统性研判，缺少科学的制度统筹和顶层设计。很多行政法规和规章缺乏上位法支持，一些规章甚至自行设定规范，增加本部门的权力。法规缺乏系统性和权威性，降低了网络安全监管的效率，不利于促进网络信息社会的健康发展。因此要优化网络安全治理结构，加强中央网络安全和信息化领导小组的统筹职能。根据《立法法》第六十五条、八十条的规定，国务院应根据宪法和法律制定行政法规；国务院各部、委员会、中国人民银行、审计署和具有行政管理职能的直属机构应根据法律和国务院的行政法规、决定、命令，在本部门的权限范围内制定规章，部门规章规定的事项应当属于执行法律或者国务院的行政法规、决定、命令的事项。没有法律或者国务院的行政法规、决定、命令的依据，部门规章不得设定减损公民、法人和其他组织权利或者增加其义务的规范，不得增加本部门的权力或者减少本部门的法定职责。网络安全立法应由中央网络安全和信息化领导小组统筹，根据当前网络安全法规缺失现状进行顶层设计，分领域，按步骤，有计划实施。对各部门出台的网络安全相关法规统一监管，从立法过程、法规内容、适用范围等多方面参与或规制，避免部门利益固化及法规内容重复或矛盾现象。

应对网络空间治理挑战和重大突发事件社会舆情的复杂性，还应尽快出台和

343

完善相应法规。完善我国网络安全法律体系，应充分依据网络发展的特点和规律，全面考虑立法需求，坚持专门立法和分散立法相结合。要对传统立法中不适应网络环境的法律法规进行梳理、修改、完善、补充，尽量通过司法解释等方式将传统法律延伸适用于网络空间；同时也要积极研究网络社会中的新现象和新问题，及时制定专门立法。

制定《信息通信网络法》，保障网络信息资源分配、建设、运营以及信息传输安全。传统的电信和广播电视法律体系相互独立，实际上形成了相互进入的壁垒。1997 年出台的《广播电视管理条例》、2000 年出台的《广播电视设施保障条例》和《电信条例》等 3 部主要的行政法规已经严重滞后，远不能适应广电业和电信业发展的形势需要，更无法适应"三网融合"的需求。如果继续分别制定《电信法》和《广播电视传输保障法》，将阻碍网络融合的推进。随着网络融合趋势不断加强，迫切需要对法律体系做出调整，以顺应网络融合的发展。目前我国尚没有一部效力阶位更高的法律对三网融合的网络空间进行规范。因此，非常有必要制定一部统一的《信息通信网络法》，对网络空间中互联网、电信、广播电视等信息通信市场的主体、行为、权利、责任等基本法律制度进行明确规范。《信息通信网络法》作为网络空间的基础性法律之一，不宜包括拟单独立法的内容，如网络安全、电子商务、电子政务、网络信息服务、个人信息保护等，建议重点规范网络设施和网络资源的开发、建设和运营行为，构建公平、合理、高效的网络资源分配和使用制度，构建统一的监管体制等。

制定《电子政务法》，保障电子政务及政务数据的安全。2002 年出台的《国家信息化领导小组关于我国电子政务建设指导意见》，掀起了我国政府信息化的发展热潮，对电子政务建设发挥较大指导作用。但由于该《意见》是在我国电子政务建设起步阶段出台，其重点是规范一些重要行业的信息化建设，忽视了处于重要地位的政府门户网站的重要性。2003 年通过的《行政许可法》最早站在法律的高度对电子政务予以认可，但规定过于原则。其他有关电子政务的规范散见在一些部门规章和地方性法规中。总体而言，我国还没有一部专门规范电子政务的法律法规，尚未构建起有关电子政务的完整法律体系。电子政务立法的滞后严重阻碍电子政务以及依托电子政务的经济领域的发展。应适时制定《电子政务法》，在这之前可以先制定《电子政务条例》，同时修订完善《政府信息公开条例》，在电子政务领域确立信息化、信息公开、信息共享和信息安全等方面的基本制度，实现对政务数据采集、传输、存储、利用、开放的安全管理，明确各部门数据共享的边界范围和使用方式，理清各部门数据管理及共享的义务和权利，指导和推动电子政务发展，促进依托政务数据的创新创业。

（二）完善网络监管体系，增强网络治理的开放性

强化网络监管，完善网络谣言处置法律法规。网络环境的自由化以及管理无序化是不实言论和谣言传播的重要原因，为重大突发事件社会舆情的负面演化提供了温床。很多重大突发事件，一经放大和渲染，就会引起网民众怒，带来极大的舆论风波。强化网络监管，对相关法律法规进行完善是有效遏制谣言产生及传播，助力重大突发事件社会舆情治理和现实冲突解决的关键环节。

一方面，可以建立网络谣言传播的责任追究制，通过相关技术手段，加大对热衷制谣、传谣等重点人物的监控力度，明确谣言传播的直接源头，对直接散布不实谣言，以及通过转发评论传播不实谣言的网民采取禁言、关停账号、罚款甚至是刑事拘留的惩罚手段，不仅可以及时惩罚制谣传谣的违法行为，更可以起到警戒作用，为广大公众敲响警钟。

另一方面，对公众进行网络道德的培育，在向其明确网络相关准则规范的前提下，引导网民形成文明、有序的上网秩序，强化诚信意识，引导树立正确、积极的网络伦理观。最后，重视并发挥微博大 V、明星、专家学者等意见领袖的作用，引导其在重大突发事件发生时发挥正面效应，自觉承担起社会责任，为正确引导和传递舆情提供助力，为重大突发事件的舆情传播创造良好的条件。

增强网络"法约化"的开放性与国际性，构建世界性的支持体系。网络的跨国性决定了网络安全是一个全球性问题，因而网络法律规制也必须具有全球性视野，积极推进网络安全问题国际对话，参与国际性规则制定，掌握在国际网络立法中的话语权，确保在开放环境中网络信息的安全性。2017 年开始实施的《网络安全法》中尚未包含网络安全国际合作的条款，总则中也未见加强国际合作、与国际相关法规融合的内容，这与网络安全的全球性特质不相适应，也影响了《网络安全法》的国际适应性。

（三）完善综合治理体系，理顺舆情关键环节

综合治理体系是提升网络舆论治理效率的要求，综合治理体系建设是预测、分析、介入、处理舆情事件的重要手段，收集信息系统通过多种手段汇集、分析、处理信息，着重于社会关注度较高、影响性较大的信息收集；风险评级系统利用监测与过滤技术，对舆情事件进行风险评级、路径检测、走向研判与利益相关者分析，着力提升客观性高、时效性强的分析技术；纠偏介入系统对负倾向事件及时回应，同时注重介入时间、程度、手段的科学性；治理反馈系统对治理成效进行评价与改进，包括治理的时效性、公众的满意度等指标，用于消解同类事件所蓄积的风险。以上四个环节组成舆情发展的一般规律，也为网络舆论的治理

提供了科学、系统的路径，为我国网络舆论治理现代化提供依据。

具体来说，舆情信息系统、舆论评级系统、介入管理系统与治理反馈系统四个系统相互关联、互相影响（见图9-12）：一是舆情信息系统：借助政府、社会、网民三方平台，通过不同渠道收集多主体的舆论信息，促成"多元发声、观点制衡"的新局面；二是舆论评级系统：利用网络监测与过滤系统对不同事件的舆情发展进行规范化的风险评级（如转发量、查询热度等）；三是介入管理系统：对风险性较高的网络舆情事件进行治理，注重介入时间、介入程度与介入手段的规范化，同时注重舆情对于社会治理的"晴雨表"功能，及时发现社会潜存的问题；四是治理反馈系统：对治理成效进行评价与改进，包括治理的时效性、公众满意度等指标，用于消除下阶段同类事件的蓄积风险的可能性。

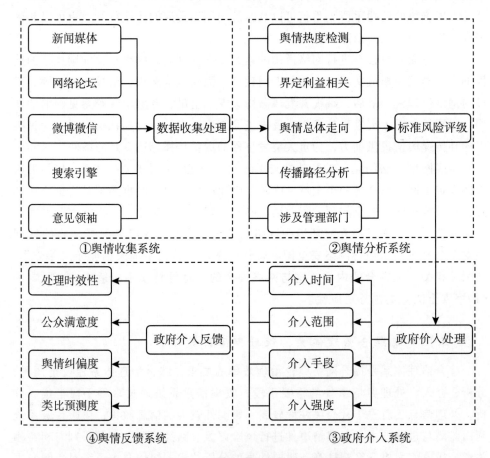

图9-12　网络暴力舆情治理系统

一方面，要认真搞好网络治理研究，加强治理环节的智库建设。智库建设为网络舆论治理的精细化提供重要保障。网络的精细化治理，不同于以往内容分散、路径单一、冲突多元的治理手段，是更聚焦于具体问题的具体分析，以及针对关键节点的适时策略。应当意识到，中国处于转型期的同时，网络治理也处于变革关键期。重大突发事件是社会转型过程中不可避免发生的，而负向舆情所引发的重大突发事件，是各国现代化过程中普遍面临的治理难题。为中国本土性、突发性治理难题提供有效的、切实的、可行的决策借鉴，需要开创出具有中国特色的、求真务实的网络舆论治理理论，加强社会问题的本土性调研，增进网络舆论本体性理论，推进智库建设的创新性实践，将智库研究成果与网络治理、社会治理的各个环节紧密结合，务实推进网络舆论治理的现代化进程。另一方面，要认真落实新时代的要求，推进网络舆论综合治理现代化。在中国特色社会主义进入新时代，我国社会的主要矛盾发生转化的新形势下，网络舆论综合治理也要跟上时代步伐，不断发现新问题，解决新矛盾，提出新策略。要以习近平新时代中国特色社会主义思想为指导，加强网络治理的能力建设、法律建设、制度建设、体系建设，致力于网络舆论综合治理的现代化，不断推进网络治理的法治化、精细化、科学化进程，为全面建成小康社会，加快实现中国特色社会主义现代化提供坚实的基础与保障。

随着信息社会的不断变革和互联网技术的不断发展，中国社会问题日益复杂，涉及全国范围的重大突发事件也日益频繁，如何减小或避免舆情治理风险，探索出较为成熟可循环利用的纵向间的协调机制及其相关理论、模式、原则、利益和资源协同治理等问题，也应该成为网络舆情领域现在及未来的研究重点。

本书从重大突发事件社会舆情协同治理的研究综述、理论架构、主体关系建构、案例对比分析、机制构建与完善、创新优化策略研究几大层面进行了梳理与研究，总结出了较为可行的协同治理框架与模式。但重大突发事件社会舆情的参与主体均是新互联网社会的一分子，当下及未来做好协同治理，完善突发事件网络舆情协同治理机制，形成多主体协同的治理格局，必须加强利益协同与共享价值协同的制度建设。应继续重视一系列新互联网技术的充分利用，大数据的出现在很大程度上影响着政府治理，将成为提升地方政府治理能力的重要技术工具，政府决策和管控部门应充分利用数据、工具和决策三要素的协同，同时抓住机遇积极地推动大数据的发展，继续协同各主体以提升重大突发事件社会舆情的协同治理能力。

第十章

舆情治理效能

第一节 研究综述与评价

一、研究背景

新媒体时代的信息技术迅猛发展显著改变了社会传播环境，深刻影响了社会传播生态。社交平台、垂直圈层的崛起进一步拓展了公众的表达欲望和表达通道，社会舆情呈现出前所未有的复杂态势。后真相、后秩序成为社会舆情的显著特征，这些特点与趋势给国家治理带来新的挑战，尤其是重大突发事件与复杂社会传播生态的耦合，加剧了社会舆情的不确定性。针对新环境、新特点、新趋势的社会舆情应对成为推动国家治理能力提升和加速国家治理体系现代化的重要抓手之一。

从国家政策层面看，2016年2月，习近平总书记在党的新闻舆论工作座谈会上讲话强调，随着形势发展，党的新闻舆论工作必须创新理念、内容、体裁、形式、方法、手段、业态、体制、机制，增强针对性和实效性。[①] 要抓住时机、把

握节奏、讲究策略，体现时度效要求。中共中央办公厅《关于全面推进政务公开工作的意见》中强调，回应社会关切。建立健全政务舆情收集、研判、处置和回应机制，加强重大政务舆情回应督办工作，开展效果评估。2016 年 8 月，《国务院办公厅关于在政务公开工作中进一步做好政务舆情回应的通知》中要求，提高政务舆情回应实效。2018 年 4 月 24 日，国务院办公厅关于印发 2018 年政务公开工作要点的通知，要求围绕社会重大关切加强舆情回应。稳妥做好突发事件舆情回应工作，及时准确发布权威信息。开展政务舆情应对工作效果评估，建立问责制度，对重大政务舆情处置不得力、回应不妥当、报告不及时的涉事责任单位及相关责任人员，要予以通报批评或约谈整改。可见，国家层面已经高度重视舆情回应的重要性，强调要重视推动重大政务舆情的效果评估工作。

从实践层面看，纵观各级政府与企事业单位应对重大突发事件社会舆情的经验和问题，不乏处理得当，甚至于危机中扭转舆情的经典案例，但处理不当的案例同样也存在。建立重大突发事件社会舆情应对效能评价体系及考核制度，将加强领导者对舆论工作的掌控，增强工作人员的舆情应对能力，改进舆情应对效果。重大突发事件社会舆情效能评价体系，能有效帮助各部门的领导者以及具体工作人员在应对社会舆情时，做出恰当的反应和举措。设立重大突发事件社会舆情应对效能评价考核制度，不仅能有效地促进各部门尽快掌握效能评价体系运作的核心能力，还能形成应对重大突发事件社会舆情的长效机制。建立重大突发事件社会舆情应对效能评价体系和考核制度，在一定程度上弥补不同层级与不同单位的领导者与工作人员的领导力和执行力的差异性。可以说，在互联网与移动终端裂变式发展的当下，建立重大突发事件社会舆情应对效能评价体系和考核制度有其必然性，更具紧迫性。

二、研究综述

我国学者有关舆情的研究始于 1992 年，第一篇涉及舆情的论文《当前社会收入分配不公的舆情分析》[①] 发表于《社会学研究》。最早的专门的舆情研究机构是 1999 年成立的天津社科院舆情研究所，自成立以来，一直致力于舆情的基础理论研究和学科建设。2004 年，第一篇关于针对舆情问题探讨的论文《"舆情"问题研究论略》公开发表，引发关注，天津社科院舆情研究所的王来华对舆情的概念等相关问题进行了初步探讨。[②] 随后的十余年，舆论和舆情的研究在新

---

① 吉小安、龙克虎：《当前社会收入分配不公的舆情分析》，载于《社会学研究》1992 年第 1 期。
② 王来华：《"舆情"问题研究论略》，载于《天津社会科学》2004 年第 2 期。

闻传播领域逐渐显示出强势地位，成为新的学术研究增长点。围绕舆论和舆情的研究也为社会治理带来许多新思路、新洞见。从学术研究看，社会舆情研究发展大致经历了传统社会舆情分析、网络舆情分析和大数据舆情分析三个阶段，并且"当前社会舆情的研究正处于从网络舆情研究到大数据舆情研究的过渡期"。[①] 当前国内关于舆情研究的论文、图书、报告讨论的主题主要集中在以下几个方面：

（一）有关舆情的基本理论[②]

舆情基础理论研究是舆情变动规律的核心问题。舆情作为一种复杂的社会现象，其发展变化必然要遵循客观规律。

（1）关于舆论的概念或定义的探讨。学界对舆情的认知经历了一个从狭义和广义的过程，王来华首先提出的"政治态度说"，张克生在此基础上扩展为"社情民意说"，刘毅提出的"情绪、意愿、态度和意见交错总和说"，张克生的"社情民意说"，侯东阳的"广义＋狭义"说，闵大洪的"事件＋舆论说"等。

（2）关于舆情的特点研究。学者们普遍认为，社会舆情具有复杂性、突发性、不可控性、情绪化与非理性等特点，随着社交媒体和自媒体的出现，呈现于网络上的舆情更具有"自由性和可控性、互动性和及时性、个性化与群体极化性"等特点，[③] 而与固定互联网舆情相比，移动互联网舆情呈现触点更多、发酵更快、碎片程度更高的特性。[④]

（3）关于舆情、舆论之间的区别与联系。由于舆论与舆情概念存在多样性，它们之间又有着天然的联系，在实践中或者理论研究中，很多人常常将二者混用，但实际上二者之间并不相同。很多研究者如张元龙、李昌祖、许天雷、杨斌艳等纷纷撰文将二者进行了区分，深入探讨了舆情与舆论概念的异同与关联。[⑤] 闵大洪则认为，当前多数学者关于舆情的定义的基本表述，都离不开"公众的态度、意见、情绪"，与舆论的定义并无本质区别。对于学术研究而言需要对概念进行清晰的界定。他认为，在概念界定上，舆情要大于舆论，首先主要在于它的苗头性和隐潜性，即事件未形成舆论之前已经存在隐藏于民心的情绪、态度等，是舆论隐而未发的前奏；另外在于全局性，即社会不同阶层、政经势力、利益集团或某一专门领域状况的整体呈现，不仅包括各派意见和观点，更重要的是能够

---

① 夏火松、甄化春：《大数据环境下舆情分析与决策支持研究文献综述》，载于《情报杂志》2015年第2期。

② 参见前文第一章第二节对"舆情"概念的介绍。

③ 刘毅：《略论网络舆情的概念、特点、表达与传播》，载于《理论界》2007年第1期。

④ 唐涛：《网络舆情治理研究》，上海社会科学院出版社2014年版，第48～49页。

⑤ 张元龙：《关于舆情及相关概念的界定与辨析》；李昌祖、许天雷：《舆论与舆情的关系辨析》；杨斌艳：《舆情、舆论、民意：词的定义与变迁》；冯希莹、王来华：《舆情概念辨析》等。

通过一次次事件从整体上把握社会思潮的冲突和流变，甚至社会大众的人心向背。第三，舆论可以说引导，而舆情作为社会的现实和变动的状况，只能真实客观地反映，是不能也无法引导的。① 另外还有一些学者对民意、舆论、舆情之间的区别与联系进行了深入的探讨，比如艾革新、杨艳斌、王来华、张兆辉、丁柏铨、李昌祖等均对此有过较为详细的论述。②

（4）关于舆情的主体、客体、本体的探讨。通常多数学者认为舆情的主体即民众，只是需要注意的网络舆情的主体，有学者认为网络舆情的主体即网民，如毕宏音等，③ 但另外有学者就提出，网络舆情的主体并不等同于全部网民，如王晓磊等。④

（5）舆情的形成、运行和发展规律。关于舆情的形成运行和发展规律，国内的研究是伴随着互联网发展而同步进行的，随着互联网的发展，由网络触发的社会舆情越来越多，舆情在网络上的形成运行和发展呈现出更加复杂的态势。柳明将网络热点舆情形成的原因归纳为线上线下反复炒作、网民对于网络事件缺乏理性思考和判断、政府对于信息权的垄断三个方面，从网民、媒体、政府等多角度分析了舆情热点形成的原因。⑤

关于舆情的形成和发展过程，清华大学沈阳教授认为，舆情大致分为三个阶段，网络议论、网络舆论、网络动员，网络议论是内隐于社交网络中的闲言碎语，网络议论到一定热度，溢化到公共网络中，就形成了网络舆论；网络舆情是一种注意力召集令，集聚舆论势能，这种势能积累到一定程度就会触发线下行为。⑥ 刘毅认为舆情的形成遵循"刺激—反应"机制，他总结了舆情的几种形成模式：渐进模式和突发模式、人际模式、群体模式和公众—媒介—政府模式、线性模式和动力模式等。李昌祖认为舆情的发展分为起始、扩散和整合三个阶段，开始时是遵循"刺激—反应"机制，由中介性事项引起，经过"二次生成"民众扩散阶段，最后经过政府干预、调整，进入最后的整合阶段。⑦ 方付建将突发

---

① 闵大洪：《对中国网络舆情监测工作的观察与思考》，载于《汕头大学学报（人文社会科学版）》2016年第4期。

② 王来华、林竹、毕宏音：《对舆情、民意和舆论三概念异同的初步辨析》，载于《新视野》2004年第5期。张兆辉、郭子建：《舆情信息工作理论与实务》，辽宁大学出版社2006年版。丁柏铨：《略论舆情——兼及它与舆论、新闻的关系》，载于《新闻记者》2007年第6期。李昌祖、许天雷：《舆论与舆情的关系辨析》，载于《浙江工业大学学报》2009年第12期。

③ 毕宏音：《网民的网络舆情主体特征研究》，载于《广西社会科学》2008年第7期。

④ 王晓磊：《网络舆情主体特征及其成因分析》，辽宁大学硕士学位论文，2011年。

⑤ 柳明：《网络热点舆情的形成及社会效应》，华中科技大学硕士学位论文，2012年。

⑥ 沈阳：《网络舆情的三种结束模式》，环球网，https://opinion.huanqiu.com/article/9CaKrnK96Hw，2018-06-06。

⑦ 李昌祖：《舆情的运行状态及其干预机制》，载于《浙江学刊》2008年第2期。

事件网络舆情演变分为孕育、扩散、变换和衰减四个阶段。

关于舆情的运行规律，李昌祖和刘毅也进行了深入研究。李昌祖提出了舆情运行的规律：舆情发展是封闭式循环过程、消极因素汇聚的过程；极易产生源头变更的无规则运行状态；必然存在核心的受众层；集多种传播方式和手段于一体。[①] 刘毅提出舆情的涨落规律、序变规律、冲突规律和衰变规律，以此来描述舆情运动过程中的规律性。[②]

（二）关于社会舆情传播与演变研究

主要集中于舆情传播的模型、模式及传播效应等相关理论研究。一些有计算机和数据统计基础的学者尝试建立各种舆情传播模型，比较有代表性的传播模型有针对网络传播的元胞自动机传播模型、传染病模型、基于小世界网络的传播模型等。刘继等将微博舆情信息传播模式分为单关键点型、链式型、多关键点型。在传播效应研究方面，主要有蝴蝶效应、聚合效应、池塘效应、从众效应、传染效应等，这些效应在舆情的传播过程中发挥着作用，影响着舆情的走向和结果。另外，突变理论、长尾理论、自组织理论等也被广泛地运用于舆情传播规律、特征的研究中，不断丰富着舆情传播研究的理论体。[③]

（三）有关支撑技术方面的研究

一些学者对针对舆情的技术进行了探索和研究，相关的关键性技术主要包括采集、组织和分析等三个方面。舆情信息采集技术与方法，现有的研究主要是借助现有的网络爬虫或者对其进行改良的技术方法完成舆情信息的采集；舆情信息组织技术与方法，主要的技术涉及本体、文本聚类、文本分类、语义关联，等等；舆情信息分析技术与方法，主要集中于话题识别和跟踪、意见领袖识别以及情感倾向判别这三方面。[④]

（四）有关舆情应对等应用实践的研究

国内应用实践研究，主要涉及舆情报告和网络舆情管理等。舆情专业研究机构通过对网络舆情进行数据抓取、监看、研判，生成统计报表，并定期定时发布

---

① 李昌祖：《舆情的运行状态及其干预机制》，载于《浙江学刊》2008 年第 2 期。
② 刘毅：《简析舆情变动规律》，载于《天津社会科学》2007 年第 3 期。
③ 邢梦婷、王曰芬：《国内外社会舆情研究的回顾与展望》，载于《情报理论与实践》2015 年第 11 期。
④ 龚海军：《网络热点话题自动发现技术研究》，华中师范大学硕士学位论文，2013 年。

研究报告，如人民网舆情监测室的中国互联网舆情分析报告、上海交通大学的舆情蓝皮书、中国人民大学中国社会舆情研究中心的社会舆情蓝皮书等，对舆情发生、发展、演变的总体态势进行定性定量分析。国内相关的网络舆情管理方面的应用研究，主要针对热点问题、突发事件、群体性事件等开展，以舆情对政府决策的影响和基于舆情分析的对策研究居多。曾润喜等认为网络舆情适应服务型政府建设的需要，具有积极影响，具体表现在提高公民参与积极性，促进服务型行政文化的形成，提高政府的行政回应性，促进政府信息公开等方面。① 在对策研究方面，史波从管理运行机制、预警机制、处置机制和善后机制四个方面，系统地提出了公共危机事件网络舆情的应对策略。② 此外，有不少研究者将高校管理工作与高校网络舆情研究联系在一起，主要从群体性突发事件应对、高校管理改革、高校思想宣传工作和文化安全这几个角度进行研究。

（五）突发事件社会舆情的评价指标研究

近年来，国内学者对突发事件社会舆情评价研究主要集中在社会舆情的预警评估体系研究、网络舆情的热度评价体系、网络舆情的监测、安全引导的指标体系以及意见领袖的评价研究，重点关注舆情应对效果评估的较少。已有研究者从预警、安全、全生命周期及舆论领袖等维度进行了较为充分的研究。

1. 社会舆情的预警指标体系

在社会舆情预警指标体系构建研究方面，国内网络舆情监测及预警指标体系的研究发展过程中，每位学者研究的角度、观察的角度以及内容的侧重点都有所不同。有研究者指出，早期的研究存在着"部分指标缺乏深度，未能细化，甚至难以评估"等问题。③ 如忽略了网络舆情中"意见领袖""舆情热度""舆情扩散度"等有待深化、细化的指标，存在"受众的心理评估"等难以量化的指标等。④ 有研究者提出"关于区域重大突发事件的预警监测指标体系"，该体系认为应从重大突发事件本身的监测、影响对象脆弱性的监测和防范体系的监测三个方面入手进行全方位监测。⑤ 李耘涛、刘妍等从网络警兆指标体系的灰色特性出

---

① 曾润喜、陈强、赵峰：《网络舆情在服务型政府建设中的影响与作用》，载于《图书情报工作》2010 年第 13 期。

② 史波：《公共危机事件网络舆情应对机制及策略研究》，载于《情报理论与实践》2010 年第 7 期。

③ 呼雨、陈新杰、兰月新、邓新元：《网络舆情监测及预警指标体系研究综述》，载于《情报探索》2012 年第 11 期。

④ 王青、成颖、巢乃鹏：《网络舆情监测及预警指标体系研究综述》，载于《情报科学》2011 年第 7 期。

⑤ 王超：《区域重大突发事件的预警监测指标体系研究》，载于《武汉理工大学学报（社会科学版）》2007 年第 2 期。

发，提出了网络舆情灰色预警评价的具体程序。① 周耀明、张慧成等提出了一种基于云模型的网络舆情预警方法。② 刘毅指出网络舆情预警应重点关注警源与警兆因素，并使用包括舆情广度、热度、态度倾向与行为倾向在内的各类警兆因素构建了三角模糊预警指标体系。③

2. 网络舆情安全评估指标体系

在网络舆情安全评估指标体系方面，有研究者综述指出，网络舆情监测的指标应从时间维度、显著维度、数量维度、集中维度、意见维度等方面来设计。④ 有研究者综述了安全评估指标的相关研究，指出网络舆情既包括社会层面定性描述的舆情概念，又涵盖技术层面定性描述的网络概念。⑤ 在深入分析网络舆情演变规律的基础上，研究者将两者有机契合，得到网络舆情安全评估指初选指标，经过专家对初选指标的问卷反馈，确定传播扩散、民众关注、内容敏感、态度倾向四个一级指标，在传播扩散下设流量变化和网络地理区域分布两个二级指标；将不同通道的发帖量点击量跟帖量转载量及相应变化率，总结性地概括为论坛通道舆情信息活性、新闻通道舆情信息活性、微博/博客/社交类网站通道舆情信息活性、其他通道舆情信息活性，作为民众关注的四个二级指标。⑥ 兰月新依据网民反应、突发事件信息特性、突发事件事态扩散等维度设计了"突发事件网络舆情安全评估指标体系"。⑦

3. 基于发生周期的网络舆情评估指标体系

网络舆情在不同阶段有不同表现，张玉亮将突发事件网络舆情风险发生周期划分为生成期、扩散期、衰退平复期三个阶段，基于不同阶段建立相应的指标体系予以阶段性评价，能够实现对突发事件网络舆情的动态监测，及时化解舆情风险。基于突发事件网络舆情发生周期分析，将舆情生成风险指标、舆情扩散风险指标、舆情衰退平复风险指标作为风险评价的一级指标，同时在舆情生成阶段关注突发事件发生数、突发事件解决的民众满意程度、上访人数数量、当地网民数量、当地网站数量等基础性信息；在舆情扩散风险阶段统计刊登议题数量、网民关注程度、舆情持续时间等扩散型信息；在舆情衰退平复阶段，主要关注政府监

---

① 李耘涛、刘妍、刘毅：《网络舆情灰色预警评价研究》，载于《情报杂志》2011 年第 4 期。

② 周耀明、张慧成、王波：《网络舆情演化模式分析》，载于《信息工程大学学报》2012 年第 3 期。

③ 刘毅：《基于三角模糊数的网络舆情预警指标体系构建》，载于《统计与决策》2012 年第 2 期。

④ 张玉亮：《基于 UML 方法的突发事件网络舆情信息流风险评价指标体系构建研究》，载于《图书与情报》2016 年第 3 期。

⑤ 曾润喜、杜换霞、王君泽：《网络舆情指标体系、方法与模型比较研究》，载于《情报杂志》2014 年第 4 期。

⑥ 戴媛、郝晓伟、郭岩、余智华：《我国网络舆情安全评估指标体系的构建研究》，载于《信息网络安全》2010 年第 4 期。

⑦ 兰月新：《突发事件网络舆情安全评估指标体系构建》，载于《情报杂志》2011 年第 7 期。

测平台完善程度、舆情监测人员数量、舆情响应速度和回应效度；同时运用格栅获取法实现定性指标定量化。[①] 此指标体系实现了对网络舆情不同时期发展情况的动态监测，同时关注到政府在平复舆情中的作用，但还应关注突发事件类型对网民刺激程度等细节。[②]

4. 关于意见领袖的评价研究

在意见领袖的评价研究方面，有研究者提出了意见领袖的属性矩阵，有人采用层次分析法和专家打分法从意见领袖的影响力、活跃度、思想力三个方面建立评价意见领袖的指标体系模型。[③] 有研究者基于媒介影响力形成的接触、接受、保持和提升4个环节，通过运用层次分析法，在专家群体决策的基础上赋予了各评价指标的权重，构建了以广度因子、深度因子、强度因子和效度因子为主要维度的微博意见领袖影响力评价指标体系。[④] 已有的研究主要侧重对网络舆情的发展态势、预警和安全进行评价，对舆情演变的主体虽有关注，但主要集中在媒体和意见领袖方面。

（六） 国外相关研究概况

舆情研究是个具有中国特色的学术概念，国外一般称为"公共舆论"（public opinion）。国外关于网络社会、舆论的研究可以为舆情研究提供一定的理论基础。国外的研究主要集中在网络信息所带来的对社会生活中各个方面的冲击，以及舆论传播效果，政府对新闻舆论的控制研究，舆论与政府决策等。对于大数据基础上的舆论研究或者民意研究，重点围绕政府选举和政府决策实施效果进行。国外舆论研究主要经历了三个阶段：一是19世纪中期从哲学本位阶段转向社会学研究阶段；二是20世纪初从社会学研究阶段转向社会心理学阶段；三是20世纪中期从社会心理学阶段转向舆论研究本体阶段，形成了集体行为和社会心理研究、态度和意见研究、政治行为与大众传播研究并举的局面。[⑤]

在国外舆论研究主题中，民意调查一直是热点，无论是理论还是实证，都是国外舆论研究的重要部分。在美国政治与社会中，民意测验可以说无所不在，无论是民主党执政还是共和党执政，民意分析都是总统直辖的政府机构一个不可分

---

① 张玉亮：《基于发生周期的突发事件网络舆情风险评价指标体系》，载于《情报科学》2012年第7期。

② 曾润喜、杜换霞、王君泽：《网络舆情指标体系、方法与模型比较研究》，载于《情报杂志》2014年第4期。

③ 方兴东、叶秀敏：《微博意见领袖的评价研究》，载于《新闻界》2014年第5期。

④ 杨长春、王天允、叶施仁：《微博意见领袖影响力评价指标体系研究——基于媒介影响力视角》，载于《情报杂志》2014年第8期。

⑤ 艾新革：《国内外舆情研究述略》，载于《图书馆学刊》2011年第9期。

割的组成部分，收集社会舆情，已经成为一种常态性的政治活动，每年花在民意调查的金钱大约为数十亿美元。美国政府也建立一个强大的舆情收集与分析系统，在推行新闻发言人制度，推销美国政府工作政策，争取民众支持等方面做出了重要贡献。

国外同时还借助于传播学、政治学和社会学等学科视角对网络信息传播进行了探索。对网络社会的舆论研究呈现多学科的研究态势，而且在研究过程中注重定量分析和案例研究，这是我们应该重点学习和借鉴的。国内外对舆情研究的目的不同，我国研究的目的主要服务于政治，以政府政策方针为导向，为政府执政服务。国外则除了服务政治外，在社会经济、文化中也有广泛应用。综上所述，国外舆情研究相对国内而言，更加成熟，更加系统化，应用也更加广泛，在学术研究与应用实践上已成为国内舆情理论与实践研究的导向，成为国内舆情研究借鉴与参考的"他山之石"。

（七）文献小结

通过上述文献回顾，我们不难看出，围绕社会舆情的研究已经涵盖了基础理论与实践应用的各个方面，成为一个综合的较为成熟完备的研究领域。从社会应用和研究成果转化方面看，社会舆情的应对措施、方法、策略已成体系，但后续的评估是整个研究的短板。也即，从全生命周期的研究流程看，目前相关研究多集中于舆情发展链的前端。无论是理论或者实践层面，关于舆情治理或者处置效果的研究甚少。中央领导人和国家相关政策多次强调要重视舆情处置效果，开展效果评估，但学术领域关于舆情处置效果评价的研究成果相对薄弱。相关研究散见于综合课题的阶段性成果，如陈志霞等通过对 2007~2012 年的网络舆情重大事件的内容分析，从公众心理诉求角度研究了网络舆情事件的发生与群体社会心理之间的密切关系，认为公众心理诉求的满足程度是影响政府干预效果的重要因素。[1] 北师大社会治理与公共传播研究中心傅昌波教授发表《以良性传播互动推动社会治理创新》[2]，重点强调了开展舆情效果评价研究的意义和必要性。实践层面，仅有《食品药品安全事件舆情危机处置效果评估报告》（2014.7）、《2015年度政法机关舆情处置能力摘星榜》（2016.1）、《2016 年社会治理舆情报告》（2017.1）等几篇报告出现。因此，无论是从理论还是实践层面，关于舆情处置效果研究和评价的研究非常薄弱，亟须开展并加强。

---

[1] 陈志霞、王新燕、徐晓林：《从网络舆情重大事件看公众社会心理诉求——对 2007-2012 年 120 起网络舆情重大事件的内容分析》，载于《情报杂志》2014 年第 3 期。
[2] 傅昌波：《以良性传播互动推动社会治理创新》，人民网，http：//yuqing.people.com.cn/n1/2016/0725/c210107-28583317.html，2016-07-25。

三、研究问题与思路

鉴于当前研究以舆情事件的前端为主，围绕基本概念、发生原因、应对路径等展开了深入的研究，本课题将聚焦效果评估环节，通过对重大突发事件社会舆情应对效果进行科学评价，形成系统的评价指标体系，一方面能补充完善现有社会舆情的研究，另一方面为实践中更好配置资源，推动重大突发事件的应对效果提供客观参考。

因此，本次研究围绕重大突发事件的社会舆情的应对效果展开，通过科学方法形成系统评价指标体系。重点回答如下问题：

问题1：全媒体时代，重大突发事件的社会舆情呈现出什么样的特征与趋势？

问题2：当前与社会舆情应对效果有关的评价指标体系建构现状如何、常用方法、优点缺点？

问题3：本次研究形成的重大突发事件社会舆情应对效能的评价指标体系是什么？

问题4：面向未来，重大突发事件社会舆情应对效能的评价如何制度化？

这四个问题共同构成了本次研究的问题域。问题之间并非彼此割裂，而是相互支撑，共同解决本课题的核心关切。问题间具体的逻辑关系和研究目标如表10-1所示。

表10-1　　　　社会舆情评价指标体系研究的问题及目标

问题	路径	目标
问题1	文献分析、政策分析	1. 发掘全媒体时代的社会传播新环境、新特征、新趋势； 2. 掌握重大事件社会舆情的影响因素、影响机制；
问题2	文献分析、比较研究	1. 了解当前评价体系的常见维度、要素； 2. 明确常用的评价体系研究定量定性方法及其优缺点； 3. 初步确定本课题评价体系的方法路径；
问题3	访谈、问卷、层次分析、专家咨询	1. 通过系统方法得出具体的评价指标体系； 2. 论证指标体系的科学性、有效性；
问题4	专家咨询、问卷、访谈	1. 形成效能评价的系列保障机制； 2. 面向未来，确保相关评估适应未来环境变化。

357

四、研究重难点、方法与创新

（一）研究重难点

本次研究的重点集中在要对全媒体传播环境规律有客观把握、对重大突发事件社会舆情特殊性进行重点关照，在此基础上提出一套适应全媒体传播现实、针对重大突发事件的科学有效的评价指标体系。

研究的难点集中在：第一，评价体系的指标维度要科学全面，既要体现规律性又要突出管理思维，切实有效；第二，评价体系的运行过程需要客观有效，要充分发挥评价指标的导向性，对重大突发事件的社会语义应对效能进行及时有效的评估，并反过来优化指导实践。

（二）研究方法

本次研究将综合采用定量定性结合的实证方法，主要涉及的方法如下：

（1）文献研究：全面搜集和整理各种与社会治理和舆情研究相关的文献资料，全面掌握本研究领域内的重要信息、研究成果及主要观点，为本课题打下坚实的基础。

（2）内容分析：本研究将在具体评价指标体系中对相关事件的网络舆论进行内容分析及相关判定，还会针对舆论分层，对不同媒体、网民和政府评价态度和情感色彩进行分析。

（3）专家咨询：本课题组将通过对专家咨询，就指标体系的维度设置科学性、完整性，对不同主体赋值的权重等问题，邀请多位舆情研究员和专家参与案例分析和舆情应对评估打分进行综合分析，以获得科学可靠的结论。

（4）问卷调查：针对社会公众开展的应对效果调查，重点通过问卷等方法对相关政府部门舆情应对的社会影响与评价进行评估。对全国性重大突发事件可通过随机抽样方法，用计算机辅助电话调查或在线调查方式对公众进行调查。

（三）研究创新

本次研究采用全生命周期视角，区别于往常研究注重事件前端，本研究集中在应对效果评价和后续的反馈，通过效果评价指导资源配置和实践操作，进而形成新的运行闭环。

同时本次研究采用定量和定性方法相结合的方式，一方面既要从理论深度体现评估体系的有效性，另一方面还要从实证层面对指标维度等问题进行科学研究。

最后，本次研究既兼顾管理实用性又兼顾价值导向性，从社会治理共同体的层面就评价体系展开研究。归根结底，评价体系目的在于实现社会善治，只有从社会治理共同体层面推展，吸纳不同社会群层的意见，才能更好实现黏合社会关系、推动国家治理能力和治理体系现代化的最终目标。

第二节　全媒体时代舆情应对评价的实践与启示

当前我们正处于全媒体传播的环境，全媒体时代的传播特点和趋势会显著影响社会舆情的应对效果。重大突发事件往往因其重要性、复杂性、敏感性，会对社会稳定发展带来显著影响。重大突发事件通常会引发社会高度关注，不同主体围绕事件会产生广泛的舆论表达，社会舆情态势也往往呈现复杂多变的特点。从实践中看，很多同类别的重大突发事件在不同的时代背景、传播环境下产生了不同的社会影响，本节将重点关注全媒体时代的传播特点，结合以往的评价指标体系，阐释常用的评估方法、分析其优势劣势，确定本次研究的方法体系。

一、全媒体环境下社会舆情传播的特征

（一）社会舆情在传统媒体时代与新媒体时代的对比

媒体的发展一日千里，新媒体的诞生与发展快速而迅猛，人们从最初的轻视，到如今的重视，也不过短短几年的时间。全媒体时代，社会舆情的传播环境、技术驱动、社会影响已经完全更新迭代，其兴起和回落的基本逻辑也产生根本性变化。因此，我们有必要回顾和分析，传统媒体与新媒体在应对重大突发事件社会舆情时采用的传播方式，产生的传播效果，以及传统媒体与新媒体的相互影响与相互关系。

1. 传统媒体时代的社会舆情分析

在广播电视杂志报刊作为新闻传播的主要平台的时代，传统媒体具有信息来源的权威性、唯一性与可靠性，媒体关于新闻事件的深入报道，从多方面、多角度剖析事件的起因、发展以及事件的走向与脉络，从专家、当事人以及第三方的

视角还原事件的原貌，不断深入地跟踪报道与持续追踪，这些大都来自传统媒体的记者、编导、主持人所作出的专业性采访、分析与报道，有传统媒体机构的层层审核，有资深主编与责任台长为每一条新闻的输出做最后的把关。当人们试图聚焦一个新闻事件的时候，就会选择传统媒体，因为人们知道这是我们获取信息，以及解答我们的疑惑的最好的选择。这个选择不仅让我们了解发生了什么事，也会让我们知道事情怎么样了，以及当这个事件完全结束的时候，这个事件在我们心里留下了一个完整的印象，一个完善的认知，我们或许从这个事件中得到一些有用的认识，补足了一些有益的信息，成为我们的一个经验存储于我们的认知领域。但是随着新媒体的发展，人们获取信息和新闻的渠道又有了新的来源，新的方式，这打破了原有的新闻传播的格局，也是我们关注的重点。

2. 全媒体时代的社会舆情分析

从用户使用的数量上来看，从平台上的日活用户量来看，新媒体都拥有庞大的使用人群，随着用户量的阶段性的井喷发展，以及用户对新媒体平台的使用时长，甚至对于新媒体平台的内容的依赖性，新媒体逐渐呈现出主流媒体的特征。

第一，新媒体在社会舆情传播方面具有先入为主的特点。在新媒体时代里，人们可以获得信息的渠道增多了，无论是传统媒体还是新媒体，人们根据自己的收视、收听习惯，慢慢选择和适应了自己获取信息的平台和渠道。传统媒体无论从传播载体上，还是组织机构内部对新闻生成与传播的机制上，在新闻传播的时效性方面与新媒体相比就不再具有优势。新媒体对于突发社会事件的反响比传统媒体快速，因为与传统媒体层层把关的审核机制相比，新媒体更加轻松上阵。而人们先入为主的惯性思维，使其对第一时间接受的信息印象更为深刻。注意的早选择机制会影响直觉分析完成前对感觉输入的加工。相反，注意的晚选择机制在完成了对感觉输入的知觉分析之后才会发生，也就是，在信息已经被用语义或类别表征进行了重新编码之后。如果人们一早接收的信息过于片面，则可能形成认知的误区。

第二，新媒体在社会舆情传播方面淡化严肃新闻的态度。在大数据辅助的工作机制下，人工审核的环节不再是最重要的一环，从事审核工作的人员趋于年轻化和非专业化，新闻信息的抓取越来越迎合受众的喜好，对信息的把握也越来越趋于吸引眼球，一些新媒体平台缺乏严肃新闻的意识与态度。以市场、效益和流量作为重要衡量指标的前提下，对于社会新闻，尤其是突发事件社会舆情的把握上不具备传统媒体的专业性和权威性。

第三，自媒体在社会舆情传播方面以偏概全、盲目追求热点。自媒体作为新媒体的一个组成部分，逐渐成为一种信息接受的习惯。人们在碎片化时间里，把阅读自媒体文章当作一种消遣，随着不断删选和精简，还在手机收藏夹的自媒体的数量已经不多，但是这些经过甄选而得以保留的自媒体却在一定程度上符合受众的价值观或者阅读喜好，发挥着影响受众确认自己的价值观和阅读习惯的作用。但是与自媒体伴生的"十万＋"、点击率和植入广告也在一定程度上影响了自媒体作者的写作风格和写作视角。一个刺激眼球的文章标题，一个危言耸听的切入视角，很容易抓住受众的阅读心理；将一个偏颇的观点作为对整个事件的评述与议论，不能还原事件的原貌，更不能让受众产生准确的判断。为了不断制造热点，不同的自媒体从不同的切入视角分析和讨论社会事件，造成了新闻的反转与再反转，最终新闻事件慢慢地淡出人们的视野。这样的状况令新闻事件处在被消费的位置，当这个事件中所有能消费的角度都被炮制一圈之后，这个事件就被抛弃了，人们还是处在对这个事件一知半解、以偏概全的状态里。

（二）全媒体传播环境的新特点、新趋势

新的媒体环境下，重大突发事件社会舆情的发生与发展有着多种多样的原因和因素，这包括人们普遍使用的传播工具的变革，也包括信息传播方式的变迁，它包括经济因素，也包含心理影响。面对重大突发事件社会舆情，要从新的传播环境入手，要从新的传播方式切入，更要从传播的根源找到方法和应对的策略。全媒体传播环境呈现出的特点和趋势表现为：

一是融合性。全媒体强调的是特性不同、传播力不同、影响力不同的各种媒体介质的聚合。通过融合不同的媒介载体形式、内容形式以及技术平台，形成传播技术、内容、渠道、营销的集成体。

二是系统性。全媒体的组合是系统有序的，强调对各种信息资源的统一发布，通过统一平台，实现一次性无缝采集所有信息资源。

三是开放性。全媒体传播的最终形态应是"所有人对所有人"的传播。这一方面需要全媒体内容数字化、渠道网络化，适应当下生活潮流；另一方面，需要表现形式多样化和操作使用人性化，适应当下受众碎片化的趋势，针对受众个体提供超细分服务。

（三）社会舆情传播的新变化、新动向

与传统传播环境相比，全媒体环境下的舆情传播可以看作一个复杂的系统，它的传播系统涉及政治、经济、社会、文化等方方面面的子系统，规模巨大，结构复杂，它受环境的影响并反作用于环境，且能保证内部系统的协调性；它的各子系统、各要素之间在能量和信息的交换中彼此联系、相互制约、相互作用，形成具有非线性因果联系的反馈机制；从学科背景来看，它涉及传播学、社会学、政治学、经济学、信息学等，只靠单一学科无法涵盖和解释它，它是多学科综合

作用下的传播系统；它具有开放性，信息打破了国家、民族和地域的边界，在网络世界中互联互通；舆情传播系统内容构成的结构和功能存在多层次性；它作为一个社会关系网格，与真实社会关系越来越具有更高的重叠性，基于社交网络的关系建立使得舆情传播既高度分散又相互交叉，呈现出复杂的舆情生态；从传播的角度看，全媒体传播环境下，文字、图像、动画、音频和视频等各种媒体表现手段，论坛、微博、微信、新闻客户端、直播秀等各种传播平台，纸媒、电视媒体、广播媒体、PC 互联网、手机移动互联网等不同媒介形态共同参与传播，与传统媒体传播环境相比，信息传播进一步实现了互动化、融合化、社交化、个性化、智能化、泛在化、直播化和去中心化。舆情传播在如此复杂的背景下呈现出复杂的生态。

全媒体环境下，热点社会舆情的传播具有非常复杂的特点，其呈现的效果也十分复杂。观察近几年诸多的热点社会舆情事件，我们发现，舆情尤其是网络舆情具有自净化的功能，一部分热点社会舆情不需主管部门介入，舆情事件反映的问题只需涉事各方发声，网民观望并参与讨论，舆情会自行消退。但大部分舆情事件是需要政府主管部门或者涉事主体进行处置的，但有时费了九牛二虎之力进行处置，网民并不买账，因此并不一定带来相应的好效果。而有时候用四两拨千斤的方法进行处置，反而能够起到意想不到的效果，显示出毫无规律的复杂因果。

另外，舆情热度大小与舆情处置效果强弱之间并无直接的关系，根据 2016 年到 2018 年几百个社会热点舆情分析，课题组发现，一般情况下，舆情热度越高，其受关注度越高，越容易引起重视，其处置效果也越好，形成所谓热舆情—强效果态势；而舆情热度越低，受关注度越小，也越不容易引起重视，其处置效果也越弱，形成所谓冷舆情—弱效果态势。但这种对应关系并不必然，课题组也经常会发现，有些热舆情，对应的则是弱效果；而一些冷舆情，对应的则是强效果。凡此种种，舆情处置呈现十分复杂的局面。

舆情的呈现出现显性与隐性并存的局面。目前，微信公众号的内容可以通过微信搜索进行查看；对文章的评论经审核后可见；公众号文章的转发、点赞可以被外界监测，公众号属于显性舆论。"朋友圈"发布的内容仅特定群体可见，是"有限表达场域"，一定程度上属于隐性舆论。另外，微信群更容易集纳弱关系群体，存在大量非好友，异质性更强，且容易被监看，可视为显隐参半的场域。这种效果呈现上的复杂特征，为移动舆论场整体的舆情研判与处置增加了挑战。

二、典型舆情应对评价指标体系分析

以往的研究中，对舆情应对的研究可谓蔚为大观，相关研究成果已经非常充分。诚如文献综述指出的，在舆情应对的评价指标体系上的研究还有待深入，本部分将首先回溯评价指标体系的方法，希望通过对不同类别指标的回溯，对标不同指标体系之间的研究差异和逻辑，进而建构起本次指标体系科学的研究路径。总体来看，以往的研究指标体系由三类构成，分别是定性评价为主的指标体系、定量评价为主的指标体系以及定性定量结合的指标体系。

在实际操作过程中，一个系统的评价指标体系往往是综合采纳不同类别的研究方法，通常而言，评价指标体系由四方面组成：一是评价指标体系的必要说明，如评价指导思想、指标设置原则、具体指标界定等；二是评价指标体系的指标维度和类目构成；三是评价指标体系各个指标类目的权重；四是评价指标体系的具体计算方法和评估过程。其中，评价体系的核心是指标和权重，也即第二和第三部分是一个评价指标体系的核心内容，本部分重点阐述指标设定和指标权重的研究方法并进行比较论述。

（一）评价指标体系的指标维度

评价指标体系的指标维度通常有如下几种方式：一是基于实践经验的归纳总结；二是基于专家咨询的定性确定；三是基于扎根方法的理论抽象；四是基于文献和已有成果的综合集成。这几种方法往往交叉综合使用，比如通过专家咨询获得经验材料文本，通过扎根理论的方法形成指标维度。总体而言，这些方法都是以定性研究为主，规范性、主观性、经验性的倾向比较明显。

所谓定性就是指通过非量化的手段来探究事物的本质，确定事物的本质属性。从评价的角度出发，最基本的定性评价示例就是通过对评价对象赋予非连续性的评价结果，如"优秀""良好""合格""不合格"等，表现为统计学意义上的非连续性数据。不同的评价之间有明确的区分，但同一评价结果可能依然存在差异。

在已有的评价体系中，指标维度的确定基本以定性研究方法为主。比如深圳市推出的国内首个地方网络舆情应对能力排行榜、暨南大学舆情研究中心开发的政务舆情评估体系，都建立了自己的舆情应对的评价指标体系。以深圳新闻网提出的舆情应对评价指标体系为例，《深圳市网络舆情应对能力排行榜》是深圳市推出的国内首个地方网络舆情应对能力排行榜，包括响应速度、信息发布、机构行为、网络引导和应对成效五个指标，涉及舆情事件的回应、处理、引导与效果

363

等方面的内容。再以人民网开发的《地方应对网络舆情推荐榜》为例，调整后的榜单按照"官方响应、信息透明度、地方公信力"3 个常规指标，以及"动态反应、官员问责、网络技巧"3 个特殊指标，构建起了评价体系的指标维度。① 这些不同主体、机构提出的评价指标体系侧重点各不相同，表明评价体系自身的多元性和多样性。

实际上，人民网的《地方应对网络舆情推荐榜》评价体系并非一成不变，上述指标体系是不断优化的结果。早在 2009 年 7 月，人民网舆情监测室（现在的人民网舆情数据中心）就首次发布了《2009 年上半年地方应对网络舆情能力排行榜》②，以后每个季度都会发布地方政府的应对网络舆情能力推荐榜。首次提出的舆情应对评价指标体系包括政府响应、信息透明度、政府公信力 3 个常规指标，以及恢复秩序、动态反应、官员问责 3 个特殊指标。2011 年变动了部分指标：将政府响应改为官方响应、政府公信力改为地方公信力，扩大了这两个指标的主体范围；并将恢复秩序替换为网络技巧，强调了政府与网民的沟通交流。③

可见，评价指标体系既可能因时而变，也可能因主体、因对象、因环境而变，任何系统有效的评价体系都需要根据社会传播环境的变迁、舆情格局的变化进行有针对性的调整。这也说明，任何评价指标体系都会有一定的指导思想和目标指向，体现一定的管理思维和价值取向。

（二）评价指标体系的指标权重确定

如果说评价体系的指标维度确定体现的是管理导向、价值导向的定性逻辑，那么评价体系的指标权重确定就是力图通过确定的数量化的方式对效果给出明确的赋值、计算，以得出结论，指导实践。在目前新闻传播、社会治理、管理学等主流的评价体系中，指标权重的确定还是以经验赋值和专家咨询后的加权平均数为主。学术研究中往往形成依托层次分析法、德比克法（专家列名小组法）等综合的量化方法为主的综合方法。

经验赋值的方法优势在于其可控性强、操作简单，可以根据实际情况、管理目标导向进行灵活变通。以《中央媒体海外网络传播力报告》④ 的评估方法为

---

① 具体指标说明亦可参见：余玉婷：《新媒体环境下的政府公信力——以 2011 年第四季度地方应对网络舆情能力推荐榜为个案研究》，载于《改革与开放》2012 年第 24 期。

② 中青网：《人民网发布 2009 年上半年地方应对网络舆情能力排行榜》，http://zqb.cyol.com/content/2009-07/24/content_2771551.htm，2009-07-24。

③ 李文静：《舆情应对的评价指标体系及其构建》，载于《重庆社会科学》2017 年第 5 期。

④ 谭震：《北京师范大学发布〈中央媒体海外网络传播力报告（2016）〉》，载于《对外传播》2016 年第 12 期。

例，该评价体系挖掘了中央级媒体在 Google、Facebook、Twitter、Instagram、Wikipedia 五个网站的数据，并将 CNN、BBC、KBS、朝日新闻等八家境外媒体作为中央级传统媒体的参考媒体，从五大维度、20 个具体指标进行计算，指标的确定就是通过经验赋值的方式。具体维度和权重见表 10 – 2。

表 10 – 2   《中央媒体海外网络传播力报告》评价体系的维度和权重

维度	指标	权重（%）	
Google	新闻数量	15	20
	Google Trends	5	
Wikipedia	词条完整性	5	20
	词条被编辑的次数	5	
	参与词条编辑的用户数量	5	
	链接情况（链入与链出）	5	
Twitter	是否有官方账户	5	20
	粉丝数量	4	
	发布的内容数量	4	
	一月内最高回复量	4	
	一月内最高点赞数	3	
Facebook	是否有官方账户	5	20
	好友数量	5	
	一月内发布的内容数量	5	
	一月内最高点赞数	5	
Instagram	发布内容的数量	5	20
	粉丝数量	4	
	一年内点赞数量	3	
	一年内回复数量	3	
	TAG 数量	5	

另一种常见的权重确定方式是层次分析法与专家列名小组法结合的兼具定性定量的方法，也是指标体系研究的主流方法之一。层次分析法主要关注系统内的各个要素及其相关关系，并分解为不同的要素，将这些要素划归不同层次（指标维度），从而客观上形成多层次的分析结构模型。通过将每一层次的各要素进行两两比较判断，按照一定的标度理论建立判断矩阵，通过计算得到各因素的相对重要度，从而

建立权重向量，通过计算得出权重。① 因为层次分析法需要专家人工标注要素间的比较结果，因此本方法通常与专家咨询（背靠背的匿名评分）等方式结合。

为数不多的针对舆情应对效果的评价体系建构的研究中，有研究者在文献查阅的基础上，构建了最初的热度评价指标体系，经专家评定保留下最重要的指标。（通过文献、专家咨询形成指标维度）同时邀请 7 名网络舆情研究专家对上述指标体系中各层次、各因素的相对重要性进行评定，通过一致性检验后得到权重结果（通过层次分析法确定指标权重）。② 表 10 - 3 为评价指标体系的部分维度和权重。

表 10 - 3　　冯江平等学者提出的网络舆情评价指标体系的部分维度和权重

一级指标	二级指标	二级指标权重	三级指标	三级指标从属权重
A. 网民心理特征评价	B1. 网民结构	0.058	C11. 年龄结构	0.015
			C12. 教育程度结构	0.037
			C13. 地域结构	0.006
	B2. 网民受意见领袖影响程度	0.214	C21. 意见领袖个人影响力	0.107
			C22. 意见领袖影响参与人数	0.107
	B3. 网民的意见倾向性	0.299	C31. 支持、中立、反对的比例	0.299
	B4. 网民的情绪倾向性	0.429	C41. 积极、中性、消极的比例	0.429

可见，指标权重的确定方法非常多元，需要根据实际情况按需选择。如果是偏向经验—定性的判断方法，需要进一步论证其科学性；如果选择基于成熟数理方法的量化研究则需要在数据质量、算法可靠性等层面进一步论述。不同的研究方法之间也可以交互验证，共同使用，以提高研究的有效性。

三、评价体系建构的指标维度及权重确定常用方法

（一）评价指标体系的维度建构的方法

指标体系的维度建构有多种方法可以形成，一是来自经验或源自理论。实践

---

① 吴旭燕：《基于 AHP 的企业品牌危机模糊综合评价》，载于《科技进步与对策》2005 年第 3 期。
② 冯江平、张月、赵舒贞、陈虹：《网络舆情评价指标体系的构建与应用》，载于《云南师范大学学报（哲学社会科学版）》2014 年第 2 期。

操作中很多评价体系都是根据日常工作经验，通过归纳的方法或者借助特定理论形成的。通常将社会舆情进行操作化界定，形成不同的解释维度，根据不同维度进而设置更加精细的二级、三级指标。又因为社会舆情的研究是一个复杂的交叉学科研究，属社会科学与自然科学交叉的新兴领域，涉及传播学、情报学、社会学、公共管理学、公共关系学、社会心理学、计算机与信息科学在内的诸多学科，相关理论背景多元，形成了研究范式、解释路径和具体方法各异的评价体系。

第二种方法是专家咨询。通常对拥有相关领域丰富经验的管理者、从业者，或者相关领域的研究者，进行专家咨询。专家咨询通常解决两个问题，一是针对特定研究对象评价体系的指标建议，即邀请专家根据各自理解提供维度和指标；二是在初步形成指标体系的基础上，请专家进行修订，包括维度设置的合理性、不同指标之间是否存在包含、重叠、互斥等关系，是否存在遗漏、表述语义模糊等，以优化指标维度。

第三种方法是基于过往文献、体系的整理整合。通常会对同一对象的评价体系或相近评估模型进行借鉴分析，提炼其中的合理性因素，删减或增加新的指标，重复进行专家咨询等过程，提出新的指标体系。但在新的指标体系形成后，往往需要进行信效度的检验，包括因子分析、主成分分析等具体统计研究方法。

第四种基于扎根理论的方法属于典型的探索性的研究方法，即将社会科学质性研究中的扎根方法进入指标维度的建构流程，一般适用于前期研究成果较少、相关领域研究缺失的新的研究对象。通过经验材料的整理，依据扎根理论对样本进行标签化、范畴化两次分类处理，并建构理论，以得到更加平衡、全面的舆情应对评价指标体系的理论模型。[1]

（二）评价指标体系的权重确定的方法

权重确定除了主观赋值、经验赋值外，通常采用定量研究的方法确定，一般有如下几种常见方式：

第一种是德尔菲法和层次分析法结合的指标权重确定方法。层次分析法和德尔菲法相结合确定网络舆情指标权重是网络舆情定量研究中最常见的一种方法。层次分析法通过将一个复杂的系统问题分解为较为简易的若干层次和指标，对两两指标进行重要程度判断，建立判断矩阵，得到某元素的优先权重，然后通过加

---

[1] 李文静：《舆情应对的评价指标体系及其构建》，载于《重庆社会科学》2017 年第 5 期。

权递阶得到其最终权重。① 这种方法将定量分析与定性分析相结合，较为科学地实现了指标权重确定，但其结果较大程度依赖于调查专家的主观认知和判断，对要素比较的层次确定较为随意，亦将相差悬殊的要素进行比较，对结果的精确程度也有影响，同时也容易忽略网络舆情发展的动态因素。②

第二种是基于多级模糊综合评判的网络舆情安全评估模型。多级综合模糊评判模型通常包括 5 步程序：确定对象集和因素集、建立评语集、确定权重集、建立模糊隶属度矩阵、综合判定结果。③ 网络舆情安全评估模型的建构也遵循这 5 个程序。通过层次分析法确定评估指标权重，然后对各因素进行评判确定其隶属度及安全级别。④ 基于多级模糊综合评判的网络舆情安全评估模型使得网络舆情安全评估量化形成了一个系统化模型，为相关部门进行网络舆情预警提供了决策的科学依据，但其过程中也存在一定的量化主观问题。

第三种是人工神经网络方法 BP（back propagation）网络"由一个输入层，一个或多个隐含层和一个输出层构成，每一次由一定数量的神经元构成"，具有信息并行处理和自学习、自组织、自适应能力及强大的非线性处理能力等特点，能够学习和存贮相当大数量的输入—输出模式映射关系，通过使用梯度下降法和动量法，不断调整网络权值和阈值，使误差最小。⑤

第四种方法是网络舆情威胁评估模型，包括基于 TOPSIS 方法的网络舆情威胁评估模型和基于 Elman 神经网络的网络舆情威胁估计方法等。网络舆情威胁评估模型在网络舆情指标设计基础上，通过层次分析方法确定各指标权重。TOPSIS 方法包含了 6 个步骤：构建决策矩阵、构建加权规范矩阵、确定正理想解和负理想解、计算各方案到正理想解和负理想解的距离、计算各方案的排队指标值、由大到小排列各方案的优先次序。⑥ Elman 神经网络相对于传统 BP 神经网络计算速度快、实时性好⑦，Elman 神经网络是一种典型的局部递归网络，由输入层、隐含层和输出层以及承接层构成，具有局部记忆和局部反馈链接功能。网络舆情威胁估计方法综合运用模糊综合评价方法和 Elman 神经网络方法，既能减少模糊综合评价的人为因素影响，又弥补了传统 BP 神经网络计算复杂、精度差的问题，

① 秦吉、张翼鹏：《现代统计信息分析技术在安全工程方面的应用——层次分析法原理》，载于《工业安全与环保》1999 年第 5 期。
② 张一文、齐佳音、方滨兴、李欲晓：《非常规突发事件网络舆情热度评价指标体系构建》，载于《情报杂志》2010 年第 11 期。
③ 参见吴秉坚：《模糊数学及其经济分析》相关章节，中国标准出版社 1994 年版。
④ 戴媛、郝晓伟、郭岩等：《基于多级模糊综合评判的网络舆情安全评估模型研究》，载于《信息网络安全》2010 年第 5 期。
⑤ 樊振宇：《BP 神经网络模型与学习算法》，载于《软件导刊》2011 年第 7 期。
⑥ 秦寿康：《TOPSIS 价值函数模型》，载于《系统工程学报》2003 年第 1 期。
⑦ 王俊松：《基于 Elman 神经网络的网络流量建模与预测》，载于《计算机工程》2009 年第 9 期。

使网络舆情威胁估计更加精确、客观。[①]

第五种是基于灰色系统理论的网络舆情预警评价方法。灰色系统理论，是针对少数据、贫信息、不确定性问题进行研究的一种方法，研究对象是"部分信息已知，部分信息未知"的"小样本""贫信息"不确定性系统为研究对象，主要通过提取已知信息中有价值的信息，实现对系统的认知和监控。[②] 基于灰色系统理论进行预警评价工作需要的样本数据少，不需要计算统计特征量，适应性、操作性、针对性都比较强，但灰色系统理论容易引入理论误差，修改工作繁琐[③]。

四、现有指标体系建构的问题

当前的社会舆情处置效果评价体系存在如下几个问题：首先是舆情处置效果评价体系中的一些考察指标过于抽象化，如美誉程度、彰显价值等这类型的衡量指标在舆情效果处置评价的体系中，如何去对这些抽象指标进行实际中的评估操作，需要进一步给出一个参考范围或说明，尤其是彰显价值这样抽象的指标，因此，对于这类太抽象的指标，应该进一步给出一些能够在实际舆情案例中进行操作的些许参考意见。

第二是考察的具体指标太多，能否进一步简化的问题。仔细数过来，会发现在衡量一个具体社会舆情案例的舆情处置效果时，从指标应对力到行动力，再到修复力，具体的衡量指标有多达 52 个，而且有的指标在具体操作中也比较复杂，因此如果能够适当进行简化，或将指标进一步分为"短期考察指标"或"长期考察指标"会比较实用一些，例如具体指标"是否有助实现民主决策与是否有助推动社会创新""是否实现制度改进"这类型的效果不是短期就能够考察出来的，还是需要一个长期的过程。

第三是社会舆情处置效果评价体系是一种人为设置的评价体系，人为的评价都具有其不同程度上的主观性，这就意味着不同的人按照这一套指标体系去评价某个社会热点舆情处置效果时，会有不同程度上的差异。因此，如何保证其评价的相对客观性是社会舆情处置效果评价体系存在的另一个问题。例如，在指标信息公开中包括——新闻发布会次数及质量、通稿篇数及质量、接受采访次数及质量、自媒体发布数量及质量——这些指标，显而易见的是，新闻发布会次数、通

---

① 曾润喜、杜换霞、王君泽：《网络舆情指标体系、方法与模型比较研究》，载于《情报杂志》2014年第 4 期。

② 刘思峰：《灰色系统理论的产生与发展》，载于《南京航空航天大学学报》2004 年第 2 期。

③ 张大海、江世芳、史开泉：《灰色预测公式的理论缺陷及改进》，载于《系统工程理论与实践》2002 年第 8 期。

稿篇数、接受采访次数、自媒体发布数量是客观的可统计的，但新闻发布会的质量、通稿的质量、接受采访的质量、自媒体发布的质量是很难客观评价的，因此在这些倾向于主观性质当中的指标中，有必要建立一个通用的系数参考表来确保不同的人使用这套社会舆情处置效果评价体系能够得出一个较为客观的结果。

社会在不断进步，媒介在不断更迭，社会舆情也在不断的变化之中。社会舆情处置效果评价体系也不是恒久不变的，也需要与时俱进，不断修缮。检验评价体系最好的办法就是在实践中进行运用，只有将这套社会舆情处置效果评价运用到更多的舆情事件案例中，才能更好地改进和完善该体系。

综上研究，社会舆情的指标维度建构层面普遍存在以下问题：第一，在全面性上，无法全面预测舆情危机的发生和负面影响，网络舆情传播媒介以论坛博客为主，涉及微博媒体的较少；第二，在有效性上，无法有效预测舆情危机的发生和可能带来的负面影响；第三，在准确性方面，一些指标涵义不够清晰，歧义较多；第四，在独立性方面，部分指标之间存在内容重合、互相包含，或者一项指标存在两重含义；第五，在操作性上，不具有可操作性，无法获取衡量指标的数据。

网络舆情应对评价指标体系建构上存在以下问题：第一，在有效性上，衡量微博运营能力的部分指标过于琐碎，对研究目标作用不大；由于网络舆情应对尚属新生事物，衡量其应对能力的指标还需大量的案例研究和实践经验。第二，在准确性方面，一些指标涵义不够清晰，歧义较多。第三，在独立性方面，部分指标之间存在内容重合、互相包含，或者一项指标存在两重含义。第四，在操作性上，一些应对能力评价指标不是对考评项目的介绍，而是对舆情工作标准和理想状态的描述，是"操作标准"而非"考核标准"；部分指标内容较抽象，无法量化或进行定性判断。[1]

第三节　基于系统论的舆情应对效能评价指标体系

一、评价体系建构的必要性

如何评价热点社会舆情的效果优劣，不能只凭感觉，须建立一系列评估指标体系，利用这套评价指标体系，对热点社会舆情的应对和处置效果进行评价，总结热点社会舆情处置中的优势及存在的不足，更好进行社会舆情治理。因此，评

[1]　付业勤：《旅游危机事件网络舆情研究：构成、机理与管控》，华侨大学博士学位论文，2014年。

价指标体系是否科学合理至关重要。

为构建一套科学、合理和实效的评价指标体系，选取指标时必须遵循以下原则：第一，科学性原则。选取的指标能够反映热点舆情处置效果的特点。第二，可操作性原则。选取指标时，尽可能选择可以测量的指标，对于不能直接测量的定性指标，也要用权威的方法进行比对。第三，系统性原则。每项指标均反映热点社会舆情处置效果的某一部分情况，整个指标体系能够系统反映热点社会舆情处置的方方面面，不可遗漏重要指标。第四，层次性原则。选取的指标要具有层次性，指标之间相对独立且不能相互隶属，下级指标与上级指标应具有隶属关系。第五，循因原则。效果评价指标，并非只是围绕效果就事论事，而要循因，找到导致效果优或者劣的原因，设计指标的时候，要把这些致果因素加入其中。

二、系统论视域下的评价体系研究

系统论通常被定义为：从系统的角度研究世界，把对象作为系统加以专门研究，定量的解释有组织复杂系统的部分与整体、子系统与系统普遍运动规律的科学。它包括三个主要领域：第一个领域是系统的科学，即一般系统论，也就是对整体和整体性进行科学探索的科学理论；第二个领域是系统技术，它包括计算机、自动化、自动调节机构等硬件以及新的理论成果、学科等软件；第三个领域是系统哲学，即由于引进"系统"这个新的科学范式而产生的思想和世界观的重新定向，这就是系统哲学，它将世界看作一个庞大的组织。这种哲学包括三个部分，即系统本体论（回答什么是系统以及各个系统各个层次是怎样）、系统认识论（将系统看作一个相互作用的各要素组成，并研究系统与要素间关系）、价值（回答人和世界的关系，研究人在世界中的作用与地位）。[①]

社会舆情的研究无法从单一学科理论视角、无法割裂行为体之间的关联，既要关注社会结构与公众的互动、相互影响，也要注重传播环境、传播技术对舆情发展的影响，因此，从系统论出发，有助于我们更加清楚地把握全媒体时代社会舆情发展的特征与趋势。

从系统论的视角看，需要我们具备全生命周期理解社会舆情的基本能力。重大突发事件一般会经历"舆情酝酿——舆情爆发——舆情发展——舆情平息"四个阶段，无论是舆情应对还是评价都需要有整体观。舆情应对的主客体层面存在一个"互为主体性"的关系，需要我们把握全媒体传播实践中主客体的互动以及传播关系中权力的微妙平衡。同时舆情应对是一个兼具专业性和实践性的过程，

---

① 魏宏森：《系统科学与社会系统》，吉林教育出版社1990年版，第53～55页。

一方面要依赖专家、舆论领袖的力量，另一方面也要充分尊重、聆听公众意见和诉求，不断及时调整应对的目标和手段以实现效果最优化。

最后需要说明的是，从系统论的理念出发，社会传播是一个负责自适应系统，也是一个兼具物理空间和精神空间多重拟合的复杂空间，对社会舆情的应对评估，既要重视评估能力也要注重评估效果，故本次研究将效能界定为能力和效果的有机融合，即对重大突发事件社会舆情应对能力和重大突发事件社会舆情应对效果的评估。"效能"主要指处置事务的效率和开展工作的能力。具体到"重大突发事件社会舆情应对效能"，其包括两方面的内涵。首先是政府部门舆情应对工作体系的建设情况，以及开展舆情预警、监测、研判、应对等舆情工作的能力。其次是政府部门舆情应对达成预期结果及影响的程度，重点聚焦于事件是否得到了妥善解决，公众对事件处置的满意度如何。

三、舆情应对效能评价指标体系的整体框架及内在逻辑

本指标体系着眼于新媒体环境下的信息传播特点，根据《国务院办公厅关于在政务公开工作中进一步做好政务舆情回应的通知》等政策的要求，从能力与效果两方面对政府部门的重大突发事件社会舆情应对工作进行评估。

（一）舆情应对效能评价指标体系的整体框架

重大突发事件社会舆情应对效能评价指标体系共有三级指标。其中包含 2 个一级指标，5 个二级指标，27 个三级指标（见表 10-4）。

重大突发事件社会舆情应对效能评价指标体系包含一级指标 2 个，分别为"重大突发事件社会舆情应对能力评估"和"重大突发事件社会舆情应对效果评估"。

一级指标"重大突发事件社会舆情应对能力评估"包含 2 个二级指标，分别为"舆情风险预防能力评估"和"舆情实际应对工作体系评估"。其中，二级指标"舆情风险预防能力评估"包括 3 个三级指标，分别为"舆情监测""预警机制""分析研判"。二级指标"舆情实际应对工作体系评估"包括 7 个三级指标，分别为"人力资源""系统设备""工作流程""联动机制""应急预案""外脑支撑""媒体关系维护"。

一级指标"重大突发事件社会舆情应对效果评估"包括 3 个二级指标，分别为"舆情应急处置效果评估""舆情后续处置效果评估""公众满意度评估"。其中，二级指标"舆情应急处置效果评估"包含 9 个三级指标，分别为"信息公开程度""信息发布质量""初次反应速度""持续回应情况""实际问题处置效果""媒体运用情况""次生危机控制""议题引导效果""第三方力量运用"。二级指标

"舆情后续处置效果评估"包含 3 个三级指标，分别为"形象修复效果""舆情应对经验总结""后续改进举措"。二级指标"公众满意度评估"包含 5 个三级指标，分别为"信息公开""官方姿态""舆论表达的充分度""问题解决""处置效果"。

表 10 – 4　　　重大突发事件社会舆情应对效能评价指标体系

目标层	一级指标	二级指标	三级指标
重大突发事件社会舆情应对效能评价指标体系	重大突发事件社会舆情应对能力评估	舆情风险预防能力评估（专家组评估）	舆情监测
			预警机制
			分析研判
		舆情实际应对工作体系评估（专家组评估）	人力资源
			系统设备
			工作流程
			联动机制
			应急预案
			外脑支撑
			媒体关系维护
	重大突发事件社会舆情应对效果评估	舆情应急处置效果评估（专家组评估）	信息公开程度
			信息发布质量
			初次反应速度
			持续回应情况
			问题处置效果
			媒体运用情况
			次生危机控制
			议题引导效果
			第三方力量运用
		舆情后续处置效果评估（专家组评估）	形象修复效果
			舆情应对总结
			后续改进举措
		公众满意度评估（公众问卷调查评估）	信息公开
			官方姿态
			表达充分度
			问题解决
			处置效果

（二）应对效能评价指标体系的内在逻辑

总体而言，重大突发事件社会舆情应对效能评价指标体系内部存在两条逻辑主线。一是综合评估政府部门重大突发事件社会舆情应对能力与效果，二是顺应重大突发事件社会舆情发展的阶段和规律开展全面评估。

首先，重大突发事件社会舆情应对效能评价指标体系不仅评估政府部门重大突发事件社会舆情应对的效果，而且评估政府部门应对重大突发事件社会舆情的基础能力。

以往的相关研究对政府部门重大突发事件社会舆情应对的评估更侧重于最终的效果，然而要取得良好的应对效果离不开扎实的工作能力建设。本评价指标体系将政府部门重大突发事件社会舆情应对能力评估放在重要位置。一是评估政府部门的舆情风险预防能力。从某种意义上来说，舆情风险预防能力比应对能力更为关键，如果能及早发现和化解舆情风险，就能有效降低舆情事件的影响，减少行政与社会资源的损耗。政府部门需要在舆情监测方面投入力量，将线上的网络舆情监测与线下社会舆情监测相结合，并制定风险分级与预警机制，一旦发现重大舆情风险及时进行预警和分析研判，力争在舆情风险发酵为舆情事件之前进行干预，化解舆情风险。二是评估政府部门的舆情实际应对工作体系建设情况。本评价指标体系在二级指标"舆情实际应对工作体系评估"之下设计了三方面共7个三级指标。第一方面是政府部门的基础投入，包括人力资源和系统设备。第二方面是政府部门的舆情应对工作机制建设，包括工作流程、联动机制和应急预案。第三方面是政府部门的外部力量与公共关系维护情况，包括外脑支撑和媒体关系维护。本评价指标体系希望不仅能够对相关政府部门的舆情应对能力进行评估，而且希望能够"以评促建"，推动政府部门在以上方面加大投入，建设完备的舆情工作体系，提升舆情应对能力。

政府部门通过不断投入与建设，具备了较为完善舆情应对能力之后，还要在面对重大突发事件时高效运转，将工作能力转化为工作效果。重大突发事件社会舆情应对效果是本评价指标体系的核心内容，具体包括"舆情应急处置效果评估""舆情后续处置效果评估""公众满意度评估"三个维度，其中的很多三级指标与能力评估指标是相对应的，例如政府部门的舆情应对工作流程、联动机制和应急预案关系到应急处置的信息发布质量、初次反应速度、持续回应情况和实际问题处置效果；政府部门平时的外脑支撑力度影响到重大突发事件发生后，能否较好运用第三方力量开展舆情引导；政府部门日常的媒体关系，维护影响到重大突发事件发生后的媒体运用情况，政府部门的舆情应对能力建设和舆情应对效果是密不可分的，能力建设是应对效果的基础，通过应对效果评估能够反过来查找能力建设存在的不足。

其次，重大突发事件一般会经历"舆情酝酿—舆情爆发—舆情发展—舆情平息"四个阶段，本评价指标体系亦从舆情应对工作的"风险预防""应急处置""持续回应""后续处理"四个方面进行相应评估。

舆情事件在爆发之前都会经历或长或短的舆情酝酿阶段。通过线上和线下的舆情监测，可以发现舆情风险端倪，如果能在舆情酝酿阶段及时介入，大部分情况下能够化解舆情风险，避免舆情危机爆发。因此，本评价指标体系设计了"舆情风险预防能力评估"指标，从舆情监测、预警机制和分析研判三个维度开展评估。

在舆情爆发后，政府部门的应急处置水平决定了事件最终的处置效果和社会舆论的整体走向。本评价指标体系将"舆情应急处置效果"作为重要的评估内容，从信息发布、初次反应速度、实际问题处置、媒体运用等方面评估政府部门的系列应急举措是否在舆情爆发期起到了稳定局势、疏解民意、舆论引导的作用。

重大突发事件往往情况复杂，会持续相当长的时间，期间会出现一系列次生舆情危机。在舆情发展期，同样需对政府部门的"舆情应急处置效果"进行评估，具体包括持续回应情况、次生危机控制、议题引导效果、第三方力量运用等方面。

在舆情平息期，随着公众注意力的转移，相关事件舆情热度逐渐减退。政府部门需要做好善后工作，挽回损失、修复政府公信力、从事件处置过程中汲取经验。本评价指标体系特别设计了"舆情后续处置效果"的二级指标，从政府形象修复、应对经验总结、后续改进举措等方面评估政府部门在舆情平息期是否继续主动作为，圆满收尾，并为改进相关工作打下坚实基础。

在舆情事件经历一个完整发展周期，彻底平息之后，本评价指标体系通过开展社会调查，从信息公开、官方姿态、舆论表达的充分度、问题解决、处置效果等方面评估公众对政府部门整体舆情应对效果的评价。

四、重大突发事件社会舆情应对效能评价指标体系的阐释

（一）重大突发事件社会舆情应对效能评价指标体系的一级指标

1. 重大突发事件社会舆情应对能力评估

互联网背景下，舆情的产生、发展、传播的速度迅速，政府的应对往往难以赶上其演化速度，舆情事件凭借其强大的影响力、渗透力和独特的互动性、流动

性，加剧了局部问题全局化、简单问题复杂化、个体问题公众化、一般问题热点化的趋势，给政府有效进行舆情应对提出了巨大的挑战。在此背景下，提升政府重大突发事件社会舆情应对能力是一个亟须解决的课题。

重大突发事件社会舆情应对效能评价指标体系的第一个一级指标为"重大突发事件社会舆情应对能力评估"，夯实舆情应对能力，是提升舆情应对效果的基础。本一级指标主要从三个维度开展评估。

第一个维度是"舆情风险预防能力—舆情实际应对能力"。在政府部门处置舆情的过程中，舆情风险预防和舆情应对同样重要。诸多重大突发舆情事件都是萌芽于微小的舆情风险，由于相关部门没有重视这些风险，导致其不断发酵，最终酿成重大事件，造成重大影响。提升舆情风险预防能力愈发成为舆情应对能力建设的重中之重。与此同时，政府部门需要构建完整的舆情应对工作体系，以提升实际舆情应对能力。只有在平时做好人员和机制准备，才能在舆情事件爆发后，合理调动各方面资源，高效运转，处置好舆情事件。

第二个维度是"硬件资源—软件资源"。评估重大突发事件社会舆情应对能力必须综合考察相关政府部门的舆情应对硬件资源和软件资源。具体而言，硬件资源包括舆情监测系统、沟通指挥系统等；软件资源包括具备专业知识的工作人员、舆情风险发现和应急处置的工作流程、联动机制和应急预案等。

第三个维度是"内部力量调动—外部力量运用"。要妥善处置重大突发事件社会舆情，不仅要充分调动内部力量，还要善于运用外部力量。具体而言，内部力量包括本部门及其他部门的软硬件资源；外部力量包括各类媒体、意见领袖、专家学者等。当重大突发事件发生后，相较于调动政府部门内部力量，运用好外部力量难度更大，但是也更重要。善用外部力量不但可以提升官方声音的传播范围和传播力度，而且可以增强相关信息的可信度和引导效能。

2. 重大突发事件社会舆情应对效果评估

重大突发事件社会舆情应对效能评价指标体系的第二个一级指标为"重大突发事件社会舆情应对效果评估"。对政府部门而言，除了要具备重大突发事件社会舆情应对能力，还要在重大突发事件发生后，顺应舆情应对规律，科学合理实施应对举措，迅速平息影响、修复损失，获得公众理解支持，最终让社会各界满意并达成新的社会共识。具体而言，本一级指标主要从三个维度开展评估。

第一个维度是"应急处置效果—后续处置效果"。传统来说，各方更重视政府部门舆情应急处置成效，政府的应急反应速度、持续回应效果、议题引导等应对手段直接影响到舆情应对的效果。然而，政府部门同样需要高度重视重大突发事件社会舆情的后续处置效果。舆情事件总会随着热度下降，逐渐淡出公众视野，但是相关影响却长久地留在公众心中，影响到公众对政府的认知与态度。因此，重大突发舆情事件影响淡去之后，必须做好后续处置工作，修复政府公信力。

第二个维度是"公共关系处置效果—实际问题处置效果"。所有的社会舆情都源自现实的社会问题，要应对好社会舆情，必须从根源上解决相关社会问题。因此，在评价总体舆情应对效果时，除了要评估相关政府部门对媒体、公众和社会各界的公共关系处置效果，还需要评估其实际问题处置效果。

第三个维度是"专家专业评估—公众满意度评估"。在政府部门开展重大突发事件社会舆情应对的过程中，有一些工作和环节需要获取内部资料、抓取舆情数据，借助专家的力量从专业角度进行效果评估。而政府部门重大突发事件社会舆情应对效果最终还需要通过公众满意度进行评价，公众是否满意、是否认同、是否理解、是否支持是不能忽略的评估内容。

（二）重大突发事件社会舆情应对效能评价指标体系的二三级指标

重大突发事件政府舆情应对效能评价指标体系包括 2 个一级指标，以及 4 个二级指标和 27 个三级指标，现将二级指标和三级指标的内涵与界定阐释如下。

1. 舆情风险预防能力评估

二级指标"舆情风险预防能力评估"主要指政府部门通过线上、线下各类手段发现舆情风险、预警和研判风险，最终将舆情风险扼杀于萌芽的能力。具体包括 3 个三级指标，分别为"舆情监测""预警机制"和"分析研判"。

"舆情监测"这一三级指标主要评估政府部门通过运用线上舆情监测软件系统和线下舆情监测工作体系及时发现舆情风险的能力。一方面，政府部门需要拥有常规的线上舆情监测技术手段，除了购置舆情监测系统进行重点关键词监测以外，还要针对特定网络平台、特定人群进行重点监测。另一方面，政府部门需要构建线下社会舆情监测工作体系，除了部门工作人员积极参与到线下舆情监测工作中，还要发动群众，建设舆情沟通群组，及时发现社会中的舆情风险。

"预警机制"这一三级指标主要评估政府部门在监测到舆情风险后能否及时对风险进行分级和预警。政府部门要针对实际情况构建舆情预警机制，对各类舆情风险进行分级，一旦触发风险阈值，第一时间进行预警，开展舆情处置。

"分析研判"这一三级指标主要评估政府部门面对高级别舆情风险如何深入分析其关键节点、发展趋势，研判风险性质并制定应对策略。在分析研判方面，除了要培养本部门的专业工作人员，还可与专家学者建立联系制度，请他们对高危风险开展深度分析。

2. 舆情实际应对工作体系评估

二级指标"舆情实际应对工作体系评估"主要考察政府部门"人力资源"

"系统设备""工作流程""联动机制""应急预案""外脑支撑""媒体关系维护"等方面的舆情应对工作体系建设情况。

"人力资源"这一三级指标主要评估政府部门在舆情应对方面的人力配置情况。在日常，应该有特定的领导、专门的部门和工作人员负责舆情监测、预警和分析研判工作。在发生重大突发事件后，应当可以调动相关部门的全部人力资源投入应对工作中。人力资源是开展重大突发事件社会舆情处置工作的基础，各级政府部门必须重视人力资源建设，定期安排交流培训，提升相关工作人员的专业素养，更加科学合理地开展舆情应对工作。

"系统设备"这一三级指标主要评估政府部门的舆情监测系统、信息发布系统，以及舆情信息存储、处理、传输等设备的配置情况。在信息化时代，必须配置完备的舆情信息系统设备，在日常做好舆情信息分析工作；在发生重大突发事件时，要能够在第一时间收集最新信息、发出官方声音、沟通不同部门。各级政府部门应当在系统设备方面加大投入，在年度预算中为系统设备的升级预留经费，定期维护和升级系统设备，使得相关设备能够跟上技术发展的速度，适应实际舆情处置工作的需要。

"工作流程"这一三级指标主要评估政府部门在日常和应急时的舆情工作流程建设情况。在日常，必须明确具体负责的领导、部门和个人，尽量"扁平化"，发现舆情风险后要快速进行风险分级和分析研判，并将高级别舆情风险第一时间上报领导，由领导层调动各方面资源进行应对。当舆情风险转化为重大突发舆情事件后，要快速启动应急处置预案，分派不同的责任人开展舆情监测、媒体对接、部门联动等工作，根据舆情事件的发展态势有节奏地进行处置。各级政府部门应当将舆情处置工作流程的建设纳入单位的建章立制工作体系中，部门之间应当加强交流，互相借鉴，形成流程化、正规化的工作体系。

"联动机制"这一三级指标主要评估政府部门是否在舆情应对的多部门联动方面制定有沟通协同机制。重大突发舆情事件往往牵涉多个部门，各部门必须协同联动才能够较好地查清事件真相、处理实际问题、应对不同利益人群、给出具有权威性和说服力的解决方案。一方面，相关政府机构内部的各个部门要有联动机制，在接待记者和应对突发事件时能够顺畅联系到相关部门进行处置；另一方面，不同的政府部门之间要建立"联动机制"，在突发事件发生后，要快速启动联动应对机制，统一回应口径，合作开展调查，协同处置突发舆情。

"应急预案"这一三级指标主要评估政府部门是否具备应对重大突发事件的书面应急预案，以及该预案的完备性与科学性。重大突发事件之所以具有极大的冲击力，对政府的舆情应对能力提出严峻挑战，很重要的一个方面是其事发突然，在短时间内造成重大影响。因此，政府部门必须总结实际工作经验，整合内外部资源，提前制定舆情应对应急预案。在应急预案中要明确重大突发事件舆情应对的责任领导，以及不同部门和个人的职责与任务，并根据人事变动及时更新应急预案。当重大突发事件发生后，各职能部门必须严格依据应急预案迅速进入角色，各司其职开展工作。

"外脑支撑"这一三级指标主要评估政府部门是否能够有效运用外部第三方力量开展舆情监测、分析和研判工作。外脑是内脑的重要补充，"不识庐山真面目，只缘身在此山中"，很多问题必须跳出本部门的局限才能洞察清楚。首先，政府部门要善于借助专业化的外脑力量提升舆情处置工作的科学性，如请高校等科研机构的专业人士参与到舆情监测、研判和应对处置的过程中，运用专业技术抓取数据、分析舆情走势、制定舆情应对策略。其次，政府部门要与专家学者及网络舆论领袖建立信任关系，可定期举办舆情工作研讨会，邀请第三方人士参与研讨，请其对相关舆情工作及潜在舆情风险进行分析研判，提供对策建议，帮助政府部门做好舆情工作。

"媒体关系维护"这一三级指标主要评估政府部门与各类媒体的关系维护情况。舆论监督是媒体的重要职能，但是媒体并不是政府部门的对立面。在日常，政府部门要建立媒体关系维护手册，与相关条线记者保持联系。在发生重大突发事件后，要与媒体保持顺畅沟通，及时向媒体提供事实信息，说明实际情况，通过媒体向外界传递官方声音。政府部门工作人员要具备与媒体打交道的能力，在全国不同地方的记者集聚事件发生地后，要妥善做好记者的安置工作，引导记者真实客观报道事件真相。在新媒体环境下，政府部门还要学会如何与各类自媒体进行沟通，通过自媒体发布主流声音，对更广泛的受众进行舆论引导。

3. 舆情应急处置效果评估

二级指标"舆情应急处置效果评估"是整个指标体系的核心评估内容之一，关系到政府重大突发事件舆情应对的整体效果。在重大突发事件发生后，政府部门具体的处置举措是否得当，舆情引导效果如何，是该二级指标的主要评估目标。此二级指标包括"信息公开程度""信息发布质量""初次反应速度""持续回应情况""实际问题处置效果""媒体运用情况""次生危机控制""议题引导效果""第三方力量运用"8个三级指标。

"信息公开程度"这一三级指标主要评估政府部门在重大突发事件发生后向社会公开信息的程度。重大突发事件往往给社会带来重大的影响，有的重大灾难事件还会带来人员和物资的重大损失。面对短时间内大量传播的各种信息，公众最希望确切知道事件的真相是怎样的。在互联网时代，"人人都是记者"，都有条件通过个人的移动终端设备第一时间将事件情况上传互联网。借助新媒体技术，信息的传播速度和广度空前提高，想"捂堵封"信息是不切实际的，只能制造更多的流言，引发公众与政府部门的对立。为了牢牢把握舆情主动权，政府部门要按照《国务院办公厅关于进一步加强政府信息公开回应社会关切提升政府公信力的意见》等相关文件的要求，主动公布信息，提升信息透明度。一是健全完善新闻发言人制度，及时召开新闻发布会披露信息。二是要充分发挥政府网站、政务公众号的作用，在互联网平台第一时间发布相关信息。

"信息发布质量"这一三级指标主要评估政府部门发布的信息是否客观、真实、准确，是否能够回应公众关切，起到舆论引导作用。政府部门发布信息不但要全面、快速，而且要真实准确、言之有据、亲切自然、合情合理，符合公众预期。在"红黄蓝"等很多重大突发事件中，相关部门发布的信息质量不高，或是未能满足公众知情的意愿，或是遣词造句不够恰当，引发公众不满，使得舆论形势急转直下，酿成十分严重的次生舆情危机。评估信息发布质量不但要考察信息内容是否与事实相符，是否能够满足公众的知情权，相关部门是否尽到了自己的职责；还需要考察信息发布的措辞是否恰当合理，符合官方定位和主流价值观。

"初次反应速度"这一三级指标主要评估政府部门在重大突发事件发生后第一次反应的速度。在新媒体时代，政府舆情应对的速度决定了整个事件的走向，所谓的"黄金4小时"等舆情应对时限被不断刷新，如今的舆情应对时间单位不再是以"小时"计，而是以"分钟"计。要占据舆情应对高地，必须第一时间发出官方声音，在事实真相还不明晰的情况下，可以先报事实，待调查有确定结论后再报原因。重大突发事件发生后，一旦官方失声，各类谣言就有了滋生空间，待谣言大范围传播后再进行辟谣，效果事倍功半，将令政府部门处于十分被动的位置。因此，评估政府部门的"初次反应速度"是十分重要的。

"持续回应情况"这一三级指标主要评估政府部门在事件发生过程中根据事件发展态势，进行持续回应，开展舆论引导的情况。重大突发事件往往比较复杂，随着时间的推移，会出现很多新的情况，舆情态势也会发生新的变化。因此，政府部门必须进行持续回应，及时发布事件进展以及政府的处置举措，粉碎社会谣言。此指标需要专家根据事件发展的关键节点，评估政府是否进行了持续回应，以及其回应是否起到了正向的舆情应对效果。

"实际问题处置效果"这一三级指标主要评估政府部门在开展舆情处置的同时，对线下实际问题的处置情况是否妥善。现实问题是网络舆情的源头，要从根本上化解舆情危机，必须从根源上解决实际问题。如果实际问题得不到解决，相关利益人群会持续发声，次生危机会不断爆发，事件的整体舆情态势会不断恶化。在当下的新媒体技术环境中，仅仅在网络和媒体上做好舆情应对工作是远远不够的，实际问题的处置效果也处于公众的监督和审视之下，实际问题得不到解决就无法获得公众的认可，事件的影响就不能真正平息。因此，在开展舆情应对的同时，政府部门还要集中力量了解事件利益相关人群的诉求，多措并举妥善处置实际问题。

"媒体运用情况"这一三级指标主要评估政府部门在重大突发事件发生后与媒体沟通互动，运用各类媒体平台发出官方声音，开展舆论引导的情况。一方面，政府部门要支持媒体报道，为媒体的工作提供便利。在此过程中，政府部门应与媒体记者建立信任关系，向媒体提供事件真实情况，阐明事件原委，对一些复杂情况进行充分说明，通过媒体传递官方声音。在重大突发事件发展的过程中，政府部门要主动向媒体提供事件最新信息，借助媒体把握舆论主动权。与此同时，政府部门要运用好政务公众号，在微博、微信等新媒体平台及时发布最新信息。同时要加强政务公众号矩阵的联动，善于运用政务公众号大 V 的影响力，形成宣传合力。

"次生危机控制"这一三级指标主要评估政府部门在重大突发事件发展过程中探测各类潜在舆情风险，控制次生危机的情况。重大突发事件涉及人群广泛，局势复杂，隐含的不可控风险众多，往往一波未平一波又起，次生危机的负面影响有时甚至超过了主体问题。政府部门一方面要谨慎采取应对举措，防范因为自身的不当言行引发次生危机；另一方面要加强线上线下的舆情监测工作，特别是要做好利益相关群体的维稳工作，避免矛盾升级，引发新的次生危机。

"议题引导效果"这一三级指标主要评估政府部门通过各类信息发布形式，主动设置议程，引导舆情发展态势的情况。重大突发事件发生后，正常情况下，通过政府部门的统筹处置，事件影响会逐步趋于平息。但在实际中，由于一批别有用心的人散布流言，制造舆论争议，很容易造成舆论极化，引发社会冲突。因此政府部门必须把握事件发展的关键节点，主动设置议题，将公众的注意力引导至妥善处置事件、做好善后工作的轨道上，以此整合社会资源，凝聚社会共识，尽快平息重大突发事件的影响。

"第三方力量运用"这一三级指标主要评估政府部门积极争取相关领域专家及网络舆论领袖的支持，通过第三方力量发声进行舆论引导的情况。在当下的舆论环境中，政府在公众中的公信力仍有较大提升空间，不少公众对官方声音存在质疑。政府部门的力量是有限的，尤其是面对舆情应对的塔西佗陷阱，必须探索如何有效借助第三方力量应对重大突发事件舆情。政府部门在日常就要与相关专家学者及网络舆论领袖建立信任关系，在发生重大突发事件后，要第一时间将事实情况告知这些有话语权的第三方人士，引导其在舆论场中发出有利于官方主流信息的声音，从侧面发挥舆论引导作用。

4. 舆情后续处置效果评估

二级指标"舆情后续处置效果评估"从政府公信力构建的宏观视角出发，不将重大突发事件社会舆情应对效能评估仅仅局限于短时期的应对效果，而是关注如何通过后续处置工作修复乃至提升政府公信力。该二级指标包含"形象修复效果""后续改进举措"和"舆情应对经验总结"3个三级指标。

"形象修复效果"这一三级指标主要评估政府部门在重大突发事件平息之后是否在公共宣传等方面释放正面信息，修复政府形象的情况。在信息爆炸的时代，热点事件层出不穷，一些政府部门在面对重大突发事件时采取"鸵鸟"策略，静待新的舆情热点覆盖该事件，寄望于公众随着时间推移淡忘该事件。然而事件影响的暂时平息并不意味着整个事件的风险已被消解，未来再发生类似事件，公众有可能再次挖出旧"地雷"。长远来看，政府部门如果不在事件影响平息后真正解决实际问题，进行妥善处置，并通过正面宣传修复形象，将会在公众心中留下负面印象，损害政府的整体公信力。因此，对事后政府部门形象修复效果的评估是十分必要的。

"舆情应对经验总结"这一三级指标主要评估政府部门在重大突发事件平息后是否对舆情应对工作的各个环节进行了反思，是否以书面形式对事件的整体应对过程进行了评估分析，是否在整个部门范围内进行了工作总结。舆情应对是一项实践性极强的工作，再多的理论学习和培训都无法与一次实际应对获得的经验相提并论。在重大突发事件平息后，政府部门要正视本部门各项舆情应对举措的得与失，从体制机制的层面进行反思和总结，相关经验应当形成书面材料，作为案例归档，为未来处置类似事件提供参考。在经验总结后，要对具有创新性、发挥了积极作用的做法进行推广交流，对表现突出的单位和个人进行表彰奖励；同时要对应对效果不佳的举措进行反思检讨，对工作消极、不到位的单位和个人进行约谈与追责，通过建立舆情应对激励约束机制促进舆情应对工作整改。

"后续改进举措"这一三级指标主要评估政府部门在重大突发事件平息后在舆情应对和实际工作方面是否有所改进。包括"非典"等重大突发事件虽然在当时造成了巨大的影响和损失，但是事后也推动政府部门完善了相关体制机制，改进了具体工作，在未来发生类似事件时能够更加科学合理进行应对。政府部门应在重大突发事件发生后重新审视自己的工作，查找舆情应对工作以及实际工作中存在的缺陷和问题。本评价指标体系不但评估相关部门是否提出了改进举措，而且评估其是否将这些举措付诸实际，是否发挥了作用。

5. 公众满意度评估

二级指标"公众满意度评估"从公众评价的角度对政府部门的重大突发事件社会舆情应对能效进行评估。政府的舆情应对能效如何，是否真正平息了舆情影响，让社会公众达成新的共识，最终需要通过测评公众的满意度来进行评估。该二级指标包含公众对政府部门"信息公开""官方姿态""舆论表达的充分度"

"回应关切""处置效果"5方面评价的三级指标。

"信息公开"这一三级指标主要评估公众对政府部门信息公开程度的评价。在发生重大突发事件后，整个社会的注意力迅速集中，公众迫切希望了解事件的相关信息。本课题开展的"公众对十八大以来我国舆情应对工作的评价调查"结果显示，当被问及"对未来五年网络环境和公众舆论表达的期待"时，"更加公开透明"是受访者期待度最高的几项内容之一，这也说明当下政府部门在应对重大突发事件社会舆情时，在信息公开方面做得还不够。重大突发事件发生后，信息公开透明程度不够不但会影响政府部门的公信力，使公众对政府部门的处置举措产生怀疑，而且会给谣言的滋生提供土壤。受到不实信息的干扰，公众的判断会受到影响，进行各种猜测，使得事件局势更为复杂。这一过程会引发公众的负面情绪，反映在舆论上即为消极言论显著增长，使得整体舆情态势趋于恶化。

"官方姿态"这一三级指标主要评估公众对政府部门舆情应对和实际工作态度的评价。无论是天灾还是人祸，重大突发事件发生之后，负面影响已经产生，政府部门能够做的是及时止损，尽量减少损失，尽快恢复正常社会秩序，做好善后处置工作。在此过程中，政府部门表现出的姿态十分重要，是获取公众理解和支持的关键。例如在发生重大灾难后，要"以人为本"，把人的生命放在第一位，"应及时报告，第一时间出现在现场，第一时间报道现场，把人的生命健康权放在首位，生命第一，在信息发布过程中，尽最大努力抢救和挽救生命，先救人后救物"。① 总体而言，政府部门无论是在信息公开还是实际处置的过程中，都要保持积极、诚恳、务实的姿态，首先不能回避问题，要积极主动面对问题；第二要真诚恳切，用真情实意获取公众的理解；第三要实事求是，不能做表面文章，而要切实解决人民群众最关心的问题。官方姿态如何很大程度上会影响整体舆情态势发展。

"舆论表达的充分度"这一三级指标主要评估公众对自己在事件中是否可以自由、顺畅表达意见的评价。本课题开展的"公众对十八大以来我国舆情应对工作的评价调查"显示，"更加开放自由"也是受访者对未来五年网络环境和公众舆论表达期待较高的一个方面。应对重大突发事件舆情，"堵"不如"疏"。面对重大突发事件造成的重大影响，公众产生一些消极情绪是可以理解的，应当在舆论场中给公众提供一个纾解情绪的渠道，只要及时对公众舆论进行正面引导，最终社会各界的正能量会逐渐凝聚，并在公共讨论中达成新的共识。表达权是公众拥有的一项基本权利，充分的舆论表达能够提升公众对政府治理和整个社会的认同度。与此同时，公众充分的舆论表达能够全面体现民意，政府可以及时把握

---

① 杨兴坤：《政府舆情应对工作十大原则》，载于《改革与开放》2014年第4期。

社情民意，与公众开展真诚沟通，并根据民意进一步做好事件处置工作。

"问题解决"这一三级指标主要评估公众对政府部门是否真正解决了社会最关注的核心问题的评价。无论是开展舆情应对还是实际处置工作，最终都是为了解决社会最关注的核心问题。公众的注意力有可能会随着不断出现的新热点事件发生转移，但是政府部门不能就此认为重大突发事件的影响已经平息，可以忽略实际问题的解决。各级政府部门必须认识到重大突发事件的处置应对工作关乎政府公信力的构建问题，对实际问题必须一抓到底，短期能解决的要彻底解决；短期难以解决的要拿出切实的解决方案。解决问题的相关信息必须及时告知公众，"有始有终"地处置重大特发事件社会舆情，要让每一个重大突发事件的处置工作都能经受得住时间的考验，能够获得公众的认可。

"处置效果"这一三级指标主要评估公众对政府部门重大突发事件社会舆情处置工作的总体评价。政府部门重大突发事件社会舆情处置的效果到底如何，需要让公众来进行评价。虽然一些内部信息和专业化操作公众可能无法完全掌握或理解，但是政府部门的应对态度、公开回应和实际工作举措公众却都看在眼里。无论是对事件本身的处置、对相关责任人的追究，还是未来的改进举措，公众不仅仅需要了解事件的真相，而且期待政府部门能够按照社会预期公开公平公正地处置事件。政府部门如果能够切实履行职责，快速高效开展应对处置工作，其取得工作成效是能够得到公众的认可与肯定的。在互联网环境中，对政府部门而言，社会舆论不仅仅是一种监督和压力，也是一种沟通与期许。相关部门应当善待社会舆论，创造自由宽松的社会表达空间，并引导公众进行理性表达，在政府部门与公众的良性互动中，推进重大突发事件社会舆情的平稳处置，创造和谐健康的社会环境。

五、重大突发事件社会舆情应对效能评价指标体系的科学性与可操作性

（一）重大突发事件社会舆情应对效能评价指标体系的科学性

本评价指标体系的科学性主要体现在以下几个方面。

第一是评价指标的"全面性"。该评价指标体系包含三级指标，从多维度、多方面评价政府部门的重大突发事件社会舆情应对效能。一是既评估政府部门的舆情应对能力建设，也评估重大突发事件发生后政府部门的应急处置效果；二是在能力建设方面，既评估政府部门的舆情风险预防能力，也评估政府部门的舆情实际应对能力；三是既评估政府部门的舆情应对硬件设施情况，也评估舆情应对

的软件资源情况；四是既评估政府部门对内部资源的调动和联动协同能力，也评估对外脑、媒体等外部力量的运用情况；五是既评估重大突发事件爆发之后政府部门的应急处置效果，也评估事件平息之后政府部门的后续处置效果；六是既评估政府部门的公共关系处置效果，也评估对实际问题的处置效果，标本兼治平息事件影响；七是既从专家组的角度进行专业评估，也通过公众调查的方式对公众满意度进行评估。总体而言，该指标体系覆盖了重大突发事件"舆情酝酿—舆情爆发—舆情发展—舆情平息"的全过程，以及政府部门舆情应对各方面的工作能力建设和实际工作效果。

第二是评价指标的"实用性"。该评价指标体系的所有指标不仅仅以最新的舆情研究理论成果为指导，而且以课题组成员开展过的大量重大突发事件舆情应对案例为基础，从诸多案例分析中梳理经验、总结得失、提取规律，致力于对政府部门的实际舆情应对工作进行评估。《国务院办公厅关于在政务公开工作中进一步做好政务舆情回应的通知》对政务舆情回应工作提出了五方面的要求，分别是："一、进一步明确政务舆情回应责任；二、把握需重点回应的政务舆情标准；三、提高政务舆情回应实效；四、加强督促检查和业务培训；五、建立政务舆情回应激励约束机制"。[①] 本评价指标体系的三级指标充分考虑了国务院通知的精神和要求，"以评促建"，切实提升政府部门的重大突发事件社会舆情应对能效。

第三是评价指标的"客观性"。本评价指标体系的"舆情风险预防能力评估""舆情实际应对工作体系评估""舆情应急处置效果评估""舆情后续处置效果评估"四组二级指标邀请由专家学者、媒体记者、舆论领袖、其他单位政府领导等组成的专家组进行专业评估，二级指标"公众满意度评估"通过公众调查的方式请公众进行评价。评估采取利益回避原则，所有的评估者都与受评单位没有利益关系，完全从中立的角度考察相关政府部门的重大突发事件应对能力建设和实际应对效果，最终给出具有客观性和真实性的评估结果。

第四是评价指标的"明确性"。本评价指标体系的所有指标界定都非常明确，对相应的评估内容表述清晰，并对其内涵进行详细阐释，让评估有凭可依，确保对不同政府部门的评估标准是稳定和一致的。与此同时，不同一级指标、二级指标和三级指标之间是互斥的，彼此之间不存在相互包含的关系，避免在评估过程中出现内容混乱和重复评估的问题。

---

① 中国政府网：《国务院办公厅关于在政务公开工作中进一步做好政务舆情回应的通知》，http：//www.gov.cn/zhengce/content/2016－08/12/content_5099138.htm，发布时间：2016－08－12。

（二）重大突发事件社会舆情应对效能评价指标体系的可操作性

在评估方法方面，本评价指标体系将专家组评估法与公众评价法相结合。

首先，本评价指标体系设计由专家学者、媒体记者、舆论领袖、其他单位政府领导等组成专家组。专家组成员在评估方面各有侧重，可以覆盖各个专业角度。第一，可从高校等科研机构邀请舆论学、舆情数据分析等方面的专家学者，结合舆论学研究的前沿理论和舆情监测、分析的最新技术，评估政府部门舆情监测、预警机制和分析研判的能力，分析政府部门应对举措对整体舆情走势的影响，以及形象修复效果、应对经验总结是否切实有效。第二，可从媒体的相关条线邀请资深记者加入专家组，评估政府部门日常的媒体关系维护和应急处置的媒体运用情况，分析政府信息发布的话语是否符合受众预期和传播规律。第三，可邀请网络大 V 等民间意见领袖，从受众心理与认知的角度，评估政府部门的信息公开程度、持续回应情况、第三方力量运用、议题引导效果等方面的应对效果。第四，可邀请其他政府部门舆情应对专家以及政务公众号大 V 的运营人员，评估相关政府部门舆情应对工作流程、联动机制、应急预案、后续改进举措等是否科学合理，实际问题处置是否得力，以及相关政府部门的政务公众号在重大突发事件社会舆情应对中发挥的作用。

专家组评估的内容是"舆情风险预防能力评估""舆情实际应对工作体系评估""舆情应急处置效果评估""舆情后续处置效果评估"四组二级指标，在开展评估之前专家组成员应当充分理解四组二级指标的内涵与界定，在评估标准方面达成一致，经过实地调研、资料梳理、数据分析、听取相关政府部门汇报等环节后召开研讨会，对各三级指标进行打分，并通过加权获得四组二级指标的得分，最终得出相关政府部门重大突发事件社会舆情应对效能评分。此外，专家组还应从不同的角度给出鉴定意见和改进建议，对相关政府部门的先进经验进行总结推广，对不足之处进行深入剖析，并提出改进建议。

其次，本评价指标体系设计通过对社会公众开展调查，对相关政府部门舆情应对的社会影响与评价进行评估。重大突发事件的影响是广泛而深刻的，尤其是在新媒体环境下，事件信息往往能在短时间内传播至全国范围，引发公众的共同关注。对全国性重大突发事件可通过随机抽样方法，用计算机辅助电话调查或在线调查方式对公众进行调查。

在调查前，需要根据事件实际情况，将评价指标体系的二级指标"公众满意度评估"发展为调查问卷。将"信息公开""官方姿态""舆论表达的充分度""问题解决""处置效果"五个三级指标转化为五个量表，将抽象的指标转化为公众较容易理解的具体问题，请公众对具体问题进行评价，之后对量表分值进行加权，得出公众的评价结果。

在开展调查的过程中，有几方面的问题需要注意。一是要尽量使用随机抽样方法，保证调查结果的代表性；二是要访问对该事件知晓并比较了解的公众，以获取客观、准确的评价结果；三是问卷问题要通俗易懂，让受访者容易理解。

第四节　建构重大突发事件社会舆情应对效能评价制度

一、加强重大突发事件社会舆情应对效果的路径探讨

全媒体环境下，从舆情处置效果优劣的视角，针对当前存在的问题，进一步规范和优化热点社会舆情处置效果的理念、标准、技术、手段等，政府才能在舆情预警、分析、应对、效果评价等各个链条环节都有所作为，首尾相顾，从根源上解决社会问题，全方位加强舆情引导力和舆情治理把控力，提高执政能力和社会治理能力。因此，如何用社会治理现代化思维，采取行之有效的措施来优化热点社会舆情的处置效果，具有重要的现实意义。

（一）更新理念：改变对舆情处置效果的认识

2014 年 3 月 5 日，习近平总书记在参加十二届全国人大二次会议上海代表团审议时曾深刻指出，治理和管理一字之差，体现的是系统治理、依法治理、源头治理、综合施策。社会治理是一门科学，要着力提高干部素质，把培养一批专家型的城市管理干部作为重要任务。[1]　舆情引导不是灌输，舆情应对不等于摆平。在传统思维习惯下的舆情处置和应对方面存在着很多误区，比如重技术不重伦理、重表象不重根本、重眼前不重长远、重监控而轻治理、重过程监管而轻预警监测等不良倾向，片面理解"稳定压倒一切""正面宣传为主"的方针，舆情应对还停留在重堵而轻疏的阶段，尤其要注意的是每当舆情事件发生时，管理者切忌用泛意识形态化的思维习惯界定舆情事件，容易授居心不良者以口柄，反而不利于事件的解决。在全媒体环境下，强调信息的共享、互动、联系与协作，要求舆情应对理念从管理思维向治理思维转变，对内要促进跨部门、跨系统信息的互联互通，构建从上到下、横纵联合的舆情回应与信息发布机制；对外要加强与传

---

① 《高层言论》，载于《领导决策信息》2014 年第 9 期。

统媒体、新媒体内容分发平台的协调，提升媒体传播信息的生动性、完整性和准确性。

另外，要改进对舆情处置效果的理解和评价，破除以往只要扑灭舆情就以为万事大吉的误区。对舆情处置效果的理解和评价，应当主要看舆情责任主体应对处置的专业性及有效性，衡量舆情责任主体对舆情处置效果的优劣在于看能否做到第一时间响应、回应的专业程度如何、有没有治标措施、有没有治本安排、有没有完善制度等，最重要的是衡量舆情责任主体能否使舆情处置过程成为凝增进社会共识、提升政府公信力和良好形象的建设性过程。

（二）提升标准：建立科学系统的舆情处置指标体系

舆情处置效果要建立科学的舆情处置指标体系并予以推广，而并非只是看舆情热度是否消退。通过扎实的研究，建立起定性与定量结合的舆情处置指标体系，从政府角度、公众角度、舆情事件与社会关系角度全方位进行评价，建立相对科学、系统的指标体系，并经过从事理论研究和实践工作的专家论证后，广泛应用于舆情处置实践，并在各部门、各系统内建立起舆情处置效果和能力评价激励机制，倡导舆情处置重视效果评价，促进党政机关增强舆情处置效果意识，提高各级公共权力机关新媒体运用能力、回应社会关切、引导社会舆论、专业化处置问题的能力。

（三）改变行为：促进交流互动切实解决问题

1. 加强政策解读和舆情引导，形成政社、官民之间的良性互动

我国当前处于对于新的政策和新的改革所触及的利益调整，可能激化社会舆论，甚至引发群体事件，后者往往会带来巨大负面效应。因此，做好权威解读、传播主流声音显得特别重要。主管部门要充分利用传统媒体优势的舆论引导力和全媒体矩阵优势的传播力，同时要调动专家学者、社会公知、网络大 V 等力量，发挥舆论领袖们的作用，通过各种方式释疑解惑，把政策解读做全、做透、做细，满足社会的知情权，帮助社会各界正确认识相关政策，避免社会误判。通过政策解读和舆情引导，形成官方与民众、政府与社会之间的良性互动，共同营造起改革发展的良好舆论氛围。

2. 清查引发舆情背后原因，彻底解决现实问题

研究表明，现实问题解决情况与舆情干预效果正相关。许多网络舆情的发生根源于现实中存在的种种问题，现实问题解决得越好，网民对政府应对的评价越高，因此，舆情应对功夫在诗外，不宜仅仅针对舆论本身，更应探究引发舆情背后的真正原因，彻底解决现实矛盾，同时，注意畅通信访、媒体、人大等常规诉

求渠道，通过实地调研、问卷调查等方式，第一时间掌握社情民意、百姓情绪，及时沟通，化解社会问题，未雨绸缪，防患于未然。

3. 加快责任型政府建设，加大官员问责力度

研究显示官员是否问责以及问责是否遭受质疑影响政府舆情应对效果，建议树立责任意识，完善问责机制，加快问责的制度化建设，对重大舆情事件中应该追究哪些政府部门及其官员的责任，并以什么方式问责，责任追究的时效性应该如何把握，追究责任后如何再次任免等问题作出科学的考量并尽可能作出较为详尽的规定，以防因官员问责使舆情事件节外生枝，强化应对效果。

（四）依托专业：引入智脑智识多元治理

1. 加强多元共治

舆情治理绝不是只靠政府才能完成，它是一项系统性工程，应建立起以政府为主导，舆情主体、意见领袖、大众传媒、公共组织、社会公众、网络平台等多元主体协同治理网络舆情的模式，促进网络舆情治理的整体性、协调性和系统性。在具体工作中，除了各负其责外，还要加强宣传、网信、媒体等各部门之间的沟通联系，建立重大舆情快速反应和协调联动机制、互联网应急响应机制，建立政务信息发布和舆情处置联动机制，建立省（自治区）、市、县三级舆情管理全网联动机制，等等，并充分发挥人大代表、政协委员、民主党派、人民团体、社会公众、新闻媒体的监督作用。针对不同舆情类型问题的根源，分清不同主体的不同责任，设计相应的激励机制、问责机制、协同机制，才能调动起不同主体的积极性、发挥好不同主体的特有作用，进一步提高网络舆情治理的有效性。

2. 加快培育第三方机构推进舆情治理

在舆情治理工作中可以通过政府采购途径向独立的第三方专业机构购买专业服务，或者是通过与高校、科研机构和专业机构开展战略合作方式，做好舆情信息的采集、分析、研判，评估舆情存在的风险及层级，改进应对引导的措施；同时要对舆情处置效果做好评估，注重舆情治理的质量，推动形成正确的社会治理舆情回应理念，以此形成良好的传播互动关系，推动热点舆情所反映的社会问题得到有效解决，推动形成全民共建共享的社会治理新格局。

3. 网络监管法制化

舆情治理要达到更优良的效果，必须严格遵循法制化的理念和举措，从 2017 年以来，一系列"惩治并举"的网络管理法律法规陆续出台，对互联网言行边界做了更加明晰的界定，舆情处置效果进一步强化。

2017 年 1 月以来，中共中央办公厅、国务院办公厅印发《关于促进移动互

389

联网健康有序发展的意见》，对我国移动互联网如何健康有序发展提出重要指导性意见。为了深入整治"标题党"问题，国家网信办印发《互联网新闻信息标题规范管理规定（暂行）》《网络产品和服务安全审查办法（试行）》，关停18款传播低俗信息直播类应用，北京、江苏等地进行互联网治理行动，对十余家传播淫秽色情信息的网络直播平台进行刑事立案侦查等举措，2017年6月初，《网络安全法》《互联网新闻信息服务管理规定》等系列网络新规正式实施，为达到更好的舆情治理效果提供了保障。北京市网信办约谈多家网站，责令采取有效措施，遏制渲染演艺明星绯闻隐私、炒作明星炫富享乐等问题。

（五）能力加强：提升融媒体时代舆情应对能力效力

1. 整合各方传播力量，用好政务新媒体，打造全媒体传播矩阵

在全媒体传播环境下，在每个舆情事件中，通常有五种传播力量在发挥作用：涉事主体、意见领袖、大众传媒、公共组织、社会公众，舆情处置主体要最大程度整合这五种传播力量，合众力为己力，实现传播效果和舆论引导功能的最大化。

同时要加强新媒体素养，善于运用新媒体来进行舆情治理，建设好政务网站、三微一端（政务微博、政务微信公众号、微视频、新闻客户端）、论坛等，不断创新各种传播手段，打造全媒体矩阵，实现社会治理微循环。用好新媒体，最根本的是要从解决群众最关心最直接最现实的利益问题入手，使政务新媒体在社会治理环节中发挥更重要的纽带作用。另外要高度重视并研究舆情传播背后的公众心理，并给予积极和合理回应。

2. 强化舆情治理大数据技术支撑

大数据既有全面、动态、开放等优势，也有价值密度低、传播速度快等难点，必须加快技术攻关，提高数据"沙里淘金"的能力。一是数据监测技术，实现对媒体、论坛、博客、微博、微信等各个网络平台数据的全面抓取和记录，特别是要提高对图片、音视频等数据的自动识别能力。二是大规模数据存储技术。建设具有海量存储能力的大数据平台，实现对大规模数据的高效读写和交换。三是数据挖掘技术，从海量数据中快速识别有价值数据，并挖掘数据背后隐藏的规律。四是数据分析技术，包括关联分析、聚类分析、语义分析等，自动分析网上言论蕴含的意见倾向及相互之间的关联性，揭示舆情处置效果优劣。五是数据安全技术，包括身份验证、入侵检测、网络关防等，保障数据安全。

3. 完善舆情监测系统，尤其做好风险预警和效果评估

舆情监测包括舆情预警监测、过程监测、效果监测等几部分，目前基本上各个政府机关基本上都有自己的舆情监测中心，但当前大多数舆情监测侧重过程监测，预警和效果监测做得还很不够。舆情预警是关键环节，及时、准确识别预警信息是提高舆情处置精度与效率的前提。一般而言，舆情风险等级主要由舆情事件发生的频率与严重性（破坏性）两个维度决定。总结以往舆情经验教训，在提前编制社会公共事件舆情危机风险图时，不妨考量好各种风险类型、危害程度/范围、风险等级、薄弱环节、响应层级以及传播渠道等，这有助于从大局上预防、引导舆情热点，减少负面舆论对社会正常运行的干扰。

另外，在舆情监测效果方面，应当明确舆情评价标准，应当主要看舆情责任主体应对处置的正确性及有效性，比如看党政机关等舆情责任主体对社会治理舆情能否做到第一时间响应、回应的专业程度如何、有没有动态发布、有没有治标措施和治本安排、有没有完善制度等，最重要的是衡量舆情责任主体能否使舆情处置过程凝聚各界智慧、化解社会矛盾、增进社会共识、提升公共权力机关社会公信力等。

4. 线上—线下、事件—舆情、眼前—长远双管齐下实现标本兼治

在全媒体传播环境下，舆情治理要达到良好的效果，不仅要重视显性舆论引导（即已经公共表达的舆论），更要重视隐性舆情的监测（未经公开表达留存于心的民意或未表露的情绪）；不仅要重视积极回应及引导线上的舆论，更要注重线下行动同步进行；不仅要注重引导舆情实现良性传播，更要注重社会公共事件的彻底解决；不仅要注意眼前问题的解决，更要注重长远制度的共同推进，只有这样线上—线下、事件—舆情、眼前—长远双管齐下，提高网络治理的精准性、有效性，根据不同的问题根源，设计相应的机制和措施，才能实现标本兼治的目标。

二、重大突发事件社会舆情应对评价的制度建构

（一）重大突发事件社会舆情应对效能评价体系的落实与完善

重大突发事件社会舆情应对效能评价体系的制定和落实，除需要一套行之有效的科学评估指标和评价标准外，更需要社会舆情效能评价体系在实践中的应用来检验舆情应对效能评价体系的可操作性，在应用过程中不断完善舆情应对效能评价体系。

1. 试点应用，获取推广经验

定量和定性双重研究方法设计出的标准化的效能评价体系具有应用价值，舆情应对效能评价体系从预防和应对舆情的能力和应对效果入手，将纷繁复杂的舆情应对放置于标准化的效能评价体系中，既是有章可循的操作手册，也是提高舆情应对效能的指标体系。

391

将重大突发事件社会舆情应对效能评价体系首先放置于舆情应对能力较强的区域开展试点应用，该组织机构具有一定的物质基础、执行能力、具有申报和执行某项标准化示范区的前置经验。这样的试点区域往往是具有各方面标准化推行经验的示范区域，决策领导层具有积极推行标准化效能评价体系的意愿，在配套资金和配套设备方面具有一定的物质基础，对一项新领域的标准化效能评价体系具有一定的解读和理解能力，能够较快地实践和落实标准化效能评价体系。

将舆情应对效能评价体系试点期间的案例与之前舆情应对案例的执行做对比，总结出舆情应对效能评价体系中的评价指标的优势，结合标准化试点期间的舆情案例，总结出重大突发事件社会舆情应对效能评价体系的实践操作经验，具体到每一个项目指标的能力要求和应用效果，为全面推广舆情应对效能评价体系提供经验支持。

2. 有意识地完善评价体系

虽然舆情应对效能评价体系自身具有舆情事后处置总结的自身完善指标，但作为考核制度的效能评价体系，也会遇到将完成目标作为己任的工作态度，这会影响舆情应对效能评价体系的完善和发展。将完成舆情应对效能评价体系当作最高任务来执行也会缺乏自身对重大突发事件社会舆情应对的深入思考。因此，正确地看待舆情应对效能评价体系对工作的指导作用，在未来不断变化和发展的舆情环境和实际工作中，敏锐观察舆情发展的新情况、新特征、新诉求，以充满活力的态度执行舆情应对效能评价方案，才能确保舆情应对效能评价体系不断完成自身的升级换代，自我更新完善。

在应用中总结经验、找寻问题，既寻找舆情应对效能评价体系的问题，也发现自身在执行和落实舆情应对效能评价体系方面所缺乏的能力。通过试点区域的阶段性实践和应用，可以进一步对重大突发事件社会舆情应对效能评价体系的指标项目和权重划分做出检验的同时，也能从实际运用中暴露出舆情预防和应对能力方面的弱项，从而提高对短板能力的问题意识、解决意识，切实让舆情应对效能评价体系具有自我完善的功能。

对舆情应对效果做出全面和标准化的指标和考核，有利于弥合不同区域在舆情应对效能方面的距离和差距，有利于提高各区域在舆情应对效能方面的执行和落实能力。可以说，标准化体系的设立和推行作为行业标准来说，更易于被组织机构和工作人员所接受，但是在个性化特征明显的艺术领域，包括宣传报道艺术技巧等方面，却很难实施，对于建立重大突发事件社会舆情应对效能评价及考核制度的探索，同样是一件任重而道远的工作，也是当前舆论工作亟待关注改进的重点。

（二）重大突发事件社会舆情应对效能评价体系的考核制度设立

1. 动态监测设置舆情应对效能评价体系的权重比例

关于重大突发事件社会舆情应对效能评价体系的指标划分和权重比例的确定，既需要科学的依据，也需要经验的指导，还需要注重时代性、发展性，根据社会传播的环境变化不断调整。指标评价体系中指标权重的确定方法应选择专业的媒体与舆情调研机构委托设计。在确保检验方法合理性和科学性的同时，细分化的舆情调研机构拥有媒体和舆情相关的专家学者及行业内资深人士的智库资源，具备精准的文献检索、案例提炼分析、有价值的信息数据的分析能力。

重大突发事件社会舆情应对效能评价体系的指标划分和权重比例的确定，需要定量与定性相结合的研究方法。定性探索为定量分析提供基础，定性分析也离不开数学方法的运算支持，定性与定量分析的结合运用能取得最佳效果。舆情应对效能评价体系的权重设计，既需要定性分析的预测，也需要运用数据系统、运用数据分析法，将定性的要素量化，并保证量化结果的准确性。

2. 舆情应对效能评价体系的考核制度设立

重大突发事件社会舆情应对效能评价体系的考核制度设立，是有效推进舆情应对效能评价指标体系的有效手段和举措。

在推行的过程中，尝试把舆情应对效能评价体系作为考核制度，纳入单位目标管理和领导班子年度考评以及个人岗位年度考评，作为具体工作人员的业务考核、职称评定、表彰奖励的重要依据。

设立重大突发事件社会舆情应对效能考核制度，将进一步加强对舆论工作的组织领导，加强队伍建设，不断加大对社会舆论应对与引导方面的关注力度，提高应对和引导社会舆论的工作素养与核心能力，把准好舆论方向。

（三）建立数据库、专家库，形成经验交流与评价的反馈机制

重大突发事件在社会发展中扮演重要角色。因其引发的社会舆情往往带来极大的影响力，如果引导不当则会造成巨大的社会经济损失，这在我国社会发展历程中已经多次证实。因而面对历史上的重大突发事件，需要充分借鉴参考，并建立案例数据库，形成良好的经验交流和反馈机制。针对同类事件，要不断对比评估，既发现不足也发现规律，以更加深刻理解全媒体时代的重大突发事件应对方法和规律。

依据重大突发事件的类别，我们还应注重形成专家型应对人才，建立舆情应对专家库。从历史经验看，随着社会化媒体的广泛普及和深度介入，很多突发事件愈发垂直细分，往往与专业领域、专业知识相勾连，导致应对的难度增大。如

果缺少专家型应对人才，可能存在应对的风险，导致应对过程产生二次舆情危机，对整个事件的应对效果产生破坏性影响。

最后，鉴于重大突发事件的重要影响力，需要国家层面建立经验交流与评价的反馈机制，统筹资源，进行应对经验的定期交流。包括内部分享会、典型事件处置报告经验读本等，同时将此机制打造为应对人才的培养路径，增强重大事件舆情应对的经验延续性和处置有效性。

第五节　结论与展望

本课题重点围绕重大突发事件社会舆情应对效能评价指标体系展开，重点研究了四个问题。一是论述了全媒体时代重大突发事件的社会舆情的特征与趋势；二是对当前与社会舆情应对效果有关的评价指标体系建构现状和方法进行了系统研究；三是依托系统思维研究出本课题核心成果——重大突发事件社会舆情应对效能的评价指标体系；最后是面向未来，对重大突发事件社会舆情应对效能的评价制度化进行了展望研究。

作为结论，本次研究建构的评价指标体系的维度及其操作性权重见表 10 - 5：

表 10 - 5　　重大突发事件社会舆情应对效能评价指标体系维度及权重

目标层	一级指标	二级指标	三级指标	权重
重大突发事件社会舆情应对效能评价指标体系	重大突发事件社会舆情应对能力评估（30）	舆情风险预防能力评估（10）（专家组评估）	舆情监测	3
			预警机制	3
			分析研判	4
		舆情应对工作体系评估（20）（专家组评估）	人力资源	3
			系统设备	2
			工作流程	3
			联动机制	3
			应急预案	3
			外脑支撑	3
			媒体关系维护	3

续表

目标层	一级指标	二级指标	三级指标	权重
重大突发事件社会舆情应对效能评价指标体系	重大突发事件社会舆情应对效果评估（70）	舆情应对总体效果评估（40）（专家组评估）	信息公开程度	4
			信息发布质量	5
			初次反应速度	4
			持续回应情况	4
			实际问题处置效果	5
			媒体运用情况	5
			次生危机控制	4
			议题引导效果	5
			第三方力量运用	4
		舆情应对后续处置评估（15）（专家组评估）	形象修复效果	5
			舆情应对经验总结	5
			后续改进举措	5
		公众满意度评估（15）（公众调查评估）	信息公开	3
			官方姿态	3
			表达的充分度	3
			问题解决	3
			处置效果	3

在具体的数据获取方面，本课题的评估体系由专家组评估和公众问卷调查评估两部分构成，通过专家打分和公众调查获取客观数据，依据表10-5的权重进行加权计算。在评估末端，根据评价的历时性发展，对社会舆情应对的能力或效果诸要素进行省视，不断调整优化社会治理资源。

同时，正如本书指出的，从系统思维出发，任何评价指标体系都不是一成不变的，重要变化集中在维度的调整和权重的变化。这有赖于形成良好的评估制度，完善评价指标体系的专家库和公众调查的专业性、科学性，定期对本评价指标体系的指标维度和权重分布进行省思和调整，以适应全媒体时代的传播技术发展、传播环境变迁以及社会经济的整体推进。

面向未来，重大突发事件社会舆情应对难题还将持续存在并不断挑战社会治理的边界和极限。本书从评价的末端进行探索性研究，初步提供了一套可操作性强的科学评价体系。未来，随着大数据的迭代发展、智能社会乃至算法社会的到来，重大突发事件的社会舆情还将迎来新变化，未来围绕数据和技术驱动的评价体系还将依赖大数据技术等，进一步深化机器认知、算法学习，以增强智能社会、智媒时代的实践指导性。作为学术研究，这一议题也将伴随未来社会发展不断持续深入。

参 考 文 献 *

[1]《习近平谈治国理政》，外文出版社 2014 年版。

[2]《习近平谈治国理政》第 2 卷，外文出版社 2017 年版。

[3]《习近平谈治国理政》第 3 卷，外文出版社 2020 年版。

[4] 习近平：《论党的宣传思想工作》，中央文献出版社 2020 年版。

[5]《习近平关于网络强国论述摘编》，中央文献出版社 2021 年版。

[6]《习近平新闻思想讲义》，学习出版社 2018 年版。

[7] 中共中央党史和文献研究院编：《习近平关于总体国家安全观论述摘编》，中央文献出版社 2018 年版。

[8] 中共中央党史和文献研究院编：《习近平关于防范风险挑战、应对突发事件论述摘编》，中央文献出版社 2020 年版。

[9] 中共中央宣传部干部局：《新时代宣传思想工作》，学习出版社 2020 年版。

[10] 王来华：《舆情研究概论》，天津社会科学院出版社 2003 年版。

[11] 陈月生：《群体性事件与舆情》，社会科学院出版社 2005 年版。

[12] 中宣部舆情信息局：《舆情信息工作概论》，学习出版社 2006 年版。

[13] 中宣部舆情信息局、王晓晖：《舆情信息汇集分析机制研究》，学习出版社 2006 年版。

[14] 张兆辉、郭子建：《舆情信息工作理论与实务》，辽宁大学出版社 2006 年版。

[15] 刘毅：《网络舆情研究概论》，天津人民出版社 2007 年版。

[16] 王彩平：《危机应对：政府如何发布新闻》，国家行政学院出版社 2012 年版。

[17] 谢新洲等：《互联网等新媒体对社会舆论影响与利用研究》，经济科学

---

* 因篇幅所限，仅列中英文参考图书，期刊论文及网络资源请见注释。

出版社 2013 年版。

[18] 童兵、陈绚:《新闻传播学大辞典》,中国大百科全书出版社 2014 年版。

[19] 傅昌波:《新闻舆论监督论——概念、依据和规范》,人民日报出版社 2014 年版。

[20] 袁建军:《应对突发公共事件中政府与企业互动研究》,广东人民出版社 2014 年版。

[21] 唐涛:《网络舆情治理研究》,上海社会科学院出版社 2014 年版。

[22] 唐汇西:《网络信息政府监管法律制度研究》,武汉大学出版社 2015 年版。

[23] 郑保卫:《传媒话语权与影响力——新时期舆论引导能力的提升》,湖南人民出版社 2018 年版。

[24] 王贵友:《从混沌到有序——协同学简介》,湖北人民出版社 1987 年版。

[25] 郭治安等:《协同学入门》,四川人民出版社 1988 年版。

[26] 潘开灵等:《管理协同理论及其应用》,经济管理出版社 2006 年版。

[27] 高轩:《当代中国政府组织协同问题研究》,上海三联书店 2015 年版。

[28] 莫纪宏、徐高:《紧急状态法学》,中国人民公安大学出版社 1992 年版。

[29] 俞可平:《治理与善治》,社会科学文献出版社 2000 年版。

[30] 黄建钢:《政治民主与群体心态》,中信出版社 2003 年版。

[31] 张楚主编:《网络法学》,高等教育出版社 2003 年版。

[32] 刘品新:《网络法学》,中国人民大学出版社 2009 年版。

[33] 吴佩江编著:《网络法律》,浙江大学出版社 2009 年版。

[34] 刘长敏:《危机应对的全球视角——各国危机应对机制与实践比较研究》,中国政法大学出版社 2004 年版。

[35] 周雪光:《中国国家治理的制度逻辑:一个组织学研究》,生活·读书·新知三联书店 2017 年年版。

[36] 钟忠:《中国互联网治理问题研究》,金城出版社 2010 年版。

[37] 毕宏音:《诉求表达机制研究》,天津社会科学院出版社 2009 年版。

[38] 孙午生:《网络社会治理法治化研究》,法律出版社 2014 年版。

[39] 王向民等:《公共事件:缘起与治理》,上海人民出版社 2014 年版。

[40] 王浦劬:《国家治理现代化:理论与策论》,人民出版社 2016 年版。

[41] 支庭荣、罗昕:《中国网络社会治理研究报告(2019)》,社会科学文

献出版社 2019 年版。

[42]［美］弗里曼:《战略管理:利益相关者方法》,王彦华、梁豪译,上海译文出版社 2006 年版。

[43]［美］乔万尼·萨托利:《民主新论》,冯克利、阎克文译,上海人民出版社 2009 年版。

[44]［西班牙］曼纽尔·卡斯特:《网络社会的崛起》,夏铸九等译,社会科学文献出版社 2006 年版。

[45]［美］约翰·罗尔斯:《正义论》,何怀宏、何包钢译,中国社会科学出版社 2001 年版。

[46]［德］尤尔根·哈贝马斯:《交往与社会进化》,张博树译,重庆出版社 1989 年版。

[47]［英］迈克·费恩塔克:《规制中的公共利益》,戴昕译,中国人民大学出版社 2014 年版。

[48]［英］约瑟夫·拉兹:《法律的权威》,朱峰译,法律出版社 2005 年版。

[49]［法］古斯塔夫·勒庞:《乌合之众——大众心理研究》,戴光年译,新世纪出版社 2010 年版。

[50]［法］古斯塔夫·勒庞:《乌合之众——大众心理研究》,张妤杰译,江苏人民出版社 2011 年版。

[51]［美］詹姆斯·博曼、威廉·雷吉主编:《协商民主:论理性与政治》,陈家刚等译,中央编译出版社 2006 年版。

[52]［美］詹姆斯·S. 费什金:《倾听民意:协商民主与公众咨询》,孙涛、何建宇译,中国社会科学出版社 2015 年版。

[53]［美］沃尔特·李普:《公众舆论》,阎克文、江红译,上海世纪出版集团 2006 年版。

[54]［德］赫尔曼·哈肯:《高等协同学》,郭治安译,科学出版社 1989 年版。

[55]［美］诺曼·R. 奥古斯丁等:《危机管理》,北京新华信商业风险管理有限责任公司译,中国人民大学出版社 2001 年版。

[56]［德］赫尔曼·哈肯:《高等协同学》,郭治安译,科学出版社 1989 年版。

[57]［美］詹姆斯·N. 罗西瑙:《没有政府的治理》,张胜军、刘小林等译,江西人民出版社 2001 年版。

[58]［英］罗伯特·罗茨:《新的治理》,木易编译,社会科学文献出版社

2000 年版。

[59] [德] 赫尔曼·哈肯:《协同学——大自然构成的奥秘》,凌复华译,上海译文出版社 2005 年版。

[60] Foucault M. (1980). Power – Knowledge, Brighton: Harvester.

[61] Foucault, M. (1983). The Subject and Power. In H. Dreyfus, & P. Rabinow (Eds.), Beyond Structuralism and Hermeneutics. Chicago: The University of Chicago Press.

[62] Ortwin, R. (1991). Risk Communication, the Social Amplification of Risk. In R. E. Kasperson, J. M. Stallen, Communicating Risks to the Public: International Perspectives. Dordrecht: Kluwer Academic Press.

[63] Beck, U. (1992). Risk Society: Towards a New Modernity. London: Sage Publications.

[64] Bourdieu, P. , & Wacquant, L. J. D. (1992). An Invitation of Reflexive Sociology. Chicago: University of Chicago.

[65] UNDP. (1997). Governance for Sustainable Human Development. New York: UNDP.

[66] Beck, U. (1998). World Risk Society. Cambridge: Polity Press.

[67] Beck, U. (1999). What Is Globalization? Cambridge: Polity Press.

[68] Palle Mùller Pedersen, Kirsten Vinter, and Tom Skyhùj Olsen. (2001). The Communicative Effectiveness Index: Psychometric Properties of a Danish Adaptation. Aphasiology.

[69] IRGC. (2005). Risk Governance: towards an Intergrative Approach. Geneva, International Risk Governance Council.

[70] Kasperson, R. E. , Kasperson J. X. (2005). The Social Contours of Risk: Publics, Risk Communication and the Social Amplification of Risk, London: Earthscan.

[71] Hutter, B. M. (2006). Risk, Regulation, and Management. In P. Taylor – Gooby & J. Zinn (Eds.), Risk in Social Science. Oxford: Oxford University Press.

[72] Gerry Johnson, Kevan Scholes, Richard Whittington. (2008). Exploring Corporate Strategy. Financial Times Prentice Hall.

[73] Hall, Brenda. (2010 – 09 – 28). Communications Audit. The Side Road.

[74] Elizabeth, D. (2011). The First Wiki Leaks Revolution. Foreign Policy.

[75] Evgeny, M. (2011). First Thoughts on Tunisia, the Role of the Inter-

net. Foreign Policy.

[76] Xia, Z., Q. Yu, L. Wang, Z. Xu (2012). The Public Crisis Management in Micro-bloging Environment: Take the Case of Dealing with Governmental Affairs via Micro-blogs in China. Advances in Intelligent & Soft Computing.

附 件

党的十八大以来的突发事件舆情
治理相关法律法规梳理[*]

(2012.3.1 ~ 2022.6.30)

2012 年

2012 年 3 月，政府工作报告指出，加强和改进互联网管理，营造健康的网络环境。

2012 年 3 月 15 日，2011 年 12 月 29 日工业和信息化部令第 20 号公布的《规范互联网信息服务市场秩序若干规定》开始施行。该规定根据《电信条例》《互联网信息服务管理办法》等法律行政法规的规定制定，是为了规范互联网信息服务市场秩序，保护互联网信息服务提供者和用户的合法权益，促进互联网行业的健康发展。

2012 年 4 月 26 日，国务院发布《关于"十二五"国家政务信息化工程建设规划的批复》指出，大力推进国家政务信息化工程建设，到"十二五"期末，形成统一完整的国家电子政务网络，基本满足政务应用需要。

2012 年 5 月 8 日，国务院办公厅发布《关于印发 2012 年政府信息公开重点工作安排的通知》指出，随着我国经济社会的不断发展，社会公众对政府信息公开工作提出了更高要求，对此，各地区、各部门务必高度重视，进一步增强工作的责任感，更加积极主动地做好政府信息公开工作。

2012 年 12 月 28 日，十一届全国人民代表大会常务委员会第三十次会议通过

---

* 相关法律法规以通过或发布之日列条目，施行之日不另列条目。

《全国人民代表大会常务委员会关于加强网络信息保护的决定》，自公布之日起施行。

2013 年

2013 年 1 月 1 日，最高人民法院 2012 年 12 月 17 日发布的《关于审理侵害信息网络传播权民事纠纷案件适用法律若干问题的规定》开始施行。

2013 年 1 月 30 日，国务院发布《国务院关于修改〈信息网络传播权保护条例〉的决定》修订，对于 2006 年 5 月 10 日国务院第 135 次常务会议通过、5 月 18 日中华人民共和国国务院令第 468 号公布的《信息网络传播权保护条例》进行了修订。

2013 年 1 月 30 日，国务院发布《国务院关于修改〈计算机软件保护条例〉的决定》，对 2001 年 12 月 20 日中华人民共和国国务院令第 339 号公布的《计算机软件保护条例》进行了第二次修订。

2013 年 3 月，政府工作报告指出，积极推动信息化和工业化融合，加快建设新一代信息基础设施，促进信息网络技术广泛应用。

2013 年 7 月 10 日，国务院办公厅发布《关于印发当前政府信息公开重点工作安排的通知》指出，要大力推进重点领域信息公开，努力提高公开实效。

2013 年 7 月 16 日，工业和信息化部第 24 号令公布《电信和互联网用户个人信息保护规定》（2013 年 6 月 28 日工业和信息化部第 2 次部务会议审议通过），自 2013 年 9 月 1 日起施行。

2013 年 8 月 19 日，全国宣传思想工作会议召开。会议强调，要把网上舆论工作作为宣传思想工作的重中之重来抓。

2013 年 9 月 6 日，《最高人民法院、最高人民检察院关于办理利用信息网络实施诽谤等刑事案件适用法律若干问题的解释》颁布。

2013 年 9 月 9 日，最高人民法院、最高人民检察院发布《关于办理利用信息网络实施诽谤等刑事案件适用法律若干问题的解释》（2013 年 9 月 5 日最高人民法院审判委员会第 1 589 次会议、2013 年 9 月 2 日最高人民检察院第十二届检察委员会第 9 次会议通过），自 2013 年 9 月 10 日起施行。

2013 年 10 月 1 日，国务院办公厅发布《关于进一步加强政府信息公开回应社会关切提升政府公信力的意见》，要求各地区各部门要健全舆情收集和回应机制，回应公众关切要以事实说话，避免空洞说教，真正起到正面引导作用；完善主动发布机制，主动、及时、全面、准确地发布权威政府信息；建立专家解读机制，提高政策解读的针对性、科学性、权威性和有效性；建立沟通协调机制。不断把人民群众的期盼融入政府决策和工作之中，努力增强提升政府公信力、社会凝聚力的"软实力"。

2013 年 10 月 25 日，国务院办公厅印发《突发事件应急预案管理办法》，对应急预案的规划、编制、审批、发布、备案、演练、修订、培训、宣传教育等工作做出了明确规定，自印发之日起施行。

2013 年 11 月 16 日，《〈中共中央关于全面深化改革若干问题的决定〉的说明》指出，面对传播快、影响大、覆盖广、社会动员能力强的微客、微信等社交网络和即时通信工具用户的快速增长，如何加强网络法制建设和舆论引导，确保网络信息传播秩序和国家安全、社会稳定，已成为摆在我们面前的现实突出问题。

2014 年

2014 年 2 月 27 日，中央网络安全和信息化领导小组第一次会议指出，做好网上舆论工作是一项长期任务，要创新改进网上宣传，运用网络传播规律，弘扬主旋律，激发正能量，大力培育和践行社会主义核心价值观，把握好网上舆论引导的时、度、效，使网络空间清朗起来。

2014 年 3 月 5 日，政府工作报告指出，在全国推行"三网融合"，鼓励电子商务创新发展，维护网络安全。

2014 年 4 月 1 日，国务院办公厅发布《关于印发 2014 年政府信息公开工作要点的通知》指出，统筹推进政府信息公开，加强信息发布、解读和回应工作，强化制度机制建设，不断增强政府信息公开实效，进一步提高政府公信力，更好地发挥信息公开对建设法治政府、创新政府、廉洁政府的促进作用。

2014 年 5 月 9 日，为提高党政机关网站安全防护水平，保障和促进党政机关网站建设，中央网络安全和信息化领导小组办公室发布《关于加强党政机关网站安全管理的通知》。

2014 年 6 月 23 日，由最高人民法院审判委员会第 1621 次会议通过《最高人民法院关于审理利用信息网络侵害人身权益民事纠纷案件适用法律若干问题的规定》，自 2014 年 10 月 10 日起施行。

2014 年 7 月 4 日，国务院办公厅发布《关于加强和规范政府信息公开情况统计报送工作的通知》指出，为进一步加强和规范政府信息公开情况统计报送工作，建立指标统一、项目规范、口径一致、数据准确的政府信息公开情况统计报送制度，就有关事项进行通知。

2014 年 8 月 7 日，国家互联网信息办公室发布《即时通信工具公众信息服务发展管理暂行规定》，自公布之日起施行。本规定所称即时通信工具，是指基于互联网面向终端使用者提供即时信息交流服务的应用。本规定所称公众信息服务，是指通过即时通信工具的公众账号及其他形式向公众发布信息的活动。

2014 年 8 月 18 日，中央全面深化改革领导小组第四次会议指出，推动传统媒体和新兴媒体融合发展，要遵循新闻传播规律和新兴媒体发展规律，强化互联网思维，坚持传统媒体和新兴媒体优势互补、一体发展，坚持先进技术为支撑、内容建设为根本，推动传统媒体和新兴媒体在内容、渠道、平台、经营、管理等方面的深度融合，着力打造一批形态多样、手段先进、具有竞争力的新型主流媒体，建成几家拥有强大实力和传播力、公信力、影响力的新型媒体集团，形成立体多样、融合发展的现代传播体系。

2014 年 8 月 21 日，最高人民法院发布《关于审理利用信息网络侵害人身权益民事纠纷案件适用法律若干问题的规定》（2014 年 6 月 23 日由最高人民法院审判委员会第 1621 次会议通过），自 2014 年 10 月 10 日起施行。

2014 年 8 月 26 日，国务院发布《关于授权国家互联网信息办公室负责互联网信息内容管理工作的通知》，授权重新组建的国家互联网信息办公室负责全国互联网信息内容管理工作，并负责监督管理执法。

2014 年 11 月 19 日，习近平总书记在首届世界互联网大会贺词中指出，尊重网络主权，维护网络安全，共同构建和平、安全、开放、合作的网络空间，建立多边、民主、透明的国际互联网治理体系。

2014 年 11 月 24 日，国家网络安全宣传周启动仪式上提出，要进一步完善互联网建设管理的法律法规，着力健全国家网络安全保障体系，坚决打击网上违法犯罪活动，切实增强网络安全工作的主动性有效性。

2014 年 12 月 1 日，国务院办公厅发布《关于加强政府网站信息内容建设的意见》发布，指出建好管好政府网站是各级政府及其部门的重要职责，意见对政府网站信息内容建设进行了全面、具体的规范和要求，指出要建立政府网站信息内容建设管理规范，制定政府网站内容更新、信息发布、政策解答、协同联动等工作规程。

2015 年

2015 年 2 月 4 日，国家互联网信息办公室发布《互联网用户账号名称管理规定》，自 2015 年 3 月 1 日起实施。本规定所称互联网用户账号名称，是指机构或个人在博客、微博客、即时通信工具、论坛、贴吧、跟帖评论等互联网信息服务中注册或使用的账号名称。

2015 年 2 月 5 日，为进一步加强对互联网危险物品信息的管理，规范危险物品从业单位信息发布行为，依法查处、打击涉及危险物品违法犯罪活动，净化网络环境，保障公共安全，公安部、国家互联网信息办公室、工业和信息化部、环境保护部、国家工商行政管理总局、国家安全生产监督管理总局联合发布《互联网危险物品信息发布管理规定》。自 2015 年 3 月 1 日起执行。

2015 年 3 月 5 日，政府工作报告指出，制定"互联网＋"行动计划，推动移动互联网、云计算、大数据、物联网等与现代制造业结合，促进电子商务、工业互联网和互联网金融健康发展，引导互联网企业拓展国际市场。

2015 年 3 月 24 日，国务院办公厅发布《关于开展第一次全国政府网站普查的通知》指出，要推进全国政府网站信息内容建设有关工作，提高政府网站信息发布、互动交流、便民服务水平，全面提升各级政府网站的权威性和影响力，维护政府公信力。

2015 年 4 月 3 日，国务院办公厅印发《2015 年政府信息公开工作要点》，强调要充分发挥新闻发言人、政府网站、政府公报、政务微博微信等信息平台作用，不断扩大政府信息传播范围，方便公众获取和知晓。

2015 年 4 月 10 日，国务院发布《国务院关于落实〈政府工作报告〉重点工作部门分工的意见》中指出，全面实行政务公开，推广电子政务和网上办事。

2015 年 4 月 13 日，中共中央办公厅、国务院办公厅印发《关于加强社会治安防控体系建设的意见》，要求加强信息网络防控网建设，特别指出要落实手机和网络用户实名制，健全信息安全等级保护制度，深入开展专项整治行动，坚决整治利用互联网和手机媒体传播暴力色情等违法信息及低俗信息。

2015 年 4 月 20 日，第十二届全国人大常委会第十四次会议进行二次审议的《国家安全法》（草案），在网络与信息安全中，增加了国家"建设国家网络与信息安全保障体系，提升网络与信息安全保护能力""维护国家网络空间主权"的规定。

2015 年 4 月 28 日，国家互联网信息办公室发布《互联网新闻信息服务单位约谈工作规定》，共 10 条，自 2015 年 6 月 1 日起实施。本规定所称约谈，是指国家互联网信息办公室、地方互联网信息办公室在互联网新闻信息服务单位发生严重违法违规情形时，约见其相关负责人，进行警示谈话、指出问题、责令整改纠正的行政行为。

2015 年 5 月 18 日至 20 日，中央统战工作会议指出，要加强和改善对新媒体中的代表性人士的工作，建立经常性联系渠道，加强线上互动、线下沟通，让他们在净化网络空间、弘扬主旋律等方面展现正能量。

2015 年 6 月，十二届全国人民代表大会常务委员会初次审议了《网络安全法（草案）》并向社会公开征求意见。草案确立了保障网络安全的基本制度框架，提出了网络空间主权的概念，规定了网络实名制、网络安全管理体制等。

2015 年 7 月 1 日，国务院办公厅发布《关于运用大数据加强对市场主体服务和监管的若干意见》，指出要提高政府运用大数据的能力。

2015 年 7 月 1 日，第十二届全国人民代表大会常务委员会第十五次会议通过、中华人民共和国主席令第 29 号公布《国家安全法》，规定国家建设网络与信息安全保障体系，并加强网络管理，防范、制止和依法惩治网络攻击、网络入侵、网络窃密、散布违法有害信息等网络违法犯罪行为，维护国家网络空间主权、安全和发展利益。自公布之日起施行。

2015 年 8 月 29 日，十二届全国人民代表大会常务委员会第十六次会议通过《刑法修正案（九）》，增加了维护信息网络安全、加强公民个人信息保护的内容，强化了网站主体责任，增设了编造和传播虚假信息犯罪，对促进依法管网、办网、用网，全面推进网络空间法治建设意义重大。

2015 年 9 月 5 日，国务院印发《促进大数据发展行动纲要》，明确提出将全面推进我国大数据发展和应用，加快建设数据强国。

2015 年 9 月 16 日，最高人民法院印发《最高人民法院关于充分发挥审判职能作用切实维护公共安全的若干意见》提出，要坚决依法打击网上造谣、传谣行为，惩治利用网络实施的盗窃、诈骗、敲诈勒索、寻衅滋事、贩卖毒品、传播淫秽信息等犯罪，依法惩治网络攻击破坏犯罪。

2015 年 10 月 3 日，中共中央办公厅颁布了《党委（党组）意识形态工作责任制实施办法》，自 2015 年 10 月 3 日起施行。办法指出，要强化党管宣传、党管意识形态，牢牢掌握意识形态工作的领导权主动权。要进一步明确各级领导干部的意识形态工作责任，坚决守好"责任田"。要不断改进和加强宣传思想工作，着力加强宣传思想阵地建设与管理，进一步加强思想政治教育队伍建设。要高度重视网络安全，进一步提升网络舆论引导水平，严密防范网上意识形态渗透，牢牢把握网络意识形态主导权。

2015 年 12 月 16 日，习近平总书记在第二届世界互联网大会贺词中强调，互联网是人类的共同家园，各国应该共同构建网络空间命运共同体，推动网络空间互联互通、共享共治，为开创人类发展更加美好的未来助力。

2016 年

2016 年 1 月 6 日，全国网络宣传工作会议指出，要围绕中心、服务大局，加大网上正面宣传力度，营造决胜全面小康的舆论氛围。充分发挥网站、网络社会组织、网民等主体作用，多方施策实现综合治理。全面推进网络空间法治化，着力健全完善网络空间法治体系。用中国主张、中国方案引领全球网络治理体系变革。

2016 年 1 月 23 日，中央政法工作会议指出，要按照建设网络强国的要求，坚持网上治理和网下管理相统一、专门力量和社会力量相统筹，构建维护网络安全新格局。全力维护网络政治安全。

2016 年 2 月 4 日，国家新闻出版广电总局、工业和信息化部令第 5 号发布《网络出版服务管理规定》。规定根据《出版管理条例》《互联网信息服务管理办法》及相关法律法规制定，旨在规范网络出版服务秩序，促进网络出版服务业健康有序发展，自 2016 年 3 月 10 日起施行，原国家新闻出版总署、信息产业部 2002 年 6 月 27 日颁布的《互联网出版管理暂行规定》同时废止。

2016 年 2 月 6 日，国务院发布《国务院关于修改部分行政法规的决定》，对 2002 年 9 月 29 日中华人民共和国国务院公布的《互联网上网服务营业场所管理条例》进行了第二次修订。

2016 年 2 月 17 日，中共中央办公厅、国务院办公厅联合发布《关于全面推进政务公开工作的意见》指出，公开透明是法治政府的基本特征，要全面推进政务公开，要坚持以公开为常态、不公开为例外，推进行政决策公开、执行公开、管理公开、服务公开和结果公开；加强突发事件、公共安全、重大疫情等信息发布；建立健全政务舆情收集、研判、处置和回应机制，加强重大政务舆情回应督办工作，开展效果评估；对涉及本地区本部门的重要政务舆情、媒体关切、突发事件等热点问题，要按程序及时发布权威信息，讲清事实真相、政策措施以及处置结果等，认真回应关切；依法依规明确回应主体，落实责任，确保在应对重大突发事件及社会热点事件时不失声、不缺位。

2016 年 2 月 19 日，习近平在新闻舆论工作座谈会上强调，党的新闻舆论工作是党的一项重要工作，是治国理政、定国安邦的大事，要适应国内外形势发展，从党的工作全局出发把握定位，坚持党的领导，坚持正确政治方向，坚持以人民为中心的工作导向，尊重新闻传播规律，创新方法手段，切实提高党的新闻舆论传播力、引导力、影响力、公信力。

2016 年 3 月 5 日，政府工作报告指出，促进大数据、云计算、物联网广泛应用，大力推行"互联网 + 政务服务"实现部门间数据共享，推进电子商务进农村，完善国家网络安全保障体系。

2016 年 3 月 30 日，《国务院关于落实〈政府工作报告〉重点工作部门分工的意见》指出，大力推行"互联网 + 政务服务"，实现部门间数据共享，让居民和企业少跑腿、好办事、不添堵。

2016 年 4 月 18 日，《国务院办公厅关于印发 2016 年政务公开工作要点的通知》中指出，各地区各部门要组织做好本地区本部门本系统的政务舆情监测工作，扩大舆情收集范围，及时了解各方关切，有针对性地做好回应工作。对涉及本地区本部门的重要政务舆情、媒体关切等热点问题，要认真研判处置，及时借助媒体、网站等渠道发布准确权威信息，讲清事实真相、有关政策措施、处置结果等。各地区各部门要善于运用媒体发布信息、解读政策，引领舆论、推动工作。

2016年4月19日，网络安全和信息化工作座谈会强调，依法加强网络空间治理，加强网络内容建设，做强网上正面宣传，培育积极健康、向上向善的网络文化，同时注重发挥网络引导舆论、反映民意的作用。

2016年6月24日，国务院办公厅关印发《关于促进和规范健康医疗大数据应用发展的指导意见》，部署通过"互联网＋健康医疗"探索服务新模式、培育发展新业态，努力建设人民满意的医疗卫生事业，为打造健康中国提供有力支撑。

2016年6月25日，国家互联网信息办公室发布《互联网信息搜索服务管理规定》，提出互联网信息搜索服务提供者应当落实主体责任，建立健全信息审核、公共信息实时巡查、应急处置及个人信息保护等信息安全管理制度，具有安全可控的防范措施，为有关部门依法履行职责提供必要的技术支持。互联网信息搜索服务提供者不得以链接、摘要、快照、联想词、相关搜索、相关推荐等形式提供含有法律法规禁止的信息内容。自2016年8月1日起施行。

2016年6月26日，中央网络安全和信息化领导小组办公室发布《关于加强党政部门云计算服务网络安全管理的意见》，以加强党政部门云计算服务网络安全管理，维护国家网络安全。

2016年6月28日，国家互联网信息办公室公布《移动互联网应用程序信息服务管理规定》，自2016年8月1日起施行。

2016年7月18日，国家新闻出版广电总局印发《关于进一步加快广播电视媒体与新兴媒体融合发展的意见》的通知，以促进广播电视媒体转型升级，提升广播电视媒体在网络空间的传播力影响力公信力和舆论引导能力。

2016年7月27日，中共中央办公厅、国务院办公厅印发《国家信息化发展战略纲要》，要求将信息化贯穿我国现代化进程始终，加快释放信息化发展的巨大潜能，以信息化驱动现代化，加快建设网络强国。

2016年8月12日，《国务院办公厅关于在政务公开工作中进一步做好政务舆情回应的通知》指出，要进一步明确政务舆情回应责任，把握需重点回应的政务舆情标准，提高政务舆情回应实效，加强督促检查和业务培训，建立政务舆情回应激励约束机制，进一步做好政务舆情回应工作。

2016年9月19日，国务院印发《政务信息资源共享管理暂行办法》，为加快推动政务信息系统互联和公共数据共享，增强政府公信力，提高行政效率，提升服务水平，充分发挥政务信息资源共享在深化改革、转变职能、创新管理中的重要作用。

2016 年 9 月 29 日,《国务院关于加快推进"互联网＋政务服务"工作的指导意见》中指出,推进政务信息共享,加快新型智慧城市建设,完善网络基础设施,加强网络和信息安全保护。

2016 年 9 月 30 日,国家互联网信息办公室发出关于《未成年人网络保护条例(草案征求意见稿)》公开征求意见的通知,以营造健康、文明、有序的网络环境,保障未成年人网络空间安全,保护未成年人合法网络权益,促进未成年人健康成长。

2016 年 10 月 9 日,中共中央政治局第三十六次集体学习强调,加快推进网络信息技术自主创新,加快数字经济对经济发展的推动,加快提高网络管理水平,加快增强网络空间安全防御能力,加快用网络信息技术推进社会治理,加快提升我国对网络空间的国际话语权和规则制定权,朝着建设网络强国目标不懈努力。各级干部要正确处理安全和发展、开放和自主、管理和服务的关系,不断提高对互联网规律的把握能力、对网络舆论的引导能力、对信息化发展的驾驭能力、对网络安全的保障能力,把网络强国建设不断推向前进。

2016 年 11 月 10 日,国务院办公厅印发《〈关于全面推进政务公开工作的意见〉实施细则》,强调要积极回应关切:明确回应责任,做好政务舆情的回应工作;突出舆情收集重点;做好研判处置,建立健全政务舆情收集、会商、研判、回应、评估机制,对收集到的舆情加强研判,区别不同情况,进行分类处置;提升回应效果,对涉及群众切身利益、影响市场预期和突发公共事件等重点事项,要及时发布信息,对涉及特别重大、重大突发事件的政务舆情,要快速反应,最迟要在 5 小时内发布权威信息,在 24 小时内举行新闻发布会,并根据工作进展情况,持续发布权威信息,有关地方和部门主要负责人要带头主动发声,通过购买服务、完善大数据技术支撑等方式,用好专业力量,提高舆情分析处置的信息化水平。

2016 年 10 月 27 日,中央网络安全和信息化领导小组办公室、国家发展改革委、国务院扶贫办联合印发《网络扶贫行动计划》,要求充分发挥互联网先导力量和驱动作用,凝聚全社会力量,推进精准扶贫、精准脱贫,让互联网发展成果惠及 13 亿多中国人民。

2016 年 11 月 4 日,工业和信息化部发布《关于进一步防范和打击通讯信息诈骗工作的实施意见》,以有效防范和打击通讯信息诈骗,切实保障正常通信秩序,保护用户合法权益,维护社会和谐稳定。

2016 年 11 月 7 日,十二届全国人民代表大会常务委员会第二十四次会议通过《网络安全法》,中华人民共和国主席令第五十三号予以公布,自 2017 年 6 月

1 日起施行。制定该法是为了保障网络安全，维护网络空间主权和国家安全、社会公共利益，保护公民、法人和其他组织的合法权益，促进经济社会信息化健康发展，在中华人民共和国境内建设、运营、维护和使用网络，以及网络安全的监督管理，适用该法。这是我国第一部全面规范网络空间安全管理方面问题的基础性法律。

2016 年 11 月 11 日，习近平总书记在第三届世界互联网大会开幕式贺词中提出，坚持以人类共同福祉为根本，坚持网络主权理念，推动全球互联网治理朝着更加公正合理的方向迈进，推动网络空间实现平等尊重、创新发展、开放共享、安全有序的目标。

2016 年 11 月 15 日，国务院办公厅印发《〈关于全面推进政务公开工作的意见〉实施细则》，指出要做好政务舆情的回应工作，涉事责任部门是第一责任主体。建立健全政务舆情收集、会商、研判、回应、评估机制，对收集到的舆情加强研判，区别不同情况，进行分类处置。对涉及群众切身利益、影响市场预期和突发公共事件等重点事项，要及时发布信息，提升舆情回应效果。

2016 年 11 月 4 日，国家互联网信息办公室发布《互联网直播服务管理规定》，旨在加强对互联网直播服务的管理，保护公民、法人和其他组织的合法权益，维护国家安全和公共利益。2016 年 12 月 1 日起施行。

2016 年 11 月 28 日，中共中央办公厅发布《党委（党组）网络意识形态工作责任制实施细则》（厅字〔2016〕44 号），为各级党委（党组）贯彻实施网络意识形态工作责任制提出了具体细则规定。

2016 年 12 月 27 日，国务院办公厅印发《"十三五"国家信息化规划》，规划指出要牢牢把握正确导向，创新舆论引导新格局，完善网络生态综合治理机制，加强网络内容建设，增强网络文化产品和服务供给能力，构建向上向善的网上舆论生态。

2016 年 12 月 27 日，国家互联网信息办公室发布《国家网络空间安全战略》，指出要加强网上思想文化阵地建设，大力培育和践行社会主义核心价值观，实施网络内容建设工程，发展积极向上的网络文化，传播正能量，凝聚强大精神力量，营造良好网络氛围。

2017 年

2017 年 1 月 10 日，《中共中央　国务院关于推进防灾减灾救灾体制机制改革的意见》指出，健全重特大自然灾害信息发布和舆情应对机制，完善信息发布制度，拓宽信息发布渠道，确保公众知情权。规范灾害现场应急处置、新闻发布、网络及社会舆情应对等工作流程，完善协同联动机制，加强新闻发言人队伍和常备专家库建设，提高防灾减灾救灾舆情引导能力。

2017 年 1 月 12 日，国务院办公厅印发《"互联网＋政务服务"技术体系建设指南的通知》，以进一步加强全国一体化的"互联网＋政务服务"技术和服务体系整体设计，不断提升各地区各部门网上政务服务水平。

2017 年 1 月 15 日，中共中央办公厅、国务院办公厅印发《关于促进移动互联网健康有序发展的意见》指出，要把握移动互联网传播规律，实施社会主义核心价值观、中华优秀文化网上传播等内容建设工程，培育积极健康、向上向善的网络文化。

2017 年 2 月 10 日，《国务院办公厅关于印发推行行政执法公示制度执法全过程记录制度重大执法决定法制审核制度试点工作方案的通知》中指出，建立健全执法全过程记录信息收集、保存、管理、使用等工作制度，加强数据统计分析，充分发挥全过程记录信息在案卷评查、执法监督、评议考核、舆情应对、行政决策和健全社会信用体系等工作中的作用。

2017 年 2 月 20 日，中共中央办公厅、国务院办公厅印发《关于加强乡镇政府服务能力建设的意见》指出，推广数字智能终端、移动终端等新型载体，灵活运用宽带互联网、移动互联网、广播电视网、物联网等手段，推动乡镇公共服务向智慧化、网络化方向发展。充分发挥互联网站、微博微信、移动客户端等新媒体作用，及时发布乡镇政府信息。积极应用大数据、云计算等先进理念、技术和资源，及时了解公共服务需求，动态掌握实施效果。

2017 年 3 月 1 日，外交部和国家互联网信息办公室共同发布《网络空间国际合作战略》，以和平发展、合作共赢为主题，以构建网络空间命运共同体为目标，就推动网络空间国际交流合作首次全面系统提出中国主张，并提出了包括推进全球互联网治理体系改革、打击网络恐怖主义和网络犯罪、保护公民权益等九个方面的行动计划。

2017 年 3 月 5 日，政府工作报告指出，加快大数据、云计算、物联网应用，以新技术新业态新模式，推动传统产业生产、管理和营销模式变革。推动"互联网＋"深入发展、促进数字经济加快成长，让企业广泛受益、群众普遍受惠。

2017 年 3 月 23 日，《国务院办公厅关于印发 2017 年政务公开工作要点的通知》中指出，加强国内外舆情收集研判，针对涉及我国经济发展的误导和不实信息，客观及时、有说服力地发声，澄清事实，解疑释惑，增强各方对我国经济稳中向好的信心。

2017 年 3 月 28 日，《国务院关于落实〈政府工作报告〉重点工作部门分工的意见》中指出，要加强政策发布解读，强化政务舆情监测处置，及时回应重大关切，切实增强政府公信力执行力。

2017 年 4 月 11 日，国家互联网信息办公室发出关于《个人信息和重要数据出境安全评估办法（征求意见稿）》公开征求意见的通知，以保障个人信息和重要数据安全，维护网络空间主权和国家安全、社会公共利益，促进网络信息依法有序自由流动。

2017 年 5 月 2 日，国家互联网信息办公室令第 1 号发布《互联网新闻信息服务管理规定》，规定根据《网络安全法》《互联网信息服务管理办法》《国务院关于授权国家互联网信息办公室负责互联网信息内容管理工作的通知》制定，旨在加强互联网信息内容管理，促进互联网新闻信息服务健康有序发展。规定自 2017 年 6 月 1 日起施行，本规定施行之前颁布的有关规定与本规定不一致的，按照本规定执行。

2017 年 5 月 2 日，国家互联网信息办公室令第 2 号发布《互联网信息内容管理行政执法程序规定》，规定根据《行政处罚法》《网络安全法》和《国务院关于授权国家互联网信息办公室负责互联网信息内容管理工作的通知》制定，旨在以规范和保障互联网信息内容管理部门依法履行职责，保护公民、法人和其他组织的合法权益，维护国家安全和公共利益，自 2017 年 6 月 1 日起施行。

2017 年 5 月 7 日，中共中央办公厅、国务院办公厅印发《国家"十三五"时期文化发展改革规划纲要》指出，要牢牢坚持党性原则、坚持马克思主义新闻观、坚持正确舆论导向、坚持正面宣传为主，把政治方向摆在第一位，高举旗帜、引领导向，围绕中心、服务大局，团结人民、鼓舞士气，成风化人、凝心聚力，澄清谬误、明辨是非，联接中外、沟通世界，加快构建现代传播体系，健全舆情引导机制，强化媒体社会责任，发展壮大主流媒体，切实提高新闻舆论传播力、引导力、影响力、公信力。

2017 年 5 月 19 日，国务院办公厅印发《政务信息系统整合共享实施方案》，围绕政府治理和公共服务的紧迫需要，以最大程度利企便民，让企业和群众少跑腿、好办事、不添堵为目标，提出了加快推进政务信息系统整合共享、促进国务院部门和地方政府信息系统互联互通的重点任务和实施路径。

2017 年 5 月 22 日，国家互联网信息办公室通过《互联网新闻信息服务许可管理实施细则》，自 2017 年 6 月 1 日起施行，以进一步提高互联网新闻信息服务许可管理规范化、科学化水平，促进互联网新闻信息服务健康有序发展。

2017 年 5 月 27 日，中共中央宣传部、中共中央组织部、中央网信办印发《关于规范党员干部网络行为的意见》的通知，以规范党员网络空间行为。

2017 年 6 月 1 日，《最高人民法院、最高人民检察院关于办理侵犯公民个人信息刑事案件适用法律若干问题的解释》施行（2017 年 3 月 20 日由最高人民法院审判委员会第 1712 次会议、2017 年 4 月 26 日由最高人民检察院第十二届检察委员会第 63 次会议通过，2017 年 5 月 9 日公布）。

2017 年 7 月 31 日，国家发改委印发《"十三五"国家政务信息化工程建设规划》。《规划》提出，推动政务信息化工作迈入"集约整合、全面互联、协同共治、共享开放、安全可信"的新阶段，构建形成满足国家治理体系与治理能力现代化要求的政务信息化体系。《规划》将作为"十三五"期间统筹安排国家政务信息化工程投资的重要依据。

2017 年 8 月 18 日，国家发展改革委、中央网络安全和信息化领导小组办公室、中央编办、财政部、审计署制定了《加快推进落实〈政务信息系统整合共享实施方案〉工作方案》，进一步加快推进政务信息系统整合共享工作。

2017 年 8 月 21 日，司法部发布《司法部关于推进公共法律服务平台建设的意见》。就加强公共法律服务平台建设提出如下意见：一、充分认识推进公共法律服务平台建设的重要性。二、公共法律服务平台建设总体目标。三、加强公共法律服务实体平台建设。

2017 年 8 月 15 日，中共中央办公厅发布《党委（党组）网络安全工作责任制实施办法》，以明确和落实党委（党组）领导班子、领导干部网络安全责任，其中包括网络意识形态安全责任。

2017 年 8 月 24 日，工业和信息化部令第 43 号发布《互联网域名管理办法》（经 2017 年 8 月 16 日工业和信息化部第 32 次部务会议审议通过），旨在为规范互联网域名服务，保护用户合法权益，保障互联网域名系统安全、可靠运行，推动中文域名和国家顶级域名发展和应用，促进中国互联网健康发展。自 2017 年 11 月 1 日起施行。

2017 年 8 月 25 日，国家互联网信息办公室发布《互联网跟帖评论服务管理规定》，旨在为规范互联网跟帖评论服务，维护国家安全和公共利益，保护公民、法人和其他组织的合法权益。本规定所称跟帖评论服务，是指互联网站、应用程序、互动传播平台以及其他具有新闻舆论属性和社会动员功能的传播平台，以发帖、回复、留言、"弹幕"等方式，为用户提供发表文字、符号、表情、图片、音视频等信息的服务。自 2017 年 10 月 1 日起施行。

2017 年 9 月 7 日，国家互联网信息办公室发布规范性文件《互联网用户公众账号信息服务管理规定》，旨在为规范互联网用户公众账号信息服务，维护国家安全和公共利益，保护公民、法人和其他组织的合法权益。自 2017 年 10 月 8 日起施行。

2017 年 9 月 20 日，国家新闻出版广电总局发布关于印发《新闻出版广播影视"十三五"发展规划》的通知。《新闻出版广播影视"十三五"发展规划》指出，"十二五"时期，新闻宣传深入创新，舆论引导能力不断增强。"十三五"

时期，加强主流媒体建设，提高舆论引导能力是发展的主要任务之一。

2017 年 8 月 25 日，国家互联网信息办公室发布《互联网论坛社区服务管理规定》，旨在为规范互联网论坛社区服务，促进互联网论坛社区行业健康有序发展，保护公民、法人和其他组织的合法权益，维护国家安全和公共利益。本规定所称互联网论坛社区服务，是指在互联网上以论坛、贴吧、社区等形式，为用户提供互动式信息发布社区平台的服务。自 2017 年 10 月 1 日起施行。

2017 年 10 月 18 日，习近平在《决胜全面建成小康社会　夺取新时代中国特色社会主义伟大胜利——在中国共产党第十九次全国代表大会上的报告》中指出，互联网建设管理运用不断完善，推动互联网、大数据、人工智能和实体经济深度融合，坚持正确舆论导向，高度重视传播手段建设和创新，提高新闻舆论传播力、引导力、影响力、公信力。加强互联网内容建设，建立网络综合治理体系，营造清朗的网络空间。增强改革创新本领，保持锐意进取的精神风貌，善于结合实际创造性推动工作，善于运用互联网技术和信息化手段开展工作。

2017 年 10 月 30 日，国家互联网信息办公室发布《互联网新闻信息服务单位内容管理从业人员管理办法》，自 2017 年 12 月 1 日起施行。该办法旨在加强对互联网新闻信息服务单位内容管理从业人员的管理，维护从业人员和社会公众的合法权益，促进互联网新闻信息服务健康有序发展。本办法所称从业人员，是指互联网新闻信息服务单位中专门从事互联网新闻信息采编发布、转载和审核等内容管理工作的人员。

2017 年 10 月 30 日，国家互联网信息办公室发布《互联网新闻信息服务新技术新应用安全评估管理规定》，自 2017 年 12 月 1 日起施行。该规定旨在为规范开展互联网新闻信息服务新技术新应用安全评估工作，维护国家安全和公共利益，保护公民、法人和其他组织的合法权益。

2017 年 11 月 26 日，中共中央办公厅、国务院办公厅印发《推进互联网协议第六版（IPv6）规模部署行动计划》。

2017 年 12 月 6 日，国务院总理李克强主持召开国务院常务会议，部署加快推进政务信息系统整合共享，以高效便捷的政务服务增进群众获得感；确定推进公共资源配置领域政府信息公开的措施，推动规范化透明化。

2017 年 12 月 8 日，中共中央政治局就实施国家大数据战略进行第二次集体学习。习近平强调，审时度势、精心谋划、超前布局、力争主动，实施国家大数据战略加快建设数字中国。要运用大数据提升国家治理现代化水平。要建立健全大数据辅助科学决策和社会治理的机制，推进政府管理和社会治理模式创新，实现政府决策科学化、社会治理精准化、公共服务高效化。要加强互联网内容建设，建立网络综合治理体系，营造清朗的网络空间。

2018 年

2018 年 2 月 2 日，国家互联网信息办公室发布《微博客信息服务管理规定》，自 2018 年 3 月 20 日起施行。《规定》从平台资质、主体责任、实名认证、分级分类管理、保证信息安全、建立健全辟谣机制、加强行业自律和建立信用体系等各个方面做出了全面具体的规定，必将成为新时代微博客健康有序发展的重要指引。

2018 年 2 月 26 日，国务院办公厅发布《关于推进社会公益事业建设领域政府信息公开的意见》。《意见》指出应准确把握社会公益事业建设规律和特点，进一步加大信息公开力度，明确公开重点，细化公开内容，增强公开实效，不断提升社会公益事业的透明度，让人民群众享有更多的获得感、幸福感、安全感，增强对党和政府的信任。

2018 年 4 月 8 日，国务院办公厅发布《关于印发 2018 年政务公开工作要点的通知》。《通知》要求围绕社会重大关切加强舆情回应。

2018 年 4 月 12 日，国务院发布《关于落实〈政府工作报告〉重点工作部门分工的意见》。《意见》指出应全面推进依宪施政、依法行政。主动接受社会和舆论监督，加强政务舆情处置回应。

2018 年 4 月 18 日，国务院办公厅发布《关于做好政府公报工作的通知》。做好政府公报工作，着力将政府公报打造成权威、规范、便民的政务公开平台。

2018 年 4 月 20 ～ 21 日，全国网络安全和信息化工作会议在北京召开。习近平出席会议并发表重要讲话。他强调，要加强网上正面宣传，旗帜鲜明坚持正确政治方向、舆论导向、价值取向。各级领导干部特别是高级干部要主动适应信息化要求、强化互联网思维，不断提高对互联网规律的把握能力、对网络舆论的引导能力、对信息化发展的驾驭能力、对网络安全的保障能力。

2018 年 5 月 7 日，中共中央印发《社会主义核心价值观融入法治建设立法修法规划》。《规划》指出要加强舆论引导，报道典型案例，弘扬法治精神，树立社会正气，鞭挞丑恶行为，引导人们自觉践行社会主义核心价值观。

2018 年 5 月 31 日，国务院办公厅发布《关于加强行政规范性文件制定和监督管理工作的通知》。《通知》要求及时公开发布行政规范性文件，在文件公布后加强舆情收集，及时研判处置，主动回应关切，通过新闻发布会、媒体访谈、专家解读等方式进行解释说明，充分利用政府网站、社交媒体等加强与公众的交流和互动。

2018 年 6 月 22 日，国务院办公厅发布《关于印发进一步深化"互联网＋政务服务"推进政务服务"一网、一门、一次"改革实施方案的通知》。

2018 年 7 月 31 日，国务院发布《关于加快推进全国一体化在线政务服务平台建设的指导意见》。

2018 年 8 月 6 日，国务院办公厅政府信息与政务公开办公室发布《2018 年第二季度全国政府网站抽查情况通报》。

2018 年 8 月 21 ~ 22 日，全国宣传思想工作会议在北京召开。习近平在讲话中指出，主流思想舆论不断巩固壮大，坚持提高新闻舆论传播力、引导力、影响力、公信力，要牢牢把握正确舆论导向，做大做强主流思想舆论。

2018 年 8 月 31 日，第十三届全国人民代表大会常务委员会第五次会议通过《电子商务法》，自 2019 年 1 月 1 日起施行。

2018 年 11 月 7 日，第五届世界互联网大会在浙江乌镇开幕。本届世界互联网大会以"创造互信共治的数字世界——携手共建网络空间命运共同体"为主题。国家主席习近平致贺信希望集思广益、增进共识，共同推动全球数字化发展，构建可持续的数字世界，让互联网发展成果更好造福世界各国人民。

2018 年 11 月 9 日，国务院办公厅关于印发《政府网站集约化试点工作方案》的通知。

2018 年 12 月 27 日，国务院办公厅发布《关于推进政务新媒体健康有序发展的意见》。

2019 年

2019 年 1 月 3 日，国务院办公厅发布《关于全面推行行政执法公示制度执法全过程记录制度重大执法决定法制审核制度的指导意见》。《意见》指出要充分发挥全过程记录信息对案卷评查、执法监督、评议考核、舆情应对、行政决策和健全社会信用体系等工作的积极作用。

2019 年 1 月 10 日，国家互联网信息办公室令第 3 号发布《区块链信息服务管理规定》，自 2019 年 2 月 15 日起施行。

2019 年 1 月 15 日，受中共中央宣传部委托，国家广播电视总局组织编制并审查了《县级融媒体中心省级技术平台规范要求》，并被批准为中华人民共和国广播电视推荐性行业标准，予以发布，标准编号为：GY/T321 – 2019，该标准自发布之日起实施。

2019 年 1 月 18 日，中共中央印发《中国共产党政法工作条例》。《条例》规定了党委政法委员会主要职责任务之一是掌握分析政法舆情动态，指导和协调政法单位和有关部门做好依法办理、宣传报道和舆论引导等相关工作。

2019 年 1 月 25 日，中共中央政治局就全媒体时代和媒体融合发展举行第十二次集体学习。中共中央总书记习近平在主持学习时强调，推动媒体融合发展、建设全媒体成为我们面临的一项紧迫课题。要运用信息革命成果，推动媒体融合向纵深发展，做大做强主流舆论，巩固全党全国人民团结奋斗的共同思想基础，为实现"两个一百年"奋斗目标、实现中华民族伟大复兴的中国梦提供强大精神力量和舆论支持。

2019 年 1 月 25 日，中央网络安全和信息化领导小组办公室、工信部、公安部、市场监管总局等四部门召开新闻发布会，联合发布《关于开展 App 违法违规收集使用个人信息专项治理的公告》，决定自 2019 年 1 月至 12 月，在全国范围组织开展 App 违法违规收集使用个人信息专项治理。

2019 年 7 月 24 日，中央全面深化改革委员会第九次会议审议通过《关于加快建立网络综合治理体系的意见》，明确了我国网络综合治理体系建设的内容，对网络综合治理提出了新要求，为网络综合治理指明了发展道路。

2019 年 8 月 22 日，国家互联网信息办公室令第 4 号发布《儿童个人信息网络保护规定》。规定根据《网络安全法》《未成年人保护法》等法律法规制定，旨在保护儿童（不满十四周岁的未成年人）个人信息安全，促进儿童健康成长，自 2019 年 10 月 1 日起施行。

2019 年 10 月 21 日，最高人民法院、最高人民检察院发布《关于办理非法利用信息网络、帮助信息网络犯罪活动等刑事案件适用法律若干问题的解释》（2019 年 6 月 3 日最高人民法院审判委员会第 1771 次会议、2019 年 9 月 4 日最高人民检察院第十三届检察委员会第二十三次会议通过），自 2019 年 11 月 1 日起施行。

2019 年 10 月 26 日，第十三届全国人民代表大会常务委员会第十四次会议通过《密码法》，自 2020 年 1 月 1 日起施行。

2019 年 11 月 18 日，为促进网络音视频信息服务健康有序发展，保护公民、法人和其他组织的合法权益，维护国家安全和公共利益，国家互联网信息办公室、文化和旅游部、国家广播电视总局联合发布《网络音视频信息服务管理规定》，自 2020 年 1 月 1 日起施行。

2019 年 11 月 28 日，根据《关于开展 App 违法违规收集使用个人信息专项治理的公告》，为认定 App 违法违规收集使用个人信息行为提供参考，落实《网络安全法》等法律法规，国家互联网信息办公室、工业和信息化部、公安部、市场监管总局联合制定印发了《App 违法违规收集使用个人信息行为认定方法》，要求各地结合监管和执法工作实际参考执行。

2019 年 12 月 15 日，国家互联网信息办公室令第 5 号发布《网络信息内容生态治理规定》，自 2020 年 3 月 1 日起施行。该规定根据《国家安全法》《网络安全法》《互联网信息服务管理办法》等法律、行政法规制定，旨在营造良好网络生态，保障公民、法人和其他组织的合法权益，维护国家安全和公共利益。规定所称网络信息内容生态治理，是指政府、企业、社会、网民等主体，以培育和践行社会主义核心价值观为根本，以网络信息内容为主要治理对象，以建立健全网络综合治理体系、营造清朗的网络空间、建设良好的网络生态为目标，开展的弘扬正能量、处置违法和不良信息等相关活动。

2020 年

2020 年 2 月 13 日，应急管理部、民政部、财政部联合印发《关于加强全国灾害信息员队伍建设的指导意见》。《意见》着眼新时代应急管理工作的新使命、新任务和新要求，明确加强全国灾害信息员队伍建设的目标任务，完善保障措施，对进一步夯实灾害信息员队伍基础、完善灾情报告体系、提升各级灾情管理工作能力和水平，具有重要意义。

2020 年 2 月 23 日，习近平总书记在统筹推进新冠肺炎疫情防控和经济社会发展工作部署会议上发表重要讲话，要求提高新闻舆论工作有效性。要继续做好党中央重大决策部署的宣传解读，深入报道各地统筹推进疫情防控的好经验好做法。要完善疫情信息发布，依法做到公开、透明、及时、准确。要广泛宣传一线医务工作者、人民解放军指战员、公安干警、基层干部、志愿者等的感人事迹，在全社会激发正能量、弘扬真善美，推动社会主义精神文明建设。要适应公众获取信息渠道的变化，加快提升主流媒体网上传播能力。要主动回应社会关切，对善意的批评、意见、建议认真听取，对借机恶意攻击的坚决依法制止。

2020 年 4 月 13 日，国家互联网信息办公室、国家发展和改革委员会、工业和信息化部、公安部、国家安全部、财政部、商务部、中国人民银行、国家市场监督管理总局、国家广播电视总局、国家保密局、国家密码管理局联合发布《网络安全审查办法》，自 2020 年 6 月 1 日起实施，《网络产品和服务安全审查办法（试行）》同时废止。

2020 年 9 月 26 日，中共中央办公厅、国务院办公厅印发了《关于加快推进媒体深度融合发展的意见》，要求深刻认识全媒体时代推进这项工作的重要性紧迫性，坚持正能量是总要求、管得住是硬道理、用得好是真本事，坚持正确方向，坚持一体发展，坚持移动优先，坚持科学布局，坚持改革创新，推动传统媒体和新兴媒体在体制机制、政策措施、流程管理、人才技术等方面加快融合步伐，尽快建成一批具有强大影响力和竞争力的新型主流媒体，逐步构建网上网下一体、内宣外宣联动的主流舆论格局，建立以内容建设为根本、先进技术为支撑、创新管理为保障的全媒体传播体系。

2021 年

2021 年 1 月 22 日，国家互联网信息办公室发布新修订的规范性文件《互联网用户公众账号信息服务管理规定》，从 2017 年 9 月 7 日发布的 18 条增加至 23 条，自 2021 年 2 月 22 日起施行。本规定施行之前颁布的有关规定与本规定不一致的，按照本规定执行。国家互联网信息办公室有关负责人表示，新修订该规定旨在进一步加强互联网用户公众账号的依法监管，促进公众账号信息服务健康有序发展。

2021 年 2 月 9 日，为进一步加强网络直播行业的规范管理，促进行业健康有序发展，国家互联网信息办公室、全国"扫黄打非"工作小组办公室、工业和信息化部、公安部、文化和旅游部、国家市场监督管理总局、国家广播电视总局等七部委联合发布《关于加强网络直播规范管理工作的指导意见》。

2021 年 4 月 27 日，国务院第 133 次常务会议通过《关键信息基础设施安全保护条例》，自 2021 年 9 月 1 日起施行，旨在保障关键信息基础设施安全，维护网络安全。

2021 年 4 月 29 日，第十三届全国人民代表大会常务委员会第二十八次会议《关于修改〈中华人民共和国道路交通安全法〉等八部法律的决定》，其中包括对《中华人民共和国消防法》的第二次修正。

2021 年 6 月 7 日，国家广播电视总局、应急管理部联合印发《应急广播管理暂行办法》，旨在加强应急广播管理，提高应急信息发布的时效性和覆盖面，预防和减轻突发事件造成的损失，提升广播电视公共服务质量和水平。

2021 年 6 月 10 日，第十三届全国人民代表大会常务委员会第二十九次会议《关于修改〈中华人民共和国安全生产法〉的决定》第三次修正。

2021 年 6 月 10 日，第十三届全国人民代表大会常务委员会第二十九次会议通过《中华人民共和国数据安全法》，自 2021 年 9 月 1 日起施行，以规范数据处理活动，保障数据安全，促进数据开发利用，保护个人、组织的合法权益，维护国家主权、安全和发展利益。

2021 年 6 月 21 日，应急管理部公布《高层民用建筑消防安全管理规定》，自 2021 年 8 月 1 日起施行，以加强高层民用建筑消防安全管理，预防火灾和减少火灾危害。

2021 年 7 月 25 日，应急管理部公布《工贸企业粉尘防爆安全规定》，自 2021 年 9 月 1 日起施行，旨在加强工贸企业粉尘防爆安全工作，预防和减少粉尘爆炸事故，保障从业人员生命安全。

2021 年 8 月 20 日，第十三届全国人民代表大会常务委员会第三十次会议通过《中华人民共和国个人信息保护法》，自 2021 年 11 月 1 日起施行，旨在保护个人信息权益，规范个人信息处理活动，促进个人信息合理利用。

2021 年 9 月 13 日，应急管理部公布《社会消防技术服务管理规定》，自 2021 年 11 月 9 日起施行，旨在规范社会消防技术服务活动，维护消防技术服务市场秩序，促进提高消防技术服务质量。

2021 年 9 月 14 日，中共中央办公厅、国务院办公厅印发了《关于加强网络文明建设的意见》，包括总体要求、加强网络空间思想引领、加强网络空间文化培育、加强网络空间道德建设、加强网络空间行为规范、加强网络空间生态治理、加强网络空间文明创建、组织实施八个部分。加强网络文明建设的工作目标是：理论武装占领新阵地，马克思主义在网络意识形态领域的指导地位进一步巩固，全党全国人民团结奋斗的共同思想基础进一步巩固；文化培育取得新成效，社会主义核心价值观深入人心，人民群众网上精神文化生活日益健康丰富；道德建设迈出新步伐，网民思想道德素质明显提高，向上向善、诚信互助的网络风尚更加浓厚；文明素养得到新提高，青少年网民网络素养不断提升，网络平台主体责任和行业自律有效落实；治理效能实现新提升，网络生态日益向好，网络空间法治化深入推进，网络违法犯罪打击防范治理能力持续提升；创建活动开创新局面，群众性精神文明创建活动向网上有效延伸，网络文明品牌活动巩固提升，网络空间更加清朗。

2021 年 9 月 15 日，国家互联网信息办公室发布《关于进一步压实网站平台信息内容管理主体责任的意见》，旨在充分发挥网站平台信息内容管理第一责任人作用，引导推动网站平台准确把握主体责任，明确工作规范，健全管理制度，完善运行规则，切实防范化解各种风险隐患，积极营造清朗网络空间。

2021 年 11 月 16 日，国家互联网信息办公室 2021 年第 20 次室务会议审议通过《网络安全审查办法》，自 2022 年 2 月 15 日起施行，旨在确保关键信息基础设施供应链安全，保障网络安全和数据安全，维护国家安全。

2021 年 11 月 16 日，国家互联网信息办公室 2021 年第 20 次室务会议审议通过《互联网信息服务算法推荐管理规定》，旨在规范互联网信息服务算法推荐活动，弘扬社会主义核心价值观，维护国家安全和社会公共利益，保护公民、法人和其他组织的合法权益，促进互联网信息服务健康有序发展，国家网信办发布《互联网信息服务算法推荐管理规定》，自 2022 年 3 月 1 日起施行。《规定》明确要求保障用户的算法知情权和算法选择权，应当向用户提供不针对其个人特征的选项，或者便捷的关闭算法推荐服务的选项。《规定》要求算法推荐服务提供者应当坚持主流价值导向，积极传播正能量，建立完善人工干预和用户自主选择机制，不得利用算法实施影响网络舆论、规避监督管理以及垄断和不正当竞争行为。

2022 年

2022 年 1 月 6 日，应急管理部公布《煤矿安全规程》修正版，以保障煤矿安全生产和从业人员的人身安全与健康，防止煤矿事故与职业病危害。

2022 年 5 月 19 日，国家互联网信息办公室 2022 年第 10 次室务会议审议通过《数据出境安全评估办法》，自 2022 年 9 月 1 日起施行，旨在规范数据出境活动，保护个人信息权益，维护国家安全和社会公共利益，促进数据跨境安全、自由流动。

2022 年 6 月 9 日，国家互联网信息办公室 2022 年第 11 次室务会议审议通过《互联网用户账号信息管理规定》，自 2022 年 8 月 1 日起施行，旨在加强对互联网用户账号信息的管理，弘扬社会主义核心价值观，维护国家安全和社会公共利益，保护公民、法人和其他组织的合法权益，并明确本规定施行之前颁布的有关规定与本规定不一致的，按照本规定执行。

后　记

　　2015 年 12 月 25 日，教育部哲学社会科学重大课题攻关项目《重大突发事件社会舆情演化规律及应对策略研究》（项目批准号：15JZD027）获准立项，由我担任课题研究首席专家。在国务院研究室原主任、北京师范大学中国社会管理研究院/社会学院院长魏礼群教授指导帮助下，我们组织了复旦大学、中国传媒大学和北京师范大学相关领域的专家参与课题研究，确定设立六个课题组同步推进。新闻学界泰斗、复旦大学新闻学院学术委员会主任童兵教授，政府公共关系专家、中国传媒大学媒介与公共事务研究院院长董关鹏教授，北京师范大学社会学院赵秋雁教授、尹栾玉教授、党生翠副教授、刘冰副教授分别担任子课题组负责人。

　　2016 年 3 月 25 日，课题组在北京师范大学举办开题研讨会。时任国资委新闻中心主任毛一翔，中央军委政治工作部文化和网络宣教中心主任孟彦，《中国行政管理》杂志社社长兼总编辑鲍静，中国海关出版社党委书记王桦，时任教育部社科司副司长徐青森，新华社领衔记者、参编部机动调研室主任徐江善，法制日报原社长兼总编辑雷晓路，中央网信办移动网络局信息管理处处长姜峰，国务院应急办处长陈少云，北京师范大学社科处副处长田晓刚及人民网、法制网、正义网等门户网站舆情事务负责人出席开题会。专家们对做好课题研究提出了重要意见和建议。毛一翔主任提出，课题的学理分析和实证调研要结合起来，着眼于国家治理体系现代化，研究成果要具有学术性和学理性双重价值，要考虑社会的开放度、动态性和价值的共享性；徐青森副司长提出，课题研究要注重发挥高校智库的作用，重在规律探索，不贪大求全，聚焦重点领域，寻求重点突破，另外要兼顾网上网下的舆情，区分网络舆情与真实舆情。与会专家提出，要充分重视在新媒体环境下重大突发事件中舆情的动态性和复杂性；要用法治思维、法治方式来看待和处理重大突发事件中的社会舆情；充分重视"沉默的大多数"的意见；要重视案例解剖，研究要细致扎实，重视社交媒体中舆情的引导；舆情研究要重视从事件层面深入到社会心理层面；研究要细，剖析要深，结论要扎实，对策建议要有可操作性，能够在实践中对推动政府部门应对引导重大突发事件中的舆情真正有帮助。这些意见对把握课题研究的方向和重点起到了重要作用。

2017 年 7 月 2 日，课题组在北京师范大学召开了课题研究中期成果研讨会，并举行主题为"新互联网与社会治理创新"的学术论坛。时任中国法学会研究部主任李仕春、时任国家法官学院副院长郝银钟、法制日报社副社长周秉键、中国行政管理学会副秘书长张定安、人民网舆情监测室副秘书长单学刚、北京师范大学法学院教授刘德良、北京师范大学社会学院教授赵秋雁等参加研讨会。课题组报告了新互联网环境下舆情演化规律及特点、新互联网环境下舆情应对法制规制不足等方面的研究成果，得到与会专家高度肯定。同时与会专家学者建议，适应融媒体环境的深刻变化，加大应用实证研究和数据分析等定量研究，提升研究成果的针对性、实效性。

2017 年 12 月 5 日，课题组收到《教育部社科司关于 2015 年度哲学社会科学研究重大课题攻关项目中期检查结果的通知》，课题顺利通过中期检查。《通知》同时对加强新媒体环境下舆情规律研究、提升各类舆情主体的应对能力、提升应对实践可操作性等提出了重要建议。

根据中期研讨会专家的意见和中期检查通知的重要建议，为提升课题研究成果质量，2018 年 10 月，课题组按程序申请课题延期结项并获得批准。2019 年 6 月，鉴于个别课题组成员工作调整，为确保课题研究成果质量，课题组邀请中国传媒大学媒体主流融媒体研究中心主任唐远清教授加盟，参与部分子课题研究及课题结项报告的修订完善工作。

2020 年 2 月，课题组圆满完成课题《投标评审书》《研究计划合同书》及组织实施方案所要求的科研任务。总共完成累计 38 万字的研究报告（投标书预期为 35 万），发表学术论文及高质量资政报告 26 篇（投标书预期为 9 篇），其中 5 篇资政报告被中宣部、中联部等省部级以上领导批示并获有关部门采纳。

2020 年 3 月初，根据《教育部人文社会科学研究项目管理办法》《教育部哲学社会科学研究重大课题攻关项目管理办法》等相关规定，课题组正式提交课题终结报告书，申请结项。2020 年 10 月，课题顺利结项。教育部社科司为课题组颁发了结项证书，反馈了结项的鉴定意见，并对报告成果出版提出了建议。2021 年 3 月，课题组按要求完成了报告修订，全书约 36 万字。2022 年 6 月，课题组根据经济科学出版社要求，更新了部分数据和资料，对书稿做了最后的校订。

本书前言及前三章是对本课题研究的整体介绍，包括研究背景及重要价值，核心概念界定，既有成果述评及课题研究总体设计，主要撰稿人为傅昌波、唐远清、党生翠、刘冰、尹栾玉、赵秋雁、杜静元、李放等。

第四章至第十章紧扣重大突发事件社会舆情演化规律及应对策略主题开展研

究。第四章"舆情系统风险",撰稿人为刘冰、杜静元、李放、钟开斌、刘怡君、刘奕、吕孝礼、陶鹏;第五章"舆情影响机理",撰稿人为党生翠、罗赟、项江涛;第六章"舆情演化规律",撰稿人为傅昌波、唐远清、吴雷、董关鹏、郭晓科、张月月;第七章"舆情治理规制",撰稿人为唐远清、赵秋雁、彭桂兵、宋文经、黄颖、简燕平;第八章"舆情治理策略",撰稿人为傅昌波、唐远清、董关鹏、郭晓科、周培源;第九章"协同治理机制",撰稿人为尹栾玉、张月月、邓小龙、姚静仙、王依娜;第十章"舆情治理效能",撰稿人为傅昌波、唐远清、周培源、王宇、王大鹏、王翔君;附录"党的十八大以来突发事件舆情治理相关法律法规梳理",整理撰稿人为唐远清、吴雷、郑文锋、赖星星。

报告修订期间,正值举国上下倾力抗击新冠肺炎疫情。新冠肺炎疫情是"二战"结束以来全球范围最大的重大突发公共卫生事件。从实践看,与重大突发公共卫生事件相伴的社会舆情的源起、发展和演化又有了新变化,相关党政机关、医疗机构、科研单位和参与企业、社会组织等责任主体经历了舆情应对处置的重大考验。针对新冠肺炎疫情暴发以来舆情治理的情况,我们对研究报告作了适度补充,希望课题成果能为更好应对处置重大突发公共卫生事件做些微薄贡献。

课题成果付梓之际,我想对支持和参与本课题研究的学界和业界的各位师长、同事、同仁及学生助理等表示衷心的感谢!感谢北京师范大学和北京师范大学社会学院对课题研究给予的重要支持!特别感谢我的恩师、复旦大学童兵教授的重要指导和帮助!

傅昌波

2022 年 7 月 31 日

教育部哲学社會科學研究重大課題攻關項目
成果出版列表

序号	书　名	首席专家
1	《马克思主义基础理论若干重大问题研究》	陈先达
2	《马克思主义理论学科体系建构与建设研究》	张雷声
3	《马克思主义整体性研究》	逄锦聚
4	《改革开放以来马克思主义在中国的发展》	顾钰民
5	《新时期　新探索　新征程 ——当代资本主义国家共产党的理论与实践研究》	聂运麟
6	《坚持马克思主义在意识形态领域指导地位研究》	陈先达
7	《当代资本主义新变化的批判性解读》	唐正东
8	《当代中国人精神生活研究》	童世骏
9	《弘扬与培育民族精神研究》	杨叔子
10	《当代科学哲学的发展趋势》	郭贵春
11	《服务型政府建设规律研究》	朱光磊
12	《地方政府改革与深化行政管理体制改革研究》	沈荣华
13	《面向知识表示与推理的自然语言逻辑》	鞠实儿
14	《当代宗教冲突与对话研究》	张志刚
15	《马克思主义文艺理论中国化研究》	朱立元
16	《历史题材文学创作重大问题研究》	童庆炳
17	《现代中西高校公共艺术教育比较研究》	曾繁仁
18	《西方文论中国化与中国文论建设》	王一川
19	《中华民族音乐文化的国际传播与推广》	王耀华
20	《楚地出土戰國簡册［十四種］》	陈　伟
21	《近代中国的知识与制度转型》	桑　兵
22	《中国抗战在世界反法西斯战争中的历史地位》	胡德坤
23	《近代以来日本对华认识及其行动选择研究》	杨栋梁
24	《京津冀都市圈的崛起与中国经济发展》	周立群
25	《金融市场全球化下的中国监管体系研究》	曹凤岐
26	《中国市场经济发展研究》	刘　伟
27	《全球经济调整中的中国经济增长与宏观调控体系研究》	黄　达
28	《中国特大都市圈与世界制造业中心研究》	李廉水

序号	书　名	首席专家
29	《中国产业竞争力研究》	赵彦云
30	《东北老工业基地资源型城市发展可持续产业问题研究》	宋冬林
31	《转型时期消费需求升级与产业发展研究》	臧旭恒
32	《中国金融国际化中的风险防范与金融安全研究》	刘锡良
33	《全球新型金融危机与中国的外汇储备战略》	陈雨露
34	《全球金融危机与新常态下的中国产业发展》	段文斌
35	《中国民营经济制度创新与发展》	李维安
36	《中国现代服务经济理论与发展战略研究》	陈　宪
37	《中国转型期的社会风险及公共危机管理研究》	丁烈云
38	《人文社会科学研究成果评价体系研究》	刘大椿
39	《中国工业化、城镇化进程中的农村土地问题研究》	曲福田
40	《中国农村社区建设研究》	项继权
41	《东北老工业基地改造与振兴研究》	程　伟
42	《全面建设小康社会进程中的我国就业发展战略研究》	曾湘泉
43	《自主创新战略与国际竞争力研究》	吴贵生
44	《转轨经济中的反行政性垄断与促进竞争政策研究》	于良春
45	《面向公共服务的电子政务管理体系研究》	孙宝文
46	《产权理论比较与中国产权制度变革》	黄少安
47	《中国企业集团成长与重组研究》	蓝海林
48	《我国资源、环境、人口与经济承载能力研究》	邱　东
49	《"病有所医"——目标、路径与战略选择》	高建民
50	《税收对国民收入分配调控作用研究》	郭庆旺
51	《多党合作与中国共产党执政能力建设研究》	周淑真
52	《规范收入分配秩序研究》	杨灿明
53	《中国社会转型中的政府治理模式研究》	娄成武
54	《中国加入区域经济一体化研究》	黄卫平
55	《金融体制改革和货币问题研究》	王广谦
56	《人民币均衡汇率问题研究》	姜波克
57	《我国土地制度与社会经济协调发展研究》	黄祖辉
58	《南水北调工程与中部地区经济社会可持续发展研究》	杨云彦
59	《产业集聚与区域经济协调发展研究》	王　珺

序号	书 名	首席专家
60	《我国货币政策体系与传导机制研究》	刘 伟
61	《我国民法典体系问题研究》	王利明
62	《中国司法制度的基础理论问题研究》	陈光中
63	《多元化纠纷解决机制与和谐社会的构建》	范 愉
64	《中国和平发展的重大前沿国际法律问题研究》	曾令良
65	《中国法制现代化的理论与实践》	徐显明
66	《农村土地问题立法研究》	陈小君
67	《知识产权制度变革与发展研究》	吴汉东
68	《中国能源安全若干法律与政策问题研究》	黄 进
69	《城乡统筹视角下我国城乡双向商贸流通体系研究》	任保平
70	《产权强度、土地流转与农民权益保护》	罗必良
71	《我国建设用地总量控制与差别化管理政策研究》	欧名豪
72	《矿产资源有偿使用制度与生态补偿机制》	李国平
73	《巨灾风险管理制度创新研究》	卓 志
74	《国有资产法律保护机制研究》	李曙光
75	《中国与全球油气资源重点区域合作研究》	王 震
76	《可持续发展的中国新型农村社会养老保险制度研究》	邓大松
77	《农民工权益保护理论与实践研究》	刘林平
78	《大学生就业创业教育研究》	杨晓慧
79	《新能源与可再生能源法律与政策研究》	李艳芳
80	《中国海外投资的风险防范与管控体系研究》	陈菲琼
81	《生活质量的指标构建与现状评价》	周长城
82	《中国公民人文素质研究》	石亚军
83	《城市化进程中的重大社会问题及其对策研究》	李 强
84	《中国农村与农民问题前沿研究》	徐 勇
85	《西部开发中的人口流动与族际交往研究》	马 戎
86	《现代农业发展战略研究》	周应恒
87	《综合交通运输体系研究——认知与建构》	荣朝和
88	《中国独生子女问题研究》	风笑天
89	《我国粮食安全保障体系研究》	胡小平
90	《我国食品安全风险防控研究》	王 硕

序号	书 名	首席专家
121	《农民工子女问题研究》	袁振国
122	《当代大学生诚信制度建设及加强大学生思想政治工作研究》	黄蓉生
123	《从失衡走向平衡：素质教育课程评价体系研究》	钟启泉 崔允漷
124	《构建城乡一体化的教育体制机制研究》	李 玲
125	《高校思想政治理论课教育教学质量监测体系研究》	张耀灿
126	《处境不利儿童的心理发展现状与教育对策研究》	申继亮
127	《学习过程与机制研究》	莫 雷
128	《青少年心理健康素质调查研究》	沈德立
129	《灾后中小学生心理疏导研究》	林崇德
130	《民族地区教育优先发展研究》	张诗亚
131	《WTO 主要成员贸易政策体系与对策研究》	张汉林
132	《中国和平发展的国际环境分析》	叶自成
133	《冷战时期美国重大外交政策案例研究》	沈志华
134	《新时期中非合作关系研究》	刘鸿武
135	《我国的地缘政治及其战略研究》	倪世雄
136	《中国海洋发展战略研究》	徐祥民
137	《深化医药卫生体制改革研究》	孟庆跃
138	《华侨华人在中国软实力建设中的作用研究》	黄 平
139	《我国地方法制建设理论与实践研究》	葛洪义
140	《城市化理论重构与城市化战略研究》	张鸿雁
141	《境外宗教渗透论》	段德智
142	《中部崛起过程中的新型工业化研究》	陈晓红
143	《农村社会保障制度研究》	赵 曼
144	《中国艺术学学科体系建设研究》	黄会林
145	《人工耳蜗术后儿童康复教育的原理与方法》	黄昭鸣
146	《我国少数民族音乐资源的保护与开发研究》	樊祖荫
147	《中国道德文化的传统理念与现代践行研究》	李建华
148	《低碳经济转型下的中国排放权交易体系》	齐绍洲
149	《中国东北亚战略与政策研究》	刘清才
150	《促进经济发展方式转变的地方财税体制改革研究》	钟晓敏
151	《中国—东盟区域经济一体化》	范祚军

序号	书　名	首席专家
184	《区域经济一体化中府际合作的法律问题研究》	石佑启
185	《城乡劳动力平等就业研究》	姚先国
186	《20世纪朱子学研究精华集成——从学术思想史的视角》	乐爱国
187	《拔尖创新人才成长规律与培养模式研究》	林崇德
188	《生态文明制度建设研究》	陈晓红
189	《我国城镇住房保障体系及运行机制研究》	虞晓芬
190	《中国战略性新兴产业国际化战略研究》	汪　涛
191	《证据科学论纲》	张保生
192	《要素成本上升背景下我国外贸中长期发展趋势研究》	黄建忠
193	《中国历代长城研究》	段清波
194	《当代技术哲学的发展趋势研究》	吴国林
195	《20世纪中国社会思潮研究》	高瑞泉
196	《中国社会保障制度整合与体系完善重大问题研究》	丁建定
197	《民族地区特殊类型贫困与反贫困研究》	李俊杰
198	《扩大消费需求的长效机制研究》	臧旭恒
199	《我国土地出让制度改革及收益共享机制研究》	石晓平
200	《高等学校分类体系及其设置标准研究》	史秋衡
201	《全面加强学校德育体系建设研究》	杜时忠
202	《生态环境公益诉讼机制研究》	颜运秋
203	《科学研究与高等教育深度融合的知识创新体系建设研究》	杜德斌
204	《女性高层次人才成长规律与发展对策研究》	罗瑾琏
205	《岳麓秦简与秦代法律制度研究》	陈松长
206	《民办教育分类管理政策实施跟踪与评估研究》	周海涛
207	《建立城乡统一的建设用地市场研究》	张安录
208	《迈向高质量发展的经济结构转变研究》	郭熙保
209	《中国社会福利理论与制度构建——以适度普惠社会福利制度为例》	彭华民
210	《提高教育系统廉政文化建设实效性和针对性研究》	罗国振
211	《毒品成瘾及其复吸行为——心理学的研究视角》	沈模卫
212	《英语世界的中国文学译介与研究》	曹顺庆
213	《建立公开规范的住房公积金制度研究》	王先柱

序号	书　名	首席专家
214	《现代归纳逻辑理论及其应用研究》	何向东
215	《时代变迁、技术扩散与教育变革：信息化教育的理论与实践探索》	杨　浩
216	《城镇化进程中新生代农民工职业教育与社会融合问题研究》	褚宏启 薛二勇
217	《我国先进制造业发展战略研究》	唐晓华
218	《融合与修正：跨文化交流的逻辑与认知研究》	鞠实儿
219	《中国新生代农民工收入状况与消费行为研究》	金晓彤
220	《高校少数民族应用型人才培养模式综合改革研究》	张学敏
221	《中国的立法体制研究》	陈　俊
222	《教师社会经济地位问题：现实与选择》	劳凯声
223	《中国现代职业教育质量保障体系研究》	赵志群
224	《欧洲农村城镇化进程及其借鉴意义》	刘景华
225	《国际金融危机后全球需求结构变化及其对中国的影响》	陈万灵
226	《创新法治人才培养机制》	杜承铭
227	《法治中国建设背景下警察权研究》	余凌云
228	《高校财务管理创新与财务风险防范机制研究》	徐明稚
229	《义务教育学校布局问题研究》	雷万鹏
230	《高校党员领导干部清正、党政领导班子清廉的长效机制研究》	汪　曣
231	《二十国集团与全球经济治理研究》	黄茂兴
232	《高校内部权力运行制约与监督体系研究》	张德祥
233	《职业教育办学模式改革研究》	石伟平
234	《职业教育现代学徒制理论研究与实践探索》	徐国庆
235	《全球化背景下国际秩序重构与中国国家安全战略研究》	张汉林
236	《进一步扩大服务业开放的模式和路径研究》	申明浩
237	《自然资源管理体制研究》	宋马林
238	《高考改革试点方案跟踪与评估研究》	钟秉林
239	《全面提高党的建设科学化水平》	齐卫平
240	《“绿色化”的重大意义及实现途径研究》	张俊飚
241	《利率市场化背景下的金融风险研究》	田利辉
242	《经济全球化背景下中国反垄断战略研究》	王先林